普通高等教育“十二五”规划教材
普通高等学校经济管理系列教材

财 政 学

主　编　尚可文
副主编　莫　云　贾　鸿

科 学 出 版 社
北 京

内 容 简 介

本书在写作过程中，力求借鉴国内外在财政学研究方面的成功经验，结合我国经济社会实践发展的特点，以科学发展观为指导，运用历史比较分析的方法，以实现财政理论的创新为目标，构建对财政学问题研究的理论框架，并尽可能做到本土化。共分三大模块13章，分别如下：第一模块为财政学基础理论（第一章）；第二模块为财政学实践理论（第二章到第十一章）；第三模块为财政政策理论（第十二、十三章）。

本书可作为高等院校财政学、税务学、经济学、会计学等专业本科生教材，也适合于财政学教师及财政学爱好者阅读。

图书在版编目(CIP)数据

财政学/尚可文主编. —北京：科学出版社，2013.8

普通高等教育"十二五"规划教材·普通高等学校经济管理系列教材

ISBN 978-7-03-038100-2

Ⅰ.①财… Ⅱ.①尚… Ⅲ.①财政学 Ⅳ.①F810

中国版本图书馆CIP数据核字（2013）第147451号

责任编辑：石 悦 李淑丽/责任校对：张小霞

责任印制：徐晓晨/封面设计：华路天然工作室

科学出版社出版

北京东黄城根北街16号

邮政编码：100717

http://www.sciencep.com

北京虎彩文化传播有限公司印刷

科学出版社发行 各地新华书店经销

*

2013年8月第 一 版 开本：787×1092 1/16

2018年8月第七次印刷 印张：18 1/2

字数：485 000

定价：47.00元

（如有印装质量问题，我社负责调换）

前　　言

财政学作为一门研究政府收支活动及其规律的经济学分支，纵观其发展的历程，其实就是一部政府与市场关系的演变史，从亚当·斯密时代的自由放任论，到凯恩斯时代的国家干预论，再到20世纪七八十年代的政府适度干预论，政府与市场的关系经历了划时代的变革，实现了市场万能论到政府万能论再到政府与市场结合论的转变，由此带来了财政学研究对象的改变。因此，作为研究政府经济活动及规律的财政学科，必须做到科学界定政府职能，理顺政府与市场的关系；明晰政府角色，理顺政府与企业的关系；规范政府权限，理顺中央政府与地方政府的关系。作为研究财政收支活动及规律的学科，要求财政分配活动首先必须做大“蛋糕”，实现社会资源的合理配置；其次还要分好“蛋糕”，实现社会财富在政府、企业和个人之间的公平分配。作为研究公共部门经济活动及规律的学科，要求财政制度的设计必须做到有效弥补市场失灵；规范干预私人经济部门；确保社会稳定与发展；维护生态平衡与和谐。

我国经济体制改革经历了从计划经济体制，到有计划的商品经济体制，再到社会主义市场经济体制的发展过程，采取了一种以放权让利为基础、以政府职能转变为核心的渐进式改革思路。经过30多年的改革实践，我们已经基本实现了政府职能的归位，初步建立起了与市场经济体制相适应的分级财政体制。因此，总结30多年来财政体制的演变过程，探索财政分配的一般规律，合理定位政府与市场的职能范围，对进一步构建具有中国特色的社会主义财政学体系具有重要而深远的意义。

随着经济、社会的发展，财政体制改革又面临着新的改革背景：

一是科学发展观的提出，要求财政理念必须从效率优先，兼顾公平转向公平优先，兼顾效率。这是由公共财政的性质决定的。在市场经济条件下，公共财政具有三个基本特征：一是公共性，着眼于满足社会公共需要；二是公益性，立足于非盈利；三是法制性，收支行为要规范。公共财政发挥作用的领域是市场失灵的领域，即单纯依靠市场机制无法解决或解决得不好的领域，这就需要公共财政通过税收等手段参与国民收入再分配，为提供公共产品筹集必要的资金。与初次分配相比，再分配更注重社会公平。而公共产品的非竞争性与非排他性，也暗含了社会公平的本意，即不论占有资源的多少，支付能力的强弱，社会成员都有均等地享有最基本的公共产品和公共服务的权利。所以，公共财政的本质是公平导向的，或者说是公平优先、兼顾效率的。

二是生存型社会到发展型社会的转变要求必须对财政支出结构进行战略性调整。生存型社会是社会发展的初级阶段。在这一阶段，发展的主要目标之一是解决温饱问题。发展型社会是发展水平相对较高的阶段。在这一阶段，尽管经济发展水平还有待提高，但社会温饱问题总体得到解决，发展的目标开始逐步聚焦于人的全面发展。因此，财政体制改革必须以保障和改善民生为根本，进一步优化财政支出结构。

三是公共产品短缺时代的转型与改革要求财政政策必须着力实现基本公共服务的均等化。我国已经从私人产品短缺时代进入到公共产品短缺时代，这个变化是形成后十年、二十年我国消费主导发展方式转型的一个重要的基础条件。财政政策的选择必须以增加公共产品和公共服务为己任，而且要注重实现城乡基本公共服务的均等化。这既是构建和谐社会的制度基础，也是实现城乡社会统筹发展的实践要求。

四是低碳经济时代的转型与改革要求必须实现财政制度与财政体制的创新。低碳经济是一个新的发展模式。碳排放正逐步成为国际上的“硬约束”。对我国来说，这不仅是指标承诺上的“硬约束”，更重要的是低碳经济发展体制上的“硬约束”。“十二五”期间财政政策必须在促进发展循环经济、推进资源能源价格形成机制、构建碳交易体制机制等方面取得实质性突破，这又进一步增加了财政体制改革的复杂性。

面对新的改革背景，我们需要重新认识政府与市场的关系，避免新的政府职能越位和缺位的出现，特别是财政体制的改革，既要顺应经济社会发展大环境的需要，又要充当政府与市场结合的桥梁，决定我们必须进一步强化财政基础理论的研究，力争在完善现行分级财政体制的前提下，实现新形势下财政分配制度与财政运行机制的创新。

基于上述认识，《财政学》教材以中国公共财政的制度建设、改革与创新为背景，结合政府、市场与财政关系的演变规律，将财政理论研究与财政发展的实践经验相结合，重点讨论财政学的福利经济学基础、预算方案的公共选择、公共产品理论、购买性支出与转移性支出、支出的成本效益分析、公共支出增长与控制、税收基本理论与税收制度，以及政府间财政关系的协调等内容。在体系安排上，本书以公共产品理论和市场失效理论为核心概念，以实现财政分配的公平化和提高财政支出效率为目标，在遵循财政分配活动客观规律的基础上，按照基础理论—财政实践—财政政策的思路构建财政学的理论体系。共分三大模块13章，分别如下：第一模块为财政学基础理论（第一章）；第二模块为财政学实践理论（第二章到第十一章）；第三模块为财政政策理论（第十二、十三章）。

参与本书写作的人员均是多年从事财政学教学和科研的中青年骨干教师，具体写作分工如下。尚可文：导论、第一章；杨萍：第二章；贾鸿：第三章；虞利娟：第四章；孟丽：第五章；谢丹：第六章；莫云：第七章、第八章；张军：第九章；何万波：第十章；邱向宁：第十一章；汤凤林：第十一章、第十二章；朱沙：第十三章。本书由主编尚可文教授负责教材的总体设计、提纲拟定和通撰修改，副主编莫云副教授、贾鸿副教授积极参与了本书部分章节的审稿工作。

另外，在写作过程中，我们力求借鉴国内外在财政学研究方面的成功经验，结合我国经济社会实践发展的特点，以科学发展观为指导，运用历史比较分析的方法，以实现财政理论的创新为目标，构建对财政学问题研究的理论框架，并尽可能做到本土化。由于作者水平与资料的限制，对财政学的研究还存在许多缺陷，恳请读者批评指正。

同时，对本书写作过程中引用相关文献的作者表示衷心的感谢，有了你们的付出和我们共同的努力，必将开创我国财政理论研究的新局面。

尚可文

2013年5月

目　　录

导　论

一、财政学的性质

（一）财政学首先是经济学的一个分支

经济学就是研究人们如何借助于经济制度，最大限度地利用稀缺的资源来最好地达到配置效率与分配公平两大经济目标。或者更通俗地说，经济学就是一门如何进行权衡的学问，它考察的是人们在社会生活中得多少、失多少，如何能做到多得少失。用术语来说，就是“成本—收益”的对比关系。对每一项活动进行“成本—收益”分析就构成了经济学作为一门社会科学的独特角度与思考方法，并以此为特征将经济学与其他社会学科分裂开来。

举个例子来说，教育学关注的可能主要集中在具体的教育手段以及受教育者的效果等问题上，而从经济学的角度来考察教育，则主要关心在既定的范围内，教育投入与产出之比如何。因此，经济学作为社会科学的一个分支，它的视角可以涉及社会学的各个方面，或者换句话说，一切社会部门的活动都包含着经济学的意义，都可以用经济学的方法加以研究。

而财政学作为经济学的一个分支，其目标的确定、过程的分析、结果的评价完全遵循和经济学研究相一致的原则。财政学通过对政府制度运行的具体研究，力图使政府制度的发展更能符合全民利益最大化的经济目标。或者从当前比较盛行的公共财政理论来说，财政学就是将整个国民经济划分为“政府”和“市场”两大部分，并从二者的相互关系来研究经济。比如说，在社会中，哪些事情应该由政府来做？应该采取怎样的方式来做？哪些事情应该由市场来做？这两大部门的分工以及实现的方式对国民经济会产生什么样的影响，怎样的分工以及政府实现目标的方式才有利于整个经济的发展和社会稳定。由此决定，财政学研究的基本问题：①政府的活动对国民经济产生怎样的影响；②政府该干些什么，该怎样干；③政府如何才能干好他该干的事。

（二）财政学又是一门致用之学

这里有20世纪两位著名人士的名言，一是杨振宁先生，他说“秋水文章不染尘”，是指理论直达宇宙奥秘的穿透力。意思是说经济学应该是简单的，但却是对复杂的经济现象进行抽象思辩之后所给出的简洁的框架。二是陈岱孙先生，他主张“经济学是致用之学”，经济学应该永远与生活、实践的活水源相连，从实际经济生活的争辩与对策中提炼出人类思维能力尚能解决的问题。财政学也是如此。现实生活中，从居民的衣食住行到国家的政治活动和经济建设，时时处处存在着财政现象和财政问题。如：城镇居民享受政府提供的各种价格补贴，如副食补贴；低收入家庭享受基本生活保障；下岗人员有政府实施的再就业工程；居民个人要就其应纳税行为依法向国家缴纳税收；政府出资兴建规模宏大的电站、钢铁厂、桥梁、铁路、公路、大型水利工程等；国家出现财政赤字的原因是什么，财政赤字有害还是有益；企业的税收负担的水平应确定在什么水平上，才可能使政府各项支出得到满足，又不致使企业丧失原有的活力。诸如此类的财政政策和问题都集中反映在国家预（决）算上面。综上所述，财政学所体现的就是政府在社会资源的配置和收入分配中乃至在宏观经济稳定中的目标、方法和结果。它是一门致用之学，正如马丁·费尔德斯坦和理查德·马斯格雷夫所言："财政学不只是一种学术上的训练，其目的还在于帮助我们了解甚至改善现实世界的处境。"在社会生活中，我们处处受政府经济活动的影响。财政是政府经济活动的核心。正如捷克总统 V. 克劳斯所言："财政无疑是对个人与国家之间关系的高深讨论，没有比财政学更好的学校教育了。"

（三）财政学更是一门与经济学、政治学、社会学相交叉的边缘学科

人们一般把传统财政学看做是经济学的一个分支，那么，现代财政学是否仍是经济学的一个分支？就财政学与经济学研究的主题来看，二者是一致的，都研究资源配置问题。财政学作为经济学的分支学科，其基本内容就是如何处理好公共部门与私人部门间的资源最佳配置问题，如何处理好公共部门内部的资源最佳配置问题。从这一点来看，现代财政学是经济学的一个分支是毫无疑问的。但仅仅把现代财政学定性为经济学的一个分支是不够全面的，现代财政学也包括了大量的政治学的内容。因为，政治学将国家（政府）活动作为主要研究对象之一，而财政所涉及的政府收支问题，本身就是政治学的一个重要内容。实际上，政治性是财政的本质属性，对此历代仁人志士均做了精辟的阐述。如：从国家和政府的存在与职能实现的角度，作出"国家存在的经济体现就是捐税"以及"赋税是政府机器的经济基础"的结论；从国家改革策略任务实现的角度，作出"如果我们在财政政策上没有成就，我们的一切根本改革就会遭到失败"的结论；从财政与政治关系的角度，作出"政治工作是一切经济工作的生命线"的结论，并把财政工作看做是"最大的政治工作之一"，把政治观点确定为财政工作的首要观点，认为"没有正确的政治观点，就等于没有灵魂"。西方经济学家道尔顿在其《公共财政学原理》一书中更是开宗明义地指出：财政学是介于经济学与政治学之间的一门学科。特别是随着公共选择理论的兴起，人们越来越重视通过完善政治决策机制提高公共部门配置资源的效率，因为公共选择理论是融财政学、经济学与政治学于一体的产物。正如布坎南所说："一个世纪以前，人们研究政治经济学，现在他们分别研究政治学和经济学，从某种意义上说，增加学科的专门化不失为一种进步，但在研究一个国家的财政时，学科的专门化却是一种倒退。从财政的定义来看，它的研究领域就是政治经济学。"布坎南的意思，无非强调要就政治和经济共同来研究财政问题。

不仅如此，从经济学角度研究财政问题是财政学的基本视角，而从政治学的角度研究财政问题则是财政学的重要视角。然而，事情远不止于此，政府作为现代社会的管理者，其活动还涉及各种各样的社会问题，如社会保障、环境治理、卫生保健等，而财政则是其处理社会问题的最重要手段之一。因此，社会学角度也是研究财政问题的重要角度之一。可见，财政学将是一个与经济学、政治学、社会学相交叉的边缘学科。财政学的研究也必须要树立起财政学的经济学观、财政学的政治学观、财政学的社会学观三大观念。

二、财政学的理论基础

财政学研究的首要任务是确立科学的理论基础，因为科学的理论基础是规范正确的研究

方向、确定正确的研究对象和任务、运用科学的研究方法、形成科学的研究结论、建立合理的理论体系的基本前提。我国财政学的理论基础历来是马克思主义理论，但近年来，传统政治经济学作为财政学理论基础的地位受到很大冲击：一方面，西方经济学从思维方式、分析方法上对传统经济学形成冲击；另一方面，改革开放的深入和市场经济改革目标的确立，似乎又拉大了传统经济学理论与实践的差距。这就迫切要求我们根据新形势下社会主义建设的目标及根本任务，科学完整地界定财政学研究的理论基础。

（一）马克思主义理论仍然是财政学研究的理论基础

马克思主义理论包括马克思主义哲学、马克思主义政治经济学和科学社会主义与共产主义学说，这三个组成部分是一个不可分割的有机整体，构成财政学研究的理论基础。哲学是根本的世界观和方法论，任何财政经济理论及与其有密切关系的国家政府等观念，都是一定的哲学思想运用于这些领域得出的结论，它是坚持正确的研究方向的根本保证。马克思主义国家学说，在界定财政的概念、性质、运行体系、职能范围等基本理论问题，明确财政作为国家存在和发展的物质前提与国家的本质联系以及在社会主义市场经济条件下如何有利于国家职能实现等问题上，具有重要的指导意义。马克思的社会再生产理论、剩余价值学说以及经济周期理论等，也是市场经济条件下财政调控理论和相应的财政政策理论的理论基础。三个组成部分有机联系，不可分割，如果只以其中的经济学说作为理论基础，很难全面地认识这种经济学说的哲学渊源、社会实质，也就很难运用它的立场、观点、方法分析问题指导实践了。

（二）中国特色的社会主义理论是财政学研究的实践基础

中国财政学必须研究中国的经济问题。首先，中国是一个拥有 13 亿人口的社会主义国家。经济理论应当研究市场机制和公有制、经济效率和社会公平的内在统一性，为巩固和发展社会主义制度服务。其次，中国是一个发展中国家，现阶段的根本任务是发展社会生产力，经济理论应研究中国经济发展的规律性。第三，中国正在进行史无前例的制度创新和制度变迁，经济理论应研究经济改革的规律性，为深化改革、扩大开放服务。中国经济发展实践的巨大变化，使作为财政学理论基础的传统经济学面临严峻挑战。以邓小平为代表的中国共产党人坚持把马克思主义基本原理同中国具体实践相结合，逐步创立和发展了包括社会主义经济理论在内的有中国特色的社会主义理论，深刻揭示了中国这样的发展中国家社会主义建设和发展的规律，创造性地发挥和发展了马克思主义政治经济学，对社会主义经济学的发展作出了重大贡献。这一伟大创举为我国的经济体制改革提供了科学的理论依据，也对我国财政学理论研究进行了合理的定位，即我国财政学理论必须以社会主义市场经济体制为其研究的逻辑起点，以市场在国家宏观调控下对资源配置起基础性作用的条件下，财政保证国家职能实现为研究主线，以探索财政分配、财政管理、财政调控的规律为研究的主要内容。

（三）借鉴西方财政学的研究成果和方法是财政学研究的有益补充

长期置身于市场经济环境中，能体现市场经济的要求，反映市场经济特征及运行规律的西方财政学的研究成果和方法，为深化中国财政学研究的内容提供了丰富的理论基础。因此，应本着借鉴、吸收、扬弃、为我所用的思想，不断创新和丰富中国财政学的研究内容和方法。如西方财政学理论认为，在市场经济条件下，社会资源配置的方式应当以市场配置方式为基础，以政府或财政配置方式为补充；政府安排财政支出，满足公共需要时应当具有层次性；政府取得的财政收入，应当贯彻总体有偿的原则，根据政府提供的公共产品和服务的实际支出来确定收入的规模；市场经济条件下的财政应当是法制化的财政等观点，对构建中国特色的财政学理论体系具有重要的启发。另外，西方财政学的数量分析方法、计量分析方法等也有值得借鉴的价值。

(四) 关于财政学的革命和整合问题

近年来，财政学理论研究引发了一场财政学的革命和整合思潮。这标志着财政学的研究方向及理论体系将经历从传统财政学向现代财政学的转变，而现代财政学既是对传统财政学的变革，又在许多方面进行了创新，可谓之“整合”。按照毛程连在其所著的《财政学整合论》一书中的解释，所谓“整合”即“要在吸取各学派合理内核的基础上达成一个比较统一的经济学与财政学理论体系的构建，不光是个简单的叠加—综合的过程，而是必须通过分解——重组，最后真正达至‘一体化’的结果”。实际上，关于“财政学革命”的提法早在20世纪90年代初，我国财政学界的老前辈许毅教授就曾指出：“我们运用集体的智慧，试图对传统财政理论发起一场财政学的革命，这是一种大胆的尝试和探索。”1997年10月在山东财政学院召开的第八次全国高校财政学教学研讨会上，正式提出了“财政学科及财政学需要进行一场革命”的论断。近年来，有关财政学革命的文章不断发表，如：丛树海“论我国财政学理论体系的创立和发展”；杨志勇“中国财政学向何处去”；朱柏铭“中国财政学的革命”；卢洪友“财政学科及财政学需要进行一场革命”，等等。因此，审视和评价中国财政学的变革，并就财政学创新过程中的若干问题进行研究，对于我们把握财政学发展的时代脉搏，推动财政学的研究和教学，具有特别重要的意义。

一般来说，以20世纪70年代末80年代初为界线，我国财政学可分成传统财政学和现代财政学两个时期。传统财政学的基本特点按照朱柏铭的总结主要是：理论来源是马克思主义政治经济学、前苏联的财政理论和财政制度、中国历代理财思想及新中国成立以来的财政实践；研究目的突出地揭示不同社会形态下的财政本质，而忽视如何发挥财政对于经济建设的指导作用；内容体系上大多为性质、原则、意义、作用等所充斥，真正称得上原理、规律的东西很少，更忽视对财政应用理论和决策理论的系统分析；研究方法上对现代西方理论持排斥和否定的态度，也忽视定量的研究。1980年以来，一方面随着社会主义市场经济体制的建立，传统财政学的理论基础——计划经济受到强烈冲击，传统财政学的理论核心——国家分配论也面临着严峻考验；另一方面大量西方财政理论的传入与发展对我国传统财政学提出了挑战。1981年王传纶编著的《资本主义财政》是改革开放以来第一本系统介绍西方财政学理论的公开出版物，使人们对西方财政理论有了初步认识；1987年邓子基等翻译的马斯格雷夫著的《美国财政理论与实践》引起学术界的广泛关注；1988年曾强等翻译的斯蒂格列茨著的《政府经济学》、1992年蔡江南等翻译的由阿特金森和斯蒂格列茨合著的《公共经济学》给人们开辟了一个新的研究视角。与此同时，中国财政学理论研究中大量吸收其合理的成分，试图建立新的财政学理论体系。如1992年平新乔的《财政原理与比较财政制度》，1991年陈共的《财政学》，1996年华民的《公共经济学教程》，1996年蒋洪主编的《财政学教程》等，都是比较成功的代表作。这迫使我们不得不重新审视财政学的研究对象究竟是什么，财政学理论基础是什么，财政支出的范围如何界定，财政学体系如何构建，财政学的发展趋势如何等理论问题，随之出现了中国财政学史上的两次分化和综合，或称之为财政学的整合。

第一次分化与综合发生在19世纪80年代，主要是由于改革开放和思想解放导致了学术的繁荣，相应地出现了中国财政理论的繁荣局面。表现在：①社会公共需要论、剩余产品决定论和再生产决定论对国家分配论提出了挑战。特别是社会共同需要论强调财政活动是为了满足社会共同需要，这与国家分配论强调国家与财政的本质联系，以及财政是为了实现国家的职能而存在的观点截然不同。②财政学各分支学科如税收经济学、公债经济学、财政支出经济学等的出现，使得财政理论研究进一步深化。

第二次分化与综合从20世纪90年代初开始，至今尚未完成。这次分化与综合肇始于社会主义市场经济体制改革目标的提出，受到西方财政学的影响，分化和综合的趋势更加明显。专业化表现为财政学研究对象日益精细、研究领域日益狭窄，理论分支日益增多，诸如公共产品理论、外部效应理论、公共选择理论、公共效率理论等。无疑这种专业化研究会深化人们对于财政问题的认识，有助于形成更加科学、更加准确、更加具体、更有解释力和说服力的财政理论。综合化表现为：一是其他学科向财政领域渗透，即移植其他学科原理和方法研究财政问题和解释财政现象。如出现了财政伦理学、财政社会学、财政法学等新的家族成员。二是研究对象的整体化，研究层次、研究视角的多元化、全面化以及研究方法的多样化。如由收支独立研究向收支结合的整体化研究转变，实现了从国家分配论到公共需要论、从收支平衡论到宏观调控论、从行政决定到民主理财的转变。从研究方法上来看，中国现代财政学更强调“就经济论财政”，也开始注重“就政治论财政”；不仅创新财政基础理论，而且向财政制度设计及财政政策研究等方向拓展；重视吸收西方现代财政学中适应市场经济发展需要的合理成分，并尝试用现代微观经济学的分析方法来分析中国的财政问题。同时，这次分化和综合也给我们提出了一个严肃而现实的课题，即中国财政学走向何方的选择，中国是不是有必要建立具有中国特色的财政学，还是可以直接引入西方财政学，传统财政理论在新时期是否仍然适用。这成为传统财政学界特别是主流学派最为关心的问题，也是值得我们深思的问题。

三、财政学的研究对象和方法

（一）财政学的研究对象

一门学科与另一门学科的区别，在于研究对象所具有矛盾的特殊性。财政学的研究对象可以分为三个层次：

第一层次，财政学是研究政府经济活动及规律的学科。国家或政府在组织自己的经济活动时，必须形成某些规则，并依据这些规则作出某些制度上的安排。这些制度是如何设计的，制度运行状况及其改革方向都是财政学研究的对象。财政学通过研究政府经济活动及规律，力争做到科学界定政府职能，理顺政府与市场的关系；明晰政府角色，理顺政府与企业的关系；规范政府权限，理顺中央政府与地方政府的关系。

第二层次，财政学是研究公共部门经济活动及规律的学科。社会经济部门从大的方面可以分为公共经济部门和私人经济部门，财政学以公共经济部门为研究对象，旨在探求公共部门经济活动及规律，从而实现有效弥补市场失灵，规范干预私人经济部门，确保社会稳定与发展，维护生态平衡与和谐的经济调控目标。

第三层次，财政学是研究财政收支活动及规律的学科。财政学重点要研究财政分配活动及其发展规律。财政活动主要具体化为财政收入和财政支出。财政收支均由若干项目构成，各收支项目依据什么成立，各有何特点，如何影响国民经济运行，财政收支总量、结构上的矛盾对经济运行质量的影响，这些都是财政学主要研究的内容。通过对财政收支活动及规律的研究，一方面要促进做大“蛋糕”，实现社会资源的合理配置；另一方面要促进分好“蛋糕”，实现社会财富在政府、企业和个人之间的公平分配。

（二）财政学的研究方法

财政学研究对象的多层次，研究角度的多元化，研究内容的复杂性决定了其研究方法也必须是多样化的，主要有归纳与演绎、历史与逻辑、实证与规范、定量与定性等。

1. 归纳与演绎

归纳法是从个别事实走向一般概念、结论的思维方法。演绎法是从一般的概念、原理走向个别结论的思维方法。如对财政概念的表述主要运用的是归纳法，从现实的财政现象出发，发现并总结财政分配的规律，提炼财政的概念；而对财政政策的选择主要运用的是演绎法，从财政学的基本原理出发，结合现实经济运行状况，提出目前积极财政政策选择的必然性和可行性。

2. 历史与逻辑

历史法其实就是历史的归纳，是通过对历史的事实和经验的概括与抽象，从而归纳出本质和规律来。逻辑法其实就是逻辑的演绎，是以基本假设或基本概念为前提或起点，通过严密的逻辑分析，推导出一定的结论来。如通过对各国财政支出历史的考察，得出财政支出规模不断扩张的趋势；同时，经济学家又在不同的假设前提下，对财政支出规模不断扩张的原因作出了不同的解释。因此，对这一问题的研究很好地运用了历史与逻辑的研究方法，极大地增强了结论的科学性和可行性。

3. 实证与规范

实证法是一种事实陈述的分析方法，是对客观事物进行描述、分析和阐述，它回答的是“是什么”、“会怎样”的问题。实证分析运用于财政学，就是要按照财政活动的原貌，勾勒出从财政取得收入直至安排支出的全过程及其产生或可能产生的经济影响，财政活动同整个国民经济活动的相互作用，以及组织财政活动所建立的机构、制度和各种政策安排。规范法是一种价值判断的分析方法，是对客观事物作出估价、判断和抉择，它回答的是“应该怎样”、“必须如何”的问题。规范分析运用于财政学，就是要根据社会主义市场经济这一制度前提，根据公平与效率这两大基本社会准则，来判断目前的财政制度是否与上述前提和准则相一致，并探讨财政制度的改革问题。可见，实证法如果不能归纳出一般的规律或本质关系来，那么这种分析就不够深入。规范法如果所依据的价值标准不是普遍和客观的，那么它的判断就缺乏说服力。

4. 定量与定性

定量法就是运用数理和统计技术，考察事物的“量”的规定性，从而把握事物性质的一种研究方法。其着眼点在于用数量关系精确地揭示事物的根本特征。定性法就是运用理论分析、历史研究和逻辑演绎，剖析事物的“质”的规定性，从而把握事物性质的一种研究方法。其着眼点在于对事物的表象进行全面的、深入细致的考察和分析，进而揭示出决定这一事物运动、变化和发展的内在规律。财政关系也会经历由量变到一定程度引起质变的过程。因而只有研究了量的变化程度，才能对质有确切的把握。财政学的研究不仅要注意财政分配性质的分析，还要关注财政收支比例变化的规律分析。

四、财政学的理论体系

建立财政学的理论体系，首先应确定起基础作用的核心概念是什么。这个核心概念将是财政理论的逻辑起点。传统财政学把国家职能作为核心概念，那是为了适应计划经济的需要；与市场经济相适应，现代财政学的核心概念只能从市场领域中去找。对此，有的学者主张把公共物品作为财政的核心概念；也有的学者建议以市场缺陷作为财政基础理论的核心概念；还有的学者认为两个概念都应作为财政学的核心概念，因为公共物品与私人物品是公私两大部门的分界线，自然应成为公、私部门经济学分别研究的对象，西方现代财政学就是以公共物品的研究为起点的。与公共物品相比较，市场缺陷这一概念的外延更广泛一些，比如负外部效应的矫正是个公害品的消除问题，很难包罗在公共物品的提供范围之内；对经济运行的调控也是公共物品的概念所不能涵盖的。公共部门最基本的职责是提供公共物品，外部效应的矫正、经济波动的消除等是由此派生的。因而，以公共物品为核心概念建立起来的可能是狭义现代财政学，以市场缺陷为核心概念建立起来的，则可能是广义现代财政学。

其次，贯穿新型理论体系的红线又是什么？应是公平与效率。公平与效率是历代财政学家讨论的热点问题，它是一个古老而又常新的论题，也是财政理论的一个难点，是一道难求最优解的方程式。因而它是一个重要的财政理论问题，是一把衡量财政制度合理化的标式，因为评判公共部门履行参与资源配置、协调收入分配、维持经济稳定三大职能的标准就是公平与效率，而且财政制度设计、财政政策制定及具体各项财政实践活动，也都是以公平与效率为行为准则的。把公平与效率作为主线，财政理论体系的面貌才会焕然一新，诸如支出范围的界定，成本收益分析法的应用，政府采购的实行，税收成本的节省，预算约束的强化，上下级财权、财力的合理划分，无一不与公平和效率密切相关。

本书以公共产品理论和市场失效理论为核心概念，以实现财政分配的公平化和提高财政支出效率为目标，在遵循财政分配活动客观规律的基础上，按照基础理论—财政实践—财政政策的思路构建财政学的理论体系。共分三大模块 13 章，分别如下：第一模块为财政学基础理论（第一章）；第二模块为财政学实践理论（第二章到第十一章）；第三模块为财政政策理论（第十二、十三章）。

第一章　财政概念与财政职能

本章以市场经济的运行为出发点，阐述了市场、政府、财政三者之间的关系，特别是对财政的一般要素与公共财政模式的运行特征进行了系统性分析。通过本章内容的学习，要求学生正确理解公共财政的基本概念，明确公共财政与市场机制失灵和政府经济作用的内在联系，全面掌握市场经济条件下财政资源配置、收入分配和稳定与发展三大职能的目标以及财政履行这些职能的机制和手段。

案例导引

中国A市长与美国B市长

中央电视台在一期“让世界了解中国”的节目中，邀请了中美两位市长出场。美国B市长所在的B市，是世界最富有的一些大公司所在地，税收财源颇丰，中国A市长所在的A市，是一个从四个小村庄发展起来不久的小城市。节目主题是围绕中美两位市长通过电视互相对话，交谈各自城市建设和发展而展开，目的是让世人了解中国，让中国人了解世界。

在交谈进入尾声阶段，中美两位市长互相邀请对方访问自己的城市，双方经几次互相邀请，美国B市长在高兴地接受中国A市长的邀请之后，表示她的访华计划要通过募捐筹集到访华经费后才能安排的意思。她解释道，虽然身为一市之长，但她的办公经费来自于市民的纳税钱，每一笔开支必须要对她的市民负责，访华的费用将是一笔额外开支，不在她的办公费用之列，她需要先向有关企业募捐，获得企业的赞助之后，才能安排访华的行程。

中国A市长高兴地接受了美国B市长的邀请，在听到美国B市长上述言词之后，立刻表示他将支付B市长访华的一切费用，在节目主持人的“辅助”之下，还一一列明包括来回机票、住宿、吃喝等全部费用，另外，还主动表示要向B市长赠送衣服礼品等等。中国A市长的“慷慨”，令“吝啬”的美国B市长眉开眼笑，表示当晚就要打包上路。

问题：

1. 如何认识中美两位市长在接受对方邀请的访问时所表现出来的“慷慨”和“吝啬”？

2. 通过美国B市长表现出来的“吝啬”和中国A市长表现出来的“慷慨”，你对公共财政资金的使用有何认识？

第一节　财政概念

一、财政概念的历史演变

1. 西方国家财政概念的演变

财政一词最早于13～15世纪出现在拉丁文中，意为结算支付期限、支付款项、确定罚款支付等。16世纪财政一词传入法国，意为公共收入。17世纪演变为专门指国家理财。19世纪进一步阐明是指国家及一切公共团体的理财，并相继传入欧洲其他国家，英语为finance。19世纪末，日本引进finance的词义，同时借用中国的两个汉字“财”与“政”，立财政一语（1882年日本开始用“财政奏折”一词）。Finance释义较广，可译为金融、融资、财务等。专指国家理财时，西方国家一般用public finance，可直译为公共财政。

2. 我国财政概念的演变

早期用“度支”、“国计”、“国用”等词来概括财政现象。19世纪90年代，财政一词由日本传入我国。在戊戌变法（1898年）“明定国事”诏书中首次出现“改革财政，实行国家预算”的条文。自民国开始，以“财政”命名官方机构，称“财政部”。20世纪40年代旧中国中华书局出版的《辞海》对财政概念的解释是：“财政谓理财之政，即国家或公共团体以维持其生存发达为目的，而获得收入，支出经费之行为也。”这也是引用西方国家公共财政定义而进行的表述。

二、财政是一种国家或政府的经济行为

财政是以政府为主体，集中一部分国民收入来满足社会公共需要的收支分配，是政府从事资源配置和收入分配的一种公共经济活动。其包括以下四个方面的具体含义：

1. 财政是一种分配活动，属于分配范畴

首先需要明确，财政作为一种社会现象，它属于经济生活的组成部分。经济学常识告诉我们，社会经济活动是一个社会再生产的运动过程，人类社会一切财富的生产和消耗都要由这个运行系统来完成。其中，生产环节是起点，各种生产要素结合在一起，生产出各种各样的物质产品和劳务。消费环节是终点，一切物质产品和劳务最终都是为消费服务的。但是，在社会化或群体化生产的前提下，生产环节不能与消费环节实现对接，中间还需要有交换和分配环节发挥媒介作用。交换环节的作用在于通过市场将具有不同使用价值的物质产品和劳务与作为一般等价物的货币相交换，实现产品的价值；分配环节的作用则是将已经实现的价值按照各种要素的贡献以及社会公共需要，在不同的经济主体之间进行分割，即完成对国民收入的分配与再分配，确定各个经济主体对收入的占有份额或所有权，为实现他们的消费目标提供必要条件。在分配环节内，包含诸多的分配形式。如在初次分配中，有工资分配、利润分配；在再分配中，有利息分配、租金分配，等等。国家财政也是分配环节内的一种形式，特别是在再分配过程中，它是一种主要的分配形式。这里的分配是广义的分配，既包括关乎社会再生产的资源配置即生产要素的分配，也包括关乎人们之间利益关系的收入分配。主要有三大类分配和管理活动：筹集财政收入；安排财政支出、提供公共产品；对国民经济监督、管理和宏观调控。

财政又是一种特殊的分配活动，它不同于一般的分配活动。一般性的分配活动是以生产要素为核心的分配，如劳动者凭借劳动力的所有权取得工资所得，资本家凭借资本的所有权取得利润（利息）所得，地主凭借土地的所有权取得地租所得。一般性分配有两大特点：一是体现自愿性原则；二是遵循等价交换原则。而财政分配是以政治权力为核心的分配，财政分配也有两大特点：一是体现强制性原则；二是遵循不等价交换原则。

财政的强制性是指财政这种经济行为及其运行是凭借国家政治权力，通过颁布法令来实

施的。财政的强制性是由政府作为一个公共权力中心和政治统治机构的身份决定的。首先，财政收入具有强制性。税收就是典型的强制性收入形式。其次，财政支出也具有强制性。在财政支出规模和用途的安排中，众多的公民可能有不同的主张，但财政支出不能按某一公民的意愿进行决策。即使在民主政治下，也必须通过一定的政治程序做出决策并依法强制执行。由此而言，财政本质上是一种超经济的分配形式。

财政的不等价交换也称无直接偿还性，它主要说明两个方面的问题。首先，从整个财政收支过程来看，财政是具有偿还性的。因为财政从公众手里取得收入，还用于为公众提供公共产品。其次，这种偿还不是直接的，即每一个纳税人都无权要求从公共支出中享受与其纳税额等值的福利。由于国家征税筹集的是提供公共产品的费用，因此，就直接的税收征纳关系来讲，是无偿的。

财政的强制性和无直接偿还性是一致或相互依存的。强制的重要原因就是其是无偿或不直接偿还的。强制性和无直接偿还性是财政区别于一般经济分配形式的最重要的特征。

2. 财政是一种以政府（或国家）为主体的公共经济活动

任何分配过程都有与之相对应的主体存在。一般经济分配的主体是投入要素的单位和个人，而财政分配的主体只能是国家或政府。这是财政分配区别于其他分配形式的基本特征。所谓国家为主体，是指国家在财政分配中居于主导地位。国家不仅是财政分配形式存在的决定性因素，国家与财政共存共荣，而且财政分配的对象、数量、范围和方式等都主要由国家来决定。因此，财政表现为政府的集中性分配活动，是一种政府行为。这意味着：①财政是为实现政府职能服务的；②政府是财政分配的组织者和主持者；③所有财政活动都体现着政府与其他经济主体之间的经济关系。这种经济关系在不同的社会制度下具有不同的性质，这是不同社会制度下财政的特殊性。由于财政属政府的经济行为，在经济部门划分中政府属公共部门，因此，财政活动是一种公共经济活动。

当然，国家在财政分配中主导地位，并不表明国家可以不受约束地决定财政分配事项。要使财政能够很好地为自己履行职能服务，国家必须正确认识和遵循财政分配的运行规律，合理运用财政分配工具，妥善处理与社会其他单位和个人之间的利益关系。特别是在现代社会生活中，国家财政的公共性特征日益突出，从而对国家正确行使自己的权利提出了更高的要求。

3. 财政分配活动的目的是提供公共产品和满足社会公共需要

财政作为一种以政府为主体的分配方式或资源配置方式，与市场性的资源配置一样，目的都是为了满足社会需要。人类的需要可分为两类：一类是私人需要（包括个人生活需要和企业单位的生产经营需要）；一类是社会公共需要。在市场经济条件下，私人需要通过市场机制提供私人物品来满足，社会公共需要由政府通过财政机制提供公共产品来满足。这是市场经济下市场与政府的基本分工。这样，公共产品和公共需要问题就成了市场经济下财政问题的核心，公共产品和社会公共需要理论亦成了认识市场经济下财政概念的基点。

4. 财政分配的对象是一部分国民收入，主要是剩余产品价值

财政分配是社会产品分配的一个组成部分，因此，其分配的对象也必然属于社会产品。通过税收手段，财政要从社会产品中分取一定比例的份额形成财政收入，然后，通过财政支出又将已分得的社会产品运用出去。因此，财政分配的客体实际上与税收的来源是联系在一起的。从社会产品的价值组成情况看，能够成为财政分配对象的只能是一部分国民收入。所谓国民收入，是指一个国家在一定时期内（通常为一年）新创造的价值，即社会总产品价值中，扣除C之后的V+M部分。在国民收入中既包含劳动者的必要价值，也包含剩余产品价值。这为财政分配对象的确立提供了基础。对此，我们将在财政收入一章作详细分析。

第二节　财政的产生及发展

一、财政的产生

财政的产生，需要同时满足三个条件：

(1) 剩余产品是财政产生的经济基础。物质资料的生产是人类生存和社会发展的基础。在生产力极其低下的原始社会条件下，没有剩余产品，财政不可能产生。这是因为：第一若没有剩余产品，就不可能有独立于生产过程的财政专门机构；第二若没有剩余产品，就没有可供财政分配的对象。随社会生产力的发展，剩余产品的出现，财政才有了存在的物质基础。

(2) 国家的存在是财政产生的政治前提。财政产生的政治前提是国家的产生和存在。如果没有国家，就没有财政分配的主体，也就没有财政。只有当社会发展到一定阶段，由于奴隶主和奴隶的经济利益不可调和，氏族制度的公共事务机关变成为统治和压迫的权力机关。“这种从社会中产生但又自居于社会之上并且日益同社会脱离的力量，就是国家。”国家为了维持它的存在和行使它的职能，有必要对一部分社会产品进行分配和再分配，于是产生了以国家为主体的分配。因此，财政是随着国家的产生而产生的。

但是，由此产生了类似于“先有鸡，还是先有蛋”的争议。实际上，国家和财政的产生是一个漫长过程，从社会发展的历史看，在国家产生初期，由于政府和财政的规模小，财力上主要是由一个或少数贵族家庭支持，那时的财政实际是国王或皇帝的家庭财务。随着社会经济的发展，国家和财政规模不断扩大，才使国家财政与皇家财务分离，财政部门的机构和职能逐步完善。因此，可以说，财政是随着国家而产生的。但对于二者之间的关系及产生时间，应放在社会发展的漫长历史中考察。

(3) 财政产生的根源是公共需要。人类社会有两大需求：私人需求和公共需求。私人需求主要由私人产品满足；公共需求则由公共产品满足。财政产生的根源在于私人部门不能有效提供公共产品以满足公共需求。原因是公共产品的非排他性。公共产品的非排他性使得所有消费者都不会为消费公共产品付费（免费搭车），使公共产品的成本得不到补偿。而私人提供的商品不仅要求成本得到补偿，而且通过出卖商品为其带来利润。因此，市场机制不能有效提供公共产品。公共需求只有通过非市场机制（主要是政府）来满足。在原始社会初期，尽管也存在公共需求，但因没有剩余产品因而不存在财政分配；在原始社会中期，出现了剩余，但由于没有国家，也不存在财政；只有到了原始社会末和奴隶社会初，一方面存在剩余产品，另一方面产生了国家，才出现财政分配。

二、财政的发展

随着社会生产力的发展和国家政权的更替，财政的性质、内容和形式在不断地发展变化，对此，我们可以从两个方面加以考察，一是从人类社会形态的演变来看，先后出现过奴隶制国家财政、封建制国家财政、资本主义国家财政和社会主义国家财政。二是从经济形态的演变来看，先后出现过家计财政、国家财政和公共财政三种模式。

（1）从人类社会形态的演变来看，先后出现过奴隶制国家财政、封建制国家财政、资本主义国家财政和社会主义国家财政。这里，仅就生产资料私有制国家的财政发展做一概述。

奴隶制国家财政收入，主要来自奴隶的劳役地租，即奴隶从事农业、畜牧业、手工业劳动所生产的产品，其中最重要的是农产品，也来自战争的掠夺、纳贡等。财政支出主要是战争和祭祀、王室费用等。财政收支的形式基本上采取力役和实物形式。

封建制国家的财政收入，主要来自农民的无偿劳动，既有农民交纳的实物地租、田赋、捐税，还有专卖、纳贡、捐输、关税，以及发行货币、公债等。财政支出主要用于军队和各种强制机关的支出、王室和官俸的支出，也有用于巩固国防、便利交通和兴修水利的支出。财政收支形式从实物形式向货币形式逐渐转化。

资本主义国家的财政收入主要来自各项税收。财政支出方面，主要是军政支出，在自由资本主义时期，财政支出相对较少；在垄断资本主义时期，还有一部分财政支出用于科学、教育、社会救济、福利和发展经济等，庞大的财政开支，使资本主义国家还通过实行赤字财政和通货膨胀政策来进行财政再分配。资本主义国家的财政收支形式采取货币形式。

（2）从经济形态的演变来看，先后出现过家计财政、计划财政和公共财政三种模式。人类社会迄今为止存在着三种经济体制，从而也相应有着三种财政类型。这就是与自然经济相适应的“家计”财政，与计划经济相适应的“计划”财政，以及与市场经济相适应的“公共”财政。

家计财政。这是对自然经济条件下的奴隶制和封建制君主专制国家财政模式的一种概括。国家的代表是君主，不管是政治权力，还是财产权利，君主都可视其为“私权”。在这种历史背景下，“私人”与“公共”的区分因为缺乏对应的参照而成为不必要，国家财政就是王室的“家计”财政，因此，“家计”财政实际上就是一种公、私不分的财政模式。

计划财政。计划财政特指在计划经济体制下财政活动的一种特殊历史类型。计划财政不同于家计财政，作为财政主体的国家完全摆脱了家计财政下“君临天下，唯我独尊”的状态，在政治上，国家是全体人民利益的代表，是全民所有制财产的所有人，根本不能再存在国家财政与个人财务相混淆的情况。计划财政也不同于公共财政，它建立在比较纯粹的全民所有制基础之上，虽然从政治上而言人民的利益和需要是摆在第一位的，但在经济实现途径上，国家利益和国家需要是至高无上的，而个人或企业的利益即使不是被完全否定，也是被压抑到尽可能低的程度。在这种情况下，私人需要和公共需要的界限也很难划分，政府不仅提供公共产品，也提供私人产品，政府介入了社会经济活动的所有领域，与这种政府职能的无限性相适应，计划财政也表现出无限财政的特征。

公共财政。公共财政是一种适应市场经济发展需要的财政类型，其“公共性”并不会否定“国家分配论”所揭示的国家和财政在本质上为特定的一部分人服务的事实，只是在形式上，财政是为了满足各个市场主体的公共需要而存在和运行的。这种公共需要由于无法通过市场交换的途径得以实现，因此由国家提供公共物品最为经济、便利和现实。为了提供公共物品，国家必须取得公共收入，也必须进行公共支出，这便是国家财政最简明扼要的描述。因此，相对于家计财政来讲，公共财政是一种公、私分明的财政模式；相对于计划财政来讲，公共财政是一种有限财政模式，它主要是在市场失灵或无效的领域活动。

第三节 公共财政的特征

公共财政是与市场经济相联系的一种财政模式或类型，是指国家或政府为市场提供公共服务的分配活动或经济活动。其基本特征是：

一、公共财政是一种弥补市场失灵的财政

现代经济是以市场为基础运行的社会再生产过程，因而被称之为市场经济。在市场经济活动中，市场机制对社会资源的配置起基础性作用。参与市场活动的所有生产者和消费者，都以市场为平台，以经济利益为纽带，按照不同的分工和需求，向市场提供着各自所拥有的要素资源，并获取相应的经济利益，最终实现社会资源的有效配置。

理论研究表明，如果社会上的每个市场都能满足以下假定条件，就将使市场在充分竞争原则基础上，实现社会经济资源配置的最佳效率。

第一，在市场上有众多的买者和卖者。这意味着每个卖者所能提供的产品数量与每个买者打算购进的产品数量，在市场总量中所占的份额都是微不足道的，以至每一单个卖者或买者增减其供给量或需求量都不足以对市场价格的形成产生任何影响。因此，在这些市场上，任何一个卖者或买者都只是价格的接受者，而不是价格的决定者。

第二，人力、物力和财力等各种资源都能够自由地通过市场在不同企业、行业和地区间转移，即不存在任何法律的、社会的或资金的障碍，阻止个人和企业进入某一行业。

第三，生产者和消费者对有关的市场信息具有完全的知识，他们不仅掌握今天的信息，而且了解明天、后天发生的情况。

第四，生产者所提供的同种产品是同质的，即同一产品是无差别的。这样，对于消费者来说，他们不会由于自身的消费习惯或偏好而对有着不同品牌、包装、服务等的同种产品产生不同的兴趣，从而出现某一厂家的产品由于特别受消费者欢迎而占据较大的市场份额，形成某种垄断的现象。

上述四个假设条件，就是所谓完全竞争市场的条件。在这样的市场上，所有生产者和消费者从自身的利益和理性的行为方式出发，相互联系，相互作用，进而推动社会资源的配置达到最优状态。在这一状态下，整个经济都无法通过资源的重新配置在无损于其他社会成员利益的前提下，使其中一个或几个社会成员变得比以前更好。也就是说，社会资源在现有技术条件下已经没有改善的余地了。这就是经济学上所讲的“帕累托效率”。

关于市场有效性的分析，早在自由竞争的资本主义时期，就已经受到了以亚当·斯密为代表的经济学家们的十分推崇。他们认为市场经济好像一架精巧无比的机器，所有市场的参与者则如同机器的零部件。在价值规律这只看不见的手的牵引下，他们相互之间能够进行精确的自动调整，并保持整部机器的高效运转。只有自由竞争才能带来经济的和谐，而任何企图通过少数人的智慧来达到控制经济运转的努力都无法达到良好的结果。因此，他们反对人为地干预市场活动，主张高度的自由放任。事实上，由于技术革命的巨大成功，技术与经济融合的结果，也的确使得经济增长充满了活力，推动了资本主义经济的迅猛发展。在一定意义上说，好像是市场有效性理论与实践实现了完美的统一。

然而，市场有效理论的假设条件在实践中是难以找到的。自由资本主义经济运行过程中积累了一系列经济内部和外部的矛盾，并以1929年经济大危机的方式最终爆发出来。这场经济危机造成了大量工厂倒闭，大量工人失业，市场极度萧条，大量商品被迫销毁，资本主义经济几乎到了崩溃的边缘。由此可见，所谓市场有效理论只不过是人们的一种美好愿望，完全依靠市场机制来维系庞大的经济机器运转，越来越显示出其内在的脆弱性。经济学家们发现，在一些领域或场合，市场机制本身并不能得到有效发挥，而在另外一些领域或场合，市场机制即使能够充分发挥，也无法达到符合整个社会要求的资源配置结果。这些市场失灵或失效的现象是市场机制固有的自身不可克服的缺陷，它们在任何时候都不能消失，而只会有程度上的差别。市场失灵主要表现为以下几个方面：

（1）外部效应。外部效应是指某一个体单位从事其经济活动对其他个体单位产生了有利或不利的影响，但并不因此而承担相应的成本费用支出或从中分享好处。有负效应和正效应之分。例如，在河流上游开办化工企业或造纸企业，企业对生产排出的废物、废水没有采取任何治理措施，而直接排放到河流中。此时，河流下游的企业、居民就无法使用清洁的水源。他们为了使自己的生产和生活不受影响，就需要为获得洁净的水源而投入必要的金钱，或者对河水消除污染，或者另外寻找新的水源。对于化工企业或造纸企业而言，他们的经济活动就发生了负的外部效应。负的外部效应意味着，制造外部效应的个体单位将部分成本强加于他人。正的外部效应也大量存在。比如，某一家庭在住房的周围建造花园。该花园不仅使主人享受到良好的美景，而且也可使邻居感受到幽雅环境对身心健康带来的益处。此外，养蜂人也能从中受益，无需付费就可使自己的蜂蜜产量得到提高。由于花园的主人没有从邻居家和养蜂人处获得相应的报酬，说明他的劳动发生了利益的外溢，即正的外部效应。外部效应可以发生在生产者与生产者之间、生产者与消费者之间，也可以发生在消费者与消费者之间。外部效应的存在，与市场机制下的利益交换原则形成了矛盾。由此就会导致人们只愿意从事具有负外部效应的经济活动，而不愿意提供具有正外部效应的经济活动。

经济学家对外部效应的最早理论研究可以追溯至马歇尔和庇古。庇古在其《福利经济学》一书中根据社会边际成本和私人边际成本的比较来说明这个问题。他指出，当社会边际成本大于私人边际成本时，将产生外部不经济，即负的外部效应，供给就会过多；相反，如果社会边际成本小于私人边际成本，则为外部经济，即正的外部效应，供给就会不足。当存在外部效应时，即使是在完全竞争的市场经济中，价格也不会等于社会边际成本，所以不能达到资源的最优配置。

（2）公共产品。公共产品是指具有公共消费或集体受益的物品与劳务。诸如国防、社会治安、公共设施、公共环境保护等，都是典型的公共产品。市场机制对于公共产品的提供发生失灵或失效的情形，非常类似于经济活动的外部效应。按照市场交换原则，一种产品或服务的提供者应当能够通过市场价格机制，从该产品或服务的受益者那里获得相应的成本补偿。但由于公共产品的受益者不只是一个或少数几个社会成员，而是众多的社会成员，只要出现公共产品，每个社会成员就可以无差别的享用，且社会成员对公共产品的需求并不一致，这就容易产生免费搭车的现象。因此，就难以保证公共产品的提供者能够按照市场机制从受益者那里收回其成本，使公共产品提供者的利益受损，从而使市场提供的公共产品数量不足，甚至出现该领域内资源配置的真空。

（3）市场垄断。市场机制有效性的一个重要前提是市场处于完全的竞争状态。这意味着任一经济主体在市场活动中都无法左右价格的形成，他们只能适应市场的价格水平，并以此为依据确定自己的经营目标或消费目标。然而，现实的市场并不具备完全竞争的环境。客观地看，每一种商品都存在差异，它们都在特定的领域内满足人们的需要。当某一行业的产量达到相对较高的规模时，就会出现规模收益递增和成本递减的趋势，从而就会形成垄断。特别是在诸如城市供水、供电、煤气管道、电话服务等领域，这种垄断的要求比较明显。垄断一经形成，垄断者就可能通过限制产量，抬高价格，使价格高于边际成本，获取额外利润。这种情况表明，市场机制的功能在垄断领域失灵了。

(4) 不完全市场。市场机制的有效性要求具有完全的市场，即具有完整、完善的市场体系。只有在这样的市场上，市场主体的经济活动才能在任何领域都获得最优的效率。但在现实的市场体系中，有些环节并不完全，而是带有明显的残缺特征。这种情形主要发生在以下市场领域：①保险市场。保险在通常意义上指商业保险。通过保险市场，保险公司将投保人购买保险的费用集中起来，与自身的经营资本一起，来满足投保人分散生产和生活风险的需求。但是，有些保险虽然具有需求市场，却没有供给市场。典型的例子是失业保险、养老保险和医疗保险等具有社会意义的保险。被保险人可能已经处于生活贫困状态，他们虽然有得到上述保险的要求，但又无力向保险公司支付保费。因此，这些最需要得到生活保障的人，却可能是被市场遗忘的人。②资本市场。资本市场的残缺以贷款市场最为典型。银行作为企业，与其他工商企业一样，将利润最大化作为其经营的目标。因此，银行提供贷款，既要求安全最高，又要求回报最好。这种经营准则与市场主体的实际情况是不能完全对应的。那些经济实力强、经营状况好、风险小的企业和个人可以比较容易地得到银行的贷款，而那些经济实力弱、经营遇到困难、风险大的企业和个人却往往受到银行的冷落。在这种情况下，对弱势人群和企业将会带来很大的不利影响。如贫困大学生贷款，完全由银行提供将无法给予充分的保证，而且社会也不能对银行给予谴责和苛求。③互补市场。所谓互补市场，是指市场主体之间在经济行为或经济活动中的合作。从市场有效性理论看，他们之间的相互合作可以不受外部干预的条件下，完全是以经济利益为纽带自发形成的。但是，在现实中，市场主体之间的合作只能在比较简单的情况下才容易实现，一旦需要大规模的配合，就将变得相当困难。以城市改造为例，在现代化的城市改造过程中，可能涉及土地的转让，工厂的搬迁，商店、学校、医院等公用设施和居民住房的建设，缺少哪一部分的配合，城市的改造都不会顺利实现。其结果，不是使城市的服务功能增强了，而是下降了。

(5) 不完全信息。市场机制的有效性需要建立在灵敏而充分的信息来源基础上。生产者需要了解消费者的需求信息，消费者需要知道市场上的产品销售信息，生产者之间也需要相互了解。但从现实看，尽管生产者和消费者都能在一定程度上可以得到自己所需的信息，却无法得到完全足够的信息。而且，许多信息的获得需要付出必要的成本。受到信息来源缺失的影响，生产者和消费者的行为决策难免会发生错误，从而进一步影响到市场的配置资源的效率。

(6) 收入分配不公。分配是经济运行的重要组成部分。收入的公平分配既是社会稳定和谐发展的需要，也是保证市场经济高效率发展的要求。但是，在市场经济运行中，由于社会、政治、经济体制的限制和影响，由于人们的社会地位和自然禀赋方面存在的差异，同时，也由于人们的生活环境、受教育程度、劳动技能、劳动能力等有所不同，使得利润、工资等收入并不能完全取决于竞争条件下的要素价格。结果，经济效率越高，往往伴随着越不公平的分配。显然，这是市场自身的力量难以改变的。

(7) 宏观经济的失衡。市场经济稳定运行的基本条件之一是保持总供给与总需求的平衡。但是，由于市场经济内部各种矛盾的相互交织，总供给与总需求之间总是在不平衡到平衡再到不平衡的关系中循环发展的。从 1929 年资本主义经济大危机开始，宏观经济失衡的各种最为明显的表现，即通货膨胀、高失业率以及周期性的经济萧条，一直伴随着经济发展的进程，对各个市场经济国家形成了持续的压力。有些国家，如日本，在近年来甚至经受了长达 10 年的经济衰退的困扰。在我国自改革开放以来的 30 多年里，也先后遭遇了 20 世纪 80 年代中期和 90 年代前期的通货膨胀，以及 90 年代后期开始到目前仍然没有摆脱掉的通货紧缩、需求不振、失业局面严峻的宏观经济失衡难题。而宏观经济失衡总是意味着社会经济资源配置中的损失和浪费。

上述市场经济运行中市场机制失灵的问题，依靠市场的力量是无法解决或解决不好的。但是，这些问题的存在，每一个又都直接关系到经济运行稳定与成效。面对这样的问题，就不能不促使人们从市场以外的视野寻求另外的解决问题的途径。正是以此为背景，政府的经济功能或作用受到了重视，并将其与市场机制的力量结合起来，弥补市场机制的缺陷，纠正市场机制的偏差，放大市场机制的能量。对市场经济国家而言，政府经济职能主要在于从效率改善、促进公平和稳定经济等方面来弥补市场缺陷。具体地说，政府经济职能大致可以归纳为以下五个方面：

(1) 制定经济规范，维护市场秩序。核心是界定和保护产权。在市场经济中，商品的交换实质上是产权交换，没有明确的产权，交换就无法正常进行。有效地界定和保护产权，明确市场上每个行为主体的权、责、利关系是产生激励、提高效率、促进经济发展的重要源泉。如果一种经济资源没有明确的产权归属，谁都可以任意使用，就不存在商品交换关系，就没有市场激励，就不需要市场经济制度。尽管依靠私人势力或民间组织在一定范围内和一定程度上也能实现对产权的界定，但这不仅社会成本很高，而且会造成社会的极大不公平，导致弱肉强食，激化矛盾，最终导致市场失效。所以对产权的有效界定和保护通常只能由政府来承担。政府只有对各种经济资源作出排他性的产权安排，才能维系市场的生命。为此，政府必须制定一系列旨在确定排他性产权的制度规范及可转让的交易规则，并通过行政机构、执法机构和司法机构的工作保证产权规则实施。显然，政府通过界定和保护产权，事实上就明确了市场作用的边界：市场关系只能在具有明确产权的领域存在。

(2) 保持宏观经济的稳定性。稳定的宏观经济环境是参与市场活动的主体（包括生产者、投资者、消费者）的共同要求，因为每个人都可以在经济稳定中减少风险。实践表明，市场自组织机制不可能消除经济的周期性波动，以市场机制自发恢复新的均衡往往需要很长时间，也可能引起更大的社会不稳定，甚至可能需要付出无法估量的巨大代价，唯有依靠政府的宏观调控才有可能以最小成本来“熨平”周期性的经济波动。因此，可以说政府调控宏观经济是现代市场经济有效运行的客观需要——需要政府综合运用财政和货币政策，加强需求管理，努力保持总供给与总需求的平衡；需要政府运用产业政策，促进产业结构的合理化，以实现物价稳定、就业充分、经济适度增长和对外贸易平衡等经济目标；也需要政府将兴办公共事业作为缓解周期波动、调节宏观经济流量的一种重要手段，使公共事业成为保持社会经济稳定的一种调节阀。

(3) 提供公共产品和公共设施等基础服务。市场经济的发展使社会经济联系越来越密切，人们在广泛的经济联系中形成了一些共同的生产条件和生活条件，直接构成现代市场经济发展的基础。这些条件包括基础教育、基础科学和新兴科学研究、交通与通信事业、城市公共基础设施、国土整治与水利事业、消防安全、环境保护和公共信息业等。这些基础事业大部分都具有公共品或准公共品的特性，许多项目往往耗资巨大、投资回收期长，也很难进行排他性的产权制度安排。如果这些基础事业由市场进行安排或完全由民间组织兴办，容易出现供给短缺问题，不能充分满足市场交易和公众消费需要；或价格不合理，社会成本高；或服务范围窄，不利于实现最优社会效益等。政府作为行使社会公共权力的组织，提供市场经济运行的基础条件，责无旁贷。为此，需要政府直接兴办一些公共事业，或在政府的引导和协助下兴办一些民间公共事业，或在政府的直接规制下适当引进竞争机制兴办一些公共事业，以满足经济发展的需要。

（4）培育市场体系，保证市场有效运行。发挥市场机制在资源配置中的基础性作用，要求所有生产要素包括商品、资本、劳动力、技术、信息都进入市场，同时要创造平等竞争的环境，形成统一、开放、竞争、有序的大市场。但市场机制具有产生垄断的倾向，各种利益集团往往为了自己的利益搞各种形式的封锁、壁垒和保护，妨碍市场机制有效发挥作用，甚至损害其他社会成员的利益，不利于刺激人们的创新热情，从长远看也会阻碍社会经济的稳定发展。因此，培育和完善市场体系应当作为政府的一项重要职责。政府应着力于消除各种形式的保护主义，打破各种封锁、割据、壁垒和垄断，促进国内统一大市场的形成。同时，根据社会经济发展的新情况，及时建立、培育、开放新的市场，如产权市场、技术市场、信息市场、金融市场、房地产市场等，以满足市场配置资源基础性作用的要求。

（5）进行收入再分配，实现社会公平目标。社会公平与否是影响市场经济有效运行的重要因素。如果社会分配不公，贫富差距悬殊，就会激化社会矛盾，破坏市场效率。社会分配不公对市场经济制度的最大危害是抑制了劳动者潜在能力的发挥，使劳动力这一生产力中最活跃、最能动的因素缺乏有效激励，造成经济停滞。市场经济的实践证明，靠牺牲公平来保护效率，是不能保证市场经济长期效率的。收入分配差距过大往往是市场失败的一个突出表现。为此，政府必须肩负起协调社会利益、兼顾效率与公平目标的责任——既要建立合理的个人收入分配制度，保护居民的一切合法收入和财产；也要通过再分配政策、社会公共福利政策和社会保障政策来缩小收入差距，为市场经济良性运作提供必要条件。

政府在经济运行中能够发挥上述重要作用，弥补市场机制所存在的缺陷，使人们有理由对政府扮演的角色给予足够的重视。但是，我们必须注意到，政府的作用不能随意夸大，因为政府机制也存在失灵的问题。导致政府失灵的原因很多，主要有以下几个方面：

（1）内部性。这是指在政府内部存在着利益不同的职能部门，各部门往往更多地从自身的利益最大化出发，要求得到更大的支配资源的权利，而不顾及其行为引起的社会成本和收益。这就如同企业经济行为会产生外部效应一样，发生负的外部效应时，实际上是以他人的损失获取自己不正当的利益，并最终降低资源配置的效率。

（2）垄断性。由于政府的特殊地位，决定了政府在提供公共产品过程中，不存在任何竞争对手，斯蒂格里茨称之为真正的自然垄断，而且私人的垄断可以由政府通过一定的行政、法律和经济手段予以干预，从而对其影响资源配置的不利影响进行控制。但政府的垄断却缺乏这样的外部干预，只能在政府内部通过制度加以规范和约束。显然，这种内部制度的控制效果很难尽如人意。

（3）政治性。政府的运行总是建立在政治权力的基础上，这有可能导致以下后果：一是由于政治权力的滥用，政府机制非但没有弥补市场机制的缺陷，反而会加剧市场秩序的混乱，使政治权力成为经济发展的阻力；二是政府活动和行为缺乏激励机制，对权力的扩张和资源控制的欲望强烈；三是政府的决策失误，容易造成大的经济损失。

综上所述，在现代经济发展过程中，既不能因为市场的缺陷单纯强调政府的功能，也不能因为政府的缺陷单纯强调市场的功能。建立一个搭配协调、功能互补的市场与政府并存的运行机制，才是经济发展的客观要求。

二、公共财政是一种主要提供公共产品和公共服务的财政

（一）公共产品与私人产品特性的比较

1. 私人产品的概念及属性

私人产品是指需要通过市场机制向社会提供，满足作为个体的社会成员的私人需要的产品。在自然经济条件下，私人产品是以家庭作为基本的生产单位来组织生产的。在市场经济条件下，私人产品则是通过市场机制向社会提供的，一般以企业作为基本的生产单位来组织生产。即：

$$X_j = \sum_{i=1}^{n} X_j^i$$

上式表明私人产品有以下几个属性：

（1）可分割性：是指私人产品通常都有一定的计量单位，可以在不同的消费者之间分割开来，而且每个消费者对该私人产品的消费数量加总即为全社会对该消费品的消费总量。

（2）竞争性：是指某一个消费者消费了某一私人产品就排除了其他消费者消费该产品的可能，或者至少是影响其他消费者消费该产品的数量和质量。

（3）排他性：是指对私人产品来讲，可以将拒绝付款的人排除在消费范围之外。

2. 公共产品的概念及属性

公共产品是指需要通过财政机制向社会提供，满足作为群体的社会成员的公共需要的产品。对公共产品而言，任何一个消费者消费的公共产品的数量就是该公共产品的总量，这意味着公共产品的使用价值在一组消费者中是不可分割的。即：

$$X_{n+j} = X_{n+j}^i$$

上式表明公共产品有以下几个属性：

（1）不可分割性：是指公共产品通常是作为一个整体向社会提供的，它没有一定的计量单位，通常是所有的消费者都消费同样数量的公共产品。

（2）非竞争性：是指一个消费者消费公共产品并不影响其他消费者消费的数量和质量。如在既定的国防力量下，人口增加不会减少每个人的国防受益水平。包含两方面含义：

边际生产成本为零：即增加一个消费者对供给者带来的边际成本为零。这就是说，无论某种公共产品消费者的人数有多大的变化，对这种商品的供给成本没有影响，公共产品消费者的增加不需要追加供给。如灯塔、国防等。

边际拥挤成本为零：每个消费者的消费都不影响其他消费者的消费数量和质量，这种产品不但是共同消费的，而且也不存在消费中的拥挤现象。如不拥挤的桥梁。对于既定的城市人口而言，某条公路可以有效地满足其交通需要，在没有充分利用它的设计通行能力之前，

增加通行车辆并不影响行车速度和安全，即增加通行车辆所需的（道路的）边际成本为零。此时，“道路消费”就不具有竞争性。但是，一旦实际通行量达到设计通行能力，如果再增加通行车辆，那么新增加的公路使用者必将与原有消费者形成竞争。在这种情况下，如果不增加供给，必然减少原有消费者的消费水平；如果要保持原来的消费水平不变，必然要投资修建更宽、更多的公路，从而使公共产品的边际成本为正。

国防是最典型的公共产品的例子。只要国家建立了防务体系，就几乎不可能排除任何居住在国境内的人享受该体系的保护，即使是罪犯也是如此；另外，多一个婴儿降生或多一个移民也不会增加一国的国防费用或妨碍其他人享受该体系的保护。

（3）非排他性：是指任何消费者都可以不付任何代价消费该产品，对公共产品的提供者而言，其无法将拒绝付款者排除在消费范围之外，或者虽然可以排他，但由于排他成本过高以致在经济上不可行。公共产品的非排他性主要表现在三个方面：

首先，公共产品在技术上不易排斥众多的受益者。例如，广播、电视节目一旦播出，只要在可以被接收的范围内，任何人都可以收听、收看，所得信息可以被任何人或单位使用。国防就更缺乏排斥性，如果在一国范围内提供了国防服务，则不可能将身处该国的个别人或组织排除在国防受益范围之外。

其次，在有些情况下，公共产品“排他性”消费在技术上是可能的，但却是不必要的。如对行车稀少的公路、游人较少的公园来讲，在技术上排他并不困难，但由于增加消费者几乎不增加成本，如果设排他装置（如设卡收费），将进一步降低公路和公园的利用效率。

最后，在另外一些情况下，“排他”尽管是可能的也是必要的，但排他成本却过于昂贵，经济上不可行。排他成本是指设置排他装置、机构和安排人员所需要的成本。对于有些公共产品，排他成本很高，以至于排他成为得不偿失的事情。

当然，随着科学技术的发展，使某些公共产品排他成本大大降低，从而有可能使这些公共产品的非排他性消失。如科学技术的发展就为电视节目收费提供了新手段，电视台可以采取技术性措施（如对相应频道加密），将那些不交费的人排除在消费者之外。

3. 混合产品的概念及属性

混合产品是兼具公共产品和私人产品属性的产品。根据其所具有的两种产品属性的不同组合状况，可将其分为以下三类：

（1）具有非竞争性的同时也具有排他性：如铁路和桥梁都是非竞争物品，但可以具有排他性，如不付费者不许通行。又如教育、影院、高速公路等。

（2）具有非排他性的同时也具有竞争性：如一片公共草地，当某人在此放牧时就会影响他人同时在此放牧。生活小区的健身设施、公有的森林、公海的渔业资源等。

（3）在一定条件下具有非竞争性和非排他性：是指只要不超过一定的限度，该产品的消费是非竞争的和非排他的，但若超过一定的限度，则具有竞争性和排他性特征。

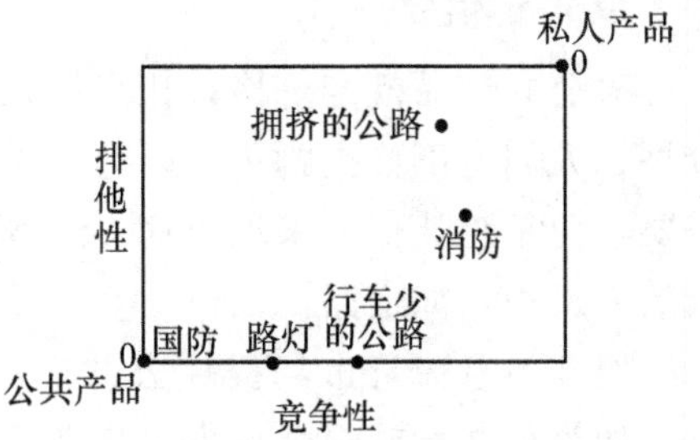

图 1-1　纯粹公共产品、混合产品和私人产品的划分

纯粹公共产品、混合产品和私人产品的划分如图 1-1 所示。

在图 1-1 中，由左下角出发，横轴表示消费产品的竞争程度，纵轴表示消费产品的排他程度。左下角表示纯粹的公共产品，在这里，增加一个产品消费者所增加的成本为零，同时对于公共产品的消费不具有任何排他性。相反，在右上角则表示纯粹的私人产品，在这里排斥他人对这类产品的消费非常容易，排他成本很低；同时，对这类产品的消费竞争性非常激烈，增加一个产品的消费者的（边际）成本也很高。在上图边缘及框内区域的任意一点都表示一种或一组“非纯”产品，即兼有公共产品和私人产品性质的混合产品。

根据纯粹公共产品和混合产品的划分，常见的公共产品和混合产品如表 1-1 所示。

表 1-1 公共产品的分类

纯粹公共产品	混合公共产品
国防、外交、公共安全、罪犯改造、法律法规、基础科学研究、社会文明及意识形态传播、环境保护、生态平衡、传染病防治、消防服务、自然现象预报、自然灾害的防治、货币发行、宏观经济政策、宏观经济信息、商品质量信息、消费者权益保护、无线广播电视服务等	教育、交通、通信、能源、城市公共服务、社会保障、有线电视广播、文体节目表演、产品质量认证、企业信誉评级，地质勘探等

4. 对公共产品的理解

(1) 公共产品有空间上的区分。凡是受益范围局限于某一区域的，即为地方性公共产品，如路灯。凡是受益范围分布于全国范围的，即为全国性公共产品，如国防。凡是受益范围跨越国界的，即为国际性公共产品，如保护臭氧层。

(2) 一种产品的非排斥性不是绝对的。随着科学的进步、技术的变革，在过去不可排斥的产品，在今天或在未来某个时期可能是可排斥的。有线电视、加密电视、卫星电视的产生便是一个极好的例证。

(3) 不同的个人消费等量的公共产品并不一定获得等量的利益。不同的消费者虽然消费同一种公共产品，但是由于各人的偏好不同，因而对公共产品的评价可能会有所不同。例如，城市社会治安服务，富人的需求可能大于穷人的需求。因此富人所获得的利益可能高于穷人。

(4) 私人品并不一定完全由私人部门提供。如保健、住房。公共部门提供产品并不一定应由政府部门来生产这些产品。

(二) 公共产品的提供方式

1. 市场供应

对公共产品规定价格，让人们来购买。由于公共产品具有非排他性，因此，即使有一个价格，人们也不愿去购买。因为，无论他是否购买都能消费这一产品，他不购买并不是他不需要，而是想让他人来承担这一成本，其结果必然是公共产品的缺乏供应或造成公共产品的低效率运用，如道路。

但并不意味着市场提供公共产品必然为零，原因：①有些人乐于为社会、为他人做好事，如为公共设施捐款、为绿化义务劳动等；②当某种公共产品对一个消费者来说其 MU 大于 MC 时，为保障自己的利益，他也愿意承担成本。如灯塔为自身保障安全，但其数量不能满足有效配置的要求，好多公共产品其 MC 大于 MU，不能成为其可靠方法。

2. 集体行动

组织社会成员共同提供，即按照某一标准确定每个人应分摊的工时和费用，然后大家共同提供。必须满足两个条件：①每个人都要合作，没有不予合作的人存在；②能够采取某种措施将不合作的人排除在公共品的享用之外。这两个条件现实中很难满足，因为“免费搭车者”的存在。英国哲学家休谟称做“公共的悲剧”；我国的“三个和尚没水吃”也说明了这一点。

3. 政府提供

在私人产品市场上，存在着能够产生效率价格的定价机制：消费者从消费一种商品中所取得的边际效用与为取得这种商品所需要支付的边际成本相等。当这种边际效用大于边际成本时，他仍然会增加消费量，结果一方面将导致其对这种商品的边际效用递减，另一方面又将使他所支付的价格上升。同理，当边际效用小于边际成本时，他又会减少消费量而使其消费商品的边际效用增加、价格下降。从而最终实现二者的均衡。因此，在自由竞争市场条件下，私人产品的定价机制可以实现有效的资源利用。

公共产品的非排他性，使得所有公民可以自由、平等地取得公共产品的消费权，公共产品的消费权在消费者中呈现均匀分布状态。这意味着，任何公共产品的个别消费者不拥有公共产品的所有权；再者，公共产品的消费在一个人受益的同时也将使其他人从中受益，从而使得一个人的需求不能独立地得到满足。因此单个人就不会为满足自己的某种公共需求而直接购买由其他消费者出让的公共产品消费权。“免费乘车”——消费公共产品而不支付费用——就成为公共产品消费领域的普遍现象。

同时，在对公共需求的满足过程中，公共需求是由具有“非竞争性”特征的公共产品来予以满足的，即一个人从一种公共产品的消费中所取得的利益并不会因为另一个人的共享而减少；而且这种利益是群体中所有成员都能够得到的，与个人是否出钱无关。

公共产品的非排他性和非竞争性特征在消费上产生的问题造成了两大后果：

第一，公共产品定价困难。一方面，由于公共产品消费的非竞争性，在提供既定公共产品后增加单位公共产品消费者的边际成本为零，那么在此公共产品被消费完之前，就不能确定单位消费者所消费的公共产品的内在价值（或成本）；另一方面，由于公共产品的非排他性，使公共产品的消费权与消费者个人出价与否无关，消费者就不会受到任何刺激去显示他们的真实偏好，因而不会根据他们的真实评价而自愿地出价。在这种情况下，就不会存在公共产品所有者与消费者之间的交换行为以及类似于私人产品市场的竞价机制。那么，在公共产品“市场”，就不存在既能反映商品价值和供求关系又能显示消费者真实偏好和偏好强度的价格，也就不存在公共产品的价格或成本补偿机制。

当然，有些经济学家也试图构建一套公共产品的定价机制或方法，主要有两种：一是把类似于市场定价的商品定价方法扩展到公共部门，用于确定提供给个人的公共产品的价格，即通过要求每一个人支付与他从公共产品中所获得的边际效用（或价值）相等的收费或税收来体现公共产品的价格，进而使总和的边际效用与提供的边际成本相等；第二种是边际替代率方法，即对每个消费者而言，他对公共产品所付的价格与他对私人产品所付的价格之比等于他对公共产品与私人产品的边际替代率。

第二，公共产品供给困难。如果要充分满足公共需求，就必须足额提供公共产品；而要保证公共产品的足额供给，就必须要求社会成员足额地负担相应成本。但“免费乘车”的普遍存在以及成本补偿机制的缺乏导致了公共产品的生产成本补偿严重不足和公共产品供给困难。这一矛盾又被喻为“囚犯困境”，见图 1-2。

		囚犯B	
		抵赖	坦白
囚犯A	抵赖	1，1	20，0
	坦白	0，20	10，10

图 1-2 囚犯困境

假设 A、B 是两个合谋犯案的嫌疑人，归案后被单独关押。并由警察分别审讯：“如果你不坦白，而你的同伙坦白了，你将被判刑 20 年，你的同伙将立即获释；如果你们都坦白，将各判 10 年；如果你们都不坦白，则各判 1 年。”

显然，二人的选择将取决于对同伙选择的判断：①如果同伙抵赖到底，我也会抵赖到底（相互合作），这样我们每人也就服一年刑（二者的利益最大化）；②但是如果自己抵赖，而同伙坦白了（不合作），我就得服 20 年徒刑（自己的损失最大化）；③如果同伙坚持抵赖，自己坦白了，尽管对不起他，但我却可立即获释（自己的利益最大化）；即使同伙也坦白了，我最多服刑 10 年。二人博弈的结果将是都选择坦白（不合作），但却使二人都得服刑 10 年（二人的损失最大化）。

“囚犯困境”所表明的主要观点是：在不相互沟通的情况下，每个人都想使自己利益最大化的选择往往并不符合整体利益最大化目标。在公共产品供给上引申的结论是：在宏观方面缺乏沟通和协调的市场不能保证公共产品的足额提供以及公共利益的最大化。

因此，为什么纯公共产品要由政府提供？这是由政府运行机制和市场运行机制的不同决定的。市场是通过买卖关系提供产品和服务的。在市场上，谁有钱，谁就可以购买商品和享用服务，完全遵从自愿和对等的原则实现交易过程。因此，市场买卖要求利益边界的精确性。由于公共产品具有非排他性和非竞争性的特征，对它的需要或消费是公共的或集合的。如果由市场提供，每个消费者都不会自愿掏钱去购买，而是等待他人去购买，自己则“免费搭车”。在这种情况下，公共产品显然是不能由市场提供的。与市场机制相比，政府的运行机制有所不同。政府主要通过无偿征税来提公共产品。但是，征税是可以精确计量的，如无论按率征收或定额征收，都可以保证政府在纳税人的课税对象内拿到一定数量的税收。而政府运用税收向社会提供公共产品时，由于这些产品的享用一般是不可分割的，无法量化，因此，每个人的纳税额与他所享用的公共产品是不对称的。换句话说，相对于市场买卖中利益边界的精确性而言，纳税人负担与公共产品享用之间的关系缺乏精确的经济依据。正是这种矛盾存在的缘故，决定了公共产品的提供不能由私人去完成，而只能作为政府的责任。但必须注意：

（1）政府提供的并非都是公共产品。政府的主要职责是提供公共产品，但也不排除提供私人产品的需要。如涉及民生的一些重要的消费品可以由政府通过举办国有企业来生产，确保市场供应等。

（2）所有的公共产品并不一定必然都要由政府提供，政府只提供公共性程度较高的公共产品，而对大量的准公共产品完全可以通过政府和市场的力量共同提供。具体的提供方式要根据混合产品的具体特征产生的原因加以选择。混合产品特征产生的原因主要有两种：一种是具有一定的竞争性或排他性。这类混合产品（如高速公路）的消费一方面满足公共需求，具有公共产品性质；另一方面它有一定的竞争性并可以排斥“免费乘车”者，具有私人产品性质。对于这类混合产品既可选择市场提供方式，也可采取政府与市场共同提供的方式。第二种是具有一定的外部性。这类混合产品提供方式的选择取决于受益外溢的大小：受益外溢很大的混合产品（如科学研究成果等），应采取政府提供方式；受益外溢较大的混合产品（如高等教育、卫生保健等），可采取政府与市场共同提供方式。

（3）公共产品的提供方式不等于生产方式。公共产品的提供方式和生产方式不是一回事，两者可以形成多种相互交错的组合：有些公共产品是公共提供、公共生产，如政府机关、国防等部门提供的服务属于这一类，这些部门从国有企业购置的办公用品和设备也属于这一类；有些公共产品是公共提供、私人生产，如预算拨款单位从私人企业购置办公用品属于这一类；至于公共生产部分收费或私人生产由政府给予补贴的混合物品，则属于公共生产、混合提供或私人生产、混合提供等等。

（三）公共财政是一种主要提供公共产品和公共服务的财政

由于消费的非竞争性和受益的非排他性，市场通常不会供给公共产品，即使供给也非常少，无法有效满足社会需要。非排他性意味着厂商无法从其供给的公共产品中获得报酬，即使消费者自愿付费也难以弥补全部成本。如果不能获得收益，那么以利润最大化为目的的厂商就不会有效地向市场供给产品。有些公共产品只具有部分非竞争性，即随着该产品的消费者数量增加，每个消费者的受益量会递减，我们称之为拥挤性公共产品，比如道路、桥梁、公园等。在排他性成本较低、需求规模较大时，这类公共产品可以通过市场实现有效供给，比如在经济繁荣且车流量很大的地区之间修建收费的高速公路。但对那些实施排他性成本较高或需求规模较小的拥挤性公共产品，供给厂商很难获得正常利润，市场就不能有效供给。市场机制在有效供给公共产品方面表现出来的无能，也给政府干预经济提供了一个重要依据。但政府只提供公共产品和公共服务，政府生产的公共目标使其生产范围被限制在不能由市场供给或市场供给可能产生坏结果的领域。大体上来说，政府主要提供以下几类产品：一是公共产品，如教育、医疗、国防、公共设施等；二是生产具有规模经济效应的产品，如自来水、电力等；三是具有外部效应的产品，如植树造林、江河治理、基础科学研究等；四是关系国计民生和国家安全的特殊产品，如能源、武器等。这样一种主要提供公共产品和公共服务的公共财政，主要有以下特征：

1. 公共性

所谓公共性，是指财政的运行完全以满足社会公共利益的需要为出发点和落脚点，作为财政分配主体的国家或政府没有独立的特殊利益，不得超越市场机制活动的界限，行使其分配权力，对待市场经济活动的其他主体应该坚持一视同仁的公平原则。公共性是公共财政模式最主要的特征。

如前所述，在市场经济中，资源的配置应该以市场机制为基础，只有这样，才能促进资源利用效率的最大化。因此，政府通过财政分配参与资源的配置过程，必须充分尊重市场机制的基础性地位。凡是市场能干的，政府就不要加以干涉，而市场不能干或干不好的，政府也一定要负起自己的责任。在政府、企业、个人之间的活动范围廓清的前提下，就财政运行机制而言，首要的问题是要把握好财政分配的规模。分配规模过大，就会使企业和个人在经济发展中的作用受到压抑；分配规模过小，则不能保证政府提供必要水平的公共产品和服务。其次是要处理好政府与不同的市场主体之间的利益关系。市场经济是竞争的经济，竞争需要平等的外部条件。财政分配直接作用于企业和个人，影响着他们的收入水平和生产经营、劳动的积极性。如果税收政策或补贴政策有利于某些经济主体的发展，而不利于另一些主体的发展，实际上就意味着政府以非市场的手段干扰了正常的经济秩序，必然会破坏公平的竞争环境。因此，这样的财政就不是公共财政，而是代表部分经济主体利益的财政。

2. 非盈利性

盈利性是市场经济活动的直接动力。之所以会产生市场失灵问题，其基本原因之一就是因为无法确保应有的或正常的市场盈利。这样，当政府及其财政进入弥补市场失灵的领域发挥作用时，从一开始就决定了它们只能以社会利益为活动目的，与直接的盈利性效果相分离。这是因为：

(1) 财政资金的非资本性。通常我们可以把资金分为两类，即资本性资金和非资本性资金。两者的区别在于资金的增值性。公共财政不同于历史上的建设性财政，也不同于国有资本财政，它不追求资本增值。

(2) 财政活动的非经营性。经营性就是指以营利为目的的经济活动。在公共财政条件下，政府由于摆脱了竞争性行业的国有企业的利益约束，财政不再具有企业财务性质，因而在财政收支上不再具有营利性特征。这就是说，财政的收支活动所考虑的不再是利润，而是完全以社会利益为出发点。即使由政府管理的垄断性企业，也要在考虑企业利益的同时，承担相应的社会利益责任。

在现实生活中，要保持公共财政的非盈利性特征，关键是要控制好财政在经济领域的投资。一般地说，凡是竞争性行业都是盈利性行业，否则追逐利润的民间资本不会参与其中，与他人竞争。因此，竞争性行业应该是财政进入的禁区。所谓政府不与民间争利，指的就是这个意思。

3. 民主性与法治性

公共财政的法制性和民主性是与我国法制化进程紧密联系的。法制和民主是两个相互联系的概念，法制性是指财政活动必须有法可依，依法理财，而民主性要求政府的财政活动必须在人民的监督下进行。因此，民主性与法治性是公共性的自然延伸。公共财政既然是为社会公共利益服务的，就应该尽可能全面反映公共利益的要求。在实际生活中，社会上不同的利益集团存在着不同的公共利益倾向，有的可能愿意使基础设施更快地得到完善，而有的可能愿意使教育、卫生条件得到更好的满足，等等。显然，是否能够在财政分配中做出令多数人满意的决策，将关系到一项财政政策能否得到顺利实施。

要反映公共财政的民主性，首先，必须正确地看待国家（或政府）、企业和个人在财政关系中的地位。国家是财政分配的主体，但不意味着少数人的意志可以凌驾于多数人之上。为此，财政的制度和决策应做到公开透明，并建立健全监督制约机制，强化监督效果。其次，要以法律形式确保公共利益不受到伤害。既要规范政府分配的权限和方式，防止政府工作人员操作上的随意化现象，又要明确纳税人和受益人的权利和义务，防止少数人不正当行为侵犯大多数人的利益。

(四) 我国发展公共财政必要性

1998 年，我国政府提出了深化财政改革的目标是逐步建立完整的公共财政体系。这一目标的提出，标志着我国财政模式正在走向与市场经济体制相互融合的道路，是财政发展史上一次具有深远意义的重大改革举措。

1. 发展公共财政有利于解决财政职能的混乱现象

在长期的计划经济下，政府统管一切经济活动，财政分配也全面介入其中。因此，当时的财政模式可以称为生产建设型财政。这种财政的主要特征是，企业创造的剩余产品价值，通过利税上缴的形式全部集中到财政手中，支出结构中用于企业和基本建设上的资金占较大比重，进而从财力上确保政府对资源配置重点向生产领域倾斜的控制能力。除去直接的生产过程之外，本应属于企业的生产经营活动大部分都被政府所替代。而与此同时，对于与人民生活息息相关的教育、卫生、社会福利、环境保护等方面的要求却得不到应有的支持。但由于政府计划很难对所有社会需求掌握详细的信息，大量的资金投入被固化在低效率的项目上，损失浪费十分惊人。加之企业使用财政资金完全是无偿的，对投资效果不承担任何风险责任，严重地诱发了企业的投资需求饥渴症，结果使投资效率进一步降低。可见，这种财政模式对于资源的有效配置存在着明显的弊端。

当我国经济转向市场经济时，生产建设型财政模式的基础已经不复存在。其现实体现就是市场经济所导致的收入分配市场化、经济行为自主化和生产资料所有制多元化，要求改变过去由财政高度控制的收入分配结构，同时也破除了财政利用投资手段直接全面配置资源的条件。所以，我国财政模式必须走出原来的生产建设型模式，积极转向公共财政模式，并按照弥补市场失灵的原则，重新界定财政活动的范围，避免政府及其财政对正常的和正当的市场活动进行干预。这有利于把我国财政建设成功能完整、高效率运行的财政。

2. 发展公共财政有利于促进各个经济主体的公平竞争

在计划经济下，国家依靠财政的力量大力推行经济的国有化（国有企业），除少量集体经济以外，其他经济成分都丧失了基本的生存条件。改革开放以后，虽然三资企业、私营企业以及个体经营得到了不同程度的发展，但在财政政策上仍然采取了差别对待的倾向。这包括税收负担、税收优惠的不同，也包括了财政投资和补贴方面的不同。无疑，这种政策的差别已经延缓了我国经济增长的速度。现在，要求财政按照公共性方向发展，很重要的一点就是要求财政政策为市场提供一视同仁的待遇和服务。生产经营如何决策，属于企业自己的事情，财政所要做的就是为企业的发展创造良好的外部条件。无论哪一种类型的企业，只要是合法经营，都是我国市场经济发展的组成部分，也都是需要鼓励和保护的。

3. 发展公共财政有利于加快我国财政的民主化和法治化建设

毋庸讳言，在整个高度集中的计划经济时期，我国财政完全处于人治的环境之下。改革开放以来，随着国家政治经济的民主化和法治化进展，财政的人治局面有所改观，但情况仍然不容乐观。税收减免的随意化，资金分配的暗箱操作，纳税人对自身权利的漠视，预算外资金管理的阻力，都有待我们通过建立公共财政模式逐步加以解决。

第四节　财 政 职 能

一、财政职能的概念与研究思路

研究财政职能的任务，是从理论上概括和把握财政在国民经济中的地位和作用，确定正确的研究思路，从而对财政职能进行科学的概括和分析。这对于构建科学的财政学理论体系，对于发挥财政理论对实践的有效指导作用，都具有至关重要的意义。

我国财政理论界对财政职能概念的理解和研究思路一直存在差异。为此，本书首先明确，所谓财政职能应界定为财政本身所具有的功能和应承担的职责。按此概念，在研究和概括市场经济条件下财政职能时应注意以下两个方面：

(1) 财政职能是财政作为一个经济范畴客观上固有的功能，只要存在财政，这种功能就不会消失。首先，财政职能要说明的是财政对经济和社会的影响力。当然，在不同的经济条件下，财政的功能大小和强弱是有区别的。例如，在经济不发达的情况下，由于财源和财政所能集中的财力有限，客观上限制了财政职能的发挥；而在经济发展以后，随着财政可支配财力的增加，财政对经济的影响也就可以得到强化。其次，财政职能与财政本职工作有联系，但两者并不是同一范畴。例如，筹集收入与安排支出是财政活动的基本内容和财政部门的本职工作。如果把筹集资金和供应资金概括为财政职能，显然，就把财政本身与财政所具有的功能混为一谈了。当然，做好财政工作，有效地组织收入与合理地安排支出可以为财政职能的发挥奠定基础，这是毋庸置疑的。

(2) 以政府与市场的关系为基本立足点，并不是财政客观上固有的功能都是财政的职能。研究财政职能不仅要了解财政有能力做什么，更要在此基础上了解财政应该做什么。显然，在不同的经济条件或经济背景下，财政应承担的职责是不同的。计划经济与市场经济下的财政职能不同，即使同属于市场经济，自由竞争时期和垄断时期的财政所承担的职责也存在很大区别。我国经济体制改革的目标是建立和完善社会主义市场经济体制，因此，研究和归纳财政职能必须以此为基础。而市场经济条件下财政职能的研究，必须以政府与市场的关系为基本立足点。因为，财政作为国家为主体的分配，从来都是政府履行其职能的重要手段，财政职能是依附于政府职能的。如前所述，在市场经济条件下，凡是市场可以有效发挥作用的方面政府无需介入，政府主要在市场失灵的方面发挥作用，因此，市场失灵的领域也就是财政职能的作用范围。在前面我们已经知道，市场存在多方面的失灵。实际上我们可以把市场的这些失灵大致归纳为三个方面：一是市场在资源配置方面的失灵，如垄断、信息不充分、外部效应与公共产品等；二是市场在收入分配方面的失灵，完全依靠市场分配，必然会出现不同阶层收入悬殊，导致两极分化；三是市场在宏观经济运行方面的失灵，完全依靠市场自发调节，宏观经济难免会出现周期性波动。根据以上思路，财政的职能可以概括为三个方面：资源配置职能、收入分配职能和经济稳定与发展职能。

另外，市场失灵也界定了财政职能的作用边界，当市场机制有效时，财政要“无为而治”，否则就很容易出现财政“越位”，即干了财政不应该干的事情，导致财政资源的浪费；当市场机制无效时，财政要“尽力而为”，否则容易出现财政“缺位”，导致财政资源没有充分利用。

二、资源配置职能

(一) 资源配置的含义

资源配置，广义是指社会总产品的配置，狭义是指生产要素的配置。资源配置即运用有限的资源形成一定的资产结构、产业结构及技术结构和地区结构。财政资源配置职能是由政府的介入或干预所产生的，其特点和作用是通过财政收支活动为政府提供公共物品提供财力，引导资源的流向，弥补市场失灵。其目标是最终实现全社会资源配置的最优效率状态。

经济学中的资源是指必须付出一定代价才能获得、可以用于生产或消费，满足人类需要的经济资源。从生产的角度，经济资源也被称做生产要素，包括土地、资本和劳动。狭义的资源配置就是指生产要素的配置。而广义的资源配置，除了生产要素在生产者之间的配置，还包括消费品在消费者之间的配置。这里所涉及的资源配置是狭义的资源配置。无疑，相对于人类的需要而言，资源是稀缺的。因此，如何有效地配置资源是各国政府面临的头等重要的经济问题，也是经济学研究的核心问题。

（二）资源配置的效率准则及其实现机制

迄今为止，人们一致认可的判断资源配置优劣的标准是意大利经济学家帕累托提出的“帕累托效率”，也称“帕累托最优”。所谓帕累托效率是指要素在厂商之间或厂商内部的配置达到这样的状态，即任何重新配置都会至少降低一个厂商或一种产品的产量，那么这种状态就是资源配置的最佳状态，即帕累托效率状态。自帕累托效率准则问世以来，很多经济学家认为，该准则只是在理论上描绘了一个资源配置的理想境界，在现实中是不可能实现的。尽管如此，帕累托效率准则的提出仍有其现实意义，即它为现实的资源配置提供一个参照系或目标，激励人们优化和完善资源配置机制，提高资源配置效率，努力向帕累托最优状态逼近。

关键的问题在于，通过什么样的机制来实现或提高资源配置的效率。我国计划经济的实践证明了完全的政府配置，或政府在资源配置中发挥主导作用，是没有效率的。这也是我国进行市场取向改革的原因。市场经济条件下的资源配置，自然主要靠市场。因为从总体上说，市场配置是有效率的，也可以说迄今还没有比市场更有效率的配置机制。然而，已如前述，市场在资源配置方面也存在着失灵，垄断、信息不充分、外部性与公共产品的存在使市场在资源配置领域难以独善其事，还必须依靠政府的作用来弥补市场的失灵。总之，社会主义市场经济条件下资源配置的机制应该是市场和政府共同发挥作用的二元机制。其中，市场在其中发挥基础性作用，政府则在市场失灵领域发挥补充作用，二者共存互补，共同承担起优化资源配置的责任。

政府配置资源的方式，有行政和法律手段、组织公共生产和财政手段等多种手段。但财政作为国家或政府为主体的分配，拥有税收、公共支出等多种有效的工具，天然具有资源配置的功能，因而可以成为政府进行资源配置最为重要的手段之一。这不仅是提高资源利用率的需要，更是弥补市场失灵的需要。

社会主义市场经济下，市场在资源配置中起基础性的作用。财政配置职能的依据是资源配置上的市场失灵。其主要是：①市场机制不能提供具有非竞争性、非排他性及存在“搭便车”问题的公共物品。②市场无法解决外部效应问题。③市场机制具有“不完全性”。处于体制转换中的我国更是存在“市场残缺”问题，价格扭曲、信息失真、地区封锁、资源转移的种种限制及垄断的存在都妨害市场竞争。④市场无法提供非竞争性产业、耗资大、周转慢及起主导作用的产业的投资。

（三）财政资源配置职能的实现方式

财政主要是通过支出和税收等财政措施，决定或影响资源配置的数量和方向。

(1) 合理确定财政收入占国内生产总值的比重，即确定财政资源占社会整体资源的比重，实现社会资源在民间部门和政府公共部门间的合理配置。也就是说，社会资源应有多大比例被财政集中起来，转化为政府可控的资源用于提供公共产品，有多少资源由市场配置，用于私人物品的提供。在理论上，合理的财政收入规模应满足财政收入的社会边际效益与社会边际（机会）成本相等的条件，才能实现社会资源在两大部门或公共产品与私人物品之间的最优配置。在具体实践中，一般是根据社会对公共产品的需要量（社会公共需要）确定政府财政支出的规模（公共产品的提供成本），实行以支定收。

(2) 通过安排财政支出的规模、结构，确定整个社会资源的配置状态和财政资源内部的配置比例。支出结构也就是财政资源内部的配置比例。如购买性支出与转移性支出的比例以及购买性支出内部的配置比例等。前一个比例决定财政最终占有经济资源的规模，对财政配置资源的总量有决定性的影响，后一个比例则表明财政资源在不同公共产品项目上的配置比例。

(3) 合理运用财政投资、税收、补贴等多种手段调节和引导民间资源的合理配置。未被财政集中的民间资源的配置原则上属于市场机制作用的范围。当市场本身的配置有效率时，各种财政政策工具应保持中性，不干扰市场机制的运行。当市场本身的配置效率不高时，可考虑采用非中性的财政政策手段进行调节，促进民间资源配置效率的提高。我国目前市场体系尚在发育和完善之中，市场配置资源的效率难以充分发挥。因此，应适度发挥税收、财政补贴、财政投资等调控手段的作用，引导民间投资的流向，实现社会资源整体的优化配置。

(4) 通过安排中央与各地方财政之间的分配比例，确定部门与地区间的资源配置。当一国经济发展水平比较低时，中央财政比重适当高一些，有利于集中统一领导，统筹实现部门与地区间的资源配置。而当经济发展水平提高之后，适当降低中央政府的财政收入比重，不仅有利于地方政府分级管理，因地制宜地发展地方经济，而且也有利于提高财政资金的使用效率。因此，通过合理安排中央与各地方财政之间的分配比例，有利于实现部门与地区间的资源配置合理化。

三、收入分配职能

（一）收入分配的含义

收入分配是指国民经济在一定时期内创造的国民收入，按一定的方式在政府、企业和居民个人之间的分割。国民收入分配形成流量的收入分配格局和存量的财产分配格局。

在市场经济体制下，国民收入分配包括两个基本的层次：初始分配和再分配。初始阶段的分配主要是由市场价格形成的要素分配。要素分配是以要素投入（贡献）为依据，由市场供求形成的要素价格所决定。由要素分配形成的收入可以分为劳动收入和非劳动收入。劳动收入包括工资、薪金、奖金、津贴等；非劳动收入包括财产转让收入、租金、利息、红利和公司未分配利润等。以上收入形式只要是合法取得，在我国均受法律保护。需要说明的是，初始分配并非完全的要素分配，政府征收的间接税作为商品价格追加，也是要素创造收入的一部分。政府直接参与要素收入的分配，说明政府也参与了国民收入的初始分配。但政府并未对要素收入的创造直接提供要素，而是凭借政权参与分配，因而是一种非要素分配。

对初始分配形成的收入格局进行的重新调整，叫做再分配。再分配主要是政府凭借政治权力通过财政手段实现的，主要是财政再分配。此外，慈善机构和社会组织也参与一部分再分配活动。

（二）收入分配的公平准则及其实现机制

国民收入分配之所以要经过两个层次，是由收入分配的公平准则所决定的。收入分配的公平包括经济公平和社会公平两项内容。

所谓经济公平是指在收入分配中根据在收入创造过程中要素的贡献来决定收入分配的一种准则。没有贡献要素，没有资格参与分配；提供的要素多、收入多；提供的要素少，收入少。按这样一种规则进行分配是符合经济公平准则的。

所谓社会公平是指将收入差距维持在现阶段社会各阶层居民所能接受的合理范围内。至于什么是社会认可的收入差距，取决于社会普遍接受的价值标准或道德伦理观念。显然，收入差距过大、两极分化与收入差距过小乃至平均主义都不是社会公平准则所能接受的。

经济公平与社会公平是两种不同的公平准则，区别在于二者的着眼点和目的存在明显区别。经济公平着眼于分配的规则或分配过程的公平合理。社会公平着眼于分配的结果，强调收入分配的结果要能为社会所接受；经济公平的目的是分配的效率，因为只有以按要素贡献为依据进行分配，才能调动人们要素投入的积极性，才有助于提高效率。而社会公平的目的是要缓解社会不同阶层因收入差距带来的矛盾，追求社会的稳定发展。

在市场经济体制下，收入分配当然首先依靠市场。实际上，由于初始分配主要是要素分配，讲究要素投入与要素收入相对称，所以初始分配主要是市场机制在发挥作用，是一种市场性的分配。市场分配有助于实现经济公平和经济效率。但是由于经济主体或个人所拥有或提供的生产要素不同、资源（要素）的稀缺程度不同以及各种非竞争因素的干扰，单一的市场分配必然会导致各经济主体或个人之间获得的收入会出现较大差距，难以实现社会公平。鉴于市场机制的失灵，也就需要政府机制发挥作用，政府可以凭借以政治权力对市场分配的结果进行重新调整，矫正市场分配出现的收入差距，使之符合社会公平的要求。

概括而言，国民收入分配的目标是经济公平和社会公平的统一，决定了社会主义市场经济体制下的收入分配必须通过初始分配和再分配两个过程，借助市场和政府两种机制来完成。其中，政府参与国民收入的分配主要是通过财政分配来完成的。财政既通过征收间接税和凭借国家对国有企业的所有权取得要素收入而参与初始分配，又是政府对要素收入进行再分配的主导形式。无疑，财政可以对国民收入的公平分配产生重要影响。

（三）财政收入分配职能的实现方式

(1) 合理界定市场分配与财政分配的界限与范围。原则上市场分配的范围，财政不能越俎代庖，凡属于财政分配的范围，财政应尽其职。如初始分配中企业职工工资、利润、财产转让收入、财产租赁收入、股息收入等要素收入水平的决定，应由市场分配来完成，财政不应干预。财政只能对市场分配的结果根据社会公平的要求通过再分配进行调节。如应由政府提供的社会福利和社会救济，财政必须承担起相应职责。我国长期以来存在的“企业办社会”问题，表明财政分配的“缺位”，必须尽快解决。

(2) 改进和完善行政和事业单位职工工资制度。行政和事业单位的职工未对生产过程直接提供要素，因而未参与国民收入的初始分配。其收入要由财政再分配来解决。一方面，要解决职工工资水平问题，即工资水平要适度。行政事业单位属于公共部门，其工资水平不是在市场上自发形成的，但政府对其收入水平的决定必须以市场为参照系和衡量尺度，因为公共部门职工的工资是其在私人部门的机会成本，是由市场间接决定的。以市场为参照系合理确定公共部门职工的工资水平，既有利于实现经济公平，也有利于社会公平。另一方面，要解决工资制度的规范问题。凡应纳入工资范围的收入都应计入工资总额，取消各种明补和暗补，提高工资的透明度。

(3) 加强税收调节。税收是政府进行收入再分配的重要手段。通过个人所得税可以调节个人的劳动收入和非劳动收入，使之保持在一个合理的差距范围内；通过开征消费税，选择对奢侈品和贵重消费品课税，可以调节高收入者的实际可支配收入。通过遗产税和赠与税可以调节个人财产分布等。

(4) 改进和完善财政转移性支出制度。转移性支出制度在公平收入分配方面的作用主要是针对低收入阶层、老龄人口、失业人口等社会弱势群体。保证这些人口起码的生活水平和福利水平是财政再分配的责任。在这方面，政府需要依托财政建立和完善社会福利、社会救济和社会保险制度等。

四、经济稳定与发展职能

(一) 经济稳定与发展的含义

经济稳定是宏观经济运行的一种理想状态，包括充分就业、物价稳定和国际收支平衡多重含义。

充分就业是指可就业人口的就业率达到了一个很高的比例。正确理解充分就业的概念，应注意以下几点：第一，经济学中的就业，是指一切用自己的劳动来维持自己生活的活动。也就是说，个体经营活动、在私营企业和乡镇企业工作以及从事农林牧副渔活动等，均属就业。在我国多数人的传统观念中，只有列入国家招工计划的就业才算就业，这种观念已经过时，是不正确的。第二，在总人口中总有一部分人是没有工作能力的，在法定就业年龄之下与法定就业年龄之上的人口显然属于没有工作能力者的范畴。因伤残、疾病和其他原因而不能正常工作的人口也应视为无工作能力。这部分人口不是可就业人口，没有工作不能算做失业。第三，充分就业不是指可就业人口百分之百的就业。因为在有工作能力的人口中存在一部分因工资待遇和工作条件等原因而不愿意工作，或者有工作能力且愿意工作但不主动寻找工作的人口。同时，社会经济结构是在不断调整变化的，与此相应，就业结构也在不断变化，在调整就业结构过程中，不可避免地会有一部分人口暂时脱离工作岗位，经过一段时间的学习和训练之后，这部分人口会重新就业。因而在任一时点上，社会总有一部分人处在失业状态。上述的自愿失业和结构性失业在任何国家或社会都是不可避免的，更不能说明宏观经济运行存在问题。所以，从经济稳定的角度来看，充分就业不等于百分之百的就业，而是指可就业人口实现了比较高的就业比率，例如在95%左右。

物价稳定是指物价总水平的基本稳定。也就是说，物价稳定并不意味着物价绝对静止不动或上涨率为零。纸币流通制度的一个特点，就是除了出现严重的过剩型经济危机之外，一般不存在物价总水平下跌的机制。即使在经济正常运行时期，物价总水平一般也是不断上升的。因此，只要物价总水平上升幅度是在经济和社会发展可接受的范围内，如3%～5%，即可视为物价水平稳定。

国际收支平衡是指一国在进行国际经济交往时，其经常性项目和资本性项目保持收支平衡，不出现大的逆差或顺差。因为一国的国际收支无论表现为逆差，还是顺差，都会对本国货币对外币汇率产生直接影响。国际收支出现大量逆差，会导致该国外汇储备减少，本国货币对外币汇率下降，削弱本国的经济实力；国际收支出现大量顺差，则会使本国货币对外币汇率上升，影响出口，且会使大量外资流入，加剧本国的通货膨胀。

经济发展与经济增长是不同的概念。增长是指一个国家的产品和劳务数量的增加，通常用国民生产总值（GNP）、国内生产总值（GDP）及其人均水平来衡量。发展比增长的含义要广。它不仅意味着产出的增长还包括随着产出增长而带来的产出与收入结构的变化，以及经济条件、政治条件和文化条件的变化。在一般国家的表现就是在国民生产总值中农业比重下降，而制造业、公用事业、金融贸易、建筑业等第二、三产业的比重上升，随之就业结构发生变化，教育程度和社会文化水平逐步提高。简言之，发展是一个通过生产的不断增长来满足人们不断增长的需要的概念，包括消除贫困、失业、文盲、疾病和收入分配不公等现象。一国要最大程度提高本国国民的社会经济福利，不仅要注重经济增长，更要追求经济发展。

（二）经济稳定与发展的条件及其实现机制

经济稳定与发展目标的实现，至少应解决好三个层面的问题。

首先是总量平衡问题。总量平衡主要是指保证社会总供给与社会总需求的大体平衡。如果总供需保持了平衡，物价水平就是基本稳定的，经济增长和充分就业也是不难实现的，同时，国际收支也必然是正常的。而在社会总供需失衡的情况下，这一系列目标都将难以实现，也就谈不上经济的稳定增长了。

其次是结构的协调与高级化问题。结构问题是指经济结构特别是产业结构的协调和高级化。一方面要求不存在发展明显滞后的产业，以免出现制约经济增长的产业“瓶颈”；另一方面新兴产业的发展能有效带动产业结构的升级换代，以增强经济增长的活力。对于像中国这样的大国经济而言，还存在着区域经济的平衡问题，保证地区结构的平衡也就非常重要。

三是环境优化问题。文教事业发展与科技水平的提高、国内稳定的社会秩序、国际关系的协调与安全的国防、良好的生态环境等既是社会福利水平高低和经济发展的题中之义，又是经济稳定与可持续发展所必须具备的条件。

实践证明，市场机制并不能为经济稳定与发展提供充分的条件。早期的经济学家相信，尽管就某一局部而言，供给和需求可能出现不相等，但这只是局部的和暂时的，并且通过价格机制的自发调整可自动趋向均衡。就整个社会而言，总供给与总需求必然相等，不会出现经济危机和通货膨胀。然而，进入垄断时期以后，市场在宏观经济调控的失灵开始显现，众所周知的1929～1933年西方经济大萧条以及以后通货膨胀与经济萧条的交替出现，乃至经济滞胀现象使现代经济学家和各国政府认识到市场在宏观经济方面存在重要缺陷。强化政府的宏观调控职能已成为当今各国的共识。

市场在调节经济结构方面应发挥基础性作用。在一个充分竞争的市场经济中，通过价格的升降和竞争机制可以实现供需结构及产业结构的协调。但是，第一，市场对经济结构的调节是一种事后调节，这种调节可能要付出较大代价和经历较长的时间，是一个痛苦和漫长的过程。第二，现实的市场并不是充分竞争的，由于垄断、信息不充分、公共产品和外部效应的存在，市场调节作用并不能够充分发挥出来。第三，对于发展中国家来说，还存在市场机制不完善的问题，也严重制约着市场的结构调节功能和效果。

至于环境建设，则大体上属于公共产品提供的范围，市场在其中的作用是极其有限的，是市场天然失效的领域。

总之，市场在经济总量的平衡、结构与环境的优化方面存在重大的缺陷，政府在经济的稳定和发展上担负着重要的责任。而在政府可以利用的各种政策手段中，财政可以发挥重要的作用。

（三）财政经济稳定与发展职能的实现方式

(1) 完善税收制度和社会保障制度，发挥财政制度对宏观经济运行的“自动稳定器”作用。“自动稳定器”是指那些能随经济形势的变化自动发生作用（即不需政府主动采取行动），而缩小社会总供需差距，缓解经济波动的财政制度的总称。如公司所得税和累进的个人所得税等税收制度，社会福利制度和救济制度等社会保障制度，都具有自动稳定的显著功能。这些制度对经济活动的反映相当敏感。当社会总需求大于总供给，从而经济过热时，税收会自动增加，各种福利和救济支出也会自动减少，其结果会对总需求的扩张和通货膨胀产生一种自动的抑制力量；相反，当社会总需求小于总供给时，税收会自动减少，财政安排的福利和救济支出会相应增加，从而会自动地增加总需求，减轻经济萧条的程度。自动稳定器是政府实现经济稳定的第一道防线。

(2) 根据社会总供给与总需求的变化情况，采取相机抉择的财政政策，促进社会总供需的平衡。上述自动稳定器的作用如何，在很大程度上受政府对制度设计和实施效果等因素的影响。同时，税收和转移支出需求的影响是间接的，乘数效应较小。因此，自动稳定器熨平经济波动的作用是有限的，特别是社会总供需严重失衡和经济剧烈波动时，单靠制度的自动作用更是难以扭转局面。因此，要确保经济稳定，政府还要审时度势，采取相机抉择的财政政策。当社会总需求大于总供给时，财政可以采取减少支出和增加税收或二者并举的紧缩性财政政策，通过减少政府需求和非政府需求来压缩总需求；当社会总需求小于总供给时，财政应采取扩张性财政政策，即通过增加支出和较少税收或二者并举，由此增加社会总需求。相机抉择财政政策可以根据总需求失衡的实际状况，确定政策的调控力度，具有针对性强的优点。然而，对于宏观经济形势发生的变化，政府有时并不能马上认识到，而且从认识到形势的变化到政策措施的出台，也需要一定的时间。这就是说，相机抉择财政政策存在调节上的“时滞”问题。

(3) 加强财政政策与货币政策、汇率政策的协调与配合。财政与货币政策在实现经济总量平衡方面互有短长，应该相互配合，避免相互制约和矛盾的情况发生。另外，在国际收支方面，财政政策还应注意与汇率政策的相互协调。

(4) 利用投资、补贴和税收等政策手段，促进经济结构特别是产业结构的协调和高级化。我国现阶段，经济增长面临基础“瓶颈”的制约，政府一方面可通过财政扩大对基础产业的投资；另一方面还可利用税收、补贴等财政杠杆诱导非政府部门对基础产业的资金投入。同时，对高新技术产业的发展，财政应提供多方面的政策支持。

(5) 财政应切实保证非生产性的社会公共需要，为经济稳定和发展创造良好的外部环境。一方面保证行政管理费和国防费的适度规模，大力提高文教、科研、治理污染、保护生态环境等项支出的增长幅度；另一方面完善社会保障制度，为经济增长营造一个良好的基础环境，使经济增长和发展相互促进，相互协调，避免出现某些发展中国家曾经出现的“有增长而无发展”或“没有发展的增长”的现象。

五、财政职能中公平与效率关系的权衡

以上所述财政的三大职能，就其目标来讲，也就是公平与效率及其财政的实现机制问题。资源配置的目标是要实现所谓帕累托效率，收入分配的目标是要实现公平，而经济稳定与发展则是同时兼顾效率和公平两个方面。然而，在现实中，公平与效率是一种既统一又矛盾的关系。如何在财政活动中权衡或协调二者关系，显然对财政职能的实现提出了更高的要求。

（一）公平与效率的含义及其关系

任何经济活动最终都是为了满足人们的需要，或者说是增进社会经济福利，财政活动也不例外。这包括两个方面：如何生产出尽可能多的财富（产品和服务）；二是生产的财富如何在社会成员之间恰当地进行分配。二者彼此联系，不可或缺。可以想象，一个社会的财富如泉涌流，若只为少数人所享有，而多数人处于贫困线以下，就不能表明该社会的经济福利水平很高；反之，若财富匮乏，即使平均享用，也只能说明该社会的经济福利水平很低。因此。社会经济福利是公平与效率的函数。由此产生了评价一切经济活动的两个准则：一是公平准则，二是效率准则。

公平是与收入分配相联系的概念。前面已经讲过，公平实际上包括经济公平和社会公平两种含义。经济公平讲求的是要素投入与要素收入相对称，是市场分配的原则，也是市场经济的本质要求。近年来，我国经济学界提出的按贡献分配的理念，讲的就是分配的经济公平原则。社会公平则是指将收入差距维持在现阶段社会各阶层所能接受的范围内。

效率属于生产力的范畴。效率这一概念在经济学中包括两种含义：资源的生产效率和配置效率。其中，对个别企业而言，能够实现在一定的资源投入条件下产出最大化或在一定产出前提下的投入最小化，显然是有效率的。一般把企业个别生产的效率称为生产效率。而在给定生产效率的基础上，整个社会资源显然还有一个在各种产品（或曰生产不同产品的企业）间的合理配置问题。这个层面的效率，我们称之为资源配置效率，简称“配置效率”。如前所述，资源配置的效率准则就是帕累托效率。

在社会主义市场经济条件下，公平与效率总体上是一种既统一又矛盾的关系。其统一性体现在：一方面，经济公平本身就内含着效率原则，因为按要素贡献分配可以促进人们劳动和投资的积极性，可以促进财富的增长；另一方面，效率也内含着社会公平原则，因为如果资源能够得到有效率的利用和配置，社会财富的增长可以为缩小收入差距，实现社会公平提供较大的余地和奠定物质基础。但是，在两者实现过程中，又不可避免地会出现矛盾。因为收入分配上差距的拉大，有助于效率的提高，但差距过大，则可能超过低收入阶层的容忍能力，无疑会损害社会公平的原则。因此，政府在经济方面的责任，就是通过完善经济体制并运用包括财政在内的政策手段达到公平与效率的基本协调。

(二) 协调公平与效率关系的途径

从世界各国的实践经验来看，协调公平与效率两个原则，根本的途径在于有效地协调社会经济目标及实现机制。

(1) 公平与效率既然具有统一性，则二者必须兼顾，只顾某一方面而忽视另一方面，必然失之偏颇。但在政策实践中，从指导思想上说，又不可避免地要根据一定时期的政治经济形势侧重于某一方面，同时兼顾另一方面。对于一个经济不发达的国家，从总体上说，侧重于效率同时兼顾公平，是应优先坚持的选择 。

(2) 协调市场与政府两种机制，实现公平与效率的两相兼顾。市场主要通过价格机制在资源配置和收入初始分配领域发挥基础性作用，侧重资源配置的效率和实现经济公平；政府主要通过财政手段，如税收、社会保障制度等在收入再分配领域发挥主导作用，同时，为市场机制正常运作创造条件，弥补市场失灵。在协调政府与市场关系时，既要借鉴发达国家的经验，又要充分考虑我国的国情。我国是一个发展中国家，在提高资源配置水平从而实现经济持续、快速增长方面，面临着比发达国家更为艰巨的任务；同时，我国又是一个转型中国家，市场发育还很不成熟，市场机制的资源配置功能与那些成熟的市场经济国家相比，存在着更多的缺陷或失灵。在这种情况下，企图过分依赖市场机制，无异于缘木求鱼，由此决定政府在资源配置和经济增长方面需要承担更大的责任。

(3) 正确处理收入差距与效率的关系。公平不等于平均，当前在收入分配制度改革上仍要继续克服平均主义，提倡一部分人先富起来，拉开收入差距。但也不能把收入差距与效率等同，认为差距越大，越有利于效率的提高。在正确认识和处理收入差距与效率关系时，必须注意两点：①收入差距的扩大应建立在要素分配的基础上。提倡一部分人先富起来，是指在国家法律许可的范围内靠要素贡献获取高额收入，并依法纳税，舍此之外的非正当的高额收入，既不符合公平，也不符合效率；②收入差距要适度。适度的收入差距有利于推动效率的提高。差距过大，超过了社会的承受能力，则会走向反面，影响社会安定，不利于提高效率。因此，在提倡一部分人富裕起来的同时，还必须通过税收和社会保障制度来调节收入差距，使之维持在合理的限度之内。

重点概念

私人产品　公共产品　私人需求　公共需求　市场失灵　政府有效　资源配置　收入分配　经济稳定与增长　公平与效率

思考题

1. 什么是财政？财政的要素主要有哪几个？
2. 什么是市场失灵？市场失灵表现在哪些方面？
3. 请举例说明什么是公共产品？为什么应由政府提供？
4. 纠正外部效应的私人对策和公共对策有哪些？分析私人对策的局限性。
5. 请举出一个现实经济生活中政府干预失败的例子，并剖析失败的原因。
6. 如何理解财政职能的概念？
7. 什么是财政的资源配置职能？如何实现资源配置职能？
8. 什么是财政的收入分配职能？如何实现收入分配职能？

9. 什么是宏观经济稳定？财政如何为实现经济稳定发挥其职能？

10. 论述公平与效率的含义以及协调二者关系的途径。

案例分析

“国富民穷”与“民富国强”

2009 年，中国可谓是“喜讯连连”。“股市重回 3400 点”“人均 GDP 即将接近 4000 美元”“GDP 保八成功”，总量已超越日本跃居全球第二；统计局宣布：我国终于从长期的低收入国家，跃升至了“中等偏下收入”国家的行列。另外，统计局还给出了另外一个数据：财政收入接近 7 万亿，是新中国成立初期的 1000 倍，不包括非财政收入。

“我国劳动工资只占 GDP 的 12%左右，而市场经济成熟国家普遍都在 54%～65%；纵向比较，1989 年占比为 16%，2003 年占比为 12%”。2000 年国家财政收入是 1.3 万亿元，2004 年上升到 2.6 万亿元，翻了一番。到 2006 年达到了 3.9 万亿元，是 2000 年的 3 倍，而 2006 年的 GDP 仅是 2000 年的两倍，可见中国财政收入的增长速度一直大大快于 GDP 的增长速度，而工资增长则大大慢于 GDP 的增长速度。

2009 年 1 月 22 日，世界银行与普华永道的调查报告称“中国纳税成本高居世界第八”，文中提到“……中国内地则需交纳 47 个税种。而且，中国现行税制在设计时，考虑到税收实际征收率不高的因素，实行‘宽打窄收’。调查称，中国企业纳税额占到总利润的 77.1%。如果各种税收悉数征收，将占到 GDP 的 50%左右，如果加上各种收费，比例将非常惊人。事实上，税收相对比较高的美国，税收收入总和也才占到其 GDP 的 32%左右。因而，福布斯 2005 年称中国税务负担排名全球第二”。

中国的民间需求从 20 世纪 90 年代以后开始步入相对不足的状态，经济的增长高度依赖于投资和出口的拉动。政府的经济职能没有为其发展创造一个良好的体制环境，反而滞后于经济体制改革，滞后于市场经济的发展，最终造成了“国富民穷”、“官富民穷”、民间需求不足的局面。

要求：请从财政资源配置职能的角度分析“国富民穷”对中国经济社会有何影响，如何才能从“国富民穷”过渡到“民富国强”？

第二章　财政支出基本理论

本章首先介绍财政支出的分类，从不同角度和依据介绍了五种分类方式；其次介绍政府在安排财政支出时应该遵循的原则，即公平原则、效率原则、兼顾公平与效率原则；三是政府财政支出规模量度衡量、财政支出增长理论（瓦格纳法则、梯度渐进增长论、经济发展阶段论和公共选择学派的支出增长理论），以及影响财政支出规模增长的因素分析；四是在财政支出结构中，重点介绍影响财政支出结构的因素、财政支出的国际比较和我国财政支出的现实情况；五是财政支出效益的概述、特点、评价方法和评价体系的建立。

案例导引

加拿大政府对公共支出规模的控制

整个20世纪70年代到80年代初期，加拿大政府一直致力于控制支出的增长，使它不至于超过名义GDP的增长趋势，后来这一控制支出的政策变成了控制赤字和债务的政策。1984年以来，政府一直致力于减少支出占GDP的比重，而这一目标的实现是通过抑制项目支出（不包括债务服务支出），使之始终略低于名义GDP的增长率来实现的，大多数年份里，支出增长率的目标远远低于通货膨胀率，使得项目性支出实际上是在减少。1991年，政府制定了“支出控制法”，这一法案对项目性支出（包括自筹失业保险金和农业保险基金）从法律上进行控制，把支出从1991～1992年度开始的五年多的时间里控制在平均3%的增长速度内。但这是项临时性法案，有效期到1995～1996年度结束。为了与支出占GDP的比重下降的措施相配套，税法改革提高了税收占GDP的比重。这种政策减少了负债及负债占整个GDP的比重，而这一比重的降低是建立在收入随着GDP的增长而增长以及支出的增长率远低于GDP增长率的基础上的。

问题：

1. 财政支出规模如何衡量？
2. 怎样合理控制财政支出规模的增长？

第一节　财政支出的分类

一、财政支出的含义

财政支出（public finance expenditure）通常也称政府支出或公共支出，是指政府为提供公共产品和服务，满足社会共同需要而进行的财政资金的支付。目前我国由于存在预算内资金和预算外资金，所以财政支出的概念也就有狭义与广义之分。狭义的财政支出仅指预算内支出；广义的财政支出则包括预算内支出和预算外支出。如果没有特殊的说明，我们本书中涉及的财政支出，一般是指狭义的财政支出概念。

财政支出主要有：保证国家机器正常运转、维护国家安全、巩固各级政府政权建设的支出；维护社会稳定、提高全民族素质、外部效应巨大的社会公共事业支出；有利于经济环境和生态环境改善、具有巨大外部经济效应的公益性基础设施建设的支出；对宏观经济运行进行必要调控的支出等。

财政支出体现着财政的目的和财政职能的基本内涵；财政支出规模和范围反映着政府介入经济生活和社会生活的规模和深度。财政支出的过程就是执行政府政策的过程。财政支出是财政最主要的活动之一。财政支出与财政收入一起构成财政分配的完整体系，财政支出是财政收入的归宿，是财政分配活动的重要环节。一方面，财政支出是实现资源配置、收入分配和经济稳定等财政职能的基本手段；另一方面，财政支出对国家的政治、经济和社会产生着重要影响，它反映了政府政策的选择，反映着政府活动的方向和范围，体现了政府在社会生活中的作用和地位。

二、财政支出的分类

将财政支出的内容进行合理的归纳，以便准确反映和科学分析支出活动的性质、结构、规模以及支出的效益和产生的时间。具体可以从不同角度、按照不同依据进行分析、归纳和总结。分类方法有多种多样，本书主要介绍下列五种。

（一）按经济性质分类

按财政支出的经济性质，即按照财政支出是否能直接得到等价的补偿进行分类，可以把财政支出分类为：购买性支出和转移性支出。

1. 购买性支出（purchase expenditure）

购买性支出是指政府为了实现国家职能，按照有偿等价原则在市场上购买商品和劳务的支出。购买性支出主要由三部分组成：一是维持性支出，即用于维持政府部门正常运转所需的商品和劳务支出，如国防支出、行政支出等；二是经济性支出，即政府投资基础设施建设、支持企业及农业发展等方面的支出；三是社会性支出，即政府支持文化、科技、教育、卫生等社会事业发展的支出。也是由社会消费性支出和财政投资支出组成。

政府在发生购买性支出的同时，获得了相应的商品和劳务的所有权。政府只有购买这些商品和劳务，才能提供公众所需的公共产品和劳务（包括混合产品）。在这些支出安排中，政府同其他经济主体一样，在从事等价交换的活动。它体现的是政府的市场性再分配活动。

2. 转移性支出（transfer expenditure）

转移性支出是指政府按照一定方式，将一部分财政资金无偿地、单方面转移给其他经济主体（居民和其他受益者），主要包括社会保障支出、财政补贴支出和债务利息支出等。这项支出的特点是财政付出了资金，却没有取得相应的商品和劳务，不存在交换问题，只是将资源在社会成员之间重新进行分配。这类支出并不减少私人部门可支配的资源总量，而只是在结构上调整不同社会成员之间可支配资源的数量，以更好地促进社会公平的实现。政府这时是扮演一个“中间人”角色，将一部分人（纳税人）的收入转移给另一部分人。它体现的是政府的非市场性再分配活动。

3. 按财政支出经济性质分类具有较强的经济分析意义

（1）购买性支出对于社会的生产和就业有直接的影响。购买性支出是通过支出使政府掌握的资金与微观经济主体提供的商品与服务相交换，此时，政府直接以商品和服务的购买者身份出现在市场上，也须遵循等价交换原则。其主要体现的是政府的资源配置职能。政府购买的商品和劳务种类、数量不同，生产的公共产品也就不同，从而对资源配置的结构产生的影响不同，也就是说政府的购买性支出直接成为一种有效需求，增加了社会的购买力，从而对社会生产、就业产生直接影响。当然，购买性支出对于收入分配也有影响，但这种影响是间接的。

(2) 转移性支出对收入分配产生直接影响。转移性支出是通过支出将财力从政府转移到受领者手中，支出结果是资金所有权的转移（购买力转移），对于收入分配有直接影响。其主要体现的是政府的收入分配职能。因此，转移性支出对社会经济的影响主要体现在收入分配上，转移性支出的规模和对象（结构）不同，所形成的收入分配格局也就不同。当然，转移性支出对社会生产和就业以及社会总供需状况也有影响，但是间接的，是要通过资金接受者的反应来实现的。

综上所述，购买性支出是政府的市场性再分配活动，对社会生产和就业的直接影响较大，执行资源配置的能力较强。在市场上遵循等价交换的原则，因此购买性支出体现的财政活动对政府能形成较强的效益约束，对与购买性支出发生关系的微观经济主体的预算约束是硬的。转移性支出是政府的非市场性再分配活动，对收入分配的直接影响较大，执行收入分配的职能较强。

（二）按政府职能分类

一般认为，政府职能包括三个方面，即政治、经济和社会。与此相适应，财政支出可以分为：维持性支出、经济性支出和社会性支出。维持性支出是指政府为维持公共安全和宪法秩序的支出，包括国防费、国家管理支出等。经济性支出是指政府为提高资源配置效率和保持经济稳定用于经济发展方面的支出，包括基本建设支出，国有企业挖潜改造资金，科学技术三项费用（新产品试制费、中间试验费、重要科学研究补助费），简易建筑费支出，地质勘探费，增拨国有企业流动资金，支援农村生产支出，工业、交通、商业等部门的事业费支出，城市维护费支出，国家物资储备支出，城镇青年就业经费支出，抚恤和社会福利救济费支出等。社会性支出是政府为满足社会公众非物质需求而安排的用于教育、科学、文化、卫生、环境保护、社会保障等社会服务的事业性支出。这种分类的优点在于可以将财政支出与国家职能直接联系起来，使得政府的财政支出责任明确，也便于公众了解国家政治、经济和社会的各个方面。

按政府职能分类，也称为按国家职能或财政职能分类，其意义在于：一是按政府职能对财政支出分类，能够清晰地揭示国家执行了怎样一些职能以及侧重于哪些职能；二是对一个国家的支出结构作时间序列分析，便能够揭示该国的政府职能发生了怎样的演变；三是对若干国家在同一时期的支出结构作横向比较分析，则可以揭示各国政府职能的差别。

（三）按支出功能分类

我国现行支出分类采用了国际通行做法，即同时使用支出功能分类和支出经济分类两种方法对财政支出进行分类。

支出功能分类简单地讲，就是按政府主要职能活动分类。我国政府支出功能分类设置一般公共服务、外交、国防等大类，类下设款、项两级。

修订后的《2011年政府收支分类科目》政府支出功能分类类级科目包括如下内容。

（1）一般公共服务支出。包括人大事务、政协事务、发展与改革事务、统计信息事务、财政事务、税收事务、审计事务、海关事务、人事事务、人口与计划生育事务、商贸事务、知识产权事务、工商行政管理事务、食品和药品监督管理事务、质量技术与检验检疫事务、国土资源事务、海洋管理事务、共产党事务、民主党派及工商联事务、群众团体事务等支出。

（2）外交支出。包括外交行政管理、驻外机构、对外援助、国际组织、对外合作与交流、对外宣传、边界勘界联检等支出。

（3）国防支出。包括政府用于现役部队、国防后备力量、国防动员等方面的支出。

（4）公共安全支出。包括武装警察、公安、国家安全、检察、法院、司法行政、监狱、劳教、国家保密等方面的支出。

（5）教育支出。包括教育管理事务、普通教育、职业教育、成人教育、广播电视教育、留学教育、特殊教育、教师进修及干部继续教育等方面的支出。

（6）科学技术支出。包括科技管理事务、基础研究、应用研究、技术研究与开发、科技条件与服务、社会科学、科技普及、科技交流与合作等方面的支出。

（7）文化体育与传媒支出。包括文化、文物、体育、广播影视、新闻出版等方面的支出。

（8）社会保障和就业支出。包括社会保障与就业管理事务、民政管理事务、补充全国社会保障基金、行政事业单位离退休、企业关闭破产补助、就业补助、抚恤、退役安置、社会福利、残疾人事业、城市居民最低生活保障、其他城镇社会救济、农村社会救济、自然灾害生活救助、红十字事务等方面的支出。

（9）社会保险基金支出。包括财政对基本养老保险基金、失业保险基金、基本医疗保险基金、工伤保险基金、生育保险基金等方面补助的支出。

由于社会保险基金的资金来源一部分是财政一般预算的补助。所以，在计算政府财政支出总规模时，应将这部分补助从社会保险基金支出中剔除，否则就会出现重复计算的问题。

（10）医疗卫生支出。包括医疗卫生管理事务、政府对各级各类医院的医疗服务支出、社区医疗服务、医疗保障支出、残疾预防控制、卫生监督、妇幼保健、农村卫生、中医药等方面在支出。

（11）环境保护支出。包括环境保护管理事务、环境监测与监察、污染治理、自然生态保护、天然林保护工程、退耕还林、风沙荒漠治理等方面的支出。

（12）城乡社区事务支出。包括城乡社区管理事务、城乡社区规划与管理、城乡社区公共设施、城乡社区住宅、城乡社区环境卫生、建设市场管理与监督等方面的支出。

（13）农林水事务支出。包括农业、林业、水利、扶贫、农业综合开发等方面的支出。

（14）交通运输支出。包括公路运输、水路运输、铁路运输、民用航空运输等方面的支出。

（15）工业、商业、金融等事务支出。采掘业、制造业、建筑业、电力、邮政电信、旅游业、涉外发展、粮油事务、商业流通事务、物资储备、金融保险、烟草事务、安全生产、国有资产监管、中小企业发展等方面的支出。

（16）其他支出。包括地震灾后恢复重建支出、国土资源气象等事务、住房保障支出、预备费、公共债务还本付息等方面的支出。

（17）转移性支出（也称转移支付）。这里的转移性支出是指上级政府对下级政府的转移支付。包括敌缓性支出、财力转移性支付、专项转移支付、政府性基金转移支付、彩票公益转移支付、预算外转移支付等。

（四）按产生的效益分类

按财政支出产生效益的时间分类，财政支出可以分为经常性支出和资本性支出。这是现代公共经济学研究财政支出分类的一种主要方法。

（1）经常性支出。经常性支出是指维持公共部门正常运转或保障人们基本生活所必需的支出。主要包括人员经费、公用经费、社会保障、公共债务利息等支出。其特点是，它的消耗会使社会直接受益或当期受益，按照公平原则中当期公共产品受益与当期公共产品成本相对应的原则，直接构成了当期公共产品的成本。如行政管理费包括公务员的工资、办公费、差旅费、修缮费等，这些费用的消耗就会形成当期服务的公共产品——行政管理、社会秩序、社会治安、经济信息等。理论上讲，经常性支出的弥补方式应为税收。

（2）资本性支出。资本性支出是指用于购买或生产使用年限在一年以上的耐久品所需的支出，包括政府购置固定资产和无形资产的投资支出。如建筑厂房、购买机器设备、修建铁路和公路等生产性支出，建筑办公楼、购买办公家具、汽车、复印件、电脑等非生产性支出。其特点是，它的消耗会使社会形成供一年以上长期使用的固定资产。理论上讲，资本性支出的弥补方式有两种：一是税收；二是公共债务。

（五）按国际货币基金组织（IMF）分类

按国际货币基金组织对政府财政统计标准，财政支出有职能分类法和经济分类法两种。具体内容见表 2-1。

表 2-1 国际货币基金组织（IMF）的公共支出分类

按职能分类	按经济分类
1. 一般公共服务	1. 经济性支出
2. 国防	（1）商品和服务支出
3. 教育	①工资、薪金以及其他有关项目
4. 保健	②商品和服务的其他购买
5. 社会保障和福利	（2）利息支出
6. 住房和社区生活设施	（3）补贴和其他经济性转让
7. 其他社区和社会服务	①对公共企业
8. 经济服务	②对下级政府
（1）农业	③对家庭
（2）采矿业	④对其他居民
（3）制造业	⑤国外转让
（4）电业	2. 资本性支出
（5）道路	（1）现存的和新的固定资产的购置
（6）水疏送	（2）存货购买
（7）铁路	（3）土地和无形支出购买
（8）通信	（4）资本转让
（9）其他经济服务	3. 净贷款
9. 无法归类的其他支出	
（1）公共债务利息	
（2）其他	

其中按职能分类项目中的具体内容如下：

（1）一般公共服务支出。包括行政和立法机关、金融和财政事务、对外事务、对外经济援助、一般服务、基础研究、一般公共服务“研究和发展”、未另分类的一般公共服务、公共债务操作、各级政府间的一般公共服务等。

（2）国防支出。包括军事防御、民防、对外军事援助、国防“研究和发展”、未另分类的国防等。

（3）教育支出。包括学前和初等教育、中等教育、中等教育后的非高等教育、高等教育、无法定级的教育、教育的辅助服务、教育“研究和发展”、未另分类的教育等。

（4）保健支出。

（5）社会保障和福利。包括医疗产品、器械和设备、门诊服务、医院服务、公共医疗保障服务等医疗保障；伤病和残疾、老龄、遗属、家庭和儿童、失业、社会福利设施“研究和发展”等社会福利。

（6）住房和社区生活设施。包括住房开发、社区发展、供水、街道照明等服务。

（7）其他社区和社会服务。包括警察服务、消防服务、法庭、监狱、公共秩序和安全“研究和发展”、未另分类的公共秩序和安全等。也包括废物管理、废水管理、减轻污染、保护生物多样性和自然景观、环境保护“研究和发展”、未另分类的环境保护等。

第二节　财政支出的原则

一、公平原则

财政支出的公平原则是指实现社会公平，表现为促进社会财富分配的相对合理。通过财政支出对市场调节所形成的初次分配结果，进行有效的再分配，以实现企业和个人在国民收入分配中做到机会均等。公平最基本的要求是满足每一社会成员的基本生存需要和发展需要，它是保证社会稳定和发展的重要条件。

在市场经济条件下，社会分配遵循要素分配准则，即个人按其所拥有的生产要素（劳动、资本、土地）各自对生产的贡献来决定其收入，是公正分配的自然规律。但不能解决社会公平问题，其结果可能导致个人收入分配的巨大差距。社会公平问题的提出，源于社会财富分配的过大差异或贫富悬殊。贫富差距在一定范围内可以为社会所接受，但超越一定的界限则会加剧社会矛盾，引起一系列社会问题，甚至殃及社会的稳定与发展。对于一个社会来说，不可忽视社会公平的要求。

市场不能对分配差距进行有效的再分配和实现社会公平，这就需要政府通过再分配予以调整和克服。财政支出坚持公平原则，就是调整财政支出对象及其结构，改变社会成员、社会集团对物质财富的占有份额，使相对的社会公平得以实现，即通过再分配纠正市场机制导致的财富分配不公平状况，实现社会分配公平，缩小贫富差距。如政府通过提供教育、医疗、卫生、环境等领域的公共服务，通过建立完善转移支付制度，增加社会保障、最低生活标准、财政农业补贴等支出，缩小收入差距，促进社会公平实现。

二、效率原则

财政支出效率原则，是以市场机制发挥基础性作用为基点，遵循市场效率准则来安排财政支出，优化资源配置，以最小的社会成本取得最大的社会效益。这个效率标准就是社会净效益或净所得最大化标准，即当改变资源配置时，社会的所得要大于社会的所失，其差额越大越好。

公共产品理论认为，关于对公共产品供应的局部均衡模型分析，以及成本—效益分析法的运用，首先要确保公共产品的供应所动用的资源在使用上具有效率，它要超过或至少等于这些资源用于私人经济或私人投资项目时的效率。从宏观层面分析，要实现社会均衡，通过财政支出使社会资源在政府和微观经济主体之间的配置达到均衡，达到这一均衡的标准是政府通过财政支出给社会带来的利益大于由政府课税或用其他方式取得收入所付出的代价。从微观层面分析，进行成本效益分析，以判定某项支出所消耗资源与其带来的效益之间的比例关系，在此基础上决定某个项目财政是否配置资源及配置多少资源。

效率原则要求政府投资仅限于市场失灵的领域。这既是市场经济对财政活动的要求，也是对社会资源优化配置的要求。

三、兼顾公平与效率原则

兼顾公平与效率原则是指通过正确安排财政支出的规模与结构，保证宏观经济的稳定和发展。当一国政府在市场经济发展比较成熟，宏观经济发展到一定阶段时，财政支出需要考虑原则的适当调整。兼顾公平与效率原则的提出，就是基于我国目前的发展阶段而提出的。目前我国政府的财政支出，在公平原则与效率原则基础上，应更多地倾向于公平问题。

财政支出无论是出于公平原则考虑还是出于效率原则考虑，一旦纳入宏观经济分析视野，都可以与社会经济的稳定与发展等问题联系在一起。因为，社会经济稳定与发展是社会资源配置和 GDP 合理分配的综合结果。政府通过资源配置和收入再分配活动，在实现社会经济的稳定与发展的过程中，实际上已贯穿了公平原则和效率原则的要求。也就是说，当社会经济出现了稳定和持续健康发展态势时，社会的生产力和生产关系同时处于一种相互适应、相互协调的状态，因此，把财政支出规模与结构的确定与市场经济的运行状态联系在一起来考虑，是在宏观的范围内考虑效率与公平问题，在此基础上确定的财政支出规模与结构更符合市场经济运行的需要。

财政支出规模和结构是影响社会总需求规模和结构的重要因素，在社会总供给大于社会总需求时增加财政支出；在社会总供给小于社会总需求时减少财政支出。

第三节　财政支出的规模

财政支出规模（scale of financial expenditure）是指政府在一定时期（预算年度）内通过财政安排的支出绝对数量及相对比率。财政支出规模通常表现为财政支出的总量，一般可以是支出数额的绝对量，也可以是财政支出占国民收入的相对量。它反映了政府参与分配的状况和程度，体现了政府的职能和政府的活动范围，是研究和确定财政分配规模的重要指标。

一、财政支出规模的衡量

（一）财政支出绝对额指标

财政支出绝对额是指一定时期（财政年度）内一国财政支出实际安排和使用资金的绝对数额。通常由按当年价格计算的财政支出的加总来反映，也可以按不变价格来反映，即以某一年的价格为基准来统计财政支出的绝对规模。反映着政府对社会经济发展影响力的强弱。

财政支出绝对额指标的作用：第一，其是计算相对指标的基础；第二，对绝对指标从时间序列加以对比可以看出财政支出规模发展变化的趋势。从纵向比较上，通过比较政府财政支出总量的变化趋势，以及财政收入总量与GDP总量的变化趋势，能反映财政支出规模与财政收入、财政支出、经济增长的关系及其合理程度。从横向比较上，通过比较各国在不同经济发展阶段上的财政支出总量，可以分析一国在相同时期的财政支出规模的状况与合理程度。通过比较一国范围内各地区在同一时期的财政支出规模，可以考察各地区在经济发展与财政能力上的差距，为国家制定或调整经济政策服务。

（二）财政支出相对额指标

财政支出相对额指标是指财政支出的规模与其他经济变量的关系来反映。我国常用三种测量方法来反映。相对指标本身可以反映政府公共经济部门在社会资源配置过程中的地位。

1. 财政支出增长率

财政支出增长率是指当年财政支出总额比上年同期财政支出总额的增长百分比（%）。它反映一定时期财政支出水平变化程度的动态指标。即“同比”增长率。计算公式如下：

$$\text{财政支出增长率}=\frac{\text{当年财政支出总额}-\text{上年财政支出总额}}{\text{上年财政支出总额}}\times 100\%$$

2. 财政支出占GDP的比重

财政支出占GDP的比重是指当年财政支出总额与当年GDP的比值。它反映了占用社会经济资源的状况，也反映了政府干预经济的程度。计算公式如下：

$$\text{财政支出占 GDP 的比重}=\frac{\text{当年财政支出}}{\text{当年 GDP}}\times 100\%$$

财政支出占国内生产总值（GDP）的比重更能反映真实的财政分配关系，即反映政府占有社会经济资源的额度。因此，政府在财政分配中应当注意研究财政支出占GDP的合理比例，如果超过应有的合理界限，过度对GDP进行分配，则会削弱民间积累，影响社会经济的正常发展。从对历史数据分析来看，不同国家不同历史时期，财政支出占GDP的比重有所不同。我国财政支出占GDP的比重在改革开放初期处于30%左右，1994年初经历了财政的分税制管理体制改革后，一度下降占比，1995年到达了最低的11.67%，其后该比重则处于回升趋势。2012年我国财政支出（预算内）占GDP的比重为24.21%。

3. 财政支出弹性

财政支出弹性是指财政支出增长率与GDP增长率之间的比例关系。它反映了GDP变化与财政支出变化之间的关系。计算公式如下：

$$财政支出弹性=\frac{财政支出增长率}{GDP增长率}\times 100\%$$

当财政支出弹性大于1时，说明财政支出的增长快于GDP的增长，财政支出的弹性较好；当财政支出弹性小于1时，说明财政支出的增长慢于GDP的增长，财政支出的弹性较差或无弹性；财政支出弹性等于1时，说明财政支出与GDP呈同步增长。

这一指标有助于分析研究国家财政经济政策的执行效果。

4. 财政支出边际倾向

财政支出边际倾向是指财政支出增长额与GDP增长额之间的比例关系，即GDP每增加一个单位的同时财政支出增加多少。它反映了GDP变化与财政支出变化之间的关系。计算公式如下：

$$财政支出边际倾向=\frac{财政支出增加额}{GDP增加额}\times 100\%$$

二、财政支出规模的变化趋势——增长趋势

（一）其他国家的财政支出情况

（1）社会性公共支出占政府支出的比重不断上升。对于社会性公共服务的发展，发达国家普遍经历了物质财富普遍匮乏和最低限度的公共服务供给阶段，然后是物质财富快速增长但公共服务供给水平相对提高不快的阶段，二战以后，进入社会经济成熟期的发达国家才逐渐能够把相对丰裕的公共服务更均衡地分配到社会各个领域，形成政府财政支出中社会性公共支出占据主体的基本格局。以美国为例（图2-1），1968年以前，在政府支出中，用于教育、就业、医疗卫生、社会保障、收入保障等社会性公共支出的比重基本处于35%以下，1971年超过40%，1974年超过50%，1995年超过60%，2002年超过了65%。

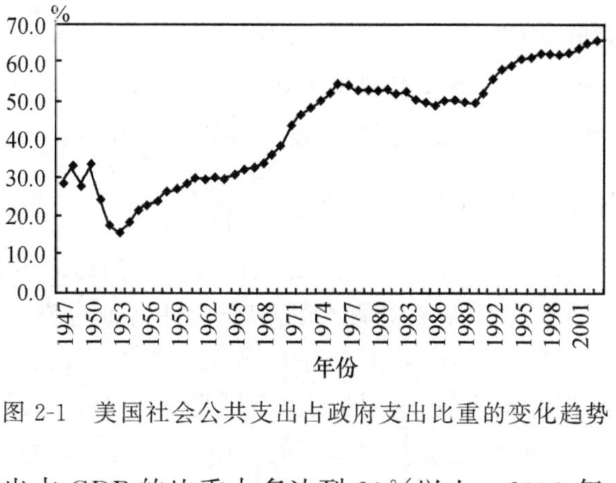

图2-1 美国社会公共支出占政府支出比重的变化趋势

（2）社会性公共支出占GDP的比重大多达到20%以上。2003年OECD（经济合作与发展组织）成员国家社会性公共服务占GDP的比重平均为20.7%，欧盟15国的该比重平均达到了23.9%。其中，奥地利、比利时、德国、法国、丹麦、挪威均超过了25%，瑞典更是高达31.3%，见图2-2。

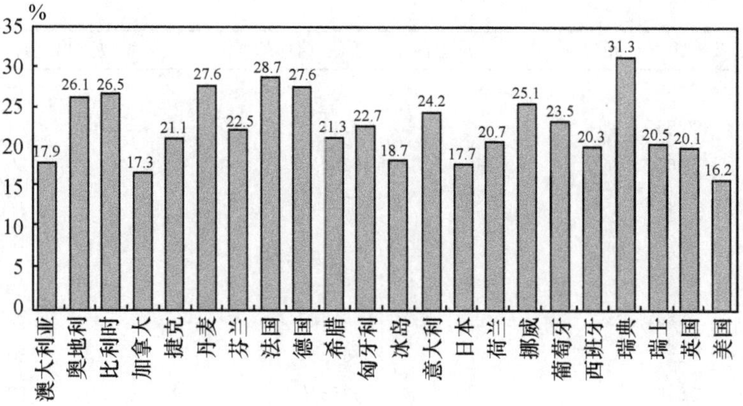

图 2-2 2003 年部分 OECD 国家社会性公共支出占 GDP 比重

（二）我国政府财政支出的情况

我国改革开放以来的财政支出总额与财政支出占 GDP 的比重，如表 2-2。

表 2-2 我国财政支出占国内生产总值（GDP）的比重

年份	财政支出（亿元）	国内生产总值（亿元）	财政支出/国内生产总值（%）
1978	1122	3624	30.96
1979	1281	4038	31.72
1980	1229	4517	27.21
1981	1138	4862	23.41
1982	1230	5294	23.23
1983	1410	5934	23.76
1984	1701	7171	23.72
1985	2004	8964	22.36
1986	2205	10202	21.61
1987	2262	11962	19.91
1988	2491	14928	16.69
1989	2824	16909	16.70
1990	3084	18547	16.63
1991	3387	21617	15.67
1992	3742	26638	12.55
1993	4642	34634	13.40
1994	5793	46759	12.39
1995	6824	58478	11.67
1996	7938	67884	11.69
1997	9234	74462	12.40
1998	10798	78345	13.78
1999	13188	82067	16.07
2000	15887	89468	17.76

续表

年份	财政支出（亿元）	国内生产总值（亿元）	财政支出/国内生产总值（%）
2001	18903	97314	19.42
2002	22053	108914	20.25
2003	24607	117252	20.99
2004	28487	159878	17.82
2005	33708	182321	18.49
2006	40423	210871	19.17
2007	49565	246617	20.10
2008	62427	300670	20.76
2009	76301	335353	22.75
2010	89575	397983	22.51
2011	108929	471560	23.10
2012	125712	519322	24.21

资料来源：根据中华人民共和国财政部、中国国家统计局公布资料计算。

三、财政支出规模增长理论

财政支出的不断扩张引起政治家和经济学家的关注。经济学家们从多角度寻找这种变化趋势的原因，形成了许多富有见地的实证理论解释。

（一）瓦格纳法则

阿道夫·瓦格纳（adolf wagner）是19世纪80年代德国的一位著名经济学家，他在对19世纪的欧洲国家以及日本、美国等国的公共支出资料进行实证分析的基础上，提出了“公共支出不断增长的规律”。他认为，导致公共支出不断增长的根本原因在于政府职能的内涵和外延随着社会经济的日益工业化而趋于扩大。

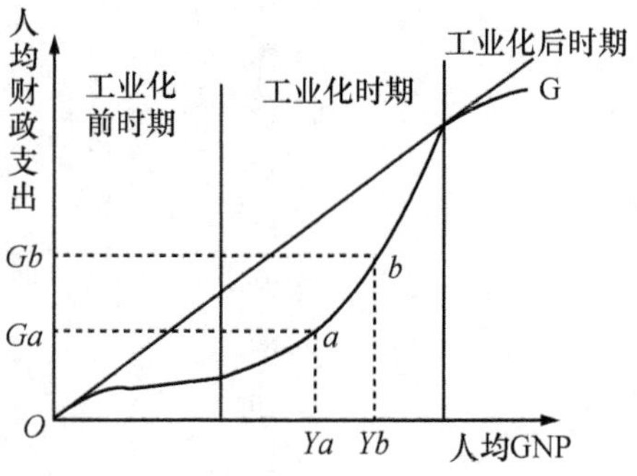

图 2-3 瓦格纳法则

如图2-3所示，当国民收入增长时，财政支出会以更大比例增长，即 $Gb-Ga>Yb-Ya$，说明财政支出的增长必然大于人均收入的增加。随着人均收入水平的提高，政府支出占GNP的比重将会提高，而且政府支出的增长率要大于人均收入水平的增长率，即财政支出弹性大于1，这就是财政支出的相对增长，这一思想是瓦格纳提出的，又被称为瓦格纳法则。

瓦格纳法则的基本原理是指随着国家职能的扩大和经济的发展就要求保证行使这些国家职能的财政支出不断增加，即随着人均收入提高财政支出相对规模相应提高。

瓦格纳把导致政府支出增长的因素分为政治因素和经济因素。所谓政治因素，是指随着经济的工业化，正在扩张的市场与这些市场中的当事人之间的关系会更加复杂，市场关系的复杂化引起了对商业法律和契约的需要，要求建立司法组织，这样就需要增加政府公共支出，把更多的资源用于提供治安的和法律的设施。经济因素是指工业发展带来人口居住密集化，由此将产生外部拥挤性等问题，需要增加公共部门进行管理。此外，瓦格纳把对于教育、娱乐、文化、保健与福利服务的公共支出的增长归因于需求的收入弹性，即随着实际收入的上涨，这些项目的公共支出的增长将会快于GDP的增长。

瓦格纳法则的解释：

(1) 市场失灵和外部性的存在需要政府的活动增加。瓦格纳认识到，随着经济的工业化，不断扩张的市场与这些市场中的行为主体之间的关系更加复杂化，这需要建立司法体系和管理制度，以规范行为主体的社会经济活动。

(2) 政府对经济活动的干预以及从事的生产性活动，也会随着经济的工业化而不断扩大。因为随着工业化经济的发展，不完全竞争市场结构更加突出，市场机制不可能完全有效地配置整个社会资源，需要政府对资源进行再配置，实现资源配置的高效率。

(3) 城市化以及高居住密度会导致外部性和拥挤现象，这些都需要政府出面进行干预和管制。最后，教育、娱乐、文化、保健以及福利服务的需求的收入弹性较大，要求政府在这些方面增加支出。这就是说，随着人均收入的增加，人们对上述服务的需求增加得更快，政府要为此增加支出。

后来的经济学家们进一步发展了该理论，其内容可以归纳如下：政府支出的增长幅度大于经济增长是一种必然趋势；政府消费性支出占国民所得的比例不断增加；随着经济发展和人均所得的上升，公共部门的活动将日趋重要，公共支出也就逐渐增加。导致财政支出增大的原因主要是随着资本主义经济的发展，原来由私人部门进行的若干活动，逐渐地由政府办理；人口的增加，城市的迅速发展，各种矛盾的激化，使得政府的一般行政、公安司法、经济管理、社会协调等方面支出扩大；由于某些投资所需财力较多，或出于调节经济活动的需要，政府就应参与投资、调控；随着国民所得的增加，政府对文化、福利方面的投资将会成倍增加。20世纪70年代初，财政学家伯德（Bird）在解释瓦格纳对财政理论的贡献时，将上述由统计分析得到的结论称之为瓦格纳法则（Wagner's Law）。

统计资料表明，最近的100年中，从全球范围来看，无论是财政支出的绝对额，还是支出占国内生产总值的比重都呈现不断增长的趋势。在此期间，大多数国家的政府部门都已经扩大，其中工业化国家在1880年左右开始扩大，发展中国家在1940年以后开始扩大，公共支出占GDP的比重原来多在5%～10%，到20世纪80年代中期，发展中国家上升到平均20%左右，工业化国家为30%左右，有些国家则超过50%。这是市场经济发展和政府宏观调控加强的必然结果，也标志着财政支出政策在全社会及宏观经济全局中的地位越来越重要。

现实中，宏观税负水平一直在不断提高，OECD成员国家20世纪中期的平均宏观税负水平仅在18%左右，1980年则达到34%，1990年上升为37%，1994年上升至38.5%。发达国家与发展中国家在实现财政收入的增长方式上是不同的。发达国家财政收入构成中，具有累进性质的税收占了财政收入的绝大部分，如在OECD成员国中，1995年主要税种收入占税收收入总量的平均比重依次是：个人所得税28%，社会保障税27%，一般消费税18%，其他商品和劳务税14%，公司所得税8%，财产税5%。累进税有较大的收入弹性，经济持续向好促使财政收入以高于名义GDP的速度增长，这自然有助于瓦格纳法则实现。发展中国家则以比例税为主体，主要通过增税来实现瓦格纳法则。

基于统计数据收集的局限，利用美、日、英、法、德等主要发达国家的相关数据进行实证分析，从图2-4可以看出，随着财政支出的不断上升，财政收入也在相应增长，较晚时期的收入会赶上较早时期的财政支出，在量上是一致的，但时间上不同步。

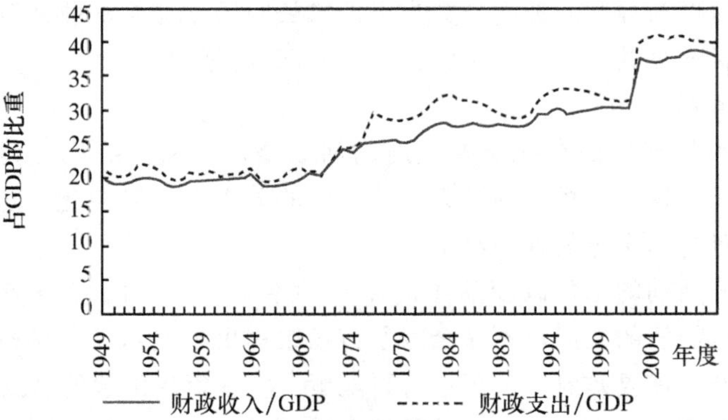

图 2-4　1949～2008 年美、日、英、法、德等国平均财政收入、财政支出占 GDP 的比重

可见，在瓦格纳法则的实现过程中，世界各国基本上采取的是财政支出增长在前、财政收入增长在后的非平衡预算实现形式，具体实现过程是：政府为促进经济稳定增长和社会协调发展，实行扩张性财政政策，在收入变化不大的情况下支出出现大的增长或支出变化不大的情况下因减税而使收入下降，或二者同时并举；由于政府支出不可能主要用债务来支撑，财政收入（税收）也就必然相应上升。在现代社会中，提高税收只是弥补部分债务缺口，政府财政收支之间的总缺口自出现之后就没有合上过，且呈不断扩大之势。

综上所述，瓦格纳法则的实现是各国政府实现其职能目标的附属表现。为最大限度实现政府职能目标，各国政府采取财政支出增长在前、财政收入增长在后的非平衡预算实现形式，政府持续的扩张性财政政策是瓦格纳法则实现的一个推动因素，与此同时，宏观税负呈现出一个不断反复、但总体上升的趋势，以适应政府职能不断扩大的要求。

（二）梯度渐进增长论

梯度渐进增长论，又称时间形态模型、内外因素论、非均衡增长理论、替代—规模效应。

英国经济学家皮科克（Peacock）和魏斯曼（Wiseman）在 20 世纪 60 年代初对英国公共支出的历史数据进行了经验分析，从而提出了“梯度渐进增长理论”。

这一理论认为，在正常年份公共支出呈现一种渐进的上升趋势，但当社会经历“剧变”（如战争、经济大危机或严重灾害）时，公共支出会急剧上升，即财政支出的增长并不是均衡的、同一速度向前发展的，而是在不断稳定增长的过程中不时出现一种跳跃式的发展过程。当“剧变”期结束之后，公共支出水平会下降，但不会低于原来的水平。因其理论实质上揭示了财政支出增长的两类原因：一是内在因素；二是外在因素。故也称为内外因素论。

财政支出的内在因素是指公民可以忍受的税收水平的提高。皮科克与魏斯曼认为，导致公共支出增长的内在因素是人们“可容忍税收水平”的提高。理论假设：政府喜欢多支出，这样可以使政府的权力不断扩大；而公民不愿意多缴税（希望税负越低越好），政府与公民一直处在税收的博弈之中。政府追求政治权力的最大化而存在增加税收的内在动力；公民则要追求个人利益最大化而不愿多交税。这一博弈结果的关键是公民对税收的容忍度。因此，当政府在决定预算支出规模时，应该密切关注公民关于赋税承受能力的反应，公民所容忍的税收水平是财政支出规模的约束条件。在正常年份人们可容忍税收水平比较稳定，公共支出不可能有较大幅度的上升，但随着经济的增长，即使税率不变，税收收入也会自动增加，相应的公共支出水平会提高，从而使公共支出规模也增加。即由于经济的发展GDP↑→人均收入↑→税收收入↑→财政支出↑，这种逻辑过程，揭示出正常情况下财政支出呈渐进增长趋势的内在原因。当社会“剧变”时期结束之后，公共支出水平就会下降，但政府会设法维持可容忍税收水平，结果公共支出水平虽有下降，但不会回复到原来的水平。

财政支出的外在因素是指“剧变”（即社会动荡）对财政支出造成的压力。外在因素是导致财政支出增长超过GDP增长速度的主要原因。皮科克和魏斯曼认为，外在原因主要是战争、重大自然灾难等非常时期时，财政支出上升压力骤然增大，政府被迫大幅度提高税收而公民也会接受较高的税收水平，从而导致财政支出出现阶梯性跳跃，这便是外生因素。具体表现为：战争或重大自然灾害发生→政府支出急剧增加→提高税率或新设税种→战争和重大自然灾难过后政府不一定恢复原有税率，有的新税会继续存在→公共支出的持续增加，见图2-5。

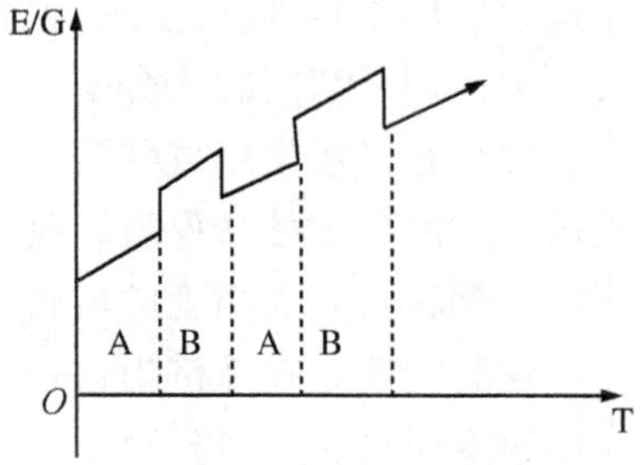

图2-5 A为社会经济正常发展时期，B为战争等非正常时期

皮科克与魏斯曼还认为，由于社会突发事件的影响，会造成三个方面的影响，即替代效应、审视效应和集中效应。由于这三方面的效应存在，导致财政支出的迅速增长。

（1）替代效应（substitution effect）。在战争等突发事件出现时，公民能够容忍比平时更高的税收水平，当税收大量增加以满足财政支出需要时，相应地整个社会的私人支出就会减少了；在战争等突发事件结束之后，财政支出并不会相应地减少到战前水平，而是将原来用于战争的财政支出用于私人产品补贴以及教育、医疗、公共福利等支出，以替代战前的个人支出。

（2）审视效应（inspection effect）。当社会突发事件出现时，会暴露出许多社会问题，使公民认识到有许多社会经济活动应纳入政府的职责范围之内，公共支出的增长也会得到支持。这种情况下，公民就会同意增加税收，以满足解决这些问题所需的财政资金需求，从而财政支出规模可以继续保持在一个较高的水平上。这种现象称为“审视效应”。

（3）集中效应（concentration effect）。在正常时期，中央政府和地方政府的职责分工相对明确和固定，中央政府想提高自己在财政权力方面的控制，从而削弱地方政府的自主权，集中更多的财政资金，会受到人们的普遍反对。但在社会动荡时期，中央政府会集中较多的财力和较大的财权，以扩大其职能职权以及财政支出规模，却容易被公民认可。这时集中效应就会出现。即使社会动荡结束之后，中央政府仍然会维护其活动范围和支出规模。

（三）经济发展阶段论

美国著名财政学家马斯格雷夫（R. A. Musgrave）和罗斯托（W. W. Rostow）用经济发展阶段论解释公共支出增长的原因。他们认为公共支出的重点是随着经济发展阶段不同而变化的，其不同发展阶段的支出重点是不同的。经济发展阶段论认为：

（1）在经济发展的早期阶段，政府投资在社会总投资中占有较大的比重，公共部门为经济发展提供社会基础设施，如道路、运输系统、环境卫生系统、法律与秩序、健康与教育以及用于其他人力资本的投资等，由于这个阶段的私人投资严重不足，这些政府投资对处于经济发展早期阶段的国家“起飞”，乃至进入经济发展的中期阶段是必不可少的。该阶段财政支出用于公共投资部分比重较大，增长的速度也很快。

(2) 在经济发展的中期阶段，政府投资还应继续进行，但这时政府投资不能成为主导地位，应将逐步转换为对私人投资的补充。随着经济的初步发展，人们生活水平的提高，人们在满足基本生存需求的同时，开始关注其他方面的需求，对公共消费支出的需求增加了，相应地政府用于教育、医疗、卫生、环保、安全等消费支出的比重相应上升，同时贫富差距加大，因而用于解决收入分配问题的转移性支出开始增加。

(3) 在经济发展成熟阶段，公共支出将从基础设施支出转向不断增加的社会保障方面的支出，政府用于社会保障和收入再分配方面的社会性支出相对于财政支出的其他项目及 GDP 而言，都将会有大幅度的增长，即转移性支出将会大幅度提高。

这意味着，在经济匀速增长的同时，财政支出却呈现跳跃性的增长，其结果必将是财政支出速度超过经济增长速度。

(四) 公共选择学派的支出增长理论

公共选择理论认为，财政支出是政府的行为，制度及政治决策过程必然对财政支出产生影响，会造成财政支出的政治性扩张，主要从选民、政治家、官僚三个角度进行分析。

(1) 从选民角度看，选民的目标是自身利益最大化，就是要实现纳税最小化和公共产品最大化。但是由于每一个人的纳税与受益是分离的，加之政府有税收以外的融资手段，这就容易产生一种“财政幻觉”(fiscal illusion)。财政幻觉是指投票者不能充分理解政府支出增长时税收的真正含义，从而将选票投给实行高支出政策的候选人。对那些投票支持某个议案的选民来说，他在看到由于实施这一议案可能增加自己受益的同时，并不一定了解由此可能需要相应增加的税收对其自身利益会产生多大的影响。而且，随着民主程度的提高，选举权的扩大，中间投票人不断向低收入阶层靠拢，他们一般倾向于相信政府支出会做出有利于自己的再分配，这就是财政支出的扩张在选民环节有了政治支持的基础。

(2) 从政治家角度看，政治家的目标是选票最大化。为此，他们总想取得骄人的政绩以赢得选民的选票，这就需要尽可能扩大预算规模以满足选民的需求，这种投票交易的结果就是导致官员不断提高预算的请求，而政治家没有充分的信息对官员的预算请求提出异议，致使预算支出增加。预算的增加往往会导致任命更多的官员，一旦这些人进入利益集团，就会进一步扩大预算、增加工作量、雇用更多的人，从而有可能形成一个新的循环，这就需要更多的财政支出作为基础。

(3) 从官僚的角度看，官僚行为的特征是追求预算最大化。对于他们来说，与私人企业家不同，所拥有的增加收入的机会是很小的。作为预算的实际执行者，他们更关心的是薪金、额外津贴、荣誉、地位、权力等。所有这些目标，都是与官僚的预算规模正相关的，只有预算最大化，官僚才能实现自身利益的最大化。由于“选民—政治家—官僚”之间是一种委托代理关系，在信息不对称的情况下，官僚可以利用自己掌握的信息优势，夸大各种支出的重要性和支出的需要量，努力说服立法官员，扩大其机构的预算规模，从而使得政府部门规模不断扩大，财政支出也将不断增加。

公共选择理论的这一解释，从制度层面上分析了财政支出增长的原因，也揭示了现行民主制度存在的某些缺陷。

四、影响财政支出规模的因素

经济学家们针对财政支出的增长趋势进行了大量研究，试图对于财政支出的增长作出解释。其中从宏观因素和微观因素两个方面来分析影响财政支出的增长原因。

（一）影响财政支出规模的宏观因素

1. 经济性因素

经济因素主要是指经济发展水平、经济体制以及中长期发展战略和当前经济政策等，主要包括国家干预经济的需求，社会经济发展的需求和物价波动的影响。用马斯格雷夫和罗斯托的经济发展阶段论理论，对近代100年的许多国家政府支出实证分析，经济发达国家的财政支出规模高于发展中国家，经济发展水平决定财政支出规模。

（1）国家干预经济的需要。在经济发展的过程中，发展中国家一般都要通过国家干预经济的方式来促进社会经济的发展，其中主要是通过直接投资来提高资源配置效率。比如，为了应对1997年的亚洲金融危机，我国政府采取投入1.5万亿人民币（特别国债），刺激经济，拉动内需，收到了较好的效果。又如，为了应对2008年爆发的世界金融危机，我国政府提出了进一步扩大内需，促进经济增长的十项措施，并投入4万亿元人民币，加强基础设施建设，带动民间投资，实现了预期目标。美国、英国、法国、德国等相继也出台了投入巨资的“拯救计划”，实现国家干预经济发展的目的。

（2）社会经济发展的需要。事实上，各国政府为了有效配置资源，都不同程度地加大了直接投资力度，从而扩大了政府财政支出规模。在典型的市场经济国家，财政直接投资成为弥补市场缺陷、补充私人经济不足的重要手段，其目的在于保护市场竞争活力和经济发展的动力；在发展中国家，特别是在经济发展的早期，政府因为承受着赶超世界先进水平的压力，无不通过直接投资参与经济过程来实现既定目标。

（3）物价波动的影响。从长期趋势看，各国的物价水平均呈上升趋势，政府财政支出逐年增长是个不争的事实。在政府财政支出规模日趋扩大的情况下，物价水平将引起财政支出更快地增长。当物价总水平上升过快时，政府不仅要面临保证基本公共服务须安排更多支出的压力，还须解决在物价总水平提高后出现的社会不公平现象，这就会使政府的消耗性支出和转移性支出都有一定程度的增加。

2. 政治性因素

政治性因素对财政支出规模的影响主要表现在三个方面：一是政局是否稳定；二是政体结构和行政效率；三是政府干预经济政策。

（1）关于政局是否稳定。皮科克与魏斯曼认为，当一国发生战争（国际政治危机）或重大自然灾害等突发事件时，财政支出规模必然会超常规的扩大，而且事后一般难以降到原来的水平。

（2）关于政体结构和行政效率。首先是与一国的政治体制和市场经济模式有关的。一般而言，倾向于集中的单一制国家，财政支出占GDP的比重高一些，倾向于分权的联邦制国家则相对要低一些，北欧各国由于政府实施的高福利制度而导致财政支出规模最高。关于行政效率则涉及政府机构的设置。若一国的国家职能扩大化，行政机构臃肿，人浮于事，效率低下，经费开支必然增多，这是毫无疑问的。

(3) 政府干预经济政策也是影响财政支出规模的重要因素。政府对经济活动的干预可以通过法律手段、行政手段和财政活动手段。三种不同的干预手段具有不同的资源再配置效应和收入再分配效应。

3. 社会性因素

社会性因素包括人口、就业、教育、医疗卫生、社会保障以及城镇化等因素。这些因素都会在很大程度上影响财政支出的规模大小。

(1) 人口与环境保护压力。发展中国家人口基数大，增长快，相应的义务教育、卫生保健、社会保障、失业和就业、生态环境等支出增长压力较大。比如，我国在尚未实现工业化之前人口的老龄化已经来临，农村富余劳动力的增加迫切要求政府加快城镇化速度，加快经济建设与生态环境保护的矛盾日益突出，国有企业改革带来大量职工下岗失业等。诸如此类的社会问题，都会对财政支出不断提出新的需求，构成扩大财政支出规模的重要因素。

(2) 社会福利的改善。社会福利程度的提高是缓解社会矛盾的润滑剂。随着我国社会经济的发展和稳定增长，人民的生活水平提高了，政府的财政收入也增长了。但新的社会问题也日趋激烈，如贫富差距加大，对公共服务要求更高等。这时政府就应该转变职能，以有效提高人民群众的福利水准为主要职责。我国政府支出已经开始从重基础设施建设转向大力发展教育、医疗、卫生、社会保障、生态环境等领域，以提高和改善社会福利水平。

(3) 社会分工的精细化。随着社会活动的复杂化，社会经济活动的分工更加细化，政府必须增设必要的职能机构，以满足由于分工细化带来的新型公共需求，由此必须增加财政支出。

(二) 影响财政支出规模的微观因素

福利经济学通过效用最大化方法，将市场有效供给运用到政府公共用品供应中，通过影响财政支出增长的变量，如公共产品的需求、公共产品的成本和价格、公共产品的质量、生产组织形式等，分析研究财政支出规模。

1. 公共部门产出水平的决定

建立财政支出增长的微观经济模型的起始点是界定公共部门的产出，进而解释在一定时期内，无论在绝对规模还是相对规模上，公共部门产出增加的原因。财政支出是由需求和供给双方共同决定的，最终的生产水平取决于双方力量的对比。依据公共选择理论，公共需求决定于中间投票人。具体来讲，取决于两大因素：一是中间投票人对公共产品的偏好；二是中间投票人对公共产品需求的收入弹性与价格弹性的偏好。

不同的公共产品有不同的收入弹性和价格弹性。单独测算某种公共产品的收入弹性和价格弹性是非常困难的。这是因为，按照定义，公共产品不需要付费，不存在交换，也无法确定价格，而大量的混合产品市场又在不同程度上存在着垄断。大多数经济学家认为，公共产品就总体而言，其收入弹性较高，价格弹性较低。这就是说，随着人们收入水平的提高，对公共产品的需求会更快的速度增长，而公共产品价格的上涨，则不会导致人们的需求相应地减少。

公共选择的过程是影响投票人偏好的一个重要因素。在许多决策模型中，投票人互投赞成票，就会导致对财政支出名义需求的扩大。此外，当我们放松政府中性的假设，官僚扩大支出的偏好也造成财政支出规模扩张的又一个重要原因。

2. 服务环境的影响

财政支出的大小还受到服务环境的制约。这里的服务环境是指影响生产水平的产出量所需要的资源的一组社会经济和地理变量。服务环境的变化主要通过影响供给来影响财政支出的。

以警察保护为例。在任何时候，中间投票人都会要求一定水平的警察保护，假设这个水平已经到达均衡水平，警方为提供该服务水平所需要付出的活动取决于环境状况。这种环境包括该地区的财产数量，捕获罪犯率以及该地区的社会与人口状况。考虑到该地区的财产增加，这会导致盗窃犯罪的增加，于是，要求政府派出更多的警察才能保持原有的警察保护水平，从而导致财政支出的增加。

3. 人口因素的影响

人口的规模、年龄结构、人口密度、学龄儿童人数、老年人的比例等，都会对财政支出产生影响。

人口规模的变化对财政支出的影响，取决于供应的产品和服务的性质。一般的结论是：随着人口规模增大，财政支出水平将不得不提高。具体来看，对纯公共产品而言，由于它具有消费的非竞争性，即增加一个消费者的边际成本为零，因此，人口规模的扩大不会导致对纯公共产品需求的增加，从而不会导致财政支出的增长。对混合产品而言，人口规模的增加，将导致对财政支出需求的增加，但增加的幅度比人口增加的幅度要小。

人口结构的变化对财政支出需求的影响更加显著。例如，当适龄儿童的比重扩大，必然要求政府扩大对教育的支出；老龄人口的增加，要求政府扩大对社会保障的支出；城市人口增加，要求政府增加城市基础设施和公有住房的供给等。

4. 公共产品质量的影响

随着人们收入水平的提高，需求也会增长，然而需求的增长有两层含义：一是指愿意在同一价格上购买更多的商品；二是指在相同需求数量上对商品质量要求的提高。对公共产品来说，人们需求的增长更多地表现为对质量要求的提高。通常生产或提供质量较高的公共产品所需要的有效使用要素，要比生产质量较低的公共产品多。也就是说，在生产效率不变的情况下，商品质量提高要求更多的投入。因此，供应的公共产品质量的变化，导致了其供应成本的变化，进而影响财政支出规模。这种商品差异理论说明了公共产品质量的提高与财政支出增长之间的正相关关系。现代社会人们对于安全需求、教育需求、保健需求、社会保障需求等质量要求越来越高，成为导致财政支出规模增长的又一个因素。

5. 公共部门投入价格的影响

英国经济学家鲍莫尔的非均衡增长模型，证明了公共部门生产函数中投入价格与财政支出增长的关系。鲍莫尔指出，随着时间的推移，既定数量的公共产品相对于既定数量的私人产品之间的价格会上升，原因在于公共部门的活动是劳动密集型的，其生产率的提高要比资本密集型的行业慢许多，而公共部门雇员的工资水平又要和其他经济部门的工资水平保持同步增长。那么即使其他条件毫无变化，也会使公共产品的单位生产成本相对上升。如果对公共产品的需求是无弹性的，就必然会形成财政支出的增长。他的这一论断被称为“相对价格效应”或“非均衡增长模型”，为财政支出的增长提供了一种可能的解释。

鲍莫尔模型说明：第一，如果公共部门产出与私人部门产出的比例保持不变，那么，部分劳动力资源必然会从私人部门转移到公共部门；第二，公共部门比私人部门花在劳动力要素上的支出的增长速度更快。上述两点在主要的工业化国家都得到验证。

第四节 财政支出的结构

一、财政支出结构的影响因素

财政支出结构是指各类财政支出占总支出的比重，也指财政支出由哪些具体的支出项目所构成，故又称财政支出构成。财政支出结构表示在现有的财政支出规模的前提下，财政资源的分布情况。财政支出结构受多种因素的影响，其中主要有政府职能及其财政资金供给范围、经济发展水平、政府在一定时期的社会经济发展政策和国际政治经济形势等。

（一）政府职能及财政资金供给范围

财政支出结构与政府职能及财政资金的供给范围有着直接的关系。在市场经济体制下，政府主要涉足市场不能办的事情或办不好的事情（弥补市场缺陷），着力于经济的宏观调控。所以，在财政支出中经济建设支出，特别是经营性投资支出的比重就相对较小，同时，在经济建设中用于基础设施、公共设施等投入的比重较大，极少用于竞争性、盈利性领域的支出。

（二）经济发展水平

经济是财政的基础。一方面经济发展的水平决定财政收入及其供给水平，另一方面财政支出的结构受到经济发展水平的影响，因为一定时期的经济发展水平决定着当时的社会需求水平及社会需求结构。根据美国心理学家马斯洛的需求层次理论（Maslow′s hierarchy of needs)，人们首先要解决的是衣食住行这些人类生存的基本需要，而后才能考虑其他更高的需要。在经济发展水平不高的情况下，财政供给水平和保障水平一定不会高，财政支出结构也体现出这个时期的特点。因而，财政支出结构比较明显地反映出一个国家的经济发展水平。

（三）政府在一定时期的社会经济发展政策

财政支出反映着政府的活动范围和方向，反映着政府的政策。政府促进发展什么、控制什么、限制什么、支持什么等，在财政支出结构中反映得十分清楚。因此，政府在一定时期的社会经济发展政策，直接会影响到财政支出结构的状况。

（四）国际政治经济形势

在当今世界政治多极化、经济一体化大趋势的形势下，一国政治经济及政府政策，受国际形势和环境的影响越来越大，几乎没有任何一个国家可以孤立地存在和发展，都必须通过不同形式与国际社会发生这样或那样的联系和交往。经济一体化即使各国经济形成了紧密的联系，也形成了相互的依赖。因此，各国经济发展不能不受到国际经济形势和政治形势的影响，各国制定本国经济政策时，必须要充分考虑到国际形势的因素，从而对财政支出的结构产生影响。

二、财政支出结构的国际比较

（一）发达国家财政支出结构

近百年来，世界上发达国家的财政支出占 GDP 的比重增长较快，大致上经历了迅速增长和缓慢增长两个阶段，总体上呈现出不断增长的趋势。以 1954 年的指数为 100 计算，我们可以看到，从 1954 年到 1980 年期间，世界上主要工业化国家政府财政支出占 GDP 的比重大幅度上升，大多数国家上升幅度超过了 20%，其中意大利和联邦德国上升幅度最大，达到了 59.6%和 52.4%。1980 年以后，发展更加迅速，发达国家财政支出占 GDP 的比重稳中有升，这样做的结果是，增强了政府财政调节经济的能力。如 1981～1997 年，OEDC 国家政府财政支出占 GDP 的比重从 37.6%上升到 39.1%。

1. 美国的财政支出结构

美国是世界上最有代表性的发达国家。其财政支出结构的变化代表了西方发达国家财政支出的基本走势。从表 2-3 中数据可知，美国联邦政府财政支出的重点是国防和人力资源，其占总支出的 70%～80%。

表 2-3　美国联邦政府财政支出的结构　　单位：%

支出项目	1960 年	1970 年	1980 年	1990 年	2001 年	年增长率
国防	52.2	41.2	22.7	23.9	16.6	4.6
人力资源	28.4	38.5	53.0	49.4	64.2	9.8
教育、就业	1.0	4.4	5.4	3.0	3.1	10.5
健康	0.9	3.0	3.9	4.6	9.3	14.0
老年医疗照顾	—	3.2	5.4	7.8	11.7	—
收入保障	8.0	8.0	14.6	11.9	14.5	9.2
社会保障	12.6	15.5	20.1	19.8	23.2	9.2
退伍军人福利	5.9	4.4	3.6	2.3	2.5	5.3
物资资源	8.7	8.0	11.2	10.1	5.3	6.3
能源	—	—	—	—	—	—
资源与环境	1.7	1.6	2.3	1.4	1.4	7.1
住房	1.8	1.1	1.6	5.4	0.3	3.3
交通、通信	4.5	3.6	3.6	2.4	3.0	6.5
地区发展	0.2	1.2	1.9	0.7	0.6	10.2
净利息	7.5	7.3	8.9	14.7	11.1	8.6

续表

支出项目	1960年	1970年	1980年	1990年	2001年	年增长率
科学、空间	0.6	2.3	1.0	1.2	1.1	8.9
农业	2.8	2.6	1.5	1.0	1.4	5.8
司法	0.4	0.5	0.8	0.8	1.6	11.4
一般管理	1.3	1.2	2.2	0.8	0.8	6.4

资料来源：L. Mikesell，Fiscals Administration Wadworth Publishers，2003。

2. 德国的财政支出结构

德国是战后财政支出规模较大的主要发达国家之一。德国的财政支出代表了欧洲大陆国家财政支出的一种模式。从表2-4中数据可知，德国财政支出规模大，社会保障和社会福利支出比重高，达到60%以上。

表2-4 德国中央政府财政支出的职能类型结构 单位：%

支出项目	2002年	2003年	2005年
雇员报酬	5.46	5.37	5.38
工资、薪金	—	—	—
社会缴款	—	—	—
商品、服务的使用	3.99	4.08	4.68
固定资产消耗	1.06	1.06	1.08
利息	5.84	5.77	5.38
补贴	1.73	1.47	1.04
捐赠	7.30	7.78	8.16
对外国政府	3.52	0.36	0.49
对国际组织	1.78	2.16	2.45
对其他政府机构	5.15	5.27	5.21
社会福利	61.06	63.56	63.93
其他支出	3.11	3.12	2.20
总支出（亿欧元）	6812	6988	7008

资料来源：数据根据《国际统计年鉴》2004～2008年整理得出，中国统计出版社。

（二）发展中国家的财政支出结构

印度是一个具有浓厚中央集权色彩的联邦制国家，政权设置为联邦、邦和地方三级。印度人口超过12亿，与我国情况相近，有较大的可比性。印度联邦（中央）政府主要负责：中央计划项目支出、债务还本付息、国防、行政管理、社会公益事业、经济部门事业、对下级政府的财政补助等支出；邦政府负责：一般公共服务、防务、教育、保健、社会保险和福利、住房和公共环境、文化宗教、燃料能源、交通运输等支出；地方政府负责：地方计划项目支出、行政管理、社会公益事业、经济部门事业、对市级政府的财政补贴等支出。见表2-5。

表 2-5 印度中央政府财政支出的职能类型结构 单位：亿卢比，%

支出项目	1997 年	1998 年	1999 年	2000 年	2001 年
一般公共支出	6.92	7.42	6.54	6.31	6.13
国防	15.17	15.52	15.41	16.42	15.60
教育	2.26	2.73	2.99	2.63	2.22
卫生	1.48	1.64	1.80	1.62	1.80
住房和通信	5.86	5.82	5.66	4.56	4.45
农业	5.51	5.62	6.02	5.29	5.03
工业	1.63	1.69	1.66	1.87	1.73
交通运输	1.71	1.87	1.85	1.88	1.29
其他经济活动	6.41	6.99	6.15	5.40	6.51
其他支出	53.05	50.70	51.92	54.02	55.24
总支出	23058	26350	29438	35472	39531

资料来源：根据《国际统计年鉴》2000～2002 年整理得出，中国统计出版社。

由此可见，比较发达国家与发展中国家在政府财政支出结构的不同，一是发展中国家中央财政支出比重低于发达国家；二是发展中国家用于社会保险、福利、补贴等支出较小，如出口补贴、信贷补贴、价格补贴等；三是发达国家政府财政支出规模大，重点支出在社会保障、福利等方面。

借鉴国外在财政支出方面的经验，结合我国的国情，从公共财政的思路出发，科学界定我国财政支出范围是十分必要的。财政首先是保证国家机器的正常运转，如行政管理、国防、公安、外交、司法、监察等方面的需要，这也是适应国际形势的需要。其次是满足提高全民族素质和公共保障的要求，如社会保障、科技、教育、卫生、扶贫等方面的支出。三是改善经济环境和生态环境方面的支出，如水利、电力、道路、环保生态等方面的支出。虽然从长远利益和可持续发展方面来考虑，国家对宏观经济运行还有必要进行适当的调控，但公共财政对经济活动只能进行有限的干预。

三、我国财政支出的结构

表 2-6 是我国近年来的财政支出情况表和支出结构比例图。

表 2-6 2011 年全国公共财政支出情况 单位：亿元

项目	预算数	决算数	决算数为预算数的百分比/%	决算数为上年决算数的百分比/%
一般公共服务	9765.75	10987.78	112.5	117.7
外交	317.87	309.58	97.4	115.0
国防	6011.56	6027.91	100.3	113.0
公共安全	6244.21	6304.27	101.0	114.3
教育	14262.91	16497.33	115.7	131.5
科学技术	3689.79	3828.02	103.7	117.8

续表

项目	预算数	决算数	决算数为预算数的百分比/%	决算数为上年决算数的百分比/%
文化体育与传媒	1713.40	1893.36	110.5	122.7
社会保障和就业	10372.71	11109.40	107.1	121.7
医疗卫生	5360.06	6429.51	120.0	133.8
节能环保	2811.03	2640.98	94.0	108.1
城乡社区事务	6599.24	7620.55	115.5	127.3
农林水事务	9330.19	9937.55	106.5	122.2
交通运输	6146.29	7497.80	122.0	136.6
资源勘探电力信息等事务	3650.70	4011.38	109.9	115.1
商业服务业等事务	1377.66	1421.72	103.2	110.9
金融监管等事务支出	592.71	649.28	109.5	101.9
地震灾后恢复重建支出	19.00	174.45	918.2	15.4
国土资源气象等事务	1472.48	1521.35	103.3	114.4
住房保障支出	2583.63	3820.69	147.9	160.7
粮油物资储备事务	1579.43	1269.57	80.3	97.4
国债付息支出	2219.28	2384.08	107.4	129.3
其他支出	2960.10	2911.24	98.3	107.8
预备费	1140.00			
全国公共财政支出	100220.00	109247.79	109.0	121.6
补充中央预算稳定调节基金		2892.00		
地方公共财政结转下年支出		1734.64		

资料来源：中华人民共和国财政部网站“2011年全国公共财政支出情况”。

从上述数据分析，可得出如下结论：

第一，政府财政支出结构在逐年进行调整。财政支出用于教育、社会保障、医疗卫生、环境保护、城乡社区事务、农林水事务等支出在增加，用于金融监督管理、交通运输、资源勘探、电力信息等事务的支出在减少。

第二，政府用于转移支出的增长幅度较小，调整收入分配差距力度还不够大。这里指的转移支出主要是用于调节收入分配差距的社会保障支出。如社会保障支出在2009年的支出比例是7.5%，2010年调整为7.7%。事实上财政支出比例是调整高了，但我们认为这个调整比例幅度还不够大，还不能解决目前收入差距过大的问题。

第三，政府用于经济干预的财政支出偏多。政府财政支出用于基本建设费、企业挖潜改造、增拨企业流动资产、支援经济不发达地区的发展资金等支出偏多，按照市场经济要求，政府支出不能用于或极少用于竞争性领域的经营性投资的。从财政支出结构可以看出，政府职能的“越位”和“缺位”问题或多或少客观存在。

第五节 财政支出效益

一、财政支出效益的概述

财政支出效益是指政府为满足社会共同需要进行的财力分配与所取得的社会实际效益之间的比例关系，其基本内涵是政府资源分配的比例性和政府资源运用的有效性。财政支出效益高是指财政支出产生的成果较多，或者取得一定的成果所耗用的财政资金较少。

理解财政支出效益的内涵应把握两个方面：第一，财政支出的外在合比例性是衡量财政支出效益的前提。所谓“外在合比例性”，是指通过政府渠道分配的资源总量占整个社会经济资源比例合理，是有效配置资源的客观要求。第二，财政支出内在合比例性是衡量财政支出效益的根本标准。所谓“内在合比例性”，是指在财政支出外在合比例的基础上，财政支出在不同性质、不同类型的社会共同需要之间的分配比例合理，其实质是财政支出在不同支出构成要素之间的分配比例合理。内在合比例性反映了财政内部的分配结构状况。

研究财政支出效益分析的意义，在于“效益”是指在有目的的实践活动中的“所费”与“所得”的对比关系。所费越少，所得越多，则效益越高。财政支出要讲求效益，根本原因是社会经济资源的有限性。

从政府资源配置、资源耗用的全过程看，财政支出效益包括财政支出配置效益和财政支出耗用效益两个部分。

第一，财政支出配置效益。它是指政府财政资源配置满足各种不同社会共同需要的内在合比例程度。从广义上讲，财政的资源配置包括组织收入和安排支出两个阶段。从社会整体资源分配的角度看，组织财政收入的“聚财”过程，仅仅是财政内部资源分配活动的前提条件。

第二，财政支出耗用效益。它是在财政资源耗用阶段，政府为提供特定的社会共同事务而耗用的财政量与其效益的比较。财政活动在经过了分配阶段以后并没有完结，而进入对政府财政资金的具体耗费与使用阶段，只有在经过这个阶段完成了社会共同事务的供给以后，整个政府支出活动才算完结。

二、财政支出效益的特点

政府财政支出效益分析与微观经济组织经营支出效益分析的差别，主要体现在以下几个方面的特点。

第一，经济效益与社会效益的统一。财政支出的经济效益是指财政资金的耗费与经济成果之间的对比关系；财政支出的社会效益是财政资金的耗费与社会效果的对比关系。财政支出的经济效益与社会效益是互相依存、互相制约的对立统一关系。

第二，微观效益与宏观效益的统一。微观效益是指每一笔财政支出项目所带来的具体的效果；宏观效益则是指通过对财政支出总量和结构的安排与调整所产生的有关国民经济和社会发展全局以及人们整体、长远利益的效果，如国民经济的稳定均衡发展、资源的合理配置等。

二者之间的关系表现在：一是宏观效益具有主导决定作用，它是实现微观经济效益的前提条件，财政支出只有实现国民经济整体的宏观效益，个别项目的微观效益才能得到保证；二是财政支出微观效益是实现宏观效益的现实途径；三是财政支出的宏观效益与微观效益之间也存在着矛盾。正确处理二者之间矛盾的基本原则是微观效益服从于宏观效益。

第三，直接效益与间接效益的统一。在考察财政支出的效益时，既要考察其直接效益，也要考察间接效益。政府财政支出效益所追求的是整个社会的最大化效益。

三、财政支出效益的评价方法

由于财政支出项目繁多，而且性质各异，对不同项目必须采取不同的评价方法是非常必要的。财政支出效益评价可分为综合效益评价和项目效益评价。综合效益评价包括财政支出总量效益评价和财政支出结构效益评价。项目效益评价是指对具体支出项目所产生的效益的评价。这里的评价方法主要是涉及的后者，即具体支出项目的效益评价。

（一）成本—效益分析法

成本—效益分析法是指根据政府确定的政策目标，提出若干实现政策目标的项目，详列各项目的全部预期成本和预期效益，通过比较选择出最优的投资项目的分析方法。

评估财政支出项目的决策标准：净现值法

净现值法（NPV）＝效益现值总额－成本现值总额

根据上述公式计算出来的结果，如果净现值 NPV＞0，该项目可行；如果 NPV＝0 时，且内部收益率大于银行贷款利率时，该项目可行；如果 NPV ＜0，该项目不可行。

假设某一政府项目持续 4 年，把实施的当年作为 0 年。当年没有收益，只有成本 1000 元，而且以后各年不再有成本；下一年开始有收益 350 元，而且以后每年都有相同数额的收益。假设社会贴现率为 5%，则第 t 年的贴现系数为$\frac{1}{(1+0.05)^t}$。具体见表 2-7。

表 2-7 NPV 计算的程序和结果

项目	第 0 年	第 1 年	第 2 年	第 3 年	总额
贴现系数（当社会贴现率为 5%时）	1	0.952	0.907	0.864	—
收益	0	350	350	350	1050
收益乘以贴现系数	0	333.33	317.46	302.34	953.13
成本	1000	0	0	0	1000
成本乘以贴现系数	1000	0	0	0	1000
NPV（亿元）	—	—	—	—	－46.87

从上表可以看出，尽管收益总额（1050 亿元）超过成本（1000 亿元），但是贴现后的收益（NPV＝953.13 亿元）小于贴现后的成本（1000 亿元），因此，净现值为负值（－46.87 亿元）。这表明政府不应该实施该项目。

采用成本—效益分析法需要注意：第一，对贴现率的选择，应该采用社会贴现率。因为社会贴现率比私人企业的投资收益率要高。社会贴现率是从国家宏观经济角度，对其投资所应达到的收益率标准，它不但要考虑该项目投资在当代的收益，还要考虑下一代的获益。公共支出项目往往会带来外部效应，这种外部效应也要纳入项目的收益之中。第二，对公共项目的投入、产出物的价格应采用影子价格。所谓影子价格是指当社会处于某种状态下，能够反映社会劳动消耗、资源稀缺程度和最终产品需求情况的价格。将影子价格应用于公共项目评价中，有利于促使资源配置向优化的方向发展。

成本—效益分析法适用于成本、收益都能准确计量的项目评价，如公共工程项目等。但局限性在于不能应用于成本和收益无法货币计量的以社会收益为主的项目评价。

（二）最低成本法

最低成本法，也称最低费用选择法。该方法起源于美国，是对成本—效益分析法的补充。它与成本—效益分析法的主要区别是对每个备选的财政支出方案进行经济分析时，不用货币单位计量备选项目的社会效益，只计算其有形成本，并以成本最低作为择优的标准。

采用最低成本法来选择支出项目时，其基本原理与成本—效益分析法大体相同，只是由于免去计算支出效益和无形成本的麻烦，操作程序简化、方便和快捷。首先是根据已确定的建设目标提出几种备选方案；其次是分别计算各种方案的有形费用，如果是多年持续的支出项目，还要采取贴现法折算出“费用流”的现值；最后是按费用的高低排序，供决策者选择。

最低成本法适用于评价那些成本易于计算而社会效益不易计算的支出项目。如军事、政治、文化、教育、卫生、社会保障等支出项目。

（三）“公共劳务”收费法

“公共劳务”收费法是指政府为行使职能而进行的各种工作，包括国防建设、行政管理、道路建设与维护等。“公共劳务”收费法就是通过制定和调整“公共劳务”的价格或收费标准，来改进“公共劳务”的使用状况，使之达到提高财政支出效益的目的。

“公共劳务”收费法和成本—效益分析法以及最低费用选择法的区别在于，它是通过制定合理的价格与收费标准，来达到对“公共劳务”有效节约使用，而不是对财政支出备选方案的选择。

“公共劳务”收费法适用于教育、城市供水、道路建设和维修、国家公园、邮电等。公共劳务的定价有：免费、低价、平价、高价。免费和低价政策，必须从全局和社会的利益出发，在全国范围内使用，如强制进行义务教育、强制注射疫苗等。平价政策，可以用收取的费用弥补该项“公共劳务”的人力、物力耗费。一般适用于从全社会的利益来看，无需特别鼓励使用，又无需特别加以限制使用的“公共劳务”，如公路、公园、铁路、医疗等。高价政策，适用于从全社会利益来看必须限制使用的“公共劳务”。

“公共劳务”收费法只适用于可以买卖的、采用定价收费方法管理的公共服务项目。但必须制定正确的价格政策，才能达到社会资源优化配置的目的。

（四）公共定价法

公共定价法是指政府相关管理部门通过一定的程序和规则制定提供公共产品的价格和收费标准的方法，是政府保证公共产品供给和实施公共产品管理的一项重要职责。公共定价一般包括两个方面：一是纯公共定价，即政府直接制定自然垄断行业的价格；二是管制定价，即政府规定涉及国计民生而又带有竞争性行业的价格。

公共定价法一般包括平均成本定价法、二部定价法和负荷定价法。

（1）平均定价法。在成本递减行业，为使企业保持收支平衡，公共定价或价格管制一般采取按高于边际成本的平均成本定价。

(2) 二部定价法。由两种要素构成的定价体系：一是与使用量无关的按月或按年支付的“基本费”；二是按使用量支付的“从量费”。因此二部定价是定额定价和从量定价相结合的定价体系。现在几乎所有受价格管制的行业（如电力、燃气、电话等自然垄断行业）都普遍采用这种定价方法。

(3) 负荷定价法。按不同时间段或时期的需求制定不同的价格。在需求处于最高峰时，收费最高；需求处于最低谷时，收费最低。

四、建立财政支出效益评价体系

财政支出效益评价体系是指运用科学、规范的绩效评价方法，对照统一的评价标准，按照绩效的内在原则，对公共支出行为过程及其效果（包括经济绩效、政治绩效和社会绩效）进行的科学、客观、公正的衡量比较和综合评判。“绩”是指财政支出应达到的可量化的目标，“效”则是指财政支出应达到的具体目标，也就是支出完成后所取得的成绩和完成工作的情况。

随着我国财政预算管理体制改革的不断深入和公共财政框架体系的建立，强化财政收支管理与监督，提高财政资金使用效率和效益，已成为财政管理工作中一项十分重要的任务。按照构建公共财政支出体制的要求，建立科学合理的财政支出效益评价体系，既是财政管理工作的重要内容，也是转变财政管理职能，提高财政预算管理水平的重要举措。

（一）建立财政支出效益评价体系的必要性

(1) 开展财政支出效益评价，能够强化财政支出管理职能。通过设计科学的指标和方法，对财政资金的使用情况和产生的效益状况进行追踪考评，有利于促进财政支出管理的科学化和效益化，进一步转变和强化财政支出管理职能。

(2) 开展财政支出效益评价，有利于改进财政支出监督方式。财政支出效益评价是按照市场经济的管理要求对财政支出实行的约束与激励，对财政投入的成本和产生的效益进行科学的衡量与比较，以综合判断财政支出管理水平、风险程度和实际产生的效益，能够强化财政支出监督手段，引导和规范财政支出管理行为。

(3) 开展财政支出效益评价，能够提高财政支出决策水平。通过分析评价财政资金分配的合理性和经济性，评价财政支出产生的经济效益和社会效益，能够客观反映财政支出政策的先进性与有效性，不断总结财政支出管理经验，为提高财政支出决策水平提供可靠的参考依据。

（二）建立财政支出效益评价体系的原则

建立科学合理的财政支出效益评价体系，必须以公共财政职能为基点，必须遵循财政经济和社会事业发展的一般规律，把握评价考核的对象，确立评价应遵循的原则。

(1) 现实性与前瞻性相结合的原则。突出公共财政支出的重点领域和特色。

(2) 可操作性与科学性相结合的原则。根据经济水平和社会发展的现状及发展趋势，研究并设计相应的考核体系。

(3) 针对性与兼容性相结合的原则。评价体系的设置必须具有针对性，但又要把握好共性与个性指标的衔接问题。

(4) 公平与效率相结合的原则。既要鼓励和保护竞争，又要兼顾公平，防止两极过度分化。

(5) 定量分析与定性分析相结合的原则。做到评价结果更加合理、准确地反映财政资金使用的各种实际情况。

(三) 财政支出效益评价的指标体系

1. 宏观效益的综合指标

宏观效益主要评价一级政府财政支出对推动本行政区域国民经济和社会事业持续、健康发展的保障作用发挥的效果和程度。可以用以下指标进行评价：

(1) 国内生产总值 (GDP) 及增长率，包括第一、二、三产业比重及增长率，用来评价经济实力及发展速度，产业结构的优化程度等。

(2) 国民收入、国民收入增长率及人均国民收入和增长率，用来评价扩大再生产和提高人民生活水平的程度。

(3) 财政收入及增长率，用来反映财政收入规模和增长速度，财政收入增长率如略快于国民收入增长率，说明财政支出的比例也相应增加了，是否会导致政府职能的扩大化。另外，中央财政收入占全国财政收入的比重的增长，说明中央政府加强了宏观调控的力度。

(4) 人均消费水平及增长率，用来反映国民收入、国民收入增长率对提高消费水平推进经济增长的影响作用。

2. 微观效益的分类指标

财政支出效益评价必须依据财政支出的不同性质、在不同领域的存在形态，运用定量与定性相结合的办法，建立一系列相关指标，从不同侧面反映各项财政支出效益的高低。

(1) 基本建设投资的效益评价。财政基本建设投资效益主要是指财政基建所耗费的人力、物力、财力与所取得的有用成果之比，它反映财政基本建设投资领域全部投入与产出的关系，包括直接效益和最终效益。

第一，财政基建投资的直接效益——财政基建投资与新增固定资产的关系

$$\text{财政基建投资直接效益} = \frac{\text{新增固定资产}}{\text{财政基建投资}}$$

即财政基建投资直接效益高，表示在最短的时间内用一定的投资增加较多的固定资产，或增加一定的固定资产耗费较少的投资。

第二，财政基建投资的最终效益——财政基建投资与新增 GDP 的关系

$$\text{财政基建投资的最终效益} = \frac{\text{新增 GDP}}{\text{财政基建投资}}$$

运用上述公式时，应该确定新增固定资产或新增国民收入中属于由财政投资所引起的部分。这样计算的结果更能准确、客观评价财政基建投资的效益高低。

(2) 科学研究费支出的效益评价。科学研究费的支出效益就是指如何用最少的费用支出取得更多更好的科研成果。可以通过一定科学研究费支出所产生的科技进步来进行评价。

$$\text{科学研究费支出效益} = \frac{\text{科技成果}}{\text{科学研究费支出总额}}$$

其中，科技成果包括每万人的科学家和工程师人数、社会劳动生产贡献率、年授予重大

科技成果、专利成果新设的重点实验室等。对于整个社会来说，当该项科技成果在凡是能够应用它的一切范围都得到应用，它的价值量充分发挥出来时，所节约的社会劳动总量或创造的超额收益总额就是该项科技成果的使用效益。

(3) 教育经费支出的效益评价。教育成果就是指培养出具有一定知识的人才，直接表现为培养出合格的毕业生数量。因此，评价教育经费支出的效益，可以将支出量与合格毕业生数量进行比较。

$$教育支出效益=\frac{教育成果（年合格毕业生数）}{教育经费支出量（教育人力、物力、财力消耗总量）}$$

(4) 行政管理费支出的效益评价。评价行政管理费支出的效益，可以运用行政管理费的收益弹性系数，它说明行政管理费支出增长相对变化与其收益相对变化的影响作用关系。

$$行政管理费支出效益=\frac{行政管理费所得收益增长率}{行政管理费支出增长率}$$

该弹性系数大于1，说明行政管理费每增长1%，所取得的收益增长超过了1%，效益较好；弹性系数界于0到1之间，说明行政管理费支出效果并不十分明显；弹性系数小于0，则说明行政管理费增长不仅不能带来产出的增长，相反还阻碍产出，效益较差。

另外，还可以通过设置行政管理费与财政支出或GDP的比例、行政人员与行政管理费比例以及其他相关物量因素所组成的指标体系，以全面评价行政管理费支出的效益。

(5) 国防费支出的效益评价。国防费支出是为了保卫国家安全而用于与军事有关的一切耗费，包括军需品生产的耗费和军队活动的耗费，也要进行成本效益分析，以合理有效地运用政府所提供的国防财力。军力的增强和国家安全度的提高就是国防支出的效益。但应明确的是，评价国防费支出的效益，不能单纯用经济观点来考察，节约费用并不等于军费支出效益就一定好。只有在能够保卫国家安全前提下的节约，才是真正意义上的节约。

(四) 财政支出效益评价体系的构建

1. 全面评价财政支出项目的内容

目前我国的评价指标方法体系主要集中在对项目的经济效益评价上，而从国外的评价工作实践来看，对某项目的评价应该包括四个方面的内容，其相应的评价指标体系应有所调整和反映。

(1) 过程评价。即评价项目决策的合理性，以及立项评估时所预测的产品质量、产品价格、市场竞争力等目标是否得以实现，并对施工效率、工程质量、投资执行情况等进行评价。

(2) 经济效益评价。即进行项目的盈利能力和清偿能力分析。盈利能力分析，测算主要评价指标，如成本净现值、投资利润率等主要财务指标，以及影子价格、影子工资和社会折现率等国民经济宏观分析指标。清偿能力分析要计算项目的资产负债率。

(3) 影响评价。即评价项目的运营对地区和行业经济发展、项目周边自然环境，以及对就业和脱贫等社会环境的影响等。

(4) 持续性评价。即评价项目完成后，项目所规定的目标是否可以继续，项目是否可以持续发挥作用等。

2. 财政支出效益评价体系的构建

建立财政支出效益评价体系不仅包括一套科学指标体系、标准体系和评价方法体系，还应有一套完整的财政支出评价工作制度体系，包括评价的组织管理制度、实施办法及工作流程、结果运用等。

（1）公共部门、财政部门和审计机关三层次的财政支出效益评价制度安排。公共部门负责提出购买公共产品的依据和用最少的钱获得最大结果的项目设计，并在预算执行过程中对部门支出项目的目标、任务、投入规模与结构、投入效果进行评价，通过支出项目执行结果与计划的对比、项目投入规模与实际达成目标的对比，来评价项目是否较好地实现了经济效益和坚持了例行节约原则，分析项目实施过程中存在的问题和相应的措施。财政部门根据经济效益原则和例行节约原则，结合公共部门自我评价，负责对该项公共产品的购买作综合效益评价。审计部门负责对该笔资金使用效率进行绩效审计评价，即在预算执行过程中和执行后，根据财务管理业务，对照原定目标和计划，检查项目的实际执行情况，主要侧重于货币支出效益的检查，依据计划与实际的对照，对公共投资项目在支出结构、效益、效率和效果四个方面进行审核。绩效审计是财政支出效益评价结果公正合理的有效保障，主要对财政支出的财务合规性和经济合理性的进一步审核。财政部门根据审计部门的审计结果对各公共部门进行支出效益评级，并作为下一年度预算安排的依据。

（2）财政支出效益评价实施办法及工作流程。规定评价应遵循的原则，确定评价的重点，明确评价采取的方法，规范评价的基本流程。评价工作基本程序为：第一，制订工作计划，确立评价对象；第二，组织专业小组，聘请专家；第三，设计评价方案，下达评价通知；第四，督促部门自评，收集整理资料；第五，实施评价，形成评价报告；第六，做好评价总结。财政支出效益评价应坚持定性评价和定量评价、事前评价与事后评价、定期评价和经常性评价、当前评价与长远评价、自我评价与外部评价相结合，形成评价工作制度。

（3）评价结果的运用。评价结果应及时报告同级政府和有关部门作为决策依据之一，送组织人事等部门作为公共管理部门绩效考核主要依据之一。评价结果作为财政信息库的重要组成部分，为财政预算编制、优化财政支出结构和提高支出效率提供信息支持。重大支出项目的评价结果，经同级政府批准后，可通过新闻媒体对外公布，以加强社会监督。各级政府和财政部门应建立重大财政支出奖优罚劣机制，对决策科学、项目实施成效较大的部门，给予必要的奖励；反之，则给予必要的制裁，对评价报告暴露的财政支出、工程质量等方面的问题，依法追究责任。

重点概念

财政支出　瓦格纳法则　购买性支出　转移性支出　财政支出增长弹性系数　财政支出增长边际倾向

思考题

1. 财政支出常见的分类方法有哪些？
2. 政府的财政支出范围主要是什么？
3. 分析影响财政支出规模增长的因素。
4. “瓦格纳法则”是指什么？论述财政支出增长的几种理论解释。
5. 影响财政支出结构的主要因素有哪些？
6. 试述购买性支出和转移性支出对经济的不同影响。
7. 如何评价目前中国的财政支出规模和结构。

案例分析

英国和瑞典的公共支出效果评价方法与程序

英国和瑞典两国在公共支出绩效评价的组织方式和所遵循原则上如出一辙，在评价工作的操作方法和主要工作程序上也较为一致。两国对公共部门绩效考核的方法较为简单，一般是采取目标与执行结果的对比分析评价，这项工作主要是依赖于各个政府部门的自我评价，财政和审计部门则在此基础上选择若干部门进行综合性评价与审计。但两国在公共支出项目效果的评价方面却有较完善的方法和程序。

（一）公共支出项目效果的评价方法

为准确反映公共支出项目的实施效果，两国都提出要针对不同的项目、不同的问题采用不同的评价方法，但从两国有关部门介绍的评价案例，可以将其概括为“因素量化法”。这种方法的主要特点是在充分考虑该项目有关量化指标的基础上，把与项目相关的一些非计量因素进行“量化”，并按其影响和重要程度进行排列并与有关标准进行比较，进而得出综合评价结论。

例如：要评价政府一段时期对教育投入的效果，不单要看政府投入了多少资金，新建了多少所学校，购置了多少教学设备，给教师加了多少薪水，还要考虑有多少学生毕业，多少学生取得优秀，学生的识字率和运算能力提高了多少等因素，甚至还要考虑毕业学生的就业能力（应届毕业生就业率）等长远指标；在评价政府对一所公立医院的资金投入效果时，除了要考虑一些可计量性经济指标外，还要采用诸如看病候诊时间、病床周转率、病人治愈率等特定指标，在与相关指标对比后，如果发现看病候诊时间过长、病床周转率较高而病人治愈率较低，则要建议政府追加对该所医院的支出额度。

（二）公共支出项目效果评价工作程序

英国、瑞典两国公共支出绩效评价机构在对某一项目进行具体评价时，一般按照以下程序进行：

前期准备——立项与计划——组织开展工作——确定工作方法和标准——征求部门意见——展开调查——细化分析——提出解决方案——提出建议和警告——提出详细报告——领导签发，发出报告——各方确认，完成报告。各有关部门在收到评价报告后，要对其数据、事实和相关情况等进行核对，在核实无误后反馈给评价机构，最后该项目评价工作结束。评价机构根据评价目的的不同，分别将评价报告送交国会、政府部门、新闻机构或对社会各界公开索取。

资料来源：《财政新视角》外国财政管理与改革，财政部国际司编，经济科学出版社2003年9月。

简要分析：英国、瑞典两国为控制公共支出效果而采用的“因素量化法”能根据不同的项目、不同的问题来确定公共支出的合理性，对公共支出效果评价的工作程序，则为提高公共支出效果提供了一个较科学的制度控制过程。其严格的评价和确认程序，可为我们在研究如何提高公共支出效果时提供良好的借鉴作用。

要求：提高公共支出效果的关键是什么？

第三章　购买性支出

购买性支出包括社会消费性支出和投资性支出两类。社会消费性支出属于非生产的支出，但它所提供的产品或服务可满足全体社会成员的共同需要，具有明显的外部效应特点，因而是财政必须安排的一类支出。从国家履行职能的情况来看，社会消费支出表现在两个方面：一是国家为履行政治职能而安排的必要支出，如国家行政管理和国防费支出，其用途是维持国家机器的正常运转，因而也称之为维持性支出；二是国家为履行社会职能而安排的财政支出，如教育支出、文化支出、科技支出、医疗卫生支出等，称之为社会性支出。投资性支出属于生产性支出，政府安排投资性支出能够形成新的物质财富，可以为扩大社会再生产创造必要的条件。政府投资是全社会投资的重要内容，它可以发挥政府在经济发展中的宏观调控功能。按照政府投资的领域，投资性支出包括基础设施投资、基础产业投资、农业投资、住宅投资等支出。

案例导引

作为全球气候变暖的主要原因，最近20年来二氧化碳排放持续增加，已引起了世界范围内的广泛关注。据联合国公布的数据，2007年全球二氧化碳排放量比1990年增加了16%。目前，我国二氧化碳排放量已位居世界第二，甲烷、氧化亚氮等温室气体的排放量也居世界前列。1990～2001年，我国二氧化碳排放量净增8.23亿吨，占世界同期增加量的27%；预计到2020年，排放量要在2000年的基础上增加1.32倍，这个增量要比全世界在1990年到2001年的总排放增量还要大。预测表明，到2025年前后，我国的二氧化碳排放总量很可能超过美国，居世界第一位；从人均来看，目前我国人均二氧化碳排放量低于世界平均水平，到2025年可能达到世界平均水平。从排放强度来看，由于技术和设备相对陈旧落后，能源消费强度大，我国单位国内生产总值的温室气体排放量也比较高。中国温室气体的排放总量大，使得我国在参与《联合国气候变化框架公约》活动中遭受的压力越来越大。在哥本哈根气候大会召开前夕，我国政府2009年11月26日公布了控制温室气体排放的行动目标——到2020年全国单位国内生产总值二氧化碳排放比2005年下降40%～45%。

问题：

请运用所学财政理论分析政府参与二氧化碳减排的意义。实现二氧化碳减排目标，政府可以运用哪些财政手段？

第一节 维持性支出

一、行政管理支出

（一）行政管理支出的含义及特点

行政管理支出是国家财政用于国家各级权力机关、行政管理机关、司法检察机关和外事机构等行使其职能所需的费用支出。它是维持国家各级政权存在、保证各级国家管理机构正常运转所必需的费用，也是纳税人所必须支付的成本。因此，行政管理支出的安排是否合理，是建立高效率政权机关和其他各类管理机关的重要前提，是社会经济事务能否得到及时有效协调的重要保证，也是社会资源是否能得到有效配置的重要表现。在我国，这项支出对于巩固和加强人民民主专政，维护社会秩序，加强经济管理，开展对外交往具有重要意义。

与其他财政支出相比，行政管理支出具有以下特点：

（1）非生产性。行政管理支出是一种纯消费性开支，资金一旦投入，便不再收回，其支出结果只能引起社会产品消耗和价值丧失，而不能实现其价值的补偿和增值。因此，保证国家管理机构正常运转的条件下，该项支出占财政支出的比重越小越好。

（2）连续性。行政管理支出是连续的，只要行政管理机关和国家权力机关存在，行使其职能，就需连续不断的行政管理支出予以保证。

（3）增长刚性。行政管理支出，一般不受技术条件的限制，容易乱开口子，任意扩大开支范围，提高开支标准，因此其支出额往往呈刚性增长而难以压缩。这就要求对该项支出采取行政手段加以约束和控制。

（二）行政管理支出的内容

行政管理支出的内容有广义和狭义之分。广义行政管理支出的内容是由广义政府“三权分立”的构成内容所决定的。广义政府是由三个不同系列的权力组成的，每一系列权力都拥有其特定的职能：立法机构负责制订法律；行政机构负责执行法律；司法机构负责解释和应用法律。与此相对应，广义行政管理支出的内容包括立法机构支出、行政执行机构支出、司法机构支出等三个基本部分。而狭义的政府仅指公共权力机构中的执行机构，相应地行政管理支出的内容仅指行政执行机构支出。从世界各国的财政支出实践来看，行政管理支出的内容一般属于广义的支出。

我国的行政管理支出的内容基本上也属于广义的行政管理支出，包括立法机构支出、行政执行机构支出和司法机构支出三大块。其中，行政执行机构支出的具体内容更为广泛。按照我国现行的政府收支分类，行政管理支出分别归为一般公共服务、外交、公共安全等项目。

1. 一般公共服务

“一般公共服务”具体包括人大事务、政协事务、政府办公厅及相关机构事务、发展改革事务、统计信息事务、财政事务、税收事务、审计事务、海关事务、民族事务、宗教事务、档案事务、共产党事务、民主党派及工商联事务等。

（1）人大事务。包括各级人大机关经费、各级人大常委会和各级人民代表大会会议费、人民代表视察费、选举费。

（2）政府办公厅及相关机构事务。指各级政府办公厅（室）及相关机构经费。包括行政运行、一般行政管理事务、机关服务、专项服务、专项业务活动、政务公开审批、法制建设、信访事务、参事事务、事业运行等。

（3）政协事务。指各级政协机关经费、各级政协常委会和各级政协大会会议费、政协委员视察费等。

（4）政府部门事务。指各级政府部门（不含公安、安全、司法行政机关）经费以及由国家预算开支的乡（镇）行政干部经费、居民委员会补助费。具体包括发展改革事务、统计信息事务、财政事务、税收事务、审计事务、海关事务、民族事务、宗教事务、档案事务等。

（5）共产党事务。指中国共产党各级机关的经费。具体包括行政运行、一般行政管理事务、机关服务、专项服务、专项业务、事业运行、其他共产党事务支出等。

（6）民主党派及工商联事务。指民主党派和工商联各级机关的经费。

（7）群众团体事务。指各级工会、妇联、青年团机关经费以及经批准由财政拨款的各社会团体的机关经费。具体包括行政运行、一般行政管理事务、机关服务、厂务公开、工会疗养休养、事业运行、其他群众团体事务支出等。

2. 外交

"外交"是国家用于外交机构的管理及开展相关事务的经费，具体包括外交管理事务、驻外机构、对外援助、国际组织、对外合作与交流、对外宣传、边界勘界联检以及其他外交支出。

（1）外交管理事务。是中央财政专用科目，主要包括行政运行、一般行政管理事务、机关服务、专项业务、事业运行、其他外交管理事务支出。

（2）国际组织。是指我国参加相关国际组织的会费及相关活动经费，具体包括国际组织会费、国际组织捐赠、维和摊款、国际组织股金及基金、其他国际组织支出。

（3）对外援助。指我国用于开展对外援助的各项支出，包括对外成套项目援助、对外一般物资援助、对外科技合作援助、对外优惠贷款援助及贴息、对外医疗援助、其他对外援助支出等。

（4）对外合作与交流。是指我国用于对外合作与交流的各项经费，包括、出国活动、招待活动、在华国际会议、其他对外合作与交流支出等。

（5）边界勘界联检。指中央财政支出的边界勘界、边界联检、边界界桩维护以及其他支出。

3. 公共安全

"公共安全"是国家为了维护社会公共安全的各项经费支出，具体包括：武装警察、公安、国家安全、检察、法院、司法、监狱、劳教、国家保密、缉私警察以及其他公共安全支出。

（1）武装警察支出。主要包括内卫部队、边防部队、消防部队、警卫部队、黄金部队、森林部队、水电部队、交通部队以及其他武装警察支出。

（2）公安支出。主要包括行政运行、一般行政管理事务、机关服务、治安管理、国内安全保卫、刑事侦查、经济犯罪侦查、出入境管理、行动技术管理、防范和处理邪教犯罪、禁毒管理、道路交通管理、网络侦控管理、反恐怖、居民身份证管理、网络运行及维护、拘押收教场所管理、警犬繁育及驯养、信息化建设、事业运行、其他公安支出。

（3）国家安全支出。主要包括行政运行、一般行政管理事务、机关服务、安全业务、事业运行和其他国家安全支出。

（4）检察支出。主要包括行政运行、一般行政管理事务、机关服务、查办和预防职务犯罪、公诉和审判监督、侦查监督、执行监督、控告申诉、事业运行、其他检察支出。

（5）法院支出。主要包括行政运行、一般行政管理事务、机关服务、案件审判、案件执行、事业运行、其他法院支出。

（6）司法支出。主要包括行政运行、一般行政管理事务、机关服务、基层司法业务、普法宣传、律师公证管理、法律援助、司法统一考试、仲裁、事业运行、涉外涉港澳台证书工本费支出、其他司法支出等。

（三）行政管理支出的经济分析

按公共产品理论，政府提供的各种行政管理均属于纯公共产品范畴。因其具有完全的非排他性和非竞争性等特征，所以其数量和价格都不可能通过市场竞争机制来确定。这是市场配置完全失灵的领域，必须由市场以外的力量即通过政府机制（税收—财政支出）来完全替代。一定数量和质量的行政管理公共产品，包括良好的法律秩序、稳定的宏观经济环境、财产权的有效保护、良好的治安和外交环境等，是一国的所有企业从事生产经营、投资和对外贸易活动所不可缺少的外部条件。从经济分析的角度看，有些公共产品，如安全保卫，即使单个企业能够提供，也不如由政府集中提供、各个企业共同享用更经济、更方便，企业的交易成本也更低。对个人和家庭而言，上述分析同样成立。

然而，行政管理是有经济代价或成本的。在一国的经济资源既定的条件下，政府用于行政管理的费用过多，纳税人的税收负担就会因此而过重，相应地会降低微观经济主体的投资或消费能力，这样的资源分配显然扭曲了公共产品与私人产品的合理配置结构；在一国的财政资源既定的条件下，政府用于行政管理的支出过多，用于提供其他公共产品（如文化、教育、科技、卫生保健等）的支出就会相应下降，这必然会降低公共产品配置的整体效率；在行政管理支出既定的条件下，若政府的行政管理效率低下，则单位行政管理的成本就会上升，要完成同量的行政管理任务，就必须追加行政管理费，或降低行政管理的服务水平，这都会直接或间接造成经济效率损失。

（四）行政管理支出的制约因素

一定时期的行政管理支出通常受以下因素的制约：

1. 国家的财政状况

行政管理支出是通过对财政收入的再分配形成的。因此，国家财政状况是制约行政管理支出规模的首要因素。通常情况下，国家财政状况愈好，行政管理支出的规模就有可能愈大。

2. 国家各级行政管理机关的设置

国家各级行政管理机关的日常开支直接构成了行政管理支出的一部分主要内容。通常情况下是行政管理机关设置得越多，规模越大，所需的行政管理开支也就越多。近几年，我国行政管理支出膨胀的一个重要原因就是机构臃肿、人员超编。因此，必须精简、改革国家机构，合理配备人员，提高工作效率。

3. 物价水平和各级服务标准

一般而言，行政管理支出与一定时期的物价水平和各种服务标准成正比。近几年，我国各种服务标准不断提高，是行政经费过快增长的又一重要原因。

（五）我国行政管理支出的现状

行政管理支出是政府维持正常运转所必需的支出，尤指用于国家各级权力机关、行政管理机关、司法检察机关和外事机构行使其职能所需的费用支出。改革开放以来，我国的经济保持了高速、稳定的发展，与此同时政府行政管理支出的日益膨胀也形成了巨大的政府运行成本。根据国家统计局的有关数据，1978年我国行政管理费用是52.90亿元，2006年这一指标达到7571.05亿元，增长了143倍，年均增速为19.4%，而同期我国GDP的年均增长率是15.6%，可见行政管理费用的增长速度超过了GDP的增长速度。

我国行政管理支出占财政支出总额的比重呈不断上升的趋势。1978年，行政管理支出占整个财政支出的比重只有4.7%，而2008年就达到了24.30%。按照现行政府收支分类的口径，行政管理支出包括一般公共服务、外交、公共安全，2011年支出总额为17601.64亿元，占全国财政支出的比重为16%，具体见表3-1。这表明我国财政支出中，行政管理支出比重较大，且增长速度过快。我们也可以将行政管理支出占财政支出的比重进行国际比较。世界一些主要国家行政管理费用占该国财政总支出的比重由低到高依次排列顺序为：日本(1998年)3.52%，以色列(1997年)4.98%，印度(1999年)6.25%，法国(1998年)6.57%，英国(1998年)7.39%，德国(1997年)8.83%，美国(1999年)9.24%，加拿大(1998年)10.02%，韩国(1998年)10.61%，泰国(1998年)11.08%。可见，我国行政管理支出占财政支出中的比重在世界上也是处于较高的水平。

表3-1　我国行政管理支出及其占财政支出的比重

年份	行政管理支出（亿元）	财政支出总额（亿元）	占财政支出的比重
1978	52.90	1122.09	4.71%
1980	75.53	1228.83	6.15%
1985	171.06	2004.25	8.53%
1990	414.56	3083.59	13.44%
1995	996.54	6823.72	14.60%
2000	2768.22	15886.50	17.42%
2001	3512.49	18902.58	18.58%
2002	4101.32	22053.15	18.60%
2003	4691.26	24649.95	19.03%
2004	5521.98	28486.89	19.38%
2005	6512.01	33708.12	19.32%
2006	7571.50	40422.73	18.73%

续表

年份	行政管理支出（亿元）	财政支出总额（亿元）	占财政支出的比重
2007	11162.78	49781.35	22.42%
2008	12781.41	52592.66	24.30%
2009	14159.24	76299.93	18.56%
2010	15124.08	89874.16	16.82%

资料来源：根据《中国统计年鉴》相关数据计算得来。2007年起，我国政府收支实行改革后，行政管理费不实行单独统计，有关数据根据一般公共服务、外交、公共安全等计算得出，不含政府债务还本付息支出。

行政管理支出占国内生产总值（GDP）的比重这一指标，可以用来分析社会经济总量中政府所耗费的资源情况。行政管理支出占国内生产总值的比重越大，表明行政管理支出的规模越大，社会经济总量中用于政府行政管理的社会资源就越多。我们可以用这个指标来判断行政管理支出规模相对于GDP的合理程度，显示国家行政管理支出的负担水平。我国1978～2010年行政管理支出、国内生产总值（GDP）以及行政管理支出占国内生产总值的比重，见表3-2。

表3-2 我国行政管理支出占GDP的比重

年份	行政管理费（亿元）	国内生产总值GDP（亿元）	行政支出占GDP
1978	52.90	3624.1	1.46%
1980	75.53	4517.8	1.67%
1985	171.06	8964.4	1.90%
1990	414.56	18547.9	2.24%
1995	996.54	58478.1	1.70%
2000	2768.22	89468.1	3.09%
2001	3512.49	97314.8	3.61%
2002	4101.32	105172.3	3.91%
2003	4691.26	117251.9	4.23%
2004	5521.98	136875.9	4.03%
2005	6512.01	184937.4	3.52%
2006	7571.50	216314.4	3.50%
2007	11162.78	265810.3	4.20%
2008	12781.41	314045.4	4.07%
2009	14159.24	340902.8	4.15%
2010	15124.08	401512.8	3.77%

资料来源：根据各年统计年鉴计算而得。

1978～1999年，行政管理支出占GDP的比重在1.5%～2.5%波动，其后行政管理支出占GDP比重逐年上升。2000年以后，我国行政管理支出占GDP的比重都在3%以上，其中2003年最高达4.23%。1978年，行政管理支出占GDP比重为1.46%，也可以说每亿元国内生产总值需要耗费的行政管理支出是146万元；到2003年，行政管理支出占GDP比重为4.23%，每亿元国内生产总值需要耗费的行政管理支出是423万元，比1978年高出190元。

政府的运转不仅耗费着越来越多的社会经济资源，而且这种耗费的增长速度已经超过了经济增长速度。相对我国目前经济增长水平与财政规模和承受能力而言，近年来我国政府的行政管理支出呈现出增长过快、规模过大的态势，行政管理支出规模偏大的问题已经凸显出来，给我国政府造成了沉重的财政负担。

二、国防支出

（一）国防支出的含义及特点

国防支出即国家防卫支出，是指国家用于国防建设、国防科技事业、军队正规化建设和民兵建设、各军兵种和后备部队的经常性开支、专项军事工程以及战时的作战经费等方面的军事支出。

国防支出的规模与结构集中反映了一个国家的国防战略和国防政策，它实际上是一个国家国防战略的数字化。透过国防支出占国民（内）生产总值的比例，国防支出占财政支出的比例以及国防支出内部的分配和使用结构，可以看出各个国家不同的国力、国策和国防建设的方针、政策。为了实现国防现代化，防御外敌入侵，保卫民族独立、安全和主权、领土的完整，应根据我国经济发展和所面临的国际环境，合理安排国防支出，提高国防费的分配和使用效益。

行政管理支出的非生产性和连续性特点，国防支出同样具备。除此之外，国防支出还具有波动性特点，即国防支出受一定技术条件的制约，且与国际国内局势变动密切相关。从一般意义上说，在国际国内局势紧张的情况下，需要的国防支出较多；反之，在国际国内局势缓和时，需要的国防开支较少。可见，国防费用开支在一定的技术经济条件的制约下，随国际国内局势的变动而呈波动性变化。

（二）国防支出的内容

尽管国防支出的细目分类不尽相同，但都可以划分为维持费和投资两大部分。前者主要用于维持军队的稳定和日常活动，提高军队的战备程度，是国防建设的重要物质基础。内容主要包括军事人员经费、军事活动维持费、武器装备维修保养费及教育训练费等。后者主要用于提高军队的武器装备水平，是增强军队战斗力的重要保证，主要有武器装备的研制费、采购费、军事工程建设费等几个项目。若按兵种划分，国防支出有可以分为国防部队支出、战略部队支出、陆军支出、海军支出、空军支出、武警部队支出和预备役、后备役部队支出。

中国国防费主要由人员生活费、训练维持费和装备费三部分组成，各部分大体各占 1/3，具体见表 3-3。人员生活费用于军官、文职干部、士兵和聘用人员的工资津贴、住房保险、伙食被装等。训练维持费用于部队训练、院校教育、工程设施建设维护以及其他日常消耗性支出。装备费用于武器装备的研究、试验、采购、维修、运输和储存等。国防费的保障范围包括现役部队、预备役部队和民兵，同时也负担部分退役军人、军人配偶生活及子女教育、支援国家和地方经济建设等社会性支出。

表 3-3 2009 年中国国防费支出 单位：亿元

	现役部队	预备役部队	民兵	合计	
				金额	占总计的%
人员生活费	167C.63	14.65		1685.28	34.04
训练维持费	1521.71	19.65	128.59	1669.95	33.73
装备费	1574.26	14.31	7.30	1595.87	32.23
总计	4766.60	48.61	135.89	4951.10	100.00

资料来源：《2010 年中国的国防》。

（三）国防支出的经济分析

国防与行政管理一样，都是纯公共产品，同时具备非排他性和非竞争性的典型特征，是一国经济发展不可缺少的重要条件。尽管不同国家以及一个国家不同历史时期的国防支出差异较大，但从总体变化趋势看，多数国家的国防支出占 GDP 和财政支出的比重一直较大。政府支出项目中，国防支出通常列前三位有时甚至上升为首位。不论国防支出的目的或社会性质如何，仅从经济分析角度来看，其规模和结构的变化一直对一国的国民经济有较大的影响。

1. 国防支出规模的扩张与收缩对社会总需求和经济增长有重要影响

国防支出属于政府的购买性支出范畴。若政府扩大国防支出，就意味着政府购买的军事劳务、军事工程和武器等相应增加，在价格链的作用下，使生产资料、生活资料的价格全面上扬，从而刺激社会总需求，这有助于充分利用原有的生产能力和扩展新的生产能力，增加就业，促进相关产业和企业扩大生产规模，对经济增长具有推动作用。这一点在通货紧缩时期尤为明显（例如，2001 年“9·11 事件”发生后，美国增加了当年的国防支出预算用于“反恐”战争，在一定程度上拉动了内需）。反之，若政府削减国防支出，其经济效应也就降低。当然，国防支出规模的扩张与收缩要受财政收支平衡状况、资源特别是闲置资源等若干条件的限制。

2. 国防支出结构的调整变化对经济结构有重要影响

军工生产虽不属于一般的生产资料，也不属于一般的个人生活资料，但其生产却需要大量的通用生产设备，还需要大量的专用生产设备。国防支出结构的调整及相应的军工生产结构的变化，必然会引起军工工业与民用工业之间以及各自内部的结构变化，进而引起投资结构、就业结构、公共产品与私人产品结构以及收入分配结构的变化。

3. 国防支出可以带动高新技术的发展，促进生产力水平的提高

现代各国无不重视用高新技术来加强本国的军事力量。随着现代国防科技水平的突飞猛进，武器装备日益自动化、智能化、集约化，微电子技术等高新技术不断应用于各种新式武器的生产。毫不夸张地讲，各国的尖端科技水平几乎都在军事装备上得到集中体现，高科技人才也都荟萃于军事科研领域。各国政府将大量的人力、物力投入军事科研，除了加强国防建设之外，通过军事科研带动本国高新技术的快速发展并民用化，进而促进社会生产力，也是各国的重要意图之一。如美国的“星球大战计划”就曾极大地促进了其各项高新技术的快速发展。另如风靡于当今世界各个领域的 Internet 即起源于军事技术。由此可见，加强军事科技水平，受益的不仅仅是国防，而是整个社会。

（四）国防支出的制约因素

一定时期制约国防支出的主要因素有：

1. 国家的财政状况

国防支出是财政通过对其收入的再分配形成的。因此，国防支出规模首先受国家财政状况的制约。通常情况下，国家财政状况愈好，国防支出的规模也就有可能愈大。

2. 国际、国内形势的变化

在不同的国际、国内形势下，国防战线承担的任务不一样，因此，对国防支出的需求也不同。一般来说，和平时期，国防支出较少，而战争时期，国防支出较多。

3. 国防建设的需要

国防建设的需要是确定国防支出数额的主要因素。它一般取决于军队的编制体例及其常规兵力、武器系统发展目标及其更新速度、国防科学研究任务、作战物资储备的需要以及军工生产能力储备补贴等因素。

4. 物价水平和各种技术标准

一定时期的国防开支，还受物价水平和各种技术标准的制约，并与之成正相关关系。

（五）国防支出的分配与控制

国防支出的分配与控制是通过编制和执行国防预算实现的。国防预算作为政府预算的重要组成部分，不仅是和平时期政府用来控制军事力量的规模、结构和发展方向的调节器，而且还是国家对国防发展以及对军用产品和民用产品进行宏观调控的主要经济手段。国防支出的分配与控制的重点主要体现在以下方面：

1. 通过对国防预算总量的控制，调节军事力量的规模

从较长的历史时期看，一国的军事支出具有相对稳定性，但国防预算是根据国家制定的目标、承担的义务及面临的军事威胁等编制的，它必须反映国际环境、国家目标、国防战略和军事战略、防务政策的决策程序、经常出现的问题与防务政策执行的结果等基本要求，然后再用国防预算规模来调节军事力量的规模。

2. 通过对国防支出的使用控制，调节军事力量的结构

随着经济发展和科技进步，军队的有机构成也在不断提高和优化。这样，国防支出中的军事人员费用所占的比重应该下降，相应的武器装备的研制、采购费所占的比重则应上升。国防支出的分配和使用结构只有遵循和反映这一规律，才能在国防支出总额一定的前提下，更有效地提升军队的战斗力，提高国防的整体效益。和平时期，各国大都以发展经济为重点，坚持走精兵之路，国防支出作为国防建设的启动器，对军事力量各部门的结构进行综合协调和约束将起到重要作用。

3. 通过国防支出预算的控制，调节国防力量的发展

在相对和平的条件下，面对激烈的军事技术的竞争和国际间出现的综合国力的较量，高科技已成为国防建设的一个新的“制高点”。谁控制了这个“制高点”，谁就控制了未来国防发展的通道。因此，各国都在调整国防支出结构，逐步增加国防科研投资，减少维持费，把国防力量发展的重点转移到军事技术领域，推进武器装备向着自动化、智能化、集约化方向发展，增强国防力量。

（六）我国的国防政策与国防经费

1. 中国的国防政策

中国奉行防御性的国防政策。依照宪法和法律，中国武装力量肩负对外抵抗侵略、保卫祖国，对内维护社会大局稳定、保卫人民和平劳动的神圣职责。建设与国家安全和发展利益相适应的巩固国防和强大军队，是中国现代化建设的战略任务，是中国各族人民的共同事业。新时期中国国防的目标和任务，主要有以下内容：

（1）维护国家主权、安全、发展利益。防备和抵抗侵略，保卫领陆、内水、领海、领空的安全，维护国家海洋权益，维护国家在太空、电磁、网络空间的安全利益。反对和遏制各种分裂势力，捍卫国家主权和领土完整。服从服务于国家发展战略和安全战略，维护国家发展的重要战略机遇期。贯彻新时期积极防御的军事战略方针，坚持独立自主和全民自卫原则，加强武装力量建设和边防、海防、空防建设，加强国家战略能力建设。

（2）维护社会和谐稳定。中国武装力量忠实践行全心全意为人民服务的宗旨，积极参加和支援国家经济社会建设，依法维护国家安全和社会稳定。发挥人才、装备、技术、基础设施等方面的有利条件，为地方基础设施和重点工程建设、扶贫帮困和改善民生、生态环境建设贡献力量。科学组织非战争军事行动准备，针对面临的非传统安全威胁搞好战略预置，加强应急专业力量建设，提高遂行反恐维稳、应急救援、安全警戒任务的能力。坚决完成抢险救灾等急难险重任务，保护人民群众生命财产安全。

（3）推进国防和军队现代化。着眼 2020 年基本实现机械化并使信息化建设取得重大进展的目标，坚持以机械化为基础，以信息化为主导，广泛运用信息技术成果，推进机械化信息化复合发展和有机融合。拓展和深化军事斗争准备，牵引和带动现代化建设整体发展。深化信息化条件下联合作战理论研究，推进高新技术武器装备建设，发展新型作战力量，着力构建信息化条件下联合作战体系。深入推进机械化条件下军事训练向信息化条件下军事训练转变，加紧实施人才战略工程，加大全面建设现代后勤力度，提高以打赢信息化条件下局部战争能力为核心的完成多样化军事任务能力，全面履行新世纪新阶段军队历史使命。

（4）维护世界和平稳定。坚持互信、互利、平等、协作的新安全观，主张用和平方式解决地区热点问题和国际争端，反对任意使用武力或以武力相威胁，反对侵略扩张，反对霸权主义和强权政治。按照和平共处五项原则开展对外军事交往，发展不结盟、不对抗、不针对第三方的军事合作关系，推动建立公平有效的集体安全机制和军事互信机制。坚持开放、务实、合作的理念，深化国际安全合作，加强与主要国家和周边国家的战略协作和磋商，加强与发展中国家的军事交流与合作，参加联合国维和行动、海上护航、国际反恐合作和救灾行动。支持按照公正、合理、全面、均衡的原则，实现有效裁军和军备控制，维护全球战略稳定。

2. 中国的国防经费

中国坚持国防建设与经济建设协调发展的方针，根据国防需求和国民经济发展水平，合理确定国防经费的规模，依法管理和使用国防经费。中国对国防费实行严格的财政拨款制度。每年的国防费预算都纳入国家预算草案，由全国人民代表大会审查和批准。随着国家经济社会发展，中国国防费保持适度合理增长。从1978年到1987年，随着国家工作重点转移到经济建设上来，国防建设处于低投入和维持性状态。国防费年平均增长3.5%，同期GDP按当年价格计算年平均增长14.1%，国家财政支出年平均增长10.4%，国防费占GDP和国家财政支出的比重，分别从1978年的4.6%和14.96%降到1987年的1.74%和9.27%。从1988年到1997年，为弥补国防基础建设的不足和维护国家安全统一的需要，中国在经济不断增长的基础上，逐步加大国防投入。国防费年平均增长14.5%，同期GDP按当年价格计算年平均增长20.7%，国家财政支出年平均增长15.1%，国防费占GDP和国家财政支出的比重继续下降。从1998年到2007年，为维护国家安全和发展利益，适应中国特色军事变革的需要，中国在经济快速增长的基础上，继续保持国防费的稳步增长。国防费年平均增长15.9%，同期GDP按当年价格计算年平均增长12.5%，国家财政支出年平均增长18.4%。国防费占GDP的比重虽有所上升，但占国家财政支出的比重总体上仍呈下降趋势。2008年，我国国防经费总额达到4177.69亿元，占财政支出总额的比重为6.67%。2010年国防费预算为5333.37亿元人民币，比2009年增长7.72%，国防费增幅有所下降。

中国国防费总额、军人人均数额，仍低于世界一些主要大国的水平。2007年，中国年度国防费相当于美国的7.51%、英国的62.43%。军人人均数额是美国的4.49%，日本的11.3%，英国的5.31%，法国的15.76%，德国的14.33%。从国家国防负担的相对比例看，中国国防费仅占国内生产总值的1.38%，而美国占4.5%，英国占2.7%，法国占1.92%，具体见图3-1。

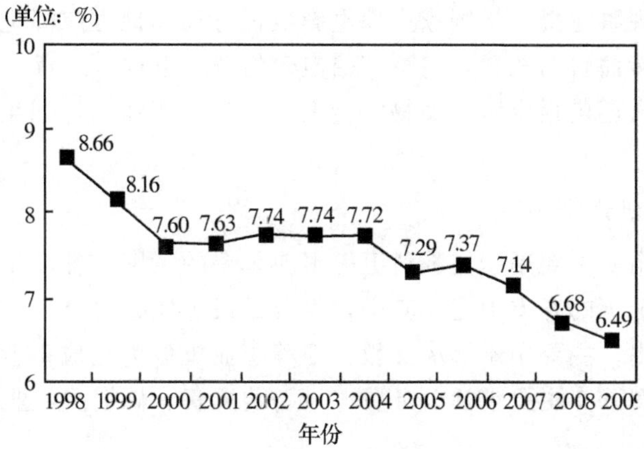

图3-1　中国年度国防费占国家财政支出的比例

第二节　社会性支出

一、社会性支出的一般分析

（一）社会性支出的含义及内容

社会性支出是指国家财政用于文化、教育、科学、卫生、体育、通信、广播电影电视等事业单位的经费支出。从广义上讲，文化、教育、科学、卫生等事业不属于纯公共产品，而属于混合公共产品。由于具有较强的外部正效应，有助于整个社会文明程度的提高，有利于提升全体社会成员的素质，从而对经济的繁荣与发展具有决定作用，各国均对文教科卫事业给予较大程度的财力支持，尤以发展中国家为甚。社会性支出的范围较广，内容丰富，可从以下两个方面对其进行分类：

1. 按支出的部门划分

（1）文化事业费。指文化部和地方文化部门的事业费，包括艺术表演团体经费、图书馆经费、群众文化经费等。

（2）教育事业费。指各级教育部门及其举办的各类学校的事业费，包括教育部门举办的各类中小学及幼儿教育经费、中等或职业技术教育经费、成人高等教育以及广播电视教育、特殊教育经费和经国家批准设立的全日制普通高等院校（包括研究生）经费及留学生经费等。

（3）科学事业费。指各级科委、科协和社会科学院及其归口管理部门的事业费，包括自然科学事业费、科协事业费、社会科学事业费、高技术研究专项经费等。

（4）卫生事业费。指卫生部及地方卫生部门的事业费，包括医院经费、卫生院补助费、防治防疫事业费、妇幼保健经费、合作医疗补助费、中医事业费等。

（5）体育事业费。指国家体育总局和地方体育系统的事业费，包括体育竞赛费、优秀运动队经费、业余训练费、体育场馆补助费等。

（6）通讯事业费。指新华社及专业通讯社的事业费。

（7）广播电影电视事业费。指国家广播电影电视总局和地方广播电视部门所属电视台以及电视发射台、电视转播台的经费，包括广播电台经费、电视台经费、县广播站经费等。

此外，社会性支出还包括出版、文物、档案、地震、海洋、计划生育等项事业的事业费支出。

2. 按支出的用途划分

（1）人员经费支出。主要用于文教科卫等事业单位的工资、补助工资、职工福利费、离退休人员费用、奖学金等的开支项目。其中，工资是最主要的内容。

（2）公用经费支出。主要用于解决文教科卫等事业单位为完成事业计划所需要的各项费用开支。这些公用经费开支主要包括公务费、设备购置费、修缮费、业务费等。

（二）社会性支出的经济性质和意义

1. 社会性支出的经济性质

（1）社会性支出的经济性质，首先表现在文教科卫等事业单位与企业单位的异同上。其相似之处在于，事业单位与企业一样要向社会公众提供一定的产品或服务。一般来说，企业提供的产品主要是用来满足个人消费需要的私人产品，而事业单位提供的产品则主要是用来满足社会公共需要的公共产品。当然，事业单位提供的产品中也不乏性质介于社会公共需要和个人需要之间（即准公共需要）的混合公共产品，比如大学教育和医疗保健等。不同之处主要表现在：第一，二者从事活动的目的不同。企业从事经营活动的直接目的是取得经济利益，即自身利润最大化，而事业单位从事活动的根本目的是为了取得社会的共同利益和长远利益：第二，二者的资金运动形式不同。企业的支出是为了获得收入，事业单位获取收入是为了进行支出。

（2）社会性支出属于社会消费性支出。从内容上看，文教科卫支出仅指财政用于文教科卫等部门的经常性开支，不包括财政向这些部门拨付的基本建设支出、科技三项费用等投资性支出。另外，文教科卫支出绝大部分用于人员经费和公用经费。就该类事业的过程来说，是消耗物质资料、消耗财力的过程，特别如体育、文艺、广播电影电视等事业单位不直接创造生产力，只是为劳动者提供精神食粮，从而激发劳动者的生产积极性。所以，总体而言，该类支出属于社会消费性支出。

（3）社会性支出属于非生产性支出。文教科卫等事业部门是非物质生产部门，不生产物质产品，也不提供生产性劳务。但需要指出的是，将其归于非生产性支出，并不意味着它不重要，与社会生产没有任何关系。相反，该类事业的发展与物质财富的生产有着密切关系，而且其贡献越来越大。文化、教育、医疗保健等不仅仅是一种消费性支出，而且是一种不可或缺的人力资本投资。从这个意义上讲，文教科卫支出中有相当一部分具有生产性的特征。尽管对于文教科卫支出究竟是生产性的还是非生产性的，理论界至今仍有争论，但目前国内各种统计文件普遍做法是将其归入非生产性范畴。

2. 社会性支出的重要意义

西方经济理论和实践已经证明，用于人力资本与科学技术投资的收益率要高于物质资本投资的收益率，人力资本投资和科技进步与物质财富的生产有着密切关系，是推动一国经济发展与增长的直接因素，是导致经济增长率国际差异的主要原因。现代社会的人们越来越深刻、清醒地认识到了这一点。

（1）科学技术是第一生产力。科技进步、追加投资和提高管理水平是一国经济增长的三大动力。随着经济的发展和社会的进步，科学技术已成为生产发展、劳动生产率提高的基本前提。从人类社会发展的历史上看，巨大社会变革的直接动因是生产技术的变革，而生产技术的变革则以科学发明及其应用于生产为基础。正是在这个意义上，马克思将科学技术视为“最高意义上的革命力量”。从 18 世纪 60 年代的以蒸汽机为主要标志的第一次技术革命开始，经过 19 世纪以电磁应用为标志的第二次技术革命，直到 20 世纪 50 年代的以原子能、电子计算机和空间技术为标志的第三次技术革命，以及目前方兴未艾的以信息技术为标志的第四次技术革命，生产力发展的大部分是由科学技术的发展直接带来的。据估计，“二战”以后，主要资本主义国家劳动生产率提高的数字中，有 60％～80％是靠采用新的科学技术成果实现的。当今发达国家的经济增长中，物质成分所起的作用逐步下降，知识成分的作用大幅度提高，以至于成为决定性的力量。

（2）教育是科学技术的源泉和基础。首先，教育是科学技术进步的基础。科技的继承和创新，以教育为源泉。只有通过教育，新的科技成果才能传播开来。其次，教育是劳动力再生产的重要条件。在现代生产条件下，劳动者的科学文化知识、劳动技能等主要靠教育获得，劳动力的质量和劳动生产率同劳动者受教育的程度呈正相关关系。再次，再教育是解决结构性失业问题的有效手段。只有通过对失业人口进行再教育和再培训，才能实现再就业。最后，教育是社会主义精神文明建设与物质文明建设“两手抓”的结合点。要取得两个文明的双丰收，加强全民教育，普遍提高全民族的科学文化素质是最主要的途径之一。

（3）文化、卫生、体育等事业直接关系到劳动者的健康水平和物质文化水平的提高，是国民经济发展的重要保证。现代条件下的高度紧张、复杂的劳动，要求劳动者必须拥有健康的体魄和振奋的精神，而健康的体魄和振奋的精神需要有优良的医疗卫生设施、良好的体育运动和积极向上的文化建设作保证。国民的身体状况及其寿命已成为衡量一国经济发展程度的主要标志之一。

正是文教科卫事业在现代社会经济发展中发挥着日益重要的作用，各国政府才不遗余力地投入大量资金发展文教科卫事业，文教科卫支出规模呈现出日益增长的趋势。

二、教育支出

（一）教育支出的概念

财政教育支出，又称做财政性教育经费，是国家财政用于发展教育事业的支出。按照来源和负担情况划分，教育支出主要包括预算内教育支出，各级政府征收的用于教育的税费，校办企业、勤工俭学和社会服务收入用于教育的经费，以及其他属于国家财政性的教育经费。按照性质划分，教育支出主要包括教育基建支出和教育事业费支出。按照教育层次来分，教育支出可以分为初等、中等和高等学校三级教育经费支出。按照接受主体的不同，教育支出可以分为对教育机构的支出和对教育接受者的支出。

（二）政府干预教育的理论依据

从经济性质看，教育服务首先具有私人性，因为接受教育总能增进个人自身的福利，且早期的教育并不是由政府提供，而是由私人自愿提供的，包括自我供给（父母为孩子的教育投资）和第三方供给（由教会、慈善机构等中介组织将私人的捐款用于开办教育）两种形式。但自19世纪以来，教育尤其是基础教育，一直是各国财政支出中的重要方面。政府干预教育的理论依据，主要表现在以下几个方面：

第一，教育具有极大的外部效应。在现代社会，教育是一种人力资本投资行为。人们投资于教育，不仅可以提高其人力资本的未来生产率，而且还会使整个社会因受教育者文化程度的提高而受益。大量的经验性研究证明，教育能够有效促进社会交流、就业和社会和谐，促进社会民主化进程，尤其是基于教育的代际效应，一代人所获得的教育受益将使后一代甚至几代人受益。教育如果完全由市场来提供，那么这种外在的收益不可能由兴办教育的私人主体获得，因而他们提供的教育数量会低于社会的期望水平。由政府部门来开办教育事业，有助于社会经济的发展。一般来说，受教育越多，其素质越好，越有利于整个民族素质的提高和国民经济的发展。因此，教育不仅是有利于个人的支出项目，也是有利于国家和社会的支出项目，所有这种支出必须由政府参与，从而也需要政府公共财政提供支持。

第二，教育可以促进机会公平。对于不同收入水平的家庭而言，教育的投入不仅存在不同的直接成本，而且还存在不同的机会成本，低收入家庭往往比高收入家庭有更高的机会成本，这就使得处于不同收入水平的家庭的子女在教育市场中会得到不同的教育服务。另一方面，教育又影响一个人未来的收入水平，这会导致收入分配差距产生累积效应。因此，政府对教育的资助有助于在一定程度上促进机会的平等，从而缩小收入分配的差距。

第三，教育收益不确定性和信息不对称性。一方面，由于教育受益要经过相当长的时间才能实现，而且教育投入和收益之间的关系存在一定程度的不确定性，学龄儿童甚至为其决策的父母也很可能错误地评价其全部收益，他们很可能产生短视，降低未来收益流的现值，这就会导致教育投资的不足。另一方面，受教育者与提供教育服务的机构之间也存在信息不对称性。当受教育者对其要接受的教育质量感到不确定时，会产生次优水平的消费，出现教育投入不足的问题；相反，当受教育者对自身能力水平过于确定时，他们往往会在提供者的劝说下接受更长时间的教育，这会导致教育投入过剩的问题。

第四，教育资本市场不完善。教育作为一种人力资本投资，受每个家庭预算的限制，贫困学生往往需要借贷才能接受更多的教育。如果教育资本市场是完善的，那么受益于教育的人，或者说受教育收益大于教育支出成本的人应当愿意贷款接受教育。但市场恰恰是不完善的，尤其是在高等教育中表现更为明显。作为一项长期投资，教育的收益率大小受个人的性格、机遇、健康等不确定因素的影响很大，且贫困学生难以拿出可以被接受的担保品，因而私人金融机构多数不愿意提供这方面的贷款给他们，以致这些学生无法接受较高水平的教育，从而在人力资本市场上不能与来自较高收入家庭的学生进行公平竞争。此时，若由政府参与人力资本投资，对贫困家庭的学生给予教育资助，那么将大大减少这类社会不公平现象，从而弥补教育市场的缺陷。

（三）我国财政教育支出的现状

教育投入是支撑国家长远发展的基础性、战略性投资，是发展教育事业的重要物质基础，是公共财政保障的重点。党中央、国务院始终坚持优先发展教育，高度重视增加财政教育投入，先后出台了一系列加大财政教育投入的政策措施。《中华人民共和国教育法》等法律法规的规定，在年初安排公共财政支出预算时，积极采取措施，调整支出结构，努力增加教育经费预算，保证财政教育支出增长幅度明显高于财政经常性收入增长幅度。对预算执行中超收部分，也要按照上述原则优先安排教育拨款，确保全年预算执行结果达到法定增长的要求。《国家中长期教育改革和发展规划纲要（2010-2020年）》明确提出，到2012年实现国家财政性教育经费支出占国内生产总值比例达到4%的目标。

从20世纪90年代以来，我国教育经费投入的年均增长速度均超过同期GDP的年均增长速度，教育经费总量有了大幅度增加，财政教育支出的绝对数一直呈上升趋势。2001～2010年，公共财政教育投入从约2700亿元增加到约14200亿元，年均增长20.2%，高于同期财政收入年均增长幅度；教育支出占财政支出的比重从14.3%提高到15.8%，已成为公共财政的第一大支出。2012年全国公共财政支出12.5712万亿元，其中教育支出21165亿元，比上年增长28.3%，全国财政性教育经费支出占国内生产总值比重首次达到4%。财政教育投入的大幅增加，为教育改革发展提供了有力支持。当前，我国城乡免费义务教育全面实现，职业教育快速发展，高等教育进入大众化阶段，办学条件显著改善，教育公平迈出重大步伐。尽管如此，我国财政性教育投入与教育发展的总体要求还是不相适应，教育投入的总量仍然显得不足。事实上，财政性教育投入占GDP的4%比重只是20世纪80年代发展中国家的平均水平。据1999年《世界科技发展报告》统计，教育支出占GDP的比重，世界平均水平为5.5%，发达国家在6%以上。美国更是高达7.7%，成为世界上教育经费支出最高的国家，从而为其教育强国和人才强国奠定了雄厚的物质基础。另外，韩国、加拿大等国家超过了6%，甚至达到7%。

从财政性教育支出结构上看，我国初、中、高三级教育的财政性分配比例不合理。根据公共产品理论，政府应该在具有纯公共产品性质的义务教育方面起主导作用，在具有准公共产品性质的高等教育中起辅助作用。但我国的实际情况却本末倒置，政府在教育支出结构上存在严重的缺位和越位现象。从表 3-4 我们可以看出，三级教育的事业费支出差距在逐年缩小，并且已由 2000 年的高等教育、中等教育、初等教育生均支出递减顺序转变为中等教育、高等教育、初等教育生均支出递减顺序。这与我国近几年来全面实行九年制免费义务教育和加大对中等职业教育，尤其是农村中等职业教育的财政投入是分不开的。虽然自 2002 年以来，政府加大了对基础教育的投入，对高等教育的投入也有所下降，教育支出的级差有所缩小，但初等教育阶段的经费投入仍然严重不足。而事实上，多项研究结果均表明，初等教育的外部性是最强的，投资回报率最高的，教育支出应该根据这种特点在三级教育上进行合理分配。我国在三级教育上的财政性教育支出分配不合理导致了基础教育上财政性教育经费投入不足和高等教育上财政性教育经费投入过剩，这种状况不利于初等教育、中等教育和高等教育三者的协调发展，更不利于教育公平的实现。

表 3-4　我国三级教育生均教育事业费支出比较　　单位：元/年

年份	初等教育	中等教育	高等教育	初、中、高生均比
2000	491.58	3 344.25	7 309.58	1∶6.80∶14.87
2001	645.28	3 835.46	6 816.23	1∶5.94∶10.56
2002	813.13	4 189.82	6 177.96	1∶5.94∶10.56
2003	931.54	4 343.37	5 772.58	1∶4.66∶6.20
2004	1 129.11	4 847.28	5 552.50	1∶4.29∶4.92
2005	1 327.24	5 438.03	5 375.94	1∶4.10∶4.05
2006	1 633.51	6 603.17	5 868.53	1∶4.04∶3.59
2007	2 207.04	8 451.97	6 546.04	1∶3.83∶2.97
2008	2 757.53	10 563.43	7 571.77	1∶3.83∶2.75

资料来源：根据中华人民共和国教育部 2000～2008 年“教育统计数据”整理编制。

我国城乡之间财政性教育支出结构也不合理。我国城市和农村的二元社会经济结构导致城乡之间义务教育发展的严重失衡。多年来，我国农村财政性教育经费投入不足一直制约着农村义务教育的发展。国家统计局 2005 年、2006 年提供的相关数据显示：2004 年，我国农村普通初中、小学在校生分别占全国普通初中、小学在校生总人数的 48.93%、65.61%，分别是城市学生的 2.83 倍和 4.03 倍，但是农村普通初中、小学的财政性教育经费投入只分别占到总投入的 49.96%、62.81%。随着 2007 年全面推行的农村义务教育免费政策和 2008 年全国范围内城市义务教育阶段学杂费全免政策的实施，免费义务教育全国城乡一体化格局已初步形成。但是，政府仅仅是负担了义务教育阶段中小学生的学杂费，财政性教育经费并没有对农村义务教育在师资、基础设施、教学条件等其他方面进行重点资助和扶持。从整体来看，我国农村的义务教育水平还是很低的，与城市相比仍然很落后。城市和农村的财政性教育支出不均衡导致城乡义务教育发展水平的差距不断拉大，严重影响到农村义务教育事业的发展和教育公平的实现。

我国幅员辽阔，各地区间的社会经济发展状况存在着较大差异，财力状况也大相径庭，加之各地方政府对教育的重视程度不一致，导致不同地区的财政性教育投入差异悬殊。2006

年，我国东部省区平均国家财政性教育经费总额为 266.61 亿元，中部为 168.61 亿元，西部为 172.23 亿元，东中西部财政性教育经费支出额之比为 1∶0.63∶0.65，其中最高的广东（529.02 亿元）是最低的西藏（26.34 亿元）的 20.08 倍，财政性教育支出的地区差异之大可见一斑。

三、科技支出

（一）科技支出的概念

科技支出是指国家财政用于发展科学事业的各项经费。科技支出通常分为自然科学支出和社会科学支出。前者包括技术开发研究、基础研究、社会公益和农业研究、行业技术研究、科技信贷和贴息、专项奖励、国际学术交流、科研机构等方面的支出。后者包括社会科学管理机构、社会科学研究机构、社会科学基金以及国际学术交流等方面的支出。

（二）政府干预科技领域的理论依据

财政支出用于科学技术领域的根本原因，是科学技术市场的失灵。这主要表现在：

一是科学技术是公共产品或混合产品。按照商品属性的不同，科学技术可以分为基础科学技术和应用科学技术。基础科学基础具有公共产品的两个基本特征，属于公共产品，应当由政府财政提供资金。而应用科学技术具有非竞争性和排他性，属于混合产品。受专利制度的保护，应用技术的发明人可以将外部收益部分实现内部化，从而在一定程度上鼓励私人部门开展技术创新。但是，由于科学技术具有较大的正外部效应，如果仅仅由私人部门负责提供，则相对于社会需求而言就会出现投资不足的问题。政府财政支持科技活动，可以弥补私人投资不足的问题，从而促进整个社会的科技进步。

二是科学技术研究具有较大的风险性和受益不确定性。从事科学技术研究是一项高风险活动，投入与产出之间的关系具有较大的不确定性。正因为这种高风险，私人部门不可能毫无顾忌地进行科技投入。风险越大，私人投资活动就越受限制。这就会导致私人部门对科技投入的问题，无法满足社会经济的发展对科学技术的需求。政府对科技领域的财政支持，有助于降低私人部门的投资风险，从而增加社会的科技投入。

三是科学技术是一种有益物品。从总体上看，科学技术（包括自然科学和社会科学）对人类社会的发展是有益的。但一项科学技术对人类社会的作用，往往需要一定时间才能够被人们所认识和接受。在得到人们认识和接受之前，科学技术的发展受到一定的限制，私人投资往往存在不足的问题。政府对科技的投入，有助于加强基础性的科学研究，并鼓励和引导私人部门开展前期的研究和开发。

（三）我国科技支出的现状

科学技术是推动一国经济和社会发展的重要推动力，科技进步对经济增长的贡献率不断提高，对发达国家经济增长的贡献率已超过 60%。各国政府都非常重视科学技术的发展，纷纷将增加科技投入作为提高国家持续竞争力的主要政策，特别是进入 21 世纪以后，加大政府的科技投入是公共财政的发展趋势。与此同时，财政的科技投入也被作为衡量一个国家综合国力的重要指标。

近年来，随着我国对科技重视程度的提高，财政对科技的投入逐年增加，财政科技支出由1999年的544亿元增加到2009年的3050亿元，10年间财政科技支出翻了近6倍，具体见表3-5、图3-2。虽然财政科技支出绝对量增长较快，但是财政科技支出的相对量却不足，主要体现在以下几个方面：①财政科技支出占国家财政总支出的比重不高且增长缓慢。2000年我国财政科技支出占国家财政总支出的比例为3.6%，2009年财政科技支出占国家财政总支出的仅为4.0%，期间这一比例还经历了先升后降的变化；②财政科技支出占GDP比重较低。我国科技支出虽不断增加，但与GDP的增加相比仍有较大差距。2000年，我国财政科技支出占GDP比重为0.64%；2009年，我国财政科技支出占GDP比重为0.91%，不仅低于发展中国家1.15%的比重，更远低于发达国家2.13%～3.10%的比重。按照国际通行做法，政府科技投入占GDP的比重不到1%的国家，是缺乏创新能力的国家；比重在1%～2%是有所作为的国家，大于2%的国家科技创新能力可能会比较强。从我国实际情况看，我们仍然属于缺乏创新力的国家之列，这显然与我国建立创新性国家的战略以及未来经济发展不相符合；③财政科技支出的增长幅度不高。根据国家《科技进步法》规定，我国财政科技支出的年增长幅度应该高于同期财政经常性收入的增长幅度，但从现实情况看，我国财政科技支出增速没有高于甚至低于财政收入的增幅，这就是说，财政收入的增长中用于科技的支出比例没有相应提高。

表3-5 我国财政科技投入情况（2000～2009年） 单位：亿元，%

投入项目	2000年	2001年	2002年	2003年	2004年	2005年	2006年	2007年	2008年	2009年
国家财政科技拨款	575.62	703.3	816.2	944.6	1095.3	1334.9	1688.5	2113.5	2581.8	3050
占国家财政总支出的比重	3.6	3.72	3.70	3.83	3.84	3.93	4.18	4.25	4.12	4.0
占国内生产总值的比重	0.64	0.73	0.80	0.69	0.69	0.73	0.80	0.86	0.82	0.91

资料来源：《中国科技统计年鉴》，http：//www.sts.org.cn.

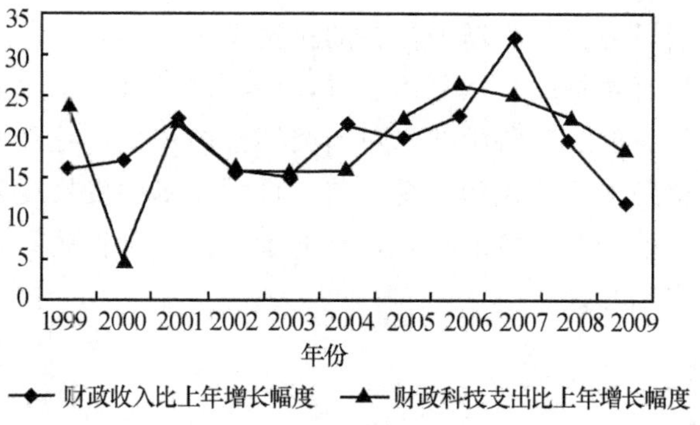

图3-2 财政科技投入增长情况

财政科技支出可以归结为公共产品类型的支出和非公共产品类型的支出，由于公共品性质的支出具有外溢特征很难市场化，主要依靠财政投入，如基础研究等；而非公共品性质的支出能够市场化，政府可以减少投入。从R&D经费来看，由于基础研究是技术创新的源泉，它已经成为各国政府科技投入的优先领域。目前，发达国家基础研究经费占 R&D 经费支出的比重大多在 20%左右，以 2009 年为例见表 3-6，而我国基础研究经费占 R&D 经费支出的比重长期保持在 5%左右。此外，卫生、保健和环境等社会公益研究是政府科技投入的重点领域，在应用性研究中，只对具有产业竞争力及未来国家战略起重要作用的领域给予重点支持。从我国当前的情况看，我国支出结构存在着失衡。以 2009 年为例，我国 R&D 经费中基础研究、应用研究和试验发展经费支出所占比重分别为 4.7%、12.6%和 82.7%，也就是说我国大部分的经费投向了应用性科技开发活动，且支出范围广泛没有针对性，而需要政府支持的基础性和公益性科研项目经费投入不足，这样的支出结构即会造成财力分散、难以形成对产业支柱领域及未来发展的关键领域的重点支持，又会因基础性研究领域的投入不足，影响其长期发展，进而影响国家科技创新能力的持续提高。

表 3-6 部分国家 R&D 经费按活动类型分类支出情况（2009 年） 单位：%

国家	基础研究	应用研究	试验发展	国家	基础研究	应用研究	试验发展
中国	4.7	12.60	82.70	日本	12.20	22.60	65.20
美国	17.40	22.30	60.30	韩国	15.70	19.90	64.40
法国	25.10	39.20	35.70	俄罗斯	18.80	19.40	61.80
意大利	28.70	44.70	26.60				

资料来源：中国科技部；OECD《研究与发展统计 2010》。

四、文化支出

（一）文化支出的概念

文化支出是指国家财政对文化事业的经费支出。按照财政支出的形式，文化支出可以分为基本事业费、专项资金、扶持基金等。具体包括文化文物支出、图书馆支出、文化馆支出、公办艺术表演团体支出、表演场馆支出、文化遗址保护支出、文化专项资金支出等。

（二）政府介入文化事业的理论依据

文化不仅是一个国家和民族的精神载体，而且也是全人类社会的共同财富。文化产品具有一定的非竞争性和非排他性，属于混合产品的范畴。政府介入文化事业，主要是因为文化及其产品具有以下特征：

一是文化产品具有一定的精神属性。它既能满足消费者的各种精神需求，还能通过其精神价值影响人们的立场观点、价值取向，从而对人们的人生观和世界观产生影响。通过文化产品的歌颂、赞扬、反对或提倡，能够引导社会大众去进行相应的学习、思考和批判，从而建立正确的人生观和世界观。在全球化背景下，一个国家还可以通过文化产品将本国的意识形态、价值观念等进行对外渗透和传播，从而改善和提高国家的整体形象及影响力。

二是文化产品具有外部效应。根据外部效应的不同，文化产品可以分为正外部效应文化产品和负外部效应文化产品。正外部效应文化产品是能够给社会其他成员带来好处、具有正外部效应的文化产品，如经典文学名著能给人们健康的精神享受。相反，负外部效应文化产品是指具有负外部效应的文化糟粕，例如一些宣扬暴力、色情和迷信的文化产品。政府有必要投资文化事业，构建积极向上、追求高品位的文化氛围，主导健康向上的文化产品创作，抑制和消除糟粕文化。

三是文化产品价值的不确定性。文化产品作为精神创造产品，其价值的决定存在很大的主观性和不确定性，有时其价值需要很长时间检验后才能得到认可。正因为如此，文化产品的生产通常具有较大的风险性，依靠私人部门的投资必然存在供给不足的问题。政府对文化事业的财政支持，可以弥补私人部门投资不足，从而最大限度满足人们对文化产品的需求。

四是文化产业是一个新兴朝阳产业。文化产业的发展，不仅能够对经济发展产生直接的拉动效应，而且还能创造众多的就业机会。文化产业还是促进社会和谐稳定的重要保障，是国家综合实力中“软实力”的重要体现。

（三）我国文化支出的现状

近年来，随着国民经济的持续快速增长，各级政府不断加大文化投入，全国文化投入呈现持续增长的态势。据统计，“十一五”期间，全国文化事业费（不含基本建设投资，不含文化管理部门行政运行经费）总计达1220.41亿元，是“十五”时期的2.46倍；全国文化事业费年均增长19.3%，是改革开放以来增长速度最快的一个时期。2010年，我国文化经费323亿元，比上年增长10.3%，增长速度连续多年高于10%（如图3-3）。“十一五”以来，中央财政继续通过转移支付方式，大力推进重大文化工程项目，支持各地文化建设。五年间，中央投入的资金不断加大，其中2010年投入36.55亿元，比2009年增长19.5%。“十一五”期间，共投入资金100.24亿元，是“十五”期间的12.4倍。这些资金重点支持了乡镇综合文化站、全国文化信息资源共享工程、国家非物质文化遗产保护等重点文化事业项目建设（如图3-4）。

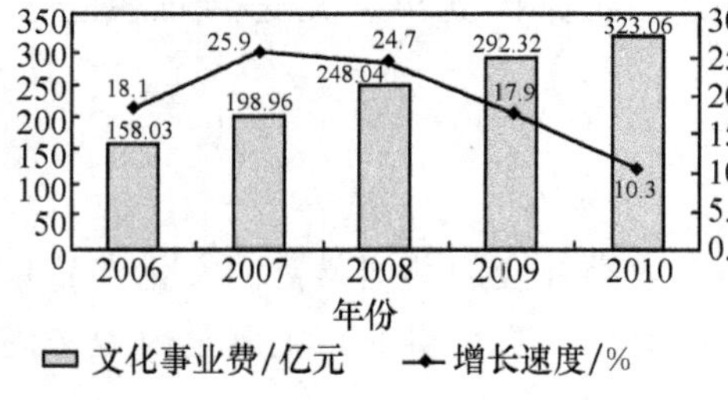

图3-3 “十一五”期间文化事业费情况

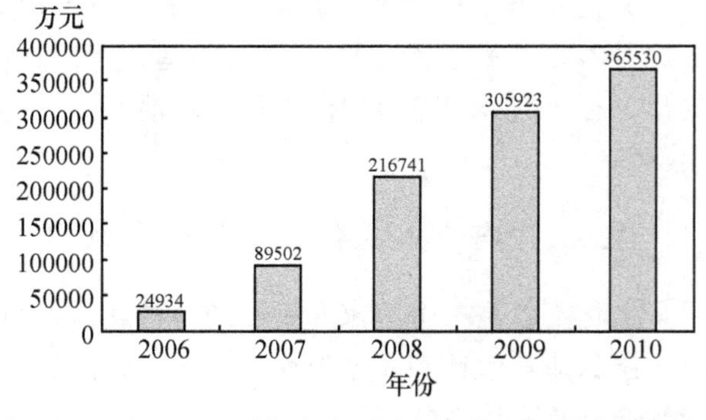

图3-4 “十一五”时期中央对地方文化工程补助资金情况

2011年10月党的十七届六中全会通过的《关于深化文化体制改革、推动社会主义大发展大繁荣若干重大问题的决定》中，更提出“推动社会主义文化大发展大繁荣”的历史性任务和“文化强国”的伟大战略目标。我国在“十二五”规划中首次明确将文化产业定位为国民经济的支柱性产业。然而，与建设文化强国的要求不相适应的是，我国对文化事业的财政投入总量明显不足。具体表现在：一是文化支出的比重小。文化事业费占国家财政总支出的比重，近年来一直在0.4%以下且不断回落。2010年，文化事业费占财政支出的0.36%，是改革开放以来的新低，如图3-5。二是文化支出的增长速度低。“十一五”以来，文化事业费年均增长速度低于同期财政支出的增长速度，更明显落后其他社会事业费，文化与其他社会事业的差距被迅速拉大。三是需求缺口大。与人民群众日益增长的多样化精神文化需求相比，现有的文化设施普遍落后、文化产品和服务供给水平远远不足。2010 年全国图书馆人均藏书量 0.46 册，远远低于国际图书联合会人均 1.5～2.5 册的标准；公共文化产品的新形式、新内容不多，服务方式和服务手段还比较单一，普遍缺乏广大群众喜闻乐见、丰富多彩的文化产品。

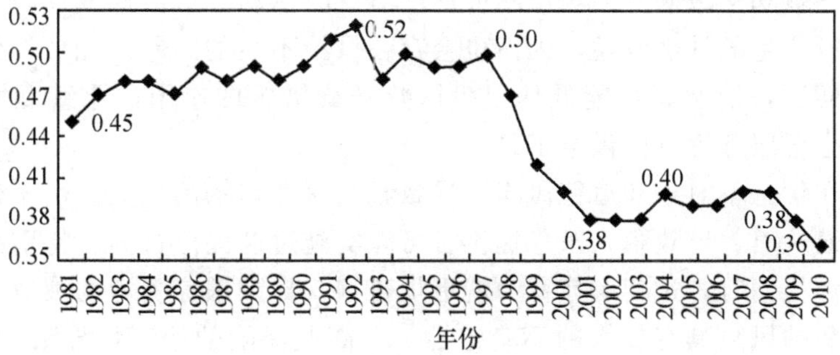

图 3-5 历年文化事业费占财政支出的比重情况/%

我国城乡之间、区域之间文化投入不平衡，实现公共文化服务均等化的任务非常艰巨。2010 年，全国文化事业费 323.06 亿元，其中农村投入 116.41 亿元，仅占 36.0%；全国人均文化事业费 24.11 元，其中中部地区 15.64 元，只相当于全国平均水平的 64.9%。尽管西部地区人均文化事业费 23.8 元，高于中部地区，但仍低于全国平均水平，且西部地区地广人稀，欠账较多，文化设施服务半径较大，面临的发展问题仍很突出。

五、医疗卫生支出

（一）医疗卫生支出的内容

医疗卫生事业是由医疗服务和公共卫生服务两个部分组成。医疗服务是指一般性疾病的治疗和享受性的保健服务，公共卫生主要是为社会提供公共性的卫生服务，如传染病的防治、妇幼保健等。根据公共产品理论，医疗服务和公共卫生服务的公共性程度不同，两者的提供主体、提供方式等也不相同。医疗服务的利益是完全私人化的，因此既可以由政府提供，也可以由私人提供，但不管由谁提供医疗服务都是可以进入市场进行交换的。公共卫生服务则不同，他们是具有很大外部效应的纯公共产品，社会公众可以无差别地享受到它的利益，因此私人通常不愿意提供该项服务，必须由政府出资提供。因此，医疗卫生支出可以分为由社会成员直接受益的医疗支出和外部受益的公共卫生支出。

从内容上看，医疗卫生支出包括对医疗卫生服务机构及其管理机关的事业费支出和对个人的医疗卫生支出。其中，对医疗卫生服务机构和管理机关的事业费支出包括人员经费和公用经费，一般采取经费拨款和专项拨款两种方式安排资金。对个人的医疗卫生支出包括作为社会福利的卫生保健支出和作为社会保险的医疗保险支出，这又属于社会保障支出的范畴。

（二）政府介入医疗卫生领域的理论依据

从公共资源配置的角度看，医疗卫生领域内部大致包括三个方面的项目：公共卫生、基本门诊医疗和高级专门护理。医疗卫生领域的私人市场存在着广泛的市场失灵，这为政府进行干预提供了理论依据。

公共卫生领域具有纯粹公共产品的特点。公共卫生服务包括安全饮水、传染病与寄生虫病等卫生处理和病菌传播媒介的控制。这类服务具有典型的非排他性，即使社会成员不支付费用，也无法排除他们从中获益。其结果导致私人部门供给不足或者不愿意供给，从而需要政府承担提供公共卫生服务的责任。同时，公共卫生项目也包括其他某些具有很大外部效应的活动，比如肺结核和艾滋病防治等。私人部门对这类活动寻求治疗或预防时，往往没有考虑避免疾病传播所产生的社会效益，因而也会存在供给不足的问题。此外，公共卫生领域还存在信息不对称问题，消费者可能低估卫生医疗防御措施的作用，导致市场可能对免疫服务、卫生、计划生育服务等方面供给不足。

医疗领域存在信息不对称和道德风险，导致私人医疗市场的失灵。由于信息不对称，患者对医疗知识普遍缺乏，导致私人医疗提供者可能实施过度医疗行为。特别是当医疗提供者的收入与医疗行为挂钩时，过度医疗行为就更加普遍，导致医疗资源的浪费。同时，在医疗保险市场上，患病的风险具有较大的不确定性，但商业保险的趋利性导致“逆向选择”，即选择低风险的保险对象，而将高风险的对象排斥在外，因而难以充分发挥商业保险的作用。此外，医疗保险减少了个人通过谨慎行事避免风险和降低医疗费用的动力，而且很可能为医生和医院提供超过所需治疗费用的动力和机会。为了纠正市场失灵，政府应选择合适的干预措施，比如政府可以对私人提供的医疗保险进行控制，或者为了保证广泛的保险覆盖率和降低成本而采取一些强制性的措施。

政府介入医疗卫生领域还可以促进社会的公平。在市场经济下，市场是以个人对劳动和资本等要素贡献大小来实现收入的分配，而劳动的贡献又是以个人的健康为前提的。卫生条件以至于疾病对个人健康和劳动能力的极大威胁。疾病会使劳动者收入减少甚至丧失劳动能力，而贫困者又难以抵御疾病风险的侵袭，这样就会陷入“贫困的循环”。生存权是人类的一项基本人权。出于对人权的尊重，政府应当对低收入者提供基本的医疗服务，以确保低收入者避免因患病而陷入贫困的恶性循环之中。

（三）我国医疗卫生支出的现状

改革开放以来，我国卫生总费用支出绝对值快速增长，到 2010 年已达到 19921.35 亿元。但我国卫生总费用占 GDP 的比重一直低于 5%，没有达到世界卫生组织 2000 年卫生总费用占 GDP 的比重达到 5%的要求。从绝对值看，改革 30 多年来，卫生总费用上涨了 131.89 倍，其中政府预算支出上涨了 101.4 倍，社会卫生支出上涨了 96.9 倍，个人支出增长达到了惊人的 260.9 倍。2000 年以来，卫生总费用年均增长速度为 9.87%，卫生总费用对 GDP 弹性系数小于 1，说明卫生发展慢于经济发展。在卫生总费用构成上，政府卫生支出呈现出先增长后减少再增长的趋势：1978～1986 年为增长期，从 1978 年的 32.2%增长到 1986 年的 38.7%；1987～2000 年为下降期，2000 年下降到最低点，只占 15.5%；2000～2010 年为缓慢上升期，但一直没有回到改革初期占到卫生总费用的 30%以上，到 2010 年只增长到 28.6%。与此相对应的是，个人卫生支出比例的连年上升，2001 年上升到最高的 60%，随后才开始下降，但到 2010 年仍占到卫生总费用的 35.5%，部分具体数据见表 3-7。

表 3-7 我国卫生总费用及结构情况（2001～2010 年）

年份	卫生总费用（亿元）				卫生总费用结构			卫生总费用占 GDP%
	合计	政府卫生支出	社会卫生支出	个人卫生支出	政府卫生支出	社会卫生支出	个人卫生支出	
2001	5025.93	800.61	1211.43	3013.89	15.9	24.1	60.0	4.58
2002	5790.03	908.51	1539.38	3342.14	15.7	26.6	57.7	4.81
2003	6584.10	1116.94	1788.50	3678.66	17.0	27.2	55.9	4.85
2004	7590.29	1293.58	2225.35	4071.35	17.0	29.3	53.6	4.75
2005	8659.91	1552.53	2586.41	4520.98	17.9	29.9	52.2	4.68
2006	9843.34	1778.86	3210.92	4853.56	18.1	32.6	49.3	4.55
2007	11573.97	2581.58	3893.72	5098.66	22.3	33.6	44.1	4.35
2008	14535.4	3593.94	5065.6	5875.86	24.7	34.9	40.4	4.63
2009	17541.92	4816.26	6154.49	6571.16	27.5	35.1	37.5	4.15
2010	19921.35	5688.64	7156.55	7076.17	28.6	35.9	35.5	4.01

资料来源：《2011 中国卫生统计年鉴》。

我国政府卫生支出主要用于医疗卫生服务、医疗保障、行政管理事务、人口与计划生育事务等方面。其中，医疗卫生服务和医疗保障是政府卫生支出的主要内容。近年来，我国政府卫生支出占财政支出的比重总体上呈上升的趋势，如表 3-8，由 2001 年的 4.24%上升到 2010 年的 6.35%。政府卫生支出占 GDP 的比重也由 2001 年的 0.73%上升到 2010 年的 1.43%。我国政府卫生支出占财政总支出和 GDP 的比重低于许多发展中国家的水平。根据世界卫生组织的宽口径统计，2006 年巴西这两项指标分别为 7.2%和 7.5%，泰国为 11.3%和 3.5%，墨西哥为 11.8%和 6.6%，土耳其为 10.6%和 4.8%。与发达国家相比，我国的这两项指标更是远远落后，2006 年美国政府卫生支出占财政支出和 GDP 的比重分别为 19.3%和 15.3%，德国为 17.9%和 10.3%，英国为 16.3%和 8.2%。

表 3-8 近年来我国政府卫生支出情况（2001～2010 年）

年份	政府卫生支出（亿元）					占财政支出比重（%）	占卫生总费用比重（%）	占国内生产总值比重（%）
	合计	医疗卫生服务支出	医疗保障支出	行政管理事务支出	人口与计划生育事务支出			
2001	800.61	450.11	235.75	32.96	81.79	4.24	15.93	0.73
2002	908.51	497.41	251.66	44.69	114.75	4.12	15.69	0.75
2003	1116.94	603.02	320.54	51.57	141.82	4.53	16.96	0.82
2004	1293.58	679.72	371.60	60.90	181.36	4.54	17.04	0.81
2005	1552.53	805.52	453.31	72.53	221.18	4.58	17.93	0.84
2006	1778.86	834.82	602.53	84.59	256.92	4.40	18.07	0.82
2007	2581.58	1153.30	957.02	123.95	347.32	5.19	22.31	0.97
2008	3593.94	1397.23	1577.10	194.32	425.29	5.74	24.73	1.14
2009	4816.26	2081.09	2001.51	217.88	515.78	6.31	27.46	1.41
2010	5688.64	…	…	…	…	6.35	28.56	1.43

资料来源：《2011 中国卫生统计年鉴》。

我国的政府卫生支出比例及人均卫生保健指标均低于世界平均水平。在欧洲发达国家，卫生总费用约占GDP的10%，其中80%～90%由政府负担。即使是美国那样市场经济高度发达，医疗卫生服务高度市场化的国家，政府卫生支出也占到整个社会医疗卫生支出的45.1%（2005年）。与我国经济发展水平相近的国家相比，泰国政府投入占63.9%（2005年），墨西哥占45.5%（2005年），都大大高于我国的水平。

第三节 投资性支出

投资性支出属于生产性支出，政府安排投资性支出能够形成新的物质财富，可以为扩大社会再生产创造必要的条件。政府投资是全社会投资的重要内容，它可以发挥政府在经济发展中的宏观调控功能。按照政府投资的领域，投资性支出包括基础设施投资、基础产业投资、农业投资、住宅投资等支出。

一、政府投资的一般分析

（一）投资与经济发展

投资是经济增长或经济发展的动力，是经济增长的主要因素。马克思在谈到货币资本的作用时把货币资本的投入看做是经济增长的第一推动力，因为任何一项投资或生产活动首先要从货币资本的投入开始。在现代货币经济条件下，没有货币投资，任何其他投入都是不可能的。凯思斯不仅认为投资是经济增长的推动力，而且还论述了投资对经济增长具有乘数作用。所谓投资的乘数作用，是指每增加1元投资所引起的收入增长的倍数，乘数与边际消费倾向同方向变化，边际消费倾向越大，乘数越大；同边际储蓄倾向呈反方向变化。凯恩斯的乘数原理说的是一种经济过程或经济现象，说明两个变量之间的相互关系；并不涉及社会制度问题。从实际生活中也可以直接看到投资与经济增长之间的关系。首先，投资可以直接刺激生产资料的增长。投资需要建筑材料，需要添置生产设备，所以，增加投资就可以刺激钢材、水泥、木材等生产资料或设备生产的增长。其次，增加投资又可以刺激消费品生产的增长。投资中的一部分，一般约40%左右，将转化为个人消费和社会消费，所以增加投资又可以刺激消费品生产的增长。这是一般原理，在任何社会的生产过程中都是一样的。

投资之所以成为经济增长的动力，是因为投资可以刺激需求的增长，同时又可以增加供给（即需求的增长和供给的增加）。投资过程首先是刺激需求，投资完成后才能增加供给。凯思斯乘数理论就是从刺激需求出发。例如增加100亿元投资，这100亿元实际上是被用来购买制造投资品所需的生产资本，因此以工资、利息、利润、租金等形式流入生产要素所有者手中，即国民收入增加100亿元，这是投资刺激需求的第一次增加；假定消费倾向为4/5（80%），居民又会将100亿元的4/5即80亿元用来购买消费品，实际上就是用80亿元购买生产这些消费品的生产要素，结果80亿元又以各种生产要素的收入形式转到生产要素所有者手中，这是第二次增加；如此类推，循环往复，就会产生投资刺激需求的乘数效果。所以，投资也就成了调节供求总量平衡的重要手段。

投资是一个过程，从最初的投入到最终的产出要有一个间隔时间，少则一年，多则几年十几年甚至几十年，在这个时间内，总是只投入不产出，要不断地投放货币，要不断地吸收劳动力和生产资料，因此，投资规模既是经济增长的推动力，又要受当前生产和收入水平的制约。由于投资规模既是经济增长的推动力，又要受当前生产和收入水平的制约，所以凯恩斯主义者又提出了加速原理。加速原理讲的是收入变化如何引起投资的变化，它表示的是收入或消费增加会引起投资增加到什么程度的系数。如果说乘数是表示投资增加会引起收入增加到什么程度的系数，那么，加速系数正好与之相反，它表示的是收入或消费增加会引起投资增加到什么程度的系数，因为增加投资要有资金来源，而当前的国民收入是储蓄加消费，所以投资来源受国民收入增长限制，即受储蓄的限制。储蓄与投资恒等是总量平衡的公式，储蓄增长就会加速投资，而投资超过储蓄则必然导致通货膨胀。

(二) 政府投资的特点和范围

1. 投资的分类

在任何社会中，社会总投资都可以分为政府投资和非政府投资两大部分。一般而言，财政投资即为政府投资，包括预算内投资和预算外投资。由于我国还有预算外资金的一部分用于投资，因而本书所说的财政投资是指预算内投资。财政投资包括生产性投资和非生产性投资。生产性投资按财政支出项目包括基本建设支出、增拨流动资金、挖潜改造资金和科技三项费用以及支援农村生产支出。基本建设支出分为生产性支出与非生产性支出两部分，生产性支出主要用于基础产业投资，非生产性支出主要用于国家党政机关、社会团体、文教、科学、卫生等部门的办公用房和住宅建设。

2. 政府投资的特点和范围

政府投资与非政府投资相比，有自身明显的特点：

(1) 非政府投资是由具有独立法人资格的企业或个人从事的投资，作为商品生产者，它们的目标是追求盈利，而且，它们的盈利是根据自身所能感受到的微观效益和微观成本计算的，就是说，追求微观上的盈利性是非政府投资的第一个特点；由于政府居于宏观调控主体的地位，它可以从社会效益和社会成本角度来评价和安排自己的投资，政府投资可以微利甚至不盈利，但是，政府投资建成的项目，如社会基础设施等，可以极大地提高国民经济的整体效益。

(2) 企业或个人主要依靠自身的积累和社会筹资来为投资提供资金，自身积累规模和社会筹资都受到种种限制，一般难以承担规模宏大的建设项目，而且既要追求盈利，非政府投资一般主要从事周转快、见效快的短期性投资；政府财力雄厚，而且资金来源多半是无偿的，可以（政府投资）投资于大型项目和长期项目。

(3) 非政府投资难以优化投资结构，政府投资则有利于社会投资结构的优化。企业囿于一行一业，投资不可能顾及非经济的社会效益。不难想象，如果一个经济社会完全依靠非政府投资，投资结构是很难优化的；政府由于在国民经济中居于特殊地位，可以从事社会效益好而经济效益一般的投资，可以而且应该将自己的投资集中于那些“外部效应”较大的公用设施、能源、通信、交通、农业以及治理大江大河和治理污染等有关国计民生的产业和领域，换言之，在投资主体多元化的经济社会中如果政府不承担这些方面的投资或投资不足，就会导致经济结构失调，经济发展速度就会遇到“瓶颈”制约。

3. 影响政府投资在社会总投资中比重的因素分析

政府投资在各国社会总投资中所占的比重存在着相当大的差异，影响这个比重的因素主要有两个：①经济体制的不同。一般地说，实行市场经济，非政府投资在社会投资总额中所占的比重较大；实行计划经济，政府投资所占比重较大；②经济发展阶段的不同。一般说来，发达国家的非政府投资占社会总投资的比重较大，欠发达国家和中等发达国家的政府投资所占的比重较大。由于存在上述差异，政府投资和非政府投资在一国投资活动中发挥作用的主从次序便有不同。在政府投资占比重较大的伪经济社会中，政府投资为主，非政府投资只发挥某种弥补政府投资不足的作用。在政府投资占比重较小的经济社会中，非政府投资为主，政府投资则发挥某种“拾遗补缺”的作用。造成这种差别的原因，主要不在于政府投资规模的大小，而在于经济运行机制的不同。实行市场经济的国家，社会经济活动主要由千万个独立的法人商品生产者去组织，投资当然也主要由他们去执行，政府的经济职能主要是根据宏观经济目标对非政府部门的经济活动进行“二次调节”。实行计划经济的国家，政府是主要的经济主体，投资当然也主要由政府掌握，在这个背景下发生的非政府投资，自然只能发挥补充政府投资的作用。经济发达国家，市场机制已经走上完善和成熟，主要通过市场的充分竞争实现经济的有效运行，政府主要是通过间接手段进行宏观调控。而欠发达国家和仍处于经济体制转轨时期的国家，仍然需要政府通过政府投资等直接手段培育市场，调整经济结构，并维持适度的经济增长速度。

二、基础设施投资

（一）基础设施的涵义及特点

基础设施是指为社会生产和居民生活提供公共服务的物质设施，是保证国家或地区社会经济活动正常进行的公共服务系统。从内涵来看，基础设施具有广义和狭义之分：狭义的基础设施，是指经济社会活动的公共设施，主要包括交通运输、通信、水利、供电、机场、港口、桥梁、城市供排水等。广义的基础设施，还包括提供无形产品和服务的科学、文化、教育、卫生等部门。狭义的基础设施是政府财政投资的主要领域，因而是我们重点讨论的对象。

基础设施建设具有所谓“乘数效应”，即能带来几倍于投资额的社会总需求和国民收入。一个国家或地区的基础设施是否完善，是其经济是否可以长期持续稳定发展的重要基础。基础设施对国家经济的影响，主要表现在推动国民经济的发展。从经济运行方面来看，基础设施的建设和维修所花费的公共支出是政府刺激经济的有效政策工具。在经济萧条时期，政府扩大基础设施建设投资，可以直接拉动投资需求，同时还能间接拉动消费需求，增加社会就业，对遏制经济衰退和促进经济恢复具有重要作用。基础设施还可以通过促进贫困地区经济增长、扩大就业等措施，实现国家经济均衡发展和缓解贫困的目标。

在社会经济活动中，基础设施与其他产业相比，具有不同特征：

一是公用性。从整个生产过程来看，基础设施为整个生产过程提供“共同生产条件”。马克思曾把生产条件区分为共同生产条件和特殊生产条件，与此相对应，他把固定资本也分为两类：一类是“以机器的形式直接进入生产过程的那种固定资本”；另一类是“具有铁路、建筑物、农业改良、排水设备等形式的固定资本”。根据马克思的有关论述，作为共同生产条件的固定资产，它不能被某单个生产者独家使用，它不是独占性地处在某个特殊的生产过程中，不能被卖者当做商品一次性地将整体出售给使用者。换句话说，它具有公用性、非独占性和不可分性。这些特性决定了它具有“公共物品”的一般特性。

二是自然垄断性。基础设施一次性投入的固定成本非常大，而运营时的变动成本很小，在产量达到设计供应能力之前，由于边际成本低于平均成本，其生产的平均成本递减。这种成本结构使得在一个给定的地区只能有一个供应者，其唯一的服务供应者取得垄断地位。例如，我们很难想象同一个城市有两条线路完全相同的地铁运营商，或同一小区有两家供水公司竞争，这种由于成本递减而导致的垄断就是自然垄断。

三是混合性。与纯粹公共产品不同，大多数基础设施都属于混合产品，它们具有一定程度的排他性和竞争性。基础设施的拥挤系数介于 0 到 1 之间，即在消费量达到其供给能力之前，消费者的满足程度相互之间并不受影响。基础设施的这种特性，使其成为国民经济和社会发展的先导部门，各国政府都在不同程度上采取不同方式对其进行干预。特别是发展中国家，由于经济基础薄弱，社会财富的积累率低，市场主体缺乏进行大规模投资的实力和承担较大风险的能力，难以对基础设施进行投资，如果政府不能对基础设施进行投资，必将形成国内基础设施发展滞后的局面，并最终拖累其他经济部门的发展。

（二）基础设施投资与一般投资的关系

基础设施是处在“上游”的产业部门，基础设施投资是一种“社会先行资本投资”。它所提供的产品和服务构成其他部门必需的投入品和服务，如供电、供水、道路和交通等等。一般来说，基础工业的感应度系数比较高。感应度是指某产业受其他产业需求影响的程度。感应度系数反映：当各个部门均增加一个单位最终产品时，某一个部门由此而受到的需求感应程度，即需要该部门为其他部门的生产而提供的产值量。基础设施在产业链中属于这样一类产业，即当基础产业、加工工业和服务业发展时，一般要求适度加大基础设施投资，要求基础设施的适度超前发展。从价值构成上分析，基础设施所提供的产品和服务的价格，构成其他部门产品成本的组成部分，因而它们的价格变动具有很强的连锁效应，会引起整个产业成本的波动。

基础产业投资与一般产业投资之间的关系如图 3-6 所示。图中，纵、横坐标分别表示一般产业投资和基础产业投资，从原点出发的射线是产出线，I_1、I_2、I_3为一定数量的基础设施投资和一般产业投资的等产量曲线。当基础设施投资与一般产业投资分别为L_1和K_1时，共同决定的产出量为Q_1；如果一般产业投资增加到K_2，而基础设施投资不增加，那么组合点为C点，产出量不可能是Q_2。要使产出量增加到Q_2，必须使基础设施投资和一般产业投资分别增加到K_2和L_2，以此类推。也就是说，为了达到一定的产出量，基础设施投资和一般产业投资之间必须保持一定的配比关系，且按一定的比例递增。

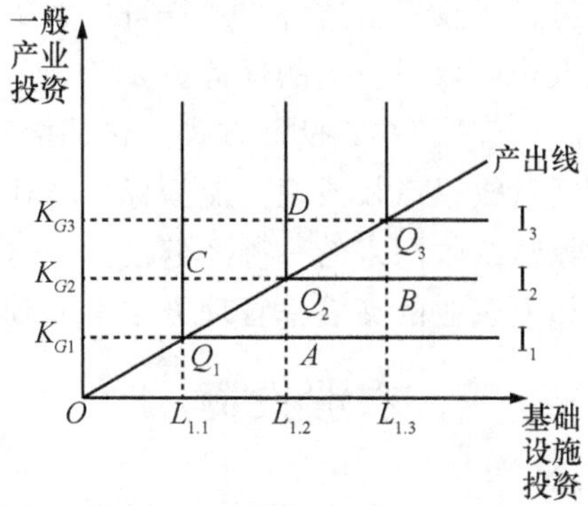

图 3-6　产出模型图

（三）基础设施投资的方式

从属性上看，基础设施属于混合产品，可以由政府提供，也可以由市场提供，或者采取混合提供方式。但在发展中国家，关系国计民生的大型工程一般采取以政府为主、吸收社会资本参与的多种形式混合提供方式。政府通常要对基础设施项目进行具体分析，并根据其特点确定提供方式。像农村公路、城市道路等具有很强外溢性的基础设施，由于难以通过收费弥补成本，私人部门通常不会进行投资，一般要由政府承担。诸如电信业中的长话服务，由于具有明显的排他性，可以通过收费弥补成本，也不存在外溢性，因而适宜采用民间部门投资。

从我国的实践来看，基础设施投资的提供方式主要有以下几种：

（1）政府直接投资，无偿提供。政府直接对基础设施进行投资，由政府承担全部建设成本，并负责基础设施的管理和运营，向社会公众免费提供。这是政府向基础设施投资的一种最基本的投资方式。采用这种方式进行的投资，主要是涉及利益主体较多，收益范围较大，工程本身所需资金巨大的项目，如城市道路、下水道、人行天桥等基础设施。这种投资方式需要政府通过税收等手段进行融资。

（2）政府直接投资，非商业性经营。政府直接对基础产业进行投资，并由特定的政府部门进行非商业性的经营。诸如码头、机场、港口等基础设施投资项目适宜采用这种投资方式。这类基础设施项目具有明显的公共产品属性，但可以排他或者排他成本不高，且一般说来投资规模较大，所以政府在提供这类基础设施时可以采取低价收费的做法，以确保一定时期收回成本即可。这类项目投资成本的补偿有两种方式：税收和使用费。

（3）政府间接投资，商业性经营。政府只提供投资贷款，由私人部门按照商业方式投资和经营。它适宜于那些受益对象不够普遍、具有排他性且适合私人部门经营的一般性基础设施项目。这类投资项目的成本补偿来源于提供项目服务的价格。

（4）BOT 投资方式。它是指政府将一些拟建基础设施项目通过招商转让给某一财团或公司，组建项目经营公司进行建设经营，并在双方协定的一定时期内，由项目经营公司通过经营偿还债务、收回投资并盈利，协议期满后，项目产权收归政府。这种投资方式的最大特点是鼓励和吸引私人投资者特别是外国直接投资者对发电厂、高速公路、能源开发等基础设施进行投资。这种方式既可以解决基础设施建设中的资金不足问题，同时也可以充分发挥私人企业效率较高的优势。

（5）TOT 投资方式。它是指政府把已经投产使用的基础设施项目在一定期限内的特许经营权以产权或现金流为标的转让给私人企业，等特许经营期结束后，政府再将其项目特许经营权收回来的一种经营模式。这种方式不仅降低了私人企业进行前期投资的风险，也可将私人企业的高效率管理方法引入到基础设施的经营和改造中来。

三、农业投资

（一）农业在国民经济中的重要地位

“农业是国民经济的基础”，这是一句人们并不陌生的话。然而，回顾建国 50 多年的历史，我们不无遗憾地看到，农业发展问题并非始终如一地排在国家经济发展战略的优先地位，事实上，往往是每当农业发展滞后构成国民经济发展的“瓶颈”制约时，政府才不得不一次又一次“回过头”来解决棘手的农业问题。造成这种状况的原因，主要在于我们对农业发展在国民经济发展过程中的战略地位认识不够。

农业发展对于国民经济发展的重要意义，主要表现在三个方面：

(1) 农业生产为我们提供了基本的生存条件，为其他生产活动提供了基础，这是基本的经济常识。即衣食之源、生存之本。

(2) 农业劳动生产率的提高是工业化的起点和基础。我国经济正处于工业化的过程中。所谓工业化，就其一般的意义来说，指的是工业部门成为国民经济的主导部门，工业产值占社会总产值的主要比重的过程。世界各国的历史发展昭示我们，为了顺利实现工业化，在大规模进行工业革命之前，必须有一个大规模的农业革命过程。从历史上看，18 世纪末的工业革命，首先是从农业生产率最高的英国开始的，以后相继发生工业革命的国家，农业生产率水平也都较高；从当前情况看，凡是农业生产率水平较高的地区，工业化都取得了成功；凡是农业生产率水平低的地区，工业化都遇到了这样或那样的问题。看来，发展中国家要想顺利实现工业化，必须首先老老实实地提高农业生产率水平，这一个阶段是不能跨越的。这意味着，对农业发展的重视不能作为权宜之计，应当将发展农业立为一项长期国策。

(3) 稳定农业是使国民经济持续稳定发展的重要因素。“无粮不稳”，这已经成为人们的共识。但是，只是从有粮和无粮的角度来认识农业的重要性，还只是立足于一个低水平发展阶段上的国民经济。如果农业发展已经达到使人民获得了温饱并且有余的程度，是否应当继续重视农业发展的问题呢？回答是肯定的。不妨看一看发达国家的情况。它们的一般情况是农产品过剩，农业危机是过剩的危机。但是，就是在农产品过剩的背景下，农业发展问题仍然得到政府的高度重视。发达国家管理经济活动的政府部门一般不上 10 个，但就在这寥寥无几的政府部门中，赫然地都有一个农业部。通过这个部门，政府一方面实施限制农产品产量的各项措施，另一方面则实施促进农业生产率提高的各项政策。政府每年都要为促进农业科研、农业教育和农业技术推广，以及调整农业生产结构和组织结构花去大量资金。在过剩的背景下仍然推行促进农业发展的政策，主要是出于社会经济稳定和发展的整体目标。

（二）农业发展与政府和财政的关系

农业是一个特殊的生产部门。从农产品供应来看，一方面，它受气候条件及其他诸种条件的影响，不仅波动很大而且具有明显的周期性；另一方面，对农产品的需求却是相对稳定的。以相对稳定的需求和不规则波动的供给为特点的农产品供求关系的不稳定，会使农业部门的生产条件经常处于不稳定状态。上述的不稳定使得农业危机很难依靠自身的力量通过市场加以克服，这进一步会强烈地干扰国民经济的正常运行。所以，为了稳定农业，并进一步稳定整个国民经济，政府必须广泛介入农业部门的生产和销售活动，将农业部门的发展置于政府的管理之下。

农业发展与财政有着十分密切的关系。

首先，农业是国民经济的基础，自然也是财政的基础。这个道理不需过多的说明，而其中最主要表现为农业收入是财政收入的源泉。我国的农业一向实行低税政策，但农业部门创造的价值，有相当一部分通过工农商品价格的“剪刀差”转移到相关的工业部门，而后通过工业部门上缴税收集中为财政收入。我国农村和农业的发展具有广阔的前景，农业市场存在巨大的潜力，只要农村和农业保持良好的发展势头，财政收入的持续稳定增长才有坚实的基础。

其次，在发展农业中，国家财力的支持不仅是责无旁贷的，而且应当说支持甚至保证农业的发展是政府和财政的一项基本职责。农业发展的根本途径是提高农业生产率，提高农业生产率的必要条件之一是增加对农业的投入，因而安排好农业投入的资金来源是一个必须解决的重要问题。

在社会主义市场经济条件下，从长远看，农业投入的资金应当主要来自农业部门和农户自身的积累，国家投资只应发挥辅助作用。但要使农业部门和农户自身的积累成为农业投入的主要资金来源，有两个条件是必不可少的：①农产品的销售收入必须高于农业生产的投入成本，否则，农业部门的积累无从产生；②农业投资的收益率必须高于、至少不低于全社会平均的投资收益率，否则农业部门即便产生了利润也不会向农业投资转化。在这两个条件中，第一个条件是根本的，因为农产品的销售收入高于农业生产的投入成本是保证农业投资收益率达到较高水平的基本条件。在我国目前的价格体系和GDP分配格局下，上述两个条件都是得不到满足的。主要原因在于，农产品的相对价格水平偏低，农业部门盈利水平长期处于偏低状态，很难形成有实际意义的利润规模，由于我国的农业生产以个体农户为单位，这个问题就更显得突出了。另外，我国大量人口滞留在农村，工业化一时还不可能容纳农业游离出来的劳动力，相对失业仍十分严重，人均收入仍处于低水平，农业生产即使能够形成利润也不大可能转入农业投入。十分明显，在这种情况下，如果政府不进行足够的投入，农业部门要获得发展几乎是不可能的。从理论上说，金融机构贷款也可以成为农业投资的资金来源，但是，借款是要还本付息的。在农业投资盈利率较低的情况下，不可能将大量信用资金投放于农业部门，除非政府给金融机构的农业贷款以财政补贴，或者专门成立以农业部门为贷款对象的政策性金融机构，否则农业部门难以得到金融部门的支持。但是，如若这样做，仍需要国家财政拿出资金。

最后，政府从事农业投资的必要性，并不只在于农业部门自身难以产生足够的积累，而且生产率较低的现状难以承受贷款的负担，更重要的是许多农业投资只适于由政府来进行。农业固定资产投资，如大江大河的治理、大型水库和各种灌溉工程等，其特点是投资额大，投资期限长。牵涉面广，投资以后产生的效益不易分割，而且投资的成本及其效益之间的关系不十分明显。由于具有上述特点，农业固定资产投资不可能由分散的农户独立进行。在理论上，似乎存在着一种按“谁受益，谁投资”的原则来组织农户集资投资的可能，但由于衡量农户的受益程度十分困难，集资安排多半很难贯彻。对于此类大型固定资产投资项目来说，按地区来度量受益程度，从而分地区来负担项目费用似乎是可以做到的，但在这种安排下，地区应负担的费用多半要由地方财政安排支出；而这在概念上就已属于政府投资了。改造传统农业的关键在于引进新的农业生产要素。新的农业生产要素不可能从天上掉下来，必须要有农业科研，科研成果应用于农业生产，必须经过推广的程序，为了使农户接受新的生产要素，还需对农户进行宣传、教育和培训。为完成这一系列任务，需要筹集大批资金。在这里，我们遇到了一种典型的被经济学称做“外部效应”的情形。所谓外部效应，说得简单一些，就是一种可以使其他人无需付出代价便可获得好处的经济活动所产生的结果。以农业科研为例，一项科研成果的推出，将会使全部运用这项成果的农户受益，但从事这项科研活动的单位却无论如何也不可能将这项科研成果所产生的全部收益据为己有。农业科研单位的研究成果所产生的利益是“外溢”的，但是，进行这项科研活动所需的一切费用却只能由科研单位自己承担；不仅如此，科研活动可能失败，研究所需的时间可能经年累月，简言之，科研活动存在着风险，而这些风险也只能由科研单位独力承担。科研的费用及其失败的风险构成科研成果的成本。将科研成果产生的利益同科研成果的成本两相比较就不难看出，在这里，得益（别人得益）与成本（自己负担）是不相对称的。诸如此类，像农业科研、科学技术推广、农户教育之类的对农业发展至关重要的农业投资，依靠单个的甚至是组织成为较大集体的农户来办，是很困难的。这些投资也只能由政府来承担。适宜由农户来承担的投资主要是流动资金投资（农药、化肥、薄膜、除草剂等）以及类似如农机具及供农户使用的农业设施等固定资产投资；这些投资从规模上看是农户能够承担的，投资后产生的效益也很容易分割，成本与效益的对应关系也比较明显。

（三）政府对农业投资的作用

鉴于农业发展过程中存在的问题和农业在国民经济中的重要地位，且许多农业投资项目具有公共产品的特点，因此农业领域适合政府进行投资。然而，政府在投资农业的过程中，必须处理好与市场的关系，充分调动农业生产者的积极性，切不可越俎代庖。政府对农业投资具有以下三个方面的作用：

（1）稳定农产品价格。稳定农业的关键是稳定农产品的产量和价格。其中，农产品价格是重点，原因有两点：一方面，虽然当年的产量决定当年的价格，但当年的产量又取决于上年的价格，只要价格稳定了，产量就可以稳定；另一方面，相对而言，政府稳定价格容易，而稳定产量较难，政府实施价格管制或价格调节的成本要大大低于生产管制的成本。

稳定价格有两种方式：价格管制和价格平准。价格管制是指政府利用行政或法律手段直接规定农产品的价格水平及其波动幅度。其优点是能有效控制农产品价格，缺点是不利于发挥市场机制的调节和引导作用，使农业的竞争力难以提高。价格平准是政府采用经济手段调节农产品的价格水平。如建立农产品价格平准基金及农产品储备制度，当农产品价格低于一定水平时，动用平准基金购进农产品以作为储备；当农产品价格高于一定水平时，抛售农产品储备以平抑物价。由于价格平准克服了价格管制的缺点，因而被许多国家所采用。

（2）降低农业生产成本和农民负担。要解决农业投资报酬率较低的问题，政府可以考虑通过对农业生产资料补贴、财政贴息、税收优惠等政策措施，降低农业生产成本和农业负担。

对农业生产资料实行价格补贴，是财政降低农业生产成本、扶持农用工业的重要内容。一方面，可以为农业提供生产资料的农用工业一般来说是低利润的行业，如农用机械等，如果完全让市场来调节农用工业的生产经营，就会使农用工业在市场竞争中处于不利地位，最终会阻碍农业的发展。另一方面，农用生产资料的价格是构成农业生产成本的重要内容，为了降低农业生产成本，政府可以采取控制农用生产资料价格的办法，但这又会损害农用工业部门的利益。在这种情况下，为了使受到价格控制的农用工业免受损失，财政对农用工业的政策性亏损以及由于市场缺陷带来的损失给予适当的补贴是必要的。

财政贴息是指财政对某些农业项目的贷款帮助偿还全部或部分利息，它是财政手段和金融手段相结合的一种方式。财政贴息的对象是一些经济效益差而社会效益较好以及从长远来看需要扶持发展的农业项目。财政贴息既弥补了财政资金的不足，又发挥了金融工具的优势。因此，它是各国政府普遍采用支持农业的一种方式。税收政策是财政稳定、发展农业的重要手段。对农业实行适当的税收优惠，可以为农业的发展创造良好的环境，这既可以增强农业部门和农户自身的积累，还可以吸收社会资金投向农业。

(3) 改善农业生产条件，提高农业劳动生产率。由于农业生产面临较大的自然风险，政府一方面可以加强农业基础设施建设，改善农业生产条件，提高农业抗击自然灾害的能力；另一方面，政府也可以采取措施提高农业生产的科技含量，通过农业产业化和现代化达到提高劳动生产率的目的。

(四) 农业财政投入的范围和重点

1. 国家的“三农”投入政策

纵观世界各国的经验，财政对农业的投入一般都采取以立法的形式规定财政对农业的投资规模和环节，使农业的财政投入具有相对稳定性。根据《中华人民共和国农业法》规定，国家要多渠道筹集资金，加大对农业的投入。如确保财政的农业投入的增幅高于经常性收入的增幅，从预算内外筹集资金建立农业发展基金、水利建设基金等专项基金，并对专项资金使用实施配套政策，对既有经济效益又有社会效益的农业项目采取财政贴息政策，鼓励和支持引进国外贷款用于发展农业；通过财政支出引导农民、农村经济组织和社会其他方面增加对农业的投入等。

我国当前的农村和农业形势已经发生根本性的变化。经过长期的努力，我国农业生产已连续多年获得好收成，粮食和其他主要农产品由长期供不应求转为阶段性的供大于求，人民生活总体上开始进入小康，这标志着我国农村和农业进入了发展的新阶段，也就是对农村和农业经济结构进行战略性调整的阶段，因而对农村和农业发展提出了新的要求。过去为解决温饱而主要追求产量增长的农业生产，就可以在保持总量平衡的基础上突出质量和效益，向多样化、高品质的方向发展，促进人民生活质量的提高；过去由于短缺而以提供初级产品为主的农业，就可以将更多的农产品用于发展畜牧业和各类加工业，更大规模地实现转化增值，使农业成为有活力的现代产业；过去迫于生存压力而过度开垦的土地，就可以有计划、分步骤地退耕还林、还草、还湖，逐步恢复生态的良性循环，创造更加适合生存和发展的自然环境，实现可持续发展；过去相对滞后的城市化进程就可以加快步伐，通过发展乡镇企业和小城镇，更快地降低农业人口的比重，提高城市化水平，为农业和国民经济的持续发展提供更广阔的生产空间和新的增长动力……积极进行农村和农业经济结构的战略性调整，是新阶段农村和农业工作的中心任务。

党的十八大报告强调，坚持走中国特色新型工业化、信息化、城镇化、农业现代化道路，推动信息化和工业化深度融合、工业化和城镇化良性互动、城镇化和农业现代化相互协调，促进工业化、信息化、城镇化、农业现代化同步发展。要推动城乡发展一体化。解决好农业农村农民问题是全党工作重中之重，城乡发展一体化是解决“三农”问题的根本途径。要加大统筹城乡发展力度，促进城乡共同繁荣。加大强农惠农富农政策力度，让广大农民平等参与现代化进程、共同分享现代化成果。加快发展现代农业，增强农业综合生产能力，确保国家粮食安全和重要农产品有效供给。深入推进新农村建设和扶贫开发，全面改善农村生产生活条件。着力促进农民增收，保持农民收入持续较快增长。坚持和完善农村基本经营制度，构建集约化、专业化、组织化、社会化相结合的新型农业经营体系。十八大报告为我国农业和农村工作提出了新要求，为“三农”投入指明了方向。我国今后要加快建立以工促农、以城带乡的长效机制，坚持“多予、少取、放活”的方针，重点在“多予”上下工夫，调整国民收入格局和国家财政信贷投资，按照存量调整、增量重点倾斜的原则，不断增加对农业和农村的投入，扩大国家财政覆盖农村的范围，建立健全财政支农资金稳定增长机制。

2. 新形势下财政支农的范围和重点

在新的形势下，财政必须进一步提高对农村和农业工作重要性的认识，并根据农村和农业工作的中心任务的要求进一步明确财政支农支出的范围，突出重点。凡是能够通过市场调节的领域，财政不再安排相应的支出，财政的支农支出将集中用于那些“外部效应”较强的“市场失灵”的领域，诸如农业基础设施建设，大江大河的治理，农业科技的研究开发和推广示范，农业产业化、农业社会化服务体系建设，自然灾害的防御等。具体来讲，农业投资的重点主要集中在以下三个方面：

（1）改善农业生产条件的投资。农业生产条件包括农田水利基础设施，如防洪灌溉工程、水土保持、风沙防护工程以及农用电网建设等。政府投资要把改善农业生产条件作为重点，是因为：农业生产条件具有公共产品或混合产品的性质，其牵涉面广，投资形成的资产具有明显的外部经济性。由于这些投资产生的效益不宜分割，或即使可以分割，但交易成本较高，使得私人投资者很难通过对这部分外溢的效用采取收费的方式收回投资。第二，改善农业生产条件的投资所需资金量大、周期长、风险高，私人投资者一般不愿或不能独立投资。由于农业生产条件投资具有以上特点，私人投资者不愿意投资，但这部分投资更不可能由分散的农户独立进行，政府必须承担起这部分投资的责任。

（2）加大对农业科研和科技推广的投资。由于农业资源的有限性，通过扩大耕地面积来增加农产品供给的潜力不大。为了提高农产品的产量和质量，发挥其在国民经济中那个的基础性作用，必须转变农业经济的增长方式，即由传统的粗放型经营向现代集约型经营转变。实现农业经济增长方式的转变，主要是依靠科技进步和劳动者素质的提高。这离不开农业科研投入、农业科技推广和农业科研成果的转化。为了使农业生产者接受并正确使用这些新技术，还需要对农业生产者进行宣传和教育培训。这些活动不仅需要大量的资金投入，而且具有典型的外部效应，依靠单个甚至有组织的农业生产者来承办是不可能的。因而，政府必须在这方面的投资中负主要责任。政府应从以下几个方面加大对农业科技的投入：扶持农业科研单位，加强农业科学研究，推动新品种和新技术的开发；同时还要增加农业科技推广的投入，特别是要注意对粮棉油等大宗作物的良种培育、科学栽培、病虫害防治、节水灌溉等技术的推广进行支持，还要增加农业教育与培训经费投入，使大多数从事农业生产的劳动者素质得以提高。

（3）加大对农业生态环境保护的投资。农业的发展与生态环境之间存在相互影响和相互促进的关系。两者之间如果形成良性循环并协调发展关系，就可以改善农业生产条件，确保农业可持续发展。为此，政府应加大对绿化、水土保持和防护林建设等投资力度。

（五）我国财政用于农业支出分析

近年来，我国从促进农民增加收入、提高农业综合生产能力、推进社会主义新农村建设、发展现代农业、加强农业基础设施建设等方面，一系列强农惠农的财政政策陆续实施。这些财政政策总体上可分为两类，即以“少取”为特征的税收政策和以“多予”为特征的支出政策。一方面国家财政用于农业支出规模和比重整体呈增长趋势，见表 3-9。另一方面，以粮食直补、农资综合补贴、良种补贴和农机具购置补贴“四补贴”为主的支出政策则有效地增加了农民收入，促进了粮食生产，改善了农业生产条件。2009 年，我国对农民的粮食直补、农资综合补贴、良种补贴和农机具购置补贴达到1274.5亿元，我国粮食产量达到5308亿公斤。2009年财政预算安排农村社会事业发展资金2723.2亿元，比2008年增长96.5%，其中，支持农村教育、文化、卫生事业发展方面的支出611.4亿元，用于农村最低生活保障制度建立和完善的支出90亿元。由于财政支农资金重点投向农村社会领域，农民享受的公共服务水平明显提高，从而提高了资金投入的有效性。到目前为止，我国约有1.4亿农村中小学生享受了免除学杂费和免费教科书政策，1100万名家庭经济困难寄宿生享受了生活补贴，逾8.15亿农民被新型农村合作医疗覆盖，4284万农村困难群众享受到最低生活保障。

表3-9　国家财政用于农业的支出情况　　单位：亿元

年份	国家财政用于农业的支出	财政支出总额	占财政支出总额的比重
1990	307.84	3083.59	9.98
2000	1231.54	15886.50	7.75
2001	1456.73	18902.58	7.71
2002	1580.76	22053.15	7.17
2003	1754.45	24649.95	7.12
2004	2337.63	28486.89	8.21
2005	2450.31	33930.28	7.22
2006	3172.97	40422.73	7.85
2007	3404.70	49781.35	6.84
2008	4544.10	62592.66	7.26
2009	6720.41	76299.93	8.81
2010	8129.58	89575.00	9.08

数据来源：根据2001～2010年中国统计年鉴整理。2007年政府收支改革后，我国财政用于农业的支出不单独统计，财政支农资金的数据取自“农林水事务”。

虽然中国的财政支农支出的规模扩张了，但在财政农业支出的结构上还不尽合理，用于人员供养及行政开支部分大体维持在70%左右，而用于建设性的支出比重不高。同时在财政农业建设性资金中，用于大中型带有社会性的水利建设比重较大，而农民可以直接收益的中小型基础设施建设的比重较小。在政府农业投入中，一些关系农业发展全局的基础性、战略性、公益性项目，如农业品质改良、重大病害控制、社会化服务体系建设等，或者没有财政立项支持，或者缺乏足够的投入保障。财政支农支出中用于农业科技的投入数量小、比重低，对农村社会发展方面的投入远远不够，农村教育、卫生等社会事业发展严重滞后。

四、财政投融资制度

（一）财政投融资的概念和特点

日本当代著名财政学者井手文雄认为，财政投融资是指政府以特定的财政资金对指定的项目进行投资或给予贷款支持，用以促进社会资本的形成。通常它也被称为广义的政策性金融，即国家为了实现一定的产业政策和目标，采取国家信用方式筹集资金，并以出资入股或融资贷款等方式将资金投向符合国民经济发展规划并且急需发展的行业或企业的一种资金融通活动。

我们可以从如下几个方面来准确把握财政投融资的基本内涵。首先，财政投融资是一种参与部分社会产品分配的财政分配关系，它以政府为主体、以信用原则为依托。其次，财政投融资不是一般意义上完全的财政投资，它既不包含用以填补财政赤字的公债，也不包含财政投资中的无偿拨款支出，它是以形成固定资产为目的的财政支出。最后，财政投融资是体现政府意图的政策性金融活动，它与通常的金融活动有着本质的区别，它基本上属于财政的范畴，最终主要体现的是财政的职能要求。综上所述，财政投融资就是指政府为实现一定的产业政策和其他政策目标，通过国家信用方式，吸收社会闲散资金，由财政统一掌管，根据国家社会经济发展规划，在追求社会效益的前提下，采用多种投融资方式，支持社会发展的经济活动。

与市场性投融资相比，财政投融资有如下基本特点：

(1) 有偿性与政策性。财政投融资是以信用为原则，有偿筹集并使用资金的政府活动，因此，有偿性是财政投融资的基本特性。同时财政投融资也体现为一种以政府为主体的政策性金融活动，反映着政府特定的政策目标，追求的是社会效益和宏观经济效益，因此政策性也是财政投融资的基本特点。有偿性是财政投融资的发展基础，政策性是财政投融资的灵魂。

(2) 财政、货币政策双重性。以国家为主体进行筹资、投资运作的财政投融资，融合财政性与金融性为一体，在国家宏观调控中具有财政政策与货币政策双重功能，同时在安全性上又高于财政政策和货币政策。通过加大财政投融资力度，扩张信用，可以达到与扩张性货币政策相同的效果，但不会在拉动经济增长的同时引发通货膨胀，也不会增加财政负担，不存在财政风险等问题，因此它是一种安全性较高的政策性特殊信用活动。

(3) 投资领域准公共性。因为准公共产品的投资往往具有投资规模大、投资回收期长、投资回报率低等特点，以盈利为根本目标的市场投融资不愿介入，政府因财力有限又难以有效介入，结果造成准公共产品投资不足，进而导致有效供给不足，成为制约一国经济持续快速健康发展的瓶颈。而财政投融资重点投资对象就是准公共产品领域，能够有效解决准公共产品供给不足的问题，产生良好的社会效益。因此，它具有明显的准公共性。

(二) 财政投融资的投资领域

财政投融资的目的性很强，范围有严格限制。以社会平均利润率水平为参照，我们通常可以将投资领域大致分为三类：第一类是投资利润率高于社会平均利润率的领域。一般来讲是指具有竞争性的行业或部门，即私经济领域。在该领域中市场起主导作用，市场是有效的而政府是低效的甚至是无效的。第二类是投资利润率远远低于社会平均利润率甚至为零的领域。一般来讲是指公经济领域，在该领域中市场是无效的而政府是有效的，政府在该领域中起主导作用。第三类是投资利润率低于社会平均利润率的领域。一般来讲是指具有明显的社会效益和不够明显的经济效益的领域，即混合产品领域。如果该领域单纯由市场运行，由于其利润率低于社会平均利润率水平，私人投资往往不愿涉及，因此会形成资金供给缺口，市场是低效的；如果该领域单纯由政府运行，由于其所需资金量过大，因此会形成较大财政负担，不利于国家资本积累，长远来看政府也是低效的。所以该领域需要政府与市场同时介入才能有效运行，而财政投融资就是政府和市场同时介入最有效的桥梁。

概括地说，我国财政投融资主要是为具有公共物品特征的基础产业部门提供融资。投资领域主要包括：制约国民经济可持续发展的瓶颈产业，如交通运输、能源通信、农业等基础产业；需要国家扶持的新兴产业、高新技术产业和进出口贸易等；医疗卫生、环境保护、教育事业、居民保障性住房等混合产品领域。

（三）我国财政投融资体系的改革历程

我国现行的财政投融资体系是逾30年的财政、金融体制改革过程中逐渐建立和发展起来的，其历程大致可分为如下三个阶段：

第一阶段：从1978年到1987年，是我国财政投融资体系改革的起步阶段。1979年国务院决定用有偿使用资金的“拨改贷”方式来管理财政投资，从而告别了中央集中“统收统支”的财政分配体制；同时通过银行信贷、发行债券等方式拓展资金筹集的渠道；改革传统计划经济体制，缩小指令性计划的范围，扩大指导性计划的范围，强调重视市场调节，改进投资计划的管理体制等等。这些措施使中国经济呈现出前所未有的活力。

第二阶段：从1988年到1991年，是我国财政投融资体系进行全面改革的时期。国务院颁布了《关于投资管理体制的近期改革方案》，第一次系统地提出了中国投资体制改革的基本任务和措施；成立了国家专业的投资管理公司，地方政府也相继成立了各种金融投资公司；首次发布国家产业政策；在财政预算支出表中增加“财政周转金”一项，改无偿使用为有偿使用，等等。

第三阶段：从1992年至今，该阶段是我国财政投融资体系深化发展的时期。1994年国家开发银行、中国农业发展银行、中国进出口银行三家政策性银行的建立，标志着我国向政策性金融与商业性金融的分离迈进的一大步；党的十四届三中全会为打破我国财政投融资资金来源渠道单一性提供了可能；在财税体制改革中对中央政府和地方政府的事权和财权作了进一步的划分。

（四）我国财政投融资现状及问题

1994年我国组建了由国务院直接领导的三大政策性银行：国家开发银行、中国农业发展银行、中国进出口银行。国家成立三大政策性银行时的定位是：在关系国民经济发展命脉的基础设施、基础产业和重大支柱产业项目以及配套工程建设中，发挥长期融资领域主力银行的作用，贯彻国家的产业政策，完善我国财政投融资体系。但经过十多年的发展，三大政策性银行始终没有清晰地定位，包括其职能、业务范围、监管体系等方面，主要表现为：违规进入竞争性领域、资本金不充足、其与财政部、央行、国务院之间的关系等。如果这些问题得不到解决，就背离了组建政策性银行的本意，制约财政投融资体系的完善，从而最终影响我国的宏观经济发展。政策性金融机构的业务范围应该是准公共产品领域。然而现实问题是，在当今社会准公共产品是不断发展变化的，今天的准公共产品明天可能就是利润率丰厚的私有产品行业。因此，政策性银行如何对不同时期的准公共产品进行定位是规范其业务范围的前提，动态的准公共产品也就决定了政策性银行业务范围的不断发展变化。

我国的三家政策性银行的贷款余额总额由2000年的14724.72亿元增加到2009年的399684.80亿元，但是从政策性金融贷款余额占全国金融机构贷款余额比来看，却一直在

14%上下波动，所占比重一直处于较低水平。而这一时期是我国改革开放30多年中国民经济发展最为迅速的10年，国家大力推进制约国民经济发展的基础设施和基础产业的建设，为三大政策性银行的发展提供了广阔的平台，但是可能由于资本金不足，导致三大政策性银行放贷规模的增加无法跟上其他金融机构放贷额的增长速度，反而致使三家政策性银行在国民经济中的资金调配功能呈现弱化趋势。

国家开发银行的主要资金来源是财政拨款，以及发行由国家信用做担保的政策性金融债券，由于其资金成本远远低于商业银行，并且资金使用期限较长，所以在竞争高铁、高速公路、能源等大型优质项目时，往往能轻松击败其他商业银行，背离了其设立的目标定位。同时，由于国家财力有限外加我国资本市场还不很完善，导致国家开发银行资本金不足，其又将有限的资金主要投放竞争激烈、利润率高的市场，对基础产业、基础设施等准公共产品投入偏低，其业务范围不明确，偏离主业。中国农业发展银行自成立以来一直作为专营粮棉油收购贷款的机构，伴随着粮棉市场的全面放开，业务范围过于狭窄，农业发展银行受到很大制约，职能单一的问题越发突出，已经难以负担起有效支持我国农业发展的职责。国家进出口银行是三家政策性银行中规模最小的，最明显的问题就是资金总量严重不足，出口信贷额占我国进出口外贸总额的比例非常小，不能有效地发挥进出口银行自身的职能。

重点概念

行政管理支出　国防支出　社会性支出　教育支出　科技支出　投资乘数基础设施　感应度系数　财政投融资　BOT投资　TOT投资

思考题

1. 行政管理支出具有哪些特点？
2. 制约我国行政管理支出的因素有哪些？
3. 请分析社会性支出的经济性质和意义。
4. 简述政府干预教育的理论依据。
5. 简述政府参与科技投入的理论依据。
6. 简述政府介入医疗卫生事业的理论依据。
7. 简述政府干预文化领域的理论依据。
8. 政府投资与非政府投资相比，具有哪些不同之处？
9. 我国基础设施投资有哪些方式？
10. 请分析在新形势下我国政府对农业投资的重要意义。
11. 简述新形势下财政支农的范围和重点。
12. 财政投融资具有哪些特点？

案例分析

1. 改革开放以来，我国经济社会发展取得了巨大的成就。传统的发展模式强调通过投资和出口带动，以牺牲资源、环境为代价，不可避免带来了一系列的问题。国家“十二五”规划明确提出把加快经济发展方式作为发展的主线，大力推进经济结构战略性调整，推动科技进步和创新，着力建设资源节约型和环境友好型社会，促进经济长期平稳较快发展和社会和谐稳定。财政作为国家的重要宏观调控手段，在加快经济发展方式转变中具有重要的作用。

要求：请你结合实际谈一谈，在促进经济发展方式转变过程中我国财政如何更好地发挥作用？

2. 2008 年 11 月初召开的国务院常务会议，决定在其后两年共投入 4 万亿元来刺激内需，拉动经济。中央提出，到 2010 年底中央拟安排 1.18 万亿元（通过发行国债扩大赤字的方式）左右，带动地方和社会投资共计 4 万亿元。在这 4 万亿元投资中，涉及多个与人民生活息息相关的领域，具体投资安排如下：保障性安居工程是 2800 亿；农村民生工程和农村基础设施大体是 3700 亿；铁路、公路、机场、城乡电网是 18000 亿；医疗卫生、文化教育事业是 400 亿；生态环境这方面的投资是 3500 亿；自主创新结构调整是 1600 亿；灾后的恢复重建，重灾区是 1 万亿，所占比例见图 3-7。让百姓“居无忧、病有医、老有养”，是政府加大投资的关注重点。

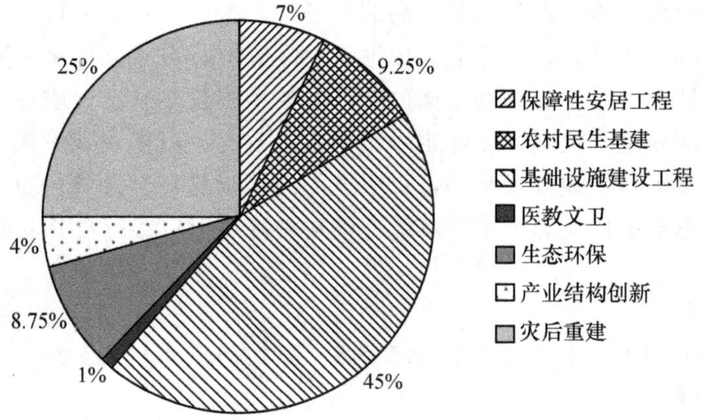

图 3-7 4 万亿投资结构图

要求：请谈一谈中央出台 4 万亿投资拉动内需的背景，并分析中央加大投资的政策意义及其成效。

第四章　转移性支出

转移性支出主要包括社会保障支出、财政补贴支出、公债利息及税收支出和捐赠支出等，政府提供转移性支出主要是为了促进社会公平。通过本章的学习要求学生要掌握社会保障的含义、特征及构成；明确社会保障基金的来源与筹资模式；了解社会保障制度存在问题及对策。

案例导引

现代社会保障制度，能从更宏观的意义上，促进资源的有效配置。现代市场经济不仅强调竞争原则，而且强调保障机制。中国改革30多年在促进国民经济快速发展的同时，社会上也产生了一个弱势阶层，其人数估计已达1.4亿～1.8亿，占全国总人口的11%～14%。这就需要在效率与公平的天平上，更加重视公平，给予弱势阶层一定的保障。解决得好，社会则和谐发展；解决得不好，可能引发社会动荡。

第一节　社会保障支出

社会保障的起源最早可追溯到欧洲中世纪世俗和宗教的慈善事业，但是由国家组织、通过立法实行的以保险为特征的社会保障制度则是以德国俾斯麦政府实行的社会保险立法为开端。德国议会在1883～1889年先后通过了《健康保险计划》、《工伤事故保险计划》、《退休金保险计划》三项保险立法，开创了社会保障制度的历史。在此后的二十余年间，英国、法国、挪威、丹麦、荷兰和瑞典等国也先后建立起了社会保障制度。到了20世纪30年代，当大危机威胁到资本主义制度的时候，各国才纷纷建立社会保障制度。1945年，英国在著名的《贝弗里奇报告》的基础上，率先建成了一套“从摇篮到坟墓”的社会保障制度。同年法国颁布了《社会保障法》，奠定了现代社会保障制度的基础。美国战后也多次修改和扩充了1935年的《社会保障法》，逐步扩大了社会保障的范围。瑞典在20世纪四五十年代实行了劳动市场政策和国民义务伤残保险。日本在1947年颁布了《失业保险法》。随后又制定了《国民年金法》和《厚生年金法》等。如今发达国家的社会保障制度已形成相当大的规模，且十分完整和稳定，从财政收入一方来看，社会保障税（包括社会保障捐助）业已成为仅次于所得税的第二大税类，从财政支出一方来看，社会保障支出也已经超过其他一切项目独占鳌头。世界若干国家社会保障税和社会保障支出规模也随之大幅提升，成为最大的财政支出项目。至于发展中国家的社会保障制度，则大多是在第二次世界大战后建立起来的。

一、社会保障的含义、特征及构成

社会保障有广义和狭义之分。广义的社会保障包括多层次的保障体系，既有个人、单位内部、社会成员之间以及商业保险机构提供的部分，又有由政府提供的部分。狭义的社会保障是指由政府统一提供的保障部分。本章只就狭义的社会保障进行讨论。

社会保障（social security），是政府依照一定的法律和规定，强制性地参与一部分国民收入的再分配，对全体社会成员的基本权利和基本福利提供保障的一系列物质帮助和社会服务，是一种非市场化的再分配方式和社会机制。在生产社会化的市场经济运行方式下，社会成员通过资本、土地、劳动力等生产要素的投入，获得相应的回报，依靠自己的劳动既为自己及家庭创造生活来源，又促进社会的进步与发展。然而，“天有不测风云，人有旦夕祸福”，每个人的一生总会面临许多不可知的风险，诸如年老、疾病、失业、灾害或者其他各种原因而丧失劳动力，不能凭借自己的劳动收入维持生活的时候，就必须选择一定的保障措施。家庭、单位内部和社会成员之间的自愿互助保障措施，因其自身能力和特点限制无法为全体社会成员提供广泛而可靠的保障。因此，从根本上来说，只有通过政府给予物质帮助的保障才具有应付社会性风险和举办众多保障项目的能力。

（一）社会保障的特征

社会保障作为一种经济保障形式，具有以下几个基本特征：

一是覆盖面的社会广泛性。社会保障的实施目的是满足全体社会成员的基本生活需要。因此，社会保障的受益范围很广泛，保障的辐射角度也是全方位的。完整的社会保障体系犹如一张安全网，应覆盖社会经济生活的各个层次、各个方面。从原则和道义上讲，任何一个社会成员都不应被排斥或遗漏在这张安全网之外。

二是参与的强制性。虽然社会保障事业惠及每一位社会成员，但每个人对社会保障的需求程度和社会保障对不同个人所产生的边际效用高低却各不一样，甚至有很大的差别。因此，在经过付出成本与收益之间比较权衡之后，一些社会成员可能会宁愿选择不参与社会保障，这显然不利于社会整体利益。因而，此时的强制参与就是必要的，并且应以法律形式加以确定。

三是制度的立法性。社会保障作为政府的社会政策，在为全社会成员提供保障的同时，也要求全社会共同承担风险，这就牵扯到社会的各个方面，涉及各种社会关系。为了使社会保障具有权威性，就要正确地调整各阶层、群体以及个人之间社会保障的利益关系，就必须把国家、集体（雇主）、个人（雇员）在社会保障活动中所发生的各种社会关系用法律形式固定下来。

四是受益程度的约束性。社会保障只涉及基本生存方面的保障，它所直接带来的不是享受，而只是满足基本生活保障的需要。受益程度的约束性是由社会保障的存在前提和基本出发点决定的。由于社会保障的项目、水平及制度的健全与否都受到社会化大生产发展程度的制约，因此，如果过多泛滥的保障项目或社会保障受益水平过高就会影响资源配置效率，也会影响社会成员的劳动积极性，从而不利于兼顾公平及为社会成员创造相对平等的机会。

（二）社会保障的内容

社会保障制度是国家通过立法而制定的社会保险、救助、补贴等一系列制度的总称，是现代国家最重要的社会经济制度之一。其作用在于保障全社会成员基本生存与生活需求，特别是保障公民在年老、疾病、伤残、失业、生育、死亡、遭遇灾害、面临生活困难时的特殊需要。社会保障由国家通过国民收入分配和再分配实现。整个社会保障体系由社会福利、社会保险、社会救助、社会优抚和安置等各项不同性质、作用和形式的社会保障制度构成。现代国家必须制定社会保障法律规范，保证社会保障制度真正得到贯彻实施。包括以下几个方面：

1. 社会救济制度

社会保障体系的第一层次就是提供基本生存保障的社会救济。社会救济是由国家和社会向因残疾、自然灾害以保障其最低生活水平的制度。主要包括：①对残疾社会成员提供的部分生活资助；②对残废军人和军烈属的抚恤和照顾；③对灾区和部分生活困难居民的资助等。

社会救济具有两个显著特点：第一，由于社会救济的接受对象是社会弱者，所以社会救济不以接受者预先支付一定费用作为受助前提，资金全部来源于财政拨款或社会捐助；第二，受益人的选择性，即只有经过一定形式的经济情况调查且被证明符合救济条件的个人或家庭才能得到救济。

2. 社会保险制度

社会保障体系的第二层次是提供基本生活保障的社会保险。它是现代社会保障制度的核心内容。广义上与社会保障同义，狭义上指由国家依法建立的，使劳动者在年老、患病、伤残、生育和失业时，能够从社会获得物质帮助的制度。其项目主要包括：

（1）养老保险，即向达到退休年龄的退休职工支付养老金。我国实行社会统筹和个人账户相结合的办法，在全国范围内建立了职工基本养老保险制度。1997 年国务院发布《关于建立统一的企业职工基本养老保险制度的决定》，明确规定企业缴纳基本养老保险费的比例，一般不得超过企业工资总额的 20%，个人缴纳基本养老保险费的比例，1997 年不得低于本人缴费工资的 4%，1998 年起每两年提高 1 个百分点，最终达到本人缴费工资的 8%。按本人缴费工资 11%的数额为职工建立基本养老保险个人账户，个人缴费全部记入个人账户，其余部分从企业缴费中划入。个人账户储存额只用于职工养老，不得提前支取。

（2）失业保险，即向登记的非自愿失业者提供生活津贴。我国城镇企业事业单位、城镇企业事业单位职工都要参加失业保险，城镇企业事业单位按照本单位工资总额的 2%缴纳失业保险费，城镇企业事业单位职工按照本人工资的 1%缴纳失业保险费。失业保险基金在直辖市和设区的市实行全市统筹。

（3）医疗保险，即对社会成员因疾病造成的经济困难及医疗费用给予补偿。我国基本医疗保险费由用人单位和职工共同缴纳，用人单位缴费率控制在职工工资总额的 6%左右，职工缴费率一般为本人工资收入的 2%。基本医疗保险统筹基金由统筹基金和个人账户构成，职工个人缴纳的基本医疗保险费，全部计入个人账户，用人单位缴纳的基本医疗保险费分为两部分，一部分用于建立统筹基金，一部分划入个人账户。

（4）工伤保险，即向在工作过程中受到伤害的劳动者给予补偿。2003 年 4 月 27 日国务院颁布《工伤保险条例》，规定所有企业及其职工都要参加工伤保险制度，由用人单位缴纳工伤保险费，工伤保险实行社会统筹，设立工伤保险基金，对工伤职工提供经济补偿和实行社会化管理服务。该条例对工伤的范围及其认定、劳动鉴定和工伤评残、工伤保险待遇、工伤保险基金的管理和使用等问题都作了具体规定。

（5）生育保险制度。1994 年 12 月，劳动部颁发了《企业职工生育保险试行办法》，规定生育保险按属地原则组织，生育保险费用实行社会统筹，由企业按照其工资总额的一定比例向社会保险经办机构缴纳生育保险费，建立生育保险基金。生育保险费提取比例一般不超过企业工资总额的1%。女职工在生育期间可享受生育待遇。

3. 社会福利

社会保障体系的第三层次是满足人们改善和提高生活质量需要的社会福利。社会福利是由国家和社会为立法或政策范围内的所有公民普遍提供旨在保证一定的生活水平和尽可能提高生活质量的资金和服务的一种社会保障形式。它表现为国家、社会组织举办的以全体社会成员为对象的福利事业，如教育、科学、环保、文化、体育、卫生设施，以及为城乡居民提供的各项补贴，为残疾人和丧失劳力者举办的各项社会福利设施及服务等。社会福利有“高层次社会保障措施”的美称，因为它的社会覆盖面广，待遇标准均等，更注重提高生活的质量。其资金来源除了社区服务中对个人所收的少量费用外，绝大部分是由政府和社会提供的。

4. 社会优抚制度

社会优抚是国家对法定的优抚对象，如现役军人及其家属、退休和退伍军人及烈属等，为保证其一定生活水平而提供的资助和服务，其经费全部来自政府预算拨款。

5. 社会互助制度

社会互助指民间组织对部分劳动者的帮助，主要是解决政府政策规定之外、没有很好解决但仍需获得外界帮助的实际困难。社会互助是社会救助的补充，是社会成员的基本权利。

6. 个人储蓄积累保障

个人储蓄积累保障是个人或家庭将部分资金存入银行的一种保障形式，是社会保障的一种有效而必要的补充。

二、社会保障支出的理论依据

关于为什么要建立社会保障制度，西方诸多理论学说都有详尽的论述。例如，福利经济学从促进国民福利最大化角度，指出收入再分配是实现国民福利最大化的重要途径，而要实现收入的均等化必须借助于累进税制为社会救济和福利制度筹集资金。国家干预理论则从市场失灵的角度阐述了市场机制难以保护竞争中的劣势群体，政府必须通过建立社会保障制度、增加社会保障支出以弥补市场失灵，促进社会经济的稳定运行。在市场经济体制下，必须由政府实施社会保障制度的第一个理由是弥补市场机制的失灵。市场经济是一种效率型经济，可以使社会经济资源得到有效的配置，这也是市场为人们称道的原因。然而，市场经济也存在种种缺陷，其中之一就是市场的分配机制必然拉大社会成员之间的收入差距，出现分配不公，甚至使一部分人最终在经济上陷入贫困。市场分配承认个人对财产的占有和劳动者个人天赋与能力的差别，从经济的角度来看，这种分配机制可以刺激人们不断开拓创新，勇于进取，对于提高经济效率是有益的；但从社会的角度来看，这种分配机制会使财产占有和劳动能力的弱者以及丧失就业机会和丧失劳动能力的老弱病残者，在激烈的竞争中遭到无情的裁决。市场分配机制所形成的收入差距保持在一定限度内是合理的，也有利于提高经济效率，但一旦超过合理的限度，就是社会所不能接受的，反过来也不利于经济效率的提高。现代经济社会中，人们已达成一种共识，即人的生老病死以及人的最低生活需要，不应当由市场来裁决，或者说，市场的裁决不应该是最终的，政府应该在其中有所作为。在市场经济体制下，政府虽然不能通过行政手段在初次分配领域干预收入分配，但可以采取收入再分配措施来缩小收入差距，矫正市场分配的不公。正像有的学者所说的："社会虽然不能制止老天下雨，但却可以制造雨伞。"这里的"下雨"，是指收入差距的拉大，而"雨伞"则是指政府的社会保障制度。从政府实施收入再分配的手段来看，税收固然是一个重要工具，如通过开征累进的所得税和财产税，可以把高收入者的一部分收入征收上来，限制收入差距的扩大。但只有税收手段还是不够的，因为税收只能使高收入者"穷"一些，而不能使低收入者"富"一些，更不能从根本上解决低收入者的生活保障问题。所以，政府要实施收入再分配还必须使用财政支出手段，即通过财政支出，向低收入或无收入者转移收入，这样才能使低收入阶层有一个基本的生活保障。政府实施社会保障制度的第二个理由，是在市场经济体制下社会保障制度还具有"内在稳定器"的作用，由于社会保障的各个方面都是制度化的，社会保障的收支（特别是支出）便与财政收支以及国民经济的运行构成某种函数关系。基于这种关系，社会保障支出随经济周期而发生的反向变化，可能弱化经济周期的波幅。这就是经济学家津津乐道的社会保障支出的"内在稳定器"作用。也就是在繁荣的年代，不但失业准备基金增长，而且还对过多的支出施加稳定性的压力；相反，在就业较差的年份，失业准备基金使人们获得收入，以便维持消费数量和减缓经济活动的下降程度。

政府之所以必须实施社会保障制度还有一个重要理由，就是私人保险由于存在种种局限，不可能完全向人们提供基本的经济保障。私人保险市场的局限性主要表现在以下几个方面：

（1）由于私人保险市场存在逆向选择和道德风险问题，会导致私人保险市场失灵。比如，个人所面临的风险水平是不同的，如果保险费率按平均风险水平确定，则低风险的个人就会选择退出保险计划，这将使保险计划不得不再次提高保险费率，其结果必然会使更多的低风险个人脱离保险计划。逆向选择问题又是由信息不对称造成的，即每个人可以确实把握个人的风险程度，而保险公司却只能掌握并不完全的信息，如果保险公司根据所观察到的平均风险程度来确定保费，就有可能发生低风险个人向高风险个人转移收入的再分配，这样低风险者就会退出私人保险计划。一旦出现了这种逆向选择问题，私人保险市场也就很难单纯向高风险的个人提供保险。另外，由于加入了私人保险，个人就可能淡薄风险防范意识，甚至可能出现故意发生受保事故的道德风险问题。

（2）私人保险无法解决个人储蓄不足以及"免费搭车"的问题。比如，社会上难免存在一些目光短浅的个人，他们过分注重工作期的消费，而忽视为自己的养老进行储蓄；尽管有私人养老保险市场，也可能不会自愿地加入养老保险，而进入老龄时期则会给社会和国家增添负担，借助于"免费搭车"。这种现象实际上是一种储蓄的道德风险问题。为此，政府就有必要举办一种强制性的养老保险计划，让每个年轻人都参加进来，保证每个公民老有所养。

（3）私人保险市场难以抵御系统性风险。比如，高通货膨胀时期养老金会发生贬值，而且每个投保人受通货膨胀损失的程度是不同的，显然，私人保险公司抵御养老金遭受损失的能力是比较弱的，也不能将损失在个人之间进行风险分摊，而政府却可能保证养老金的实际价值，使受保人免受损失。

（4）私人保险市场无法进行有目的的收入再分配。比如，私人意外保险只能在发生意外事故和没有发生意外事故的受保人之间进行再分配，私人养老保险只能在长寿者和短寿者之间进行再分配，而政府举办的社会养老保险则可以通过种种措施实现高收入受保人和低收入受保人之间的收入再分配（又称事先再分配）。

三、社会保障的功能

社会保障的根本原则就是社会公平，社会保障是所有社会成员效用的最大化。著名经济学家A.C. 庇古教授在《福利经济学》一书中指出："社会保障政策可以扩大一国的经济福利，因为穷人得到效用的增加要大于富人效用的损失，使社会总效用增加。"它通过设计一种制度，使人们不因没有特权而受到伤害，不因分工所形成的社会地位而变得卑贱。其作用有四：

保障权利公平。公民享受教育、健康和最低生活保障的权利，在西方被统称为"福利权利"或"社会权利"，被视为对基本公民权的拓展，或社会公民权的一部分。社会保障把保障每个人的生存权、发展权放在首位。享受了全民的社会保障，意味着基本生活得到了保证，从而在一个公平的起点上参与社会竞争。

保障机会公平。机会公平是指，任何社会成员只要符合法律规定的条件，都应被覆盖在社会保障范围内，均等地获得社会保障的机会。

维护规则公平。规则公平指一视同仁，既不能对弱势群体歧视，又不能对特权阶层倾斜。通过社会保障机制，重点保护社会的极端贫困人口（即在绝对生存需求线下的群体）。

调节分配公平。我们说，分配公平提高效率，分配不公损害效率。当前，一些国有单位之所以效率低下，很大程度上与分配不公有关。那么，社会保障通过收入再分配的功能进行调节，可以在一定程度上减少差别，缓解社会矛盾，有利于社会稳定。

（一）社会保障的社会功能

社会保障具有社会补偿、社会稳定和社会公平三大功能。

（1）社会补偿功能。实行社会保障首先是最低的生活保障，也就是根据最低的生活水准（如贫困线）来判断贫困者，然后给予适当的救济，使其能维持必要的基本生活。这是社会保障的基本功能。社会保障的补偿功能主要体现在社会救济和社会保险两个方面。社会救济的目的在于保障最低生活水平，具有鲜明的扶贫特征。社会保险的直接功能就是对劳动者在其生命周期遇到各种失去收入的风险后，进行的一种补偿，以保证其基本生活需要。虽然社会保险仍是一种对事故发生后的补救手段，但它也是一种事前的预防措施，并能有效地将这种风险分散。

（2）社会稳定功能。社会保障作为一种社会安全体系具有稳定社会的功能。众所周知，导致社会不安定的因素很多，其中，社会成员的生存无保障是重要因素之一。社会保障通过保证劳动者乃至全体国民的基本生存问题，从而实现整个社会乃至统治秩序的稳定。因此，世界各国都把社会保障视为社会震动的减震器和安全网，给予高度重视。

（3）社会公平功能。社会保障通过其资金的筹集和给付，把一部分高收入的社会成员的收入转移到另一部分生活陷入困境的社会成员手中，达到促进社会公平的目标。在市场经济条件下，受竞争规律的支配，优胜劣汰在所难免，市场机制给予每个社会成员平等参与竞争的条件和机会，它自动地向效率倾斜，但并不自动向公平倾斜，导致在竞争中的弱者生活贫困也在所难免。国家以社会保障的形式对弱者、失业者乃至贫困者给予生存保护，从而达到社会公平目标。

(二) 社会保障的经济功能

(1) 社会保障是劳动力再生产的保护器和配置器。社会保障的功能之一就是在劳动力再生产遇到障碍时给予劳动者及其家庭以基本生存的必要保障，以维系劳动力再生产的需要、促进劳动力的合理流动及有效配置，解除劳动力流动的后顾之忧，使劳动力流动渠道通畅。从而保证社会再生产的正常进行，有利于调节和实现人力资源的高效配置。

(2) 社会保障是收入再分配的协调器。社会保障对收入再分配有垂直再分配和水平性再分配两种方式。前者是进行从高收入阶层向低收入阶层的收入转移，后者是在劳动时与非劳动时，健康正常时与患病伤残时之间进行的所得转移，通过社会保障对社会财富进行再分配，适当缩小各阶层社会成员之间的收入差距，避免贫富悬殊，使社会成员的基本生活得到保障，能协调社会关系，维护社会稳定。

(3) 社会保障是经济发展的调节器。社会保障对经济发展的调节作用主要体现在对社会总需求的自动调节作用。在经济萧条时期，一方面由于失业增加、收入减少，用于社会保障的收入积累相应减少；另一方面，因失业或收入减少而需要社会救济的人数增加，社会用于实施救济和其他社会保障方面的支出也相应增加。这使社会保障的同期支出大于收入，从而刺激了消费需求，相应地增加了社会总需求。

四、社会保障基金的筹集方式和财政运行方式

(一) 社会保障基金的筹集方式

社会保障基金的来源，世界上大多数国家实行由国家、企业和个人三方共同负担的办法，或者依据具体情况，由这三种来源的不同组合构成。社会保障的筹集有以下几个特征：第一，有明显的收入再分配倾向，政府是收入再分配的中间环节。第二，社会保障支付产生的受益，有较强的私人产品性质。社会保障制度中各种支付带来的利益，大部分归属于每个接受支付的个人。因此，可以说它带有私人产品的性质。受益和支付在微观层次上的分离，是社会保障筹资的一个重要特点。第三，社会保障的筹资方式具有多样性。由于社会保障支付具有私人产品的性质，因此，它不像国防等公共产品那样只能采取税收形式的筹资方式，而是可以根据情况选择税收以外的筹资方式。社会保障筹资主要有以下几种方式可以选择：

(1) 税收。税收可以分为一般税和目的税。与一般税相比，以目的税作为社会保障的筹资方式可以使负担受益关系较为明确，而且负担的性质与收益的性质也比较一致。

(2) 社会保险费。社会保险费由被保险者缴纳和被保险者单位缴纳两个部分组成。因为社会保险费也具有强制性，所以它是与目的税十分接近的筹资方式。这两种筹资方式各有所长：目的税具有法律效力，拖欠、漏税的情况容易杜绝；社会保险费的成本和受益关系比较明确，必要时对费率的调整容易进行。

(3) 受益者负担。依照按受益者负担的原则，对社会保障制度的受益者进行收费或部分收费。医疗保险中患者负担部分就属于这种筹资方式。

除了上述几种方式外，社会保障的资金还可以通过社会保障基金的营运收益，国有资产

的增值等途径来取得。

（二）社会保障的财政运行方式

世界各国社会保障基金的筹集模式主要有三种，即现收现付制、完全基金制、部分基金制。

1. 现收现付制

现收现付制（pay-as-you-go system）又称边进边出式，即预先不进行储备积累，完全靠当年的收入满足当年支出的需要。从养老保险的角度看，这是一种隔代赡养模式，即支付给退休者的养老金来自于正在工作的一代人所交纳的保险费。这种方式的特点是随着社会保障支出需求的增加需要不断提高社会保障收费率，否则会造成财政的沉重负担。最大的优点是费率计算简单，同时因为没有巨额基金，不会有保值增值的压力，不会受到货币贬值的不利影响。但这一制度的缺点也是明显的，必须经常重估财务结构，调整费率。一般地，由于人口结构趋于老化、福利水平的刚性等原因，社会保障费率一般是日益提高的。同时，从分配关系看，在退休金保险方面，现收现付制度实质上是代际间的再分配关系，日益上升的社会保障费率，会加深代际之间的矛盾，造成政治问题。

2. 完全基金制

完全基金制（full funded system）又称储备积累式，即根据未来的社会保障支出需要从现在开始预提社会保障基金，并进行储备积累。从养老保险的角度看，这是一种自我赡养模式，即一个人退休后领到的养老金，来自于自己工作时所交纳的保险费。这种制度是在对影响费率的相关因素进行长期测算后，确定一个可以保证在相当长的时期内收支平衡的平均费率，并将所收保险费（税）形成社会保险基金的一种制度。这一制度最明显的长处是由于有基金的积累，在人口老龄化的情况下能保持保险费率的相对稳定。但这是以基金收益率高于工资增长率为前提的。这一制度的缺陷，一是在制度运行初始就要求实行较高的费率；二是基金受通货膨胀的压力较大，如果基金运用得当，不但社会保险制度能从中受益，而且整个经济将由于基金的有效配置而受益。反之，如果基金不能保值增值，这一制度比现收现付制度的成本更高。

3. 部分基金制

部分基金制（partially funded system）是在满足一定阶段支出需要的前提下，进行适当的储备积累，社会保障的收费率分阶段调整。计划实施初期费率较低，以后逐步提高。

这种制度是现收现付制度和完全积累制度的混合物。在初始时，它的费率高于现收现付制度而又低于完全积累制度，因此基金积累会多于现收现付制度而低于完全积累制度。实施这一制度是要在迎接人口老龄化和初始的高保费制度中寻找一条中间道路。通常的做法是将原来现收现付制度所交保费中的一小部分积累于个人账户制度，或在原来制度之上提高费率，并将增量部分全部积累于个人账户制度。这一制度也同样面临基金的管理和保值增值问题。它吸收了前两种方法的长处。

五、我国社会保障制度存在的问题及其改革

经过近十年的快速发展，我国社会保障体系的制度框架基本建立。2012 年 8 月 2 日，国

家审计署发布了全国社会保障资金审计结果的公告，审计结果显示，截止到2011年底，各项社会保障资金累计结余3.11万亿元，资金总体安全，基金运行平稳。养老保险、医疗保险经历了制度从无到有，覆盖人群从少到多，2011年城乡居民已有13.2亿纳入基本医疗保险，有7.48亿人纳入基本养老保险，有1.8亿老年人按月领取养老金。城乡居民最低生活保障制度也实现了全覆盖，2011年有8143万人得到低保帮助。社会保障覆盖范围的急剧扩张，一方面彰显了积极的社会经济效果，一方面也显露出管理体制不顺和服务能力不足的问题。如何让政策落地，让政府的承诺在每一个公民身上兑现，理顺社会保障管理体制，提升政府公共服务能力，创新管理机制和方法，是今后一个时期社会保障发展面临的重要工作。

以社会保险、社会救助、社会福利为基础，以基本养老、基本医疗、最低生活保障制度为重点，以慈善事业、商业保险为补充，统筹推进城乡社会保障体系建设，是中央确定的完善社会保障体系的顶层设计。在行政管理体制改革方面，为顺应社会保障体系建设和发展的需要，国务院在几次大部门制改革探索中，先后将社会保险的行政职能进行了整合，如把民政部门主管农村养老保险和国家体改委主管的医疗保险改革划归到劳动保障部。但由于整合不彻底，还有多项应当统一的社会保障事务仍然在不同部门分割管理，或同一事项在不同部门交叉管理，大部门制改革统一、高效的政策预期目标没有实现。社会保障制度还面临若干难题。

（一）社会保障制度存在问题

1. 社会保障管理体制尚未理顺

我国社会保障制度发展中长期存在的问题之一就是管理体制不顺。主要表现在行政管理政出多门，社会保障项目之间协调困难。在养老保险制度中，企业职工基本养老保险和机关事业单位养老保险由于长期分属国家劳动部、人事部管理，离退休人员待遇差别过大。因此要适时分步地建立起覆盖所有城镇职工的统一的基本养老保险制度。

2. 社会保障部分项目改革滞后

国家单一的社会保障模式改革滞后。要建立适应社会主义市场经济要求的社会保障制度，除改革国家原保障项目外，还必须建立企业补充保险和个人储蓄性保险，尽快建立多层次的保障制度。

3. 社会保障覆盖范围不全

我国传统的社会保障项目主要覆盖国有企业，而社会保障体制改革也仍然是在国有企业进行。要提高非正规部门就业人口和灵活就业人口的参保比率，在制度上为他们增加参保的机会。扩大养老保险参保率和覆盖面既可以促进劳动力的自由流动，消除企业、部门和地区之间的障碍，为建立全国范围的统一大市场开辟道路。

4. 社会保障统筹层次偏低，属地原则未能落实

完全由政府负担的保障项目和国家强制的社会保险项目，统筹的层次越高，抵御风险的能力越强。目前我国养老、失业、医疗保险的统筹层次都不同程度地偏低。基本养老保险以市县级统筹为主，保障的共济性受到制约。社会救济、优抚安置、社会福利等一直是按属地进行管理的。属地管理问题突出表现在养老、医疗保险项目方面。从“企业自保”向社会保障转变的过程中，基本养老保险制度行业统筹与地方统筹分割。易贫富不均，削弱了基本养老保险基金的社会共济作用。

5. 社会保障资金的筹措及管理尚不到位

在我国现阶段，社会保障基金筹资困难。社会保险基金主要来源于企业、劳动者和政府三方。其中，企业担负着筹资的大部分责任。然而，目前大部分企业尤其是在社会保险统筹中占主体地位的国有企业经营很不景气。在收缴比例相对较高的情况下，企业无法按时足额缴纳其所应缴纳的社会保险费用，出现了实缴率逐年下降而拒缴率或欠缴率逐年上升的现象。据审计和财政、劳动部检查的情况表明，挤占、挪用社会保障基金的形式多种多样，有的投资房地产血本无归；有的超标准提取和乱支管理费挥霍浪费；有的对存入财政专户的基金截留利息；有的公款私存、化公为私，甚至失业保险基金也出现被挪用的现象。因此，要加强保险缴费与未来给付之间的联系，以较高的透明度重塑和强化劳动的激励机制。设立专项保管账户。杜绝挤占挪用现象。

6. 社会保障社会化服务发展缓慢

在社会主义市场经济的条件下，职工与企业关系是一种劳动契约关系，企业与职工双向选择，通过劳动合同实现就业。职工与企业解除劳动关系后，企业没有任何义务再承担他们与生产经营无关的生活事务。只有这样，国有企业才能从企业办社会的事务中解脱出来，与其他经济类型的企业平等竞争。从总体上看，与社会保障基金管理方面的社会化程度相比，社会保障事务管理的社会化进程更为缓慢。因此，必须将企业退休人员纳入社区管理，进一步加强社会化管理服务各项基础性工作。城镇居民基本医疗保险试点城市要拓展社区平台职能，为居民的参保登记、缴费、就医管理提供基础性服务。

7. 社会保障亟待加强立法

社会保障立法是关系保障制度改革的一个根本性问题。只有完善立法，才能使社会保障制度规范化，并覆盖到全社会。现在我国社会保障制度改革主要是靠国务院和有关部门的行政规章以及地方行政规章推行。我国近年来社会保障各项目标进展情况差异较大。有的比较成熟，有的尚在探索阶段。目前我国要进行总体社会保障立法还比较困难。因此，现阶段应当根据社会保障项目的难易程度和实际进展情况先分别制定单项法规。在制定单项法规的基础上，逐步形成完整的社会保障立法。

（二）完善我国社会保障制度的对策

1. 改革和完善现行管理体制

首先，实行社会化管理模式。社会保障应实行集中统一的社会化管理，由中央政府的社会保障职能部门统一制定社会保障基本制度，并由各级政府的社会保障专管机构统一管理社会保障基金和社会保障对象。其次，要打破部门分割，实现集中管理。社会保障只有实行集中统一管理，才能站在社会保障事业的全局乃至国民经济社会发展的全局保证社会保障制度能够有效地运行，发挥其“安全网”和“减震器”的作用，保持社会稳定。

2. 扩大社会保障覆盖范围

要认清当前城乡社会保障工作面临的新形势，正确估量未来发展的战略前景，把握住改革大潮带来的新机遇，大胆探索，逐步建立城乡一体化社会保障管理体制，要提高非正规部门就业人口和灵活就业人口的参保比率，在制度上为他们增加参保的机会，扩大养老保险参保率和覆盖面。

3. 提高社会保险统筹层次

社会保险具有社会性、互济性、长久性和自我保障性的本质特征，要求社会保险基金必须是全社会统筹，不能条块分割，画地为牢，搞行业自我保险、部门自我保险或企业自我保险。在进行社会保险基金的社会化统筹时，也要依据生产力的发展水平，逐步实施。提高社会统筹的层次将有助于发挥社会保险的共济性，扩大社会保险的社会性，使社会保险更具长久性，降低社会保险自身的风险，提高社会保险的统筹层次。

4. 加强社会保险资金的筹集与管理

要扩大社会保障资金的筹资渠道，建立稳定可靠的资金筹措机制。要继续扩大社会保障基金的征缴覆盖面和提高社会保障基金的征缴率，相关的社会成员都必须按规定参加社会保险，并依法足额缴纳社会保险费用，以较高的透明度重塑和强化劳动的激励机制。设立专项保管账户，杜绝挤占挪用现象；提高社会保障费用在国家财政支出中所占的比重，提高国家财政对社会保障事业的支持力度；要采取各种有效的措施来补充社会保障基金，如变现部分国有资产、发行社会保障债券、发行福利彩票等等。

5. 发展社区化的社会保障服务

随着市场经济的发展，把社会保险的服务功能从政府和企业分离出来，使其走向社区载体，真正实现社会保障以家庭为基础的社区化。要将企业退休人员纳入社区管理，进一步加强社会化管理服务各项基础性工作。

6. 加强社会保障法制建设

尽快制定《社会保障法》。应将社会保障立法作为建立社会主义市场经济法律体系的主要组成部分。社会保障立法工作是一项复杂的系统工程，应在制定《社会保障法》的同时，注意配套出台相关的法律法规，与其他法律部门相结合，建立强有力的制约机制，保证社会保障法律规范的有效实施。

7. 发挥政府在社会保障中的职能作用

要求政府提高决策人员职业道德修养，完善人才结构，提升业务透明度。充分尊重多数人的利益需求、吸纳群众意见和建议，实现听证制。依照《社会保障法》、《投资基金法》等法律法规的规定，对社会保障制度的运行、社会保险基金的营运投资实施监督管理，以解决“外部性”、“信息不对称”、“逆向选择和道德风险”等市场失效问题，减少并消除行政非效率以及“腐败”、“寻租”行为，保证社会保障制度的健康运行。

第二节　财政补贴支出

财政补贴是指在某一确定的经济体制结构下，财政支付给企业和个人的，能够改变现有产品和生产要素相对价格，从而可以改变资源配置结构和需求结构的无偿支出。财政补贴作为政府向企业和个人无偿转移收入的经济范畴，是自资本主义制度确立后出现的。但是，由于早期资本主义国家政府一般不去主动影响企业和个人的经济活动以及市场机制的运行，财政补贴手段只被偶然且小规模地使用。20世纪以来，随着国家垄断资本主义的发展，资本主义国家的政府逐渐参与并加强对宏观经济的调控。第二次世界大战之后，包括财政补贴在内的各种宏观调控手段始终被自觉地经常使用。随着政府干预经济运行程度的加深，财政补贴的规模逐渐增大，涉及的领域也逐渐扩展。在我国财政补贴则是在经济体制改革后才被认真加以运用。

一、财政补贴的性质和分类

（一）财政补贴的性质

财政补贴是国家为了一定的政治经济目的，无偿地对经济组织和城乡居民所实施的财政补助支出。财政补贴作为政府调节国民经济运行的基本经济手段，为世界各国所普遍采用。

从性质上看，财政补贴同社会保障支出一样，也是一种转移支出，属于国民收入的再分配。但财政补贴又与社会保障支出有所不同。社会保障起因于自然灾害和社会经济事故，其支出主要用于消费环节，目的主要在于扶助社会弱者，体现社会公平。而财政补贴则起因于生产、流通和价格等因素，支出可用于生产、流通、消费等多个环节。目的主要在于补偿其外部经济，维持经济的正常运行。作为一种转移性支出，财政补贴支出同社会保障支出有很多相似性。从政府角度看，无论是以补贴形式还是以社会保障形式拨付支出，都不能换回任何东西，支付都是无偿的。从领取补贴者角度看，无论以什么名目得到政府的补贴，都意味着实际收入的增加，因而经济状况都较前有所改善。然而，这两类转移性支出既然被冠以不同的名称，自然就有差别。差别主要体现在同相对价格体系的关系上。财政补贴总与相对价格的变动联系在一起：或者是补贴引起价格变动，或者是价格变动导致财政补贴。因为有这种联系，很多人索性就把财政补贴称为价格补贴或财政价格补贴。社会保障支出则与产品和服务的价格不发生直接联系，固然人们获得保障收入后用于购买，可能使购买商品的价格发生变化，但这种影响既不确定，又是间接的。因为与相对价格结构有直接关联，财政补贴便具有改变资源配置结构、供给结构与需求结构的影响，而社会保障支出则很少有这种影响。根据上述解说，我们可以把财政补贴定义为一种影响相对价格结构，从而可以改变资源配置结构、供给结构和需求结构的政府无偿支出。

（二）财政补贴的分类

财政补贴可以从不同的角度进行分类。如按补贴对象可分为对企业的补贴和对个人的补贴；按补贴环节可分为生产环节补贴、流通环节补贴、消费环节补贴；按经济性质可分为生产补贴和生活补贴；按财政补贴方式可分为现金补贴（明补）和实物补贴（暗补）；按政策目的可分为价格补贴、居民生活补贴、国有企业亏损补贴、财政贴息、税收补贴等。国家实施财政补贴总是为了一定的政治经济目的，所以按政策目的分类是财政补贴最主要的分类方法。

（1）价格补贴。它指国家对企业因执行国家的限价政策所造成的亏损所给予的资金补贴，也可以称为政策性亏损补贴。主要包括：

①农副产品价格补贴。这主要是对商业企业的价差补贴，是价格补贴中的主要内容。它是当从事农副产品收购的商业企业由于执行政府的限价政策、出现购销价格倒挂而造成的亏

损时，政府给予的补贴。②农业生产资料价格补贴。这是当农业生产资料的生产企业为执行政府限价政策，以低于正常价格的价格向农民销售生产资料时，政府对其价差给予的补贴。这些生产资料主要包括化肥、农药、农用薄膜、农业用电等。③矿产品价格补贴。这是财政对国家需要统一收购的工矿产品（如黄金、白银、统配煤等）的生产企业给予的补贴。④日用工业品的价格补贴。这是财政对经营某些特殊日用工业品（如燃料、学生课本、报刊、新闻纸等）的商业企业在进价提高而售价不变时给予的价差补贴。

(2) 居民生活补贴。它是财政支付给居民用以补贴基本生活的资金。当社会处于非常时期（如战争、恶性通货膨胀），为了保证居民基本生活，政府有时需要对居民给予补贴。

(3) 国有企业亏损补贴。它是财政对国有企业的经营亏损给予的补贴。政府设立国有企业有它特定的目标（大多与正外部性行业有关），国有企业往往因为承担着一定程度的政策性负担和社会性负担而出现经营亏损，为了保证这些企业能够继续经营，政府作为社会管理者和国有企业投资者，必要时会给予相应的补贴。

(4) 财政贴息，亦称“利息补贴”。它是财政对使用符合政策规定的银行贷款的用款单位就其支付的资金利息提供的补贴，如用于以下目的的贷款：引进和开发先进技术和设备、发展优质名牌产品、开发和使用节能产品、投资落后地区、助学贷款、农业贷款等，财政贴息是用有限的财政资金带动更多的社会投资和银行贷款以发展社会经济项目、贯彻政府政策意图的一项重要措施。

(5) 税收补贴，亦称“税式支出”。它是一种特殊的财政补贴，是对减税、免税、退税、税收抵免等税收优惠措施的总称。税收补贴与财政补贴不同的是，财政补贴是政府的支出行为，税收补贴是政府的一种减收行为。之所以将税收优惠纳入财政补贴范畴，是因为税收优惠等同于政府将已征收的部分税款返还给需要扶持的纳税人，这就实际上发挥了财政补贴的功能。

二、财政补贴的经济效应

作为政府调节经济活动的基本手段，财政补贴与政府征税一样，都会产生收入效应和替代效应，不过二者的方向正好相反。具体地说，财政补贴通过改变商品的相对价格结构和受补贴者的实际收入水平，对国民经济运行产生一系列的影响。

（一）财政补贴对需求的影响

人们的需求客观上有一个结构，决定这个结构的因素主要有两个：一是人们所需要的商品和服务的种类；二是各种商品和服务的价格。一般说来，商品和服务的价格越低，需求越大；商品和服务的价格越高，需求越小。居民对消费品的需求以及企业对投入品的需求，莫不如此。既然价格的高低可以影响需求结构，那么，能够影响价格水平的财政补贴便有影响需求结构的作用。不妨举一个居民对消费品需求的例子。我们曾经说过，过去我国城镇居民在住房上享受大量补贴，房租很低，城镇居民消费支出结构中房租支出占的比重也很低，因而对住宅的需求极旺，建筑面积增加再快，也难以得到满足。但是，西方国家，居民租用或购买住宅基本上得不到补贴，租金水平要高得多，居民房租支出占总消费支出的比重达10%以上，因而对住宅的需求很少出现过旺现象。如果我国减少或取消对城镇居民的房租补贴，相应提高租金水平，可以预料，城镇居民房租支出占总消费支出的比重将上升，住宅需求过旺的势头将受到抑制。说起对消费的补贴，前苏联东欧国家有一个更生动的例子：在那里，经常发生农民购买面包喂牛的事情，原因很简单，面粉、面包的销售价格极为低廉，购买面包喂牛比购买玉米、燕麦等饲料要经济得多。

就需求总量来说，由于财政补贴产生收入效应，消费者的实际收入增加，在其他条件不变的情况下，消费者的消费需求会扩大。根据财政选择的补贴方式和补贴对象不同，消费需求扩张的程度就会有区别。如果政府选择以现金方式补贴，消费需求扩大的程度取决于被补贴者的边际消费倾向。显然，如果假定低收入阶层的边际消费倾向高于高收入阶层，那么，对低收入阶层的财政补贴就比对高收入阶层的补贴更能扩张消费需求。如果政府选择以实物方式补贴，即补贴商品，降低被补贴商品的实际消费成本，消费需求的扩张程度则取决于被补贴商品的消费者的边际消费倾向和被补贴商品的需求价格弹性。由于不同收入阶层的消费结构不同，以及对不同商品的需求价格弹性不同，这时，政府选择的补贴商品不同，对消费需求扩张程度也会有区别。不过，一般来说，边际消费倾向与商品需求的价格弹性对消费需求扩张的影响是反向的。例如，如果政府选择补贴必需品而不是奢侈品，从边际消费倾向的角度看，更能扩大消费需求；可是，从需求价格弹性的角度看，则正好相反。就需求结构来说，当财政补贴采用实物补贴方式时，由于改变了商品的比价关系，必然影响消费者的消费选择，消费者会选择消费更多的补贴品和相对较少的非补贴品。这是财政补贴的替代效应。正因如此，政府可以利用财政补贴来影响消费者的选择，如鼓励消费有益物品。

（二）财政补贴对供给的影响

财政补贴对供给的影响是通过改变企业购进的产品价格（供给价格或销售价格加补贴），从而改变企业盈利水平发生的。众所周知，在我国的供给结构中，农产品的供给曾有过若干次反复。探究一下反复的原因就不难发现，农产品供给状况改善的时候，总是政府向农业部门提供补贴或增加农业部门补贴的时候。提高农产品价格补贴，使从事农业生产有利可图，农产品供给自然增加，而农产品的增加对改善我国的供给结构，有着举足轻重的作用。在我国的煤炭生产上，同样也看到补贴可以调整供给的作用。前几年因为通货膨胀的影响，煤炭部门的生产处于十分不利的地位。政府增加了对煤炭部门的补贴，当年的煤炭生产便有了转机。

总体来看，财政补贴既然有调整需求结构和供给结构的作用，政府当做调节经济运行的政策手段来运用是理所当然的。然而，财政补贴既为一种调节手段，使用范围及规模就有一个限度，超过这个限度，积极作用就可能趋弱，甚至反而出现消极作用。要搞清这个道理，有必要对国民经济运行的因素及诸因素的主从地位和相互关系有一个正确的认识。任何一个国民经济的实际运行都是由一套稳定的经济制度（财产制度、价格制度、收入分配制度、财政收支制度等）所规定的运行机制和一套灵活的调节手段体系共同发挥作用的综合结果。从主导方面说，国民经济的正常运行，主要是依赖既定的经济制度及运行机制的有规律的自动作用，它保证了社会经济能够实现自己的主要社会目标。但是，社会经济所要实现的目标是多重的，有些目标可能居于次要位置，但并非无需顾及的，而既定的经济制度及其运行机制即便十分完善，也只能实现一个或几个主要的社会目标。就此而论，任何经济制度及其运行机制都存在着固有的缺陷。为了克服这些缺陷，亦即为了全面实现社会目标，作为宏观调控主体的政府，有必要运用调节手段体系去纠正既定经济的运行机制所产生的不利后果，或部分地修正既定的经济运行机制；而财政补贴就是可利用的调节手段之一。从这个意义上说，财政补贴有其存在的必然性，是不能也不应被取消的。

财政补贴既然是调节手段，就不应当在国民经济的运行中扮演主要角色。在国民经济运行的制度性基础和调节手段之间，调节手段只是辅助性的，也就是说，如果国民经济的运行对财政补贴的依赖过大，以至于没有它，便很难有效地组织生产、流通和消费，那就说明，现行的经济体制及其运行机制已经难以实现社会的基本目标，对之进行改革已成当务之急。换言之，财政补贴规模急剧增大和补贴范围急剧扩展的现象，反映出的本质是经济体制及其运行机制的不完善和不合理，因而，扭转财政补贴过多局面的根本出路在于变革经济体制。

三、我国财政补贴存在的问题和进一步完善的措施

财政补贴具有积极的效应，政府将财政补贴作为调节经济运行的一种政策手段是理所当然的。然而，财政补贴既然是一种调节手段，使用范围及规模就有一个限度，超过这个限度，其积极作用就可能趋弱，甚至反而出现消极作用。

（一）中国目前财政补贴存在问题

1. 补贴种类繁多、规模庞大、项目繁杂

中国国家预算中对财政补贴在预算收支两方面均列有类级科目。收入中列有“国有企业计划亏损补贴”，即通过收入退库形式拨补由于价格因素造成的政策性企业亏损。其中主要有工业、商业、粮食、邮电、农牧等各类企业的计划亏损。在支出中列有“价格补贴支出”，包括粮油加价款、农业生产资料价格补贴、市镇居民的肉食价格补贴等 20 多个款项。在各类事业行政经费支出科目中，还列有给职工的主要副食品价格补贴等项支出。此外，在其他支出类中还列有财政贴息支出。

2. 补贴对象不够公平

我国财政补贴普遍存在重国企轻民企、重上市公司轻中小企业等分配不公的现象。据调查，2001～2008 年，虽然国有企业的真实净资产收益率为－6.2%，但其所获各类财政补贴却高达 6 万余亿元。再以“两桶油”为例，近 7 年来两家以炼油亏损为名获得政策性补贴即高达近 2000 亿元。与之相比，民企尽管亦可享受财政补贴的雨露，但补贴金额却不可与国企同日而语，补贴申请过程亦相对曲折。再以财政补贴的重上市公司轻中小企业为例，根据相关统计，2011 年我国仅 90 家上市公司即获得财政补贴 39 亿元，平均每家 4500 万元，2010 年 1454 家上市公司总共获得财政补贴 463.4 亿元，平均每家 3187 万元。与之相比，诸多中小企业却所得甚微，即使其事实符合财政补贴的相关要求，具体申请亦往往艰难无比。

3. 补贴制度不够公正透明

公共对于补贴对象的来源产生、补贴数额大小、申请补贴的资格条件、具体评审过程都存在质疑，不免会激化社会矛盾。中国从 1953 年起实行财政补贴政策。五六十年代，财政补贴的范围小、数量少，国家财政能够及时调整补贴政策，使补贴与当时的财政承受能力基本相适应。从 1979 年起，为了改革不合理的价格和支持农业生产发展，国家多次较大幅度地提高了农产品收购价格，但考虑到稳定人民群众生活，对主要农产品的销售实行了“价格基本稳定，购销价差由财政补贴”的政策，同时，对一些与人民日常生活相关的工业消费品

以及煤炭石油等基础工业产品也实行了亏损补贴政策，致使财政补贴总额猛增。

在职工工资不能相应提高的情况下，财政补贴起到了保障人民生活的作用。但与此同时，也出现了一些补贴调节对象失当、补贴方式选择欠妥，补贴杠杆运用过滥等现象，从而又使财政补贴伴生了消极后果。农业生产资料限价，日用必需品的原材料用品价格调整等等，几乎都以财政补贴来支撑价格的稳定，结果造成了价格的进一步扭曲。实践证明，用不断扩大财政补贴来替代必要的价格调整，不但使财政负担越来越重，而且会使被扭曲的价格结构和不合理的经济关系进一步僵化，使供求之间的矛盾更加激化，增大价格改革的难度，而且还会掩盖企业经营管理中的许多矛盾。因此，整顿和改革财政补贴具有重要意义。

（二）财政补贴进一步完善的思路

1. 合理确定财政补贴的范围和项目

在市场经济条件下，凡是市场机制能发挥作用的领域，都应当充分发挥价值规律和价格杠杆的调节作用。尽量不采用或少采用财政补贴手段进行干预。只有在市场机制发育不成熟、市场失灵或者市场波动幅度过大的领域，才可适当运用财政补贴这一调控手段，以发挥对市场机制的弥补和矫正作用。为此，财政补贴的范围和项目应限制在以下几方面：

(1) 对宏观经济效益和社会效益大而自身微观经济效益小的项目和产出，如军工、航天、节能、节水、资源综合作用、环境治理和保护等，应给予一定的财政补贴，作为对其外部经济的补偿。

(2) 对仍然需要由国家实行价格管制的，以及关系国计民生的少数重要产品和劳务，如石油、煤炭、城市供水、供电、供气、公共交通等，可保留适当的财政补贴，以弥补因价格政策造成的企业亏损。

(3) 对在市场竞争中处于不利地位的弱质产业（如农业等）和经济不发达地区，以及市场风险程度较高的高新技术产业等，应通过适当的财政补贴予以必要的扶持。

(4) 对国家鼓励出口的产品，填补国内空白的进口产品和技术以及进口替代产品等，应给予适当的财政补贴，以促进对外贸易，调节国内供求，并保护民族产业，维护国家经济利益。

2. 严格控制财政补贴的规模和标准

首先，必须严格控制财政补贴的总规模。这里有三条原则：一是财政补贴的总规模应以不影响市场机制在全社会的资源配置中发挥基础性作用为限度；二是财政补贴的总规模应以不影响财政收支平衡、加剧财政困难为限度；三是财政补贴的总规模应以不挤占其他财政支出、妨碍财政整体职能的发挥为限度。

其次，严格控制财政补贴总规模还必须落实到严格控制具体补贴项目的补贴标准上，对具体补贴项目的补贴标准应以价格同价值的背离程度为依据，具体界限为：对生产部门的补贴额＝成本额＋行业平均利润－出厂价；对流通部门的补贴额＝购进价格＋流通费用＋商业平均利润－销售价格；对消费者的补贴额则应使居民实际收入（工资＋补贴）的增长速度大致等于物价的上涨速度等。在出厂价格、销售价格和工资水平较低的情况下，补贴标准可以定得较高。但随着价格体系的理顺，出厂价格、销售价格和工资水平的提高，补贴标准应向下予以调整。

（三）科学选择财政补贴的环节

科学选择财政补贴的环节，是正确发挥财政补贴作用的关键。如果财政补贴环节选择不当，就会使财政补贴偏离原来的政策目标，甚至与政策目标背道而驰。例如对农业生产、高新技术产业和经济不发达地区的财政补贴，就应主要选择在生产环节，多采用投资补贴、税收减免、财政贴息等政策手段，如果财政补贴是为了配合适度的物价管制，达到稳定物价、稳定经济、稳定人民生活、稳定社会的政策目标，那么就应选择在流通环节进行补贴，以平抑物价，使社会成员普遍受益，从而达到稳定的目的。例如对涉及面广、波动效应大的重要基本生活资料和生产资料（粮食、燃料等），就应选择在流通环节以价格补贴的形式对经营单位进行补贴。如果财政补贴是为了配合收入分配政策，实现社会公平的政策目标，那么就应选择在消费环节，重点是对低收入者提供生活补贴等。总之，财政补贴环节的选择，应着眼于国家宏观调控全局和整个政策目标体系，进行通盘考虑和统筹安排。

此外，财政补贴的合理运用，还取决于进一步加快企业制度、价格制度、工资制度、住房制度、社会保障制度等综合配套改革的进程。对于补贴对象要进行严格审核，做到公正公平。必须将纳税人的钱用到该用的地方；政府应当出台一套透明的能够兼顾国家、企业和消费者三者利益的动态机制，要让公共了解财政补贴对象产生的原因，消除公共的质疑；根据市场经济情况的改变，适时调整补贴政策，改善以往缺乏弹性的局面。

重点概念

社会保障　社会保险　社会救济　财政补贴

思考题

1. 社会保障的功能包括哪些？
2. 财政补贴有哪些类型？
3. 如何理解财政补贴的效应？
4. 试分析评价我国社会保障制度改革的得失与方向。

案例分析

2009 年财政补贴 1 亿只高效照明产品推广工程日前启动。根据国务院发布的节能减排综合性工作方案，通过财政补贴方式推广高效照明产品 1.5 亿只，逐步取代白炽灯和其他低效照明产品。这项计划全部实施后，全国一年可累计节电 290 亿千瓦时，少排放二氧化碳 2900 万吨，二氧化硫 29 万吨。

要求：结合案例分析财政补贴的作用及意义。

第五章　财政收入概述

本章从宏观的角度对财政收入的结构与规模进行了分析。主要涉及财政收入的各种分类，财政收入规模的衡量及其增长变化趋势，财政收入的质量问题。通过本章学习，要求学生正确认识财政收入结构、规模与质量的概念，系统把握影响财政收入规模变化的因素，深入理解我国财政收入规模变化的趋势及其特殊性，并联系财政收入规模对财政收入质量进行理性思考。

案例导引

1980年以来的30多年是中国经济高速增长的30多年，在经济总量不断扩大的同时，财政收入总量也随之扩大。财政收入1980年仅为1159.93亿元；1999年就突破了10000亿元达到11444.08亿元；2009年上升到68518.30亿元，是1978年的60.5倍；其中财政收入年均增长17.28%，高于我国国内生产总值增长率16.0%。2011年全国财政收入10.37万亿元，增长24.8%。可以看出，我国财政收入增长额从1980～1994年较为缓慢，一是国内生产总值基础较小；二是财政收入增长率较低，除少数几年财政收入增长率在20%以上，其余各年都在20%以下。1994～2011年财政收入增长额度呈现出明显的放大，尤其是1998年以来，在明确了建立公共财政框架的目标之后，随着财政税收管理能力的加强和经济的持续快速增长，使得我国财政收入保持了一个较快的增长，与上年相比，财政收入1998年增长了32.4%，2008年增长了20.0%，2009年增长了19.6%，2011年增长了24.8%。从总量上看，我国财政实力得到了大幅度的增强。但从绝对量看，我国财政收入规模仍然小于主要发达国家。2009年，我国公共财政收入为6.85万亿元，按当年平均汇率折算约1万亿美元左右，大体相当于当年美国财政收入的1/4、日本财政收入的3/5、德国财政收入的2/3、法国财政收入的4/5，略高于意大利和英国的财政收入规模。

问题：

1. 如何衡量财政收入规模，我国财政收入规模是否适度？

2. 如何认识改革开放以来，我国财政收入规模的变化趋势？影响财政收入规模增长的主要因素是什么？

第一节　财政收入及其分类

一、财政收入概念

财政收入是政府为满足财政支出需要，依据一定的权力，通过国家集中的一定数量的货币或实物资财收入。包括两个含义：一是财政收入是一定量的公共性质的货币资金。它是财政通过一定筹资形式和渠道集中起来的由国家集中掌握使用的货币资金，是国家占有的以货币表现的一定量的社会产品价值，主要是M部分；二是财政收入又是一个过程。即财政收支中组织收入、筹集资金的阶段，它是财政分配的第一阶段或基础环节。

财政收入即表明政府获取社会财富的状况，它是政府为实现其职能的需要，在一定时期内以一定方式取得的可供其支配的财力。在不同的历史条件下，财政收入的形态存在很大的区别。在商品货币经济获得充分发展以前，财政收入主要以劳役和实物的形态存在。随着商品货币经济的逐步发展，尤其是在资本主义经济制度出现以后，财政收入一般以货币形式取得。在现代社会，财政收入均表现为一定量的货币收入。

政府取得财政收入主要凭借公共权力，包括政治管理权、公共资产所有或占有权、公共信用权等。其中，政治管理权是取得财政收入最主要和最基本的形式，这决定于政府供给的公共产品性质。公共产品消费的非竞争性、非排他性使公共产品的供给无法采用经营性方式进行，因而只能凭借政府的政治管理权对社会成员课征收入来补偿公共产品的成本。

财政收入是财政支出的前提。财政分配是收入与支出的统一过程，财政支出是财政收入的目的，财政收入则是财政支出的前提和保证，在一般情况下，收入的数量决定着财政支出的规模，收入多才能支出多。因此，只有在发展生产的基础上，积极聚集资金，才能为更多的财政支出创造前提。

政府取得财政收入不仅是政府自身的行为，其影响是广泛的。财政收入的规模、构成、方式，对利益分配关系、经济主体的行为选择、商品的供需结构以至经济活动的总量等，均有重要的制约作用。因此，政府组织财政收入应当有确定的收入政策，以协调各方面的利益关系，促进资源的合理配置和经济的正常发展。

二、财政收入分类

（一）按财政收入的形式分类

财政收入作为一个集合概念，涵盖有多种具体的收入形式。所谓收入形式，就是指财政取得收入的具体方式。从总体上说，财政分配的对象都是社会产品中剩余产品或与其对应的价值。但是，由于它们与不同的经济主体、经济活动、经济管理体制相联系，因而决定了财政取自它们的方式也要有一定的差别。在我国现阶段，财政收入形式由以下几个方面所构成，即税收、国有资产收益、公债和其他收入。

税收是政府以政治权利为依托取得的财政收入，其使用范围相当广泛，而且没有偿还的问题，因此，它天然地成为财政收入的基本形式。在许多国家，财政收入的90%以上要靠税收来保证，以至于可以近似地用税收收入的分析来观察整个财政收入的状况。

国有资产收益是政府凭借国有资产所有权取得的利润、租金、股息（红利）和资产占用费等财政收入。在长期的社会主义建设过程中，我国的国有经济在国民经济中形成了庞大的规模，加之财政对国有企业的利润分配采取单一的利润直接上缴形式，因此，利润上缴曾经在我国财政收入中占有相当重要的地位。即使在目前，随着经济体制改革的深化，国有经济从原有的领域不断退出，同时国家对国有企业利润采取了征收所得税的分配方式，从而使得财政收入中的利润份额已经大幅度下降，但由于我国的国有经济仍将在国民经济中扮演重要角色，国有企业的税后利润仍然需要通过不同的形式在国家和企业之间进行分配。换句话说，国有资产收益还会在我国财政收入中占有一定的地位。

公债是政府以国家信用为依托取得的财政收入，最基本的特点是有偿使用。因此，有人认为它并非是政府真实的财政收入，也不能成为政府收入的经常性收入。这种收入在财政收入所占的比重与一国政府税收收入和财政支出的适应能力以及国家经济发展的水平有关。随着市场经济下政府对财政管理观念的变化，公债不再被简单地视为弥补赤字的手段，而是与政府主动干预经济发展的政策联系起来，因而债务收入在财政运行中已经变得越来越具有经常性的特征。

其他收入在财政收入中所占比重较小，但包括的具体项目较多。主要有：规费收入、专项收费收入、事业收入、罚没收入、公产收入、国有资源管理收入、外事收入等。其中，①规费是指国家机关为居民或各类组织机构提供某些特殊服务时所收取的手续费和工本费。诸如工商执照费、商标注册费、户口证书费、结婚证书费、司法诉讼费以及公证费、护照费等，都属于此类收费的范围。②专项收费是指国家为特定公共项目运营需要收取的费用、基金等，具有受益税或使用费的特征。诸如与政府相联系的路桥费、城市水资源费、排污费、公园参观门票等，都属此类。我国财政收入中长期存在的各种基金收入，也大多属于专项收费。③事业收入，是指中央和地方政府所属事业单位按照预算管理的要求向财政上缴的业务收入。④罚没收入，是指工商、税务、海关、公安、司法等国家机关和经济管理部门按规定依法处理的罚款和没收财产收入，以及各部门、各单位依法处理追回的赃款和赃物变价收入。⑤公产收入，是指国有山林、芦苇等公产的产品收入，政府部门主管的公房和其他公产的租赁收入，以及公产的变价收入等。

（二）按财政收入的来源分类

按财政收入来源对财政收入进行分类可以选择不同的标准，一是按财政收入来源的所有制结构标准，分为国有经济收入、股份制经济收入、私营经济收入、个体经济收入等。在现代经济中，投资者采取的投资方式和经营方式有很大差别，并由此形成了不同类型的所有制结构。就我国而言，在长期的计划经济下，国家成为主要的投资者，并采取完全独资的形式建立了大量的国有企业。除集体经济外，不允许任何私有经济的存在。因此，国有经济自然成为我国经济的基本力量，也成为国家财政收入的主要提供者。改革开放以来，为了充分调动一切力量加快发展国民经济，国家通过宪法明确“在社会主义初级阶段，坚持公有制为主体，多种所有制经济共同发展的基本经济制度”。目前，我国的国有经济仍然占有很重要的地位，但混合所有制经济和非公有制经济发展更为迅速。现在的问题是，混合所有制经济和非公有制经济在经济总量上大大超过了国有经济，但对财政收入的贡献增长比较缓慢。在全部财政收入中，2/3 以上仍然是由国有经济提供的。相信这种不和谐的局面会随着经济结构的变化而做出相应的变化。事实上，在不少地方政府的财政上已经出现了这样的变化，非公有制经济提供的财政收入有的已经是“半壁江山”，有的甚至达到了 2/3 的绝大多数。

二是按财政收入来源的部门结构为标准，可分为工业部门收入、农业部门收入、商业部门收入和其他部门收入等；同时也可分为第一产业收入、第二产业收入、第三产业收入等。依据国际惯例，产业结构由三次产业所组成。第一产业为农业，第二产业为工业，第三产业为以商业、服务业为代表的其他各产业。其中第一产业是国民经济的基础，来自于农业的财政收入主要分为直接来自农业的收入和间接来自农业的收入。由于农业自身的特点所限制，决定了农业对财政收入的直接贡献率并不高。在我国，财政来源于农业的收入只有农业税，包括农业特产税在内。在全部国家财政收入中，农业税大体占 3%～6%。当然，如果全面看待农业与财政收入的关系，还应注意到另外几个方面。其一，与农业直接有关的农村非农产业向财政提供的税收；其二，更广义地讲，农业从根本上影响着整个国民经济的发展，进而影响着财政收入的来源；其三，由于价格剪刀差的原因，农业还以间接的形式为国家提供财政收入。在计划经济时期，这种间接收入的规模是相当可观的。第二产业是国民经济的主导，也是财政收入的主要源泉。尤其在我国长期实行以流转税为主体税制的情况下，工业部门上缴的税利对财政收入一直居于主要地位，是名副其实的财政收入支柱。1985年以前，财政收入的60%以上来自工业部门。随着税制改革的进行，该比重出现了下降，但仍可占到40%左右。值得指出的是，改革开放以来，作为第二产业的一个组成部分，建筑业在我国发展势头迅猛，国家财政来自于建筑业的收入增长幅度较大。以商业、服务业为代表的第三产业在现代经济中呈现出相当快的增长态势，因此，第三产业在国民经济中地位也不断提高。这已经成为世界各国共同的发展趋势。在发达国家，第三产业对GDP的贡献达到60%以上。虽然由于我国经济发展水平从整体上说还比较低，第三产业也不够发达，但近年来其成长速度令人乐观，按1990年不变价格计算，2000年我国服务业对GDP增长的贡献率为28%，比1995年提高5个百分点；按现价计算，服务业对经济增长的贡献率提高到了40%，呈现与工业并驾齐驱的态势。毫无疑问，加快发展第三产业，是未来保证我国财政收入稳定增长的希望所在。

三是按财政收入来源的地区结构，分为各区域或行政区划提供的财政收入。从这一角度分析财政收入结构，有助于了解财政收入的地域分布状态。如一定量的中央财政收入来自各地区的比例，不同行政区划财政收入规模或水平的对比状态等。这种分析是认识区域经济差异和财政差异的重要途径，也是制定区域经济发展战略和财政分配政策的重要依据。地区间的经济发展和财政收入水平差距过大，既不利于资源的有效利用和收入的公平分配，也不利于社会政治局面的稳定。因此，各国大都采用税收、政府投资、转移支付等手段来促进经济落后地区的开发，协调区域经济发展。

（三）按财政收入的价值构成分类

财政收入是对社会产品价值的分配，而社会产品价值由C、V、M三个部分所组成。分析财政收入与社会产品价值各个部分之间的联系，有助于我们进一步深化对财政收入经济源泉的认识。

1. M是财政收入的主要来源

M是产品价值中扣除补偿价值和个人消费价值之后的剩余产品价值。M的大小对于财政收入具有重要意义。从一般意义上讲，公共财政收入只能建立在M的基础上。因为只有剩余产品存在时，劳动者创造的产品才有可能拿出其中一部分供给非直接创造产品的劳动者所享用。因此，我们可以说，M奠定了公共财政的根基。在现实生活中，财政收入与M的直接联系是企业所得税和国家依据所有权从国有企业分享的利润。但是，考察全部的财政收入与产品价值的联系，问题并不能到此为止。因为在我国的税收体系中，作为主体税的流转税，都是以商品的全部价值，即C＋V＋M为课税对象征收的。显然，税收的直接来源并非与M有唯一联系。而且，事实上，在实际工作中，所谓C＋V＋M就是商品的销售价格。按照流转税的征收原则，无论经营是否亏损，即有无M，都要照常征税。因此，这似乎与M是财政收入的基本源泉的观点是不一致的。对此问题的解释有两种看法。一种看法认为，流转税是借助于商品交易对个人收入的再分配形式，另一种看法认为，流转税也是对M的分配，只不过是间接地通过价格来实现。但无论哪种看法，最后都归结为一点，财政收入的根本来源于M。

2. V是财政收入的补充

V是产品价值中以劳动报酬形式支付给劳动者个人的部分。在我国传统的计划经济体制下，国家对工资和其他个人福利严格控制，总体上说是一种低工资高就业的管理方法。因此，国家不可能对V再参与分配，财政收入基本上与V没有关系。但是，在经济体制实现转轨后，我国的个人分配制度发生了巨大的变化。工资薪金的分配贯彻按劳分配原则，并且个人收入也不再仅仅限于工资，而是以工资为主，辅之以奖金、津贴、补贴、实物福利等多种收入形式，工资本身也拉开了很大的档次。工资不再是满足于一般消费的价值。因此，V的部分已经成为财政收入的来源。这主要包括：①对个人直接征收的税收收入，如个人所得税、车船使用税等。②间接对个人收入征收的税收收入，如增值税、消费税等。③居民个人交纳的规费收入。此外，居民个人购买的国债在债务收入中也是一个重要来源。应该指出的是，如果把个人的收入放大来看，即不仅局限于产品价值中的工资性收入，而且我们会看到利息、股息、红利、特许权使用费以及偶然性所得等更多的形式正在越来越成为个人收入的内容。所有这些收入，都属于个人所得税征收的对象。随着我国经济实力的不断增强，居民个人的收入水平也会有更快的提高。依据国际经验分析，以个人所得税为主体的财政收入格局终将建立起来。

3. C不再成为财政收入的来源

C是补偿生产资料消耗的价值部分，包括固定资产的折旧和流动资产耗费的价值。从生产运行的角度看，补偿价值必须能够随着生产过程的进行，不断地提取，而又不断地重新投入，以保证生产过程的连续性周转。因此，原则上说，C不能被用于新的分配。但是，固定资产的折旧与流动资产的补偿价值在使用中有不同的方式。即固定资产的实物消耗与更新之间存在着时间差，与此相适应，折旧基金提取与补偿也不是相继发生的。因此，折旧基金在投入之前会有一个“闲置”的过程。在此期间内，如果将其用于新的投资，对固定资产的更新不会造成消极影响。正是基于这样的原因，在过去传统的计划经济体制下，国有企业的折旧基金曾全部或部分地上缴财政，成为财政收入的一个来源。但是，在市场经济条件下，国有企业要建立现代企业制度，企业必须转化经营机制，成为一个独立的经营实体，做到自负盈亏，自我积累，自我发展。在这种前提下，折旧基金的管理权限应该属于企业，而不是属于政府。因此，C部分不再成为财政收入的来源。

(四) 按财政收入的管理要求分类

按财政收入的管理要求可以将财政收入分为预算内财政收入和预算外财政收入。预算内财政收入指列入政府一般预算中的财政收入；预算外财政收入为置于政府一般预算以外单独管理的财政收入。预算外收入的内涵和范围在各国并不完全相同。如美国的预算外（off-budget）是按法律规定不包括在政府预算总额中的财政活动，如社会保障信托基金、邮政服务收支等，这些所谓“预算外的财政活动”均限定在特定的领域，并有反映其收支状况的相对独立的预算，在必要时也可以与政府预算合并。中国的预算外收入是指按国家财政制度的规定，可以不纳入预算管理，由各地区、各部门或单位自收自支、自行管理的财政资金。相对而言，中国的预算外收入范围较广，规模较大，资金较分散，管理要求较低，每个政府部门或单位几乎都掌握有一定数额的预算外资金，这不利于对政府收入的规范管理。

第二节 财政收入规模

一、衡量财政收入规模的指标

财政收入规模是一定时期内（通常为一年）财政收入来源的总量。财政收入规模的大小，可以采用绝对量和相对量两类指标加以反映。前者适用于财政收入计划指标的确定、完成情况的考核以及财政收入规模变化的纵向比较，后者适用于衡量财政收入水平、分析财政收入的动态变化以及对财政收入规模进行纵向和横向的比较分析；前者适用于静态和个量分析，后者适用于动态和总体分析。

衡量财政收入规模的绝对量指标是财政总收入。主要包括中央和地方财政总收入、中央本级财政收入和地方本级财政收入、中央对地方的税收返还收入、地方上解中央收入、税收收入等。财政收入的绝对量指标系列，具体反映了财政收入的数量、构成、形式和来源。

衡量财政收入规模的相对指标反映政府对一定时期内新创造的社会产品价值总量（即国民收入 GDP）的集中程度，又称为财政集中率（K）。这一指标一般表示为：

$$K=\frac{FR}{GDP}\times 100\%$$

其中，FR 表示一定时期内（一年）的财政收入总额。它可以根据反映对象和分析目的的不同，运用不同的指标口径，如中央政府财政收入、各级政府财政总收入、预算内财政收入、预算内和预算外财政总收入等，常用的是各级政府预算内财政总收入。同样，式中的国民收入也可运用不同的指标口径，如国内生产总值、国民生产总值等。

二、影响财政收入规模的因素

（一）经济技术因素

经济发展水平和技术进步是决定财政收入规模的基础。一般来说，随着经济发展水平的不断提高，国民收入不断增长，该国的财政收入规模也会不断扩大。如英国、法国、美国等西方主要国家，19 世纪末财政收入占国内生产总值的比重一般为 10%左右，到 20 世纪末，上升到 30%～50%。从横向比较看，经济发展水平较高的发达国家财政收入水平一般高于经济发展水平较低的发展中国家。根据相关数据计算，目前低收入国家的财政集中率平均为 21%，下中等收入国家平均为 25.7%，中等收入国家为 28.2%，高收入国家平均为 39.5%。由此可见，财政收入规模与其所依赖的经济规模和发达程度存在着显著的正相关关系。

从推动经济发展的因素看，技术进步的提高起着关键的作用。技术进步对财政收入规模的影响可从两个方面来分析：一是技术进步加快了生产速度、提高了生产质量，增加了国民收入，从而使财政收入的增长有了充分的财源。随着社会工业化、信息化的进步，科技对经济增长的贡献越来越大，对财政收入的影响也日益加深。这种影响首先表现为技术进步会带来生产速度的加快、新产品开发能力的加强和生产质量的提高，因此，GDP 的规模也不断扩大，财政分配的物质基础越来越丰富。二是技术进步降低了物耗比例，提高了人均产出比率和社会剩余产品价值率。由于财政收入主要来自剩余产品价值，所以技术进步对财政收入规模的影响更为明显和直接。据经济学家测算，在发达国家经济增长的诸因素中，技术进步的贡献率已从 20 世纪初的 5.2%，上升到 50 年代的 40%，70 年代进一步上升到 60%以上。其中美国和日本等发达国家高达 80%左右。

(二) 收入分配政策和制度因素

在经济发展水平和技术进步既定的条件下，一国的财政收入规模，还取决于收入分配政策和其他制度因素。一般来说，实行计划经济体制的国家，政府在资源配置和收入分配上起主导作用，并会采取相应的收入分配政策使政府在一定的国民收入中掌握和支配较大的份额，从而有较大的财政收入规模。例如前苏联、东欧国家以及改革开放前的中国。而实行市场经济体制的国家，政府活动定位于满足公共需要，市场机制在资源配置及收入分配中发挥基础性作用，收入分配政策的选择和实施以弥补市场缺陷为主，财政收入规模就相对较小。

(三) 其他因素

(1) 价格因素。由于财政收入是在一定价格体系下形成的货币收入，价格水平及比价关系的变化必然会影响财政收入规模。在经济发展水平、财政分配制度以及其他因素保持不变的条件下，价格水平的上涨会使以货币形式表现的财政收入增加，价格下降则使财政收入减少，这实际上是由价格水平的上涨或下跌引起的财政收入虚增或虚减。此外，当商品的比价关系向有利于高税商品变动时，财政收入会有更快的增长，反之，则会降低财政收入的份额。

(2) 特定时期的社会政治环境因素。特定时期的社会政治状况也会引起财政收入规模的变化。如在发生战争时，国家必须动员各种财力以稳固政权或维护国家利益，因而财政收入规模会急剧扩大。

三、财政收入规模的变化趋势

财政收入规模的变化是有规律可循的。在正常的环境下，财政收入的绝对规模会随着财源的扩大而保持上升的势头。以中国为例，自 1978 年改革开放政策实施以来，财政收入的绝对规模持续增长，即从 1978 年的 1132.3 亿元，增长到了 2008 年的 61330.35 亿元，30 年间增长了 54.2 倍。虽然在此期间物价上涨因素明显，但扣除物价因素其增幅依然较大，参见图 5-1。纵观世界上其他国家的情况，尽管各国的经济发展水平和财政职能大小会有差别，但绝对规模的增长趋势却是一致的。如作为发达国家之一的法国，按欧元的不变价格折算，其 1980 年的财政收入为 830 亿，1990 年为 1807 亿，2000 年为 2300 亿，20 年间增长了约 2.8 倍。在英国，以 2000 年、2001 年、2002 年三个预算年度的财政收入规模看，则分别是 3830 亿英镑、3908 亿英镑和 4070 亿英镑。

与绝对规模的变化趋势不同，在正常的环境下，财政收入的相对规模应该呈现出大体平稳的状态。以英国为例，1990 年其财政收入占 GDP 的比重为 41.4%，2000 年为 40.1%，2001 年为 39.1%，2002 年为 38.7%，10 余年间上下波动幅度只有 2.7 个百分点。在我国，改革开放前的相当长时间内，该比重基本保持在 30%左右。如图 5-2 所示，自 1978 年开始到目前为止，基本上是一条从高到低、再从低到高的曲线。1978 年至 1995 年前后，财政收入占 GDP 的比重下降了 20 个百分点，最低时将近 10%左右，每年平均降幅超过一个百分点。1995 年之后，这种下降趋势开始反转，到 2002 年时达到了 18.5%，2007 年继续上升到 20.5%，每年增幅平均也达到了一个多百分点。之所以会出现这样的现象，与我国经济体制和财政体制改革的特定环境是密不可分的。

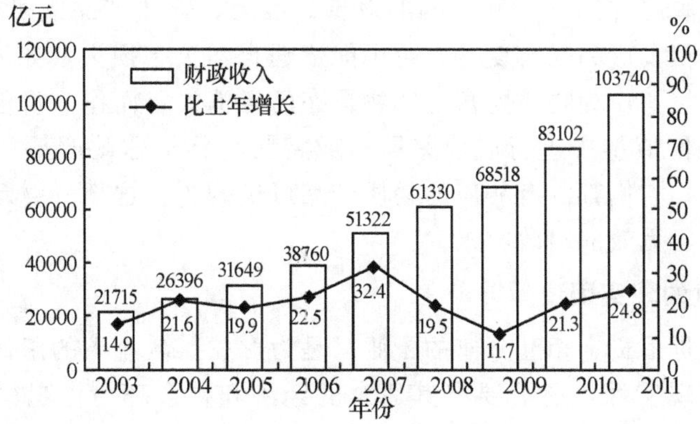

图 5-1　2003～2011 年财政收入及其增长速度

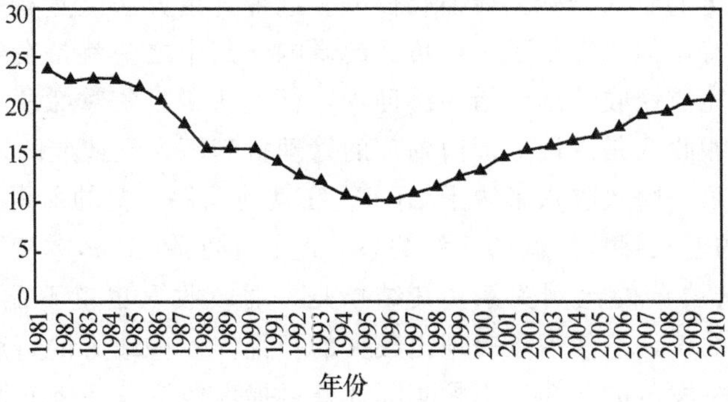

图 5-2　财政收入相当于 GDP 的比重/%

四、财政收入的质量

1. 如何理解财政收入的质量

所谓财政收入的质量，是指财政收入的真实性或有效性。一般意义上讲，财政作为国家参与社会产品分配的一种形式，其收入理应是数量（规模）与质量的统一体。财政分配建立在经济发展的基础之上，没有经济活动中财富的创造，就不会有财政分配的存在。但实际上，在经济发展的不同阶段，财政与经济之间的联系并非完全相同。在自然经济状态下，财政的分配直接对应于生产的物质产品，私人生产者将自己生产成果的一部分直接交给政府，形成了政府的财政收入。因此，财政收入中的虚假性基本上可以被排除掉。但是，由于商品货币经济的发展，物质产品（使用价值）的运动与货币资金（价值）的运动出现了相互分离的矛盾现象。社会的分配过程不再与产品的实物形态直接相关，而是与其价值形态的货币资金联系起来。我们通常所讲的财政收入占 GDP 的比例，税收制度中所设计的税率，都是指财政收入与社会物质产品与劳务的价值总量或净收益量的比例关系。在这种背景下，就使得财政分配过程变得比较复杂起来，进而有可能给财政收入的质量带来干扰，导致财政收入在数量与质量之间发生脱节。比如，国家对生产领域的征税，无论是流转税还是所得税，都要以生产者的生产成果为依据，即生产过程已经结束，不仅有了产品，而且也实现了销售。此时，生产领域的税金已经完成入库，但产品却随着销售的流转并不一定进入了消费环节，变成可供消费者（包括政府部门）实际采购的对象。因为，物质产品既可能会遭遇自身损失，如金属产品被腐蚀、粮食产品受霉变等，也可能遭遇自然灾害损失，如风灾、震灾、洪水等造成的损失等。很显然，作为物质财富的实物形态已经消失，而作为价值形态的财政收入还在运行。若按原有的价值量去进行政府采购，或将其转移给非政府部门的主体去投资、消费，从对等的角度说，它们都没有相应的物质产品可供购买。这部分财政收入便成为多余的内容，也就是虚假的、无效的财政收入。

2. 财政收入质量的现实因素

上述物质产品与货币资金相互分离的矛盾只是为形成财政收入的虚假性提供了可能性条件，要使虚假性变为现实性，还需要有其适合的经济和社会环境。观察我国财政运行的实践，我们大体可以发现以下一些问题与虚假财政收入相关：

（1）税收计划因素。长期以来，我国税收管理的一项重要内容就是实行计划管理，即税务部门必须按计划确定的收入指标完成征收任务。这种管理方法虽然有利于给国家财政的顺利运行提供可靠的支持，但也带来了一些负面的影响。其中之一就是在经济环境紧张的情况下，有的税务机关为完成税收计划不惜违法征税，征过头税，贷款缴税，先征后返，做数字游戏。因此，这种虚假收入是由税务部门内部的管理机制不合理造成的。

（2）经济统计因素。财政收入来源于 GDP。在其他条件不变的前提下，税收收入和其他财政收入应与 GDP 的增长保持协调的比例关系。但是，如果 GDP 本身不真实，尽管财政收入与名义 GDP 保持着协调的比例关系，其结果是，财政收入也就不能不存在虚假的成分。近年来，人们对我国的统计造假现象表现出很大的担忧。一些地方的行政官员为了追求自己的政绩，夸大本地经济发展的业绩，不顾实际地盲目提高经济发展速度指标，GDP 中的水分不容置疑。虽然虚夸的 GDP 未必都会成为实际的税收分配对象，但如果要做到税收的增长完全真实可靠也是不现实的。

（3）经济体制与经济运行中的因素。在计划经济中，生产企业生产什么，生产多少，由国家计划来决定。无论其产品质量如何，品种是否符合需要，都可以做到“皇帝的女儿不愁嫁”，只管生产，不管销售。一旦完成了生产过程，也就意味着企业创造了价值，国家财政由此也就可以拿到相应的税金和利润，形成一定规模的财政收入。但实际上，不仅计划安排可能出现问题，企业产品本身也可能出现问题。这些问题产品不能吃，不能用，只能是用来体现无效劳动。因此，计划经济下的虚假财政收入不可避免。在市场经济中，生产经营者有了生产经营的自主权，他们的生产经营必须面向市场寻找出路。因此，原来在计划经济下只顾生产、不管销售的问题已经不在。但受制于市场的信息不充分，企业生产的盲目性仍然不可避免。近年来，我国经济结构的趋同性，正是企业投资盲目性的典型表现。当前最受人关注的是家电产业，电视机、洗衣机、空调机等产品连续几年出现大量积压，价格一降再降，甚至亏本经营，不少企业已经走到了亏损的地步。假如这些产品的一部分不是积压在生产领域，而是积压在流通领域，那么，生产领域上缴国家财政的税收就会有无效的成分存在。

3. 虚假财政收入对经济和财政的消极作用

虚假财政收入在我国财政收入中的规模没有权威信息披露。但从以上的分析中，我们可以肯定，虚假收入是一个客观的现实。对此，我们的态度应该是正确看待其消极影响，积极采取有针对性的政策措施，并努力加以控制或消除，而不能加以回避。

虚假财政收入对经济和财政运行的消极作用至少可以归纳为两个方面：首先，它会干扰正常的经济秩序。对于政府而言，财政收入都是同样的可以归其支配的公共财力，任何人都不能从财政收入本身区分出所谓真实或不真实。因此，虚假的收入将与真实的收入一起，随着政府财政预算的安排进入经济运行的过程。由于实际上并没有与其对应的物质产品可供购买，结果就有两种可能：一是如果形成实际购买力，就要与真实的收入一起争夺有限的商品，引起物价上涨；二是如果不投入使用，就要形成货币购买力的沉淀，对经济的稳定保持较大的通货膨胀压力，影响宏观经济决策。其次，它会使政府和财政当局对财政收入水平处于盲目的乐观状态，放松对财政收入的有效管理，不利于建立规范的财政运行机制。财政收入的增长是有其客观规律约束的，如果不把精力放在财源的培植上，放在合理的征收管理机制的建立上，而是弄虚作假，自我夸大，其结果只能是割断财政收入与财政支出的正常联系，并损害本地经济和社会的发展。

第三节　财政收入结构分析

一、财政收入形式结构分析

从形式上分，财政收入分为税收和非税收两类。税收细分为直接税和间接税；非税收包括国有资产收益、政府基金、公共收费、公债收入及其他收入。

(一) 税收收入是我国财政收入的主体

在市场经济条件下，税收是财政收入的主要形式。在发达国家，税收一般占政府经常性预算收入总额的90%以上，是公共资金的主要来源。目前，我国税收收入占政府预算收入的比重已达95%左右。如图5-3所示，税收已经成为财政收入的主体。

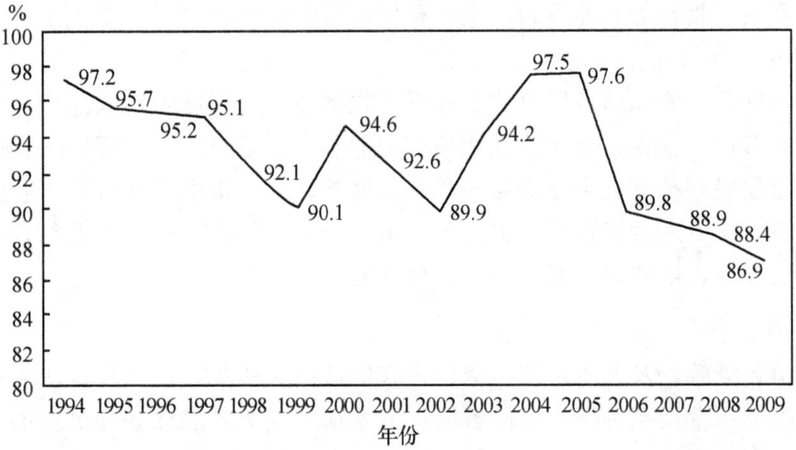

图5-3　税收收入占财政收入的比重（1994～2009）

（二）非税收收入是我国财政收入的重要组成部分

非税收收入主要包括国有资产收益、政府基金、公共收费、罚没收入、彩票公益金和以政府名义接受的捐赠收入，以及政府财政资金产生的利息收入等，这部分收入尽管在财政收入中所占比重只有10%左右，但由于这部分收入特殊的调节功能及满足特定需要的功能，成为我国财政收入不可缺少的重要组成部分。

1. 国有资产收益

国有资产是国家依据法律取得的，或由于资金投入、资产收益、接受馈赠而取得的财产和债权的总称。广义的国有资产包括一国境内和境外的属于国家所有的一切资产，既包括国家依据法律取得的，或通过各种投资方式在国内外形成的经营性和非经营性资产；也包括属于国家所有的土地、森林、矿藏、河流、海洋等自然资源；还包括国家所有的版权、商标权、专利权等无形资产。狭义的国有资产仅指经营性的各类企业中产权属于国家所有的资产。国有资产收益就是国家凭借全民所有的资产所有权取得的各种收益的总称。就企业而言，国有资产收益就是国家凭借对企业拥有的资产所有权而应取得的各种收益，其中包括国有资产拍卖收益、租赁收益以及由企业税后利润分配取得的收益等。而国有企业的“未分配利润”是国家以投资人的身份从企业资产经营中应取得的收益，也属于国有资产投资的回报，所有权归国家。国有资产收益的形式主要有三种：

第一，来自国有企业和国有股权的资产收益形式。这属于经营性和投资性收益。主要包括：①对国家直接经营的国有企业和实行资产经营责任制的国有企业采取利润上交形式；②对实行承包经营责任制的企业采取承包或资产占用费形式；③对实行租赁经营方式的国有企业实行租赁费形式；④在实行股份经营的企业中对国有股权采取股利形式（主要包括股息和红利两部分）；⑤国有资产处置、变卖、溢价收入；⑥国有股权转让取得的收入，等等。

第二，来自资源性国有资产的收益形式 。主要包括：①国有土地使用费，即国家在出让国有土地使用权时向土地使用者收取的费用。它由绝对地租、级差地租、土地投资及其利息构成。②国家资源管理收入，即国家对开采国有矿藏等资源的部门、企业或单位收取的管理费用，如沙石管理费、矿石管理费等。③中外合资企业场地使用费收入，即中外合资企业因使用中国土地及其附属设施而缴纳的费用。

第三，国有资产收益的其他形式。主要有依法没收资产收益、接受无主资产收益、接受赠予资产收益等。

其中，来自国有企业和国有股权的国有资产收益在全部国有资产收益中占主导地位。正确管理这部分国有资产收益，对于优化国有经营性资产的配置、增强国有企业的整体活力、促进社会生产力发展等都具有十分重要的意义。另外，国家集中的国有资产收益是国家财政资金的重要来源，应纳入政府预算，主要用于国有资本再投资，调整产业结构，补充国有资本金，科技开发投入，增购有关股份公司股权及购买配股等。

2. 政府基金

政府基金指各级政府及其所属部门依据国家的法律、法规，向公民、法人和其他组织征收的为兴办、维持或发展某种事业而储备的资金款项。设立政府性基金的目的，主要是支持某项特定产业或事业发展。其主要形式包括各种基金、资金、附加和专项收费等。政府性基金按筹集方式划分，可分为附加在税收上征收的基金，附加在价格上征收的基金（如电力建设基金、三峡工程建设基金、邮电附加等），以销售（营业）收入为对象征收的基金（如文化事业建设费、碘盐基金等）。按政府基金的使用行业划分可分为工业发展基金、交通建设基金、教育事业基金、城市建设基金等。全国政府性基金收入 2011 年决算数达到 41363.13 亿元，为 2010 年决算数的 112.4%。

3. 公共收费

政府性收费指政府有关公共部门中的一些行政单位和事业单位在向社会提供管理服务或者事业服务时，向管理对象或者服务对象的消费者收取的费用。主要包括行政管理收费、事业服务性收费和专项收费三种类型。行政管理收费是政府各职能管理部门（如公安、环保局等）在进行行政管理服务时，向被管理对象进行的收费。包括：各类罚款、特许权收费、以及服务规费等。事业服务性收费是政府举办的各事业单位在向社会成员提供各种事业服务时，向被服务对象的收费。包括：教育费用、医疗费用、道路桥梁费用等。属于准公共产品类型。专项收费是政府为满足某一专项支出的需要而按这类支出的受益程度直接向受益者收取的费用。包括：道路维修费、城市绿化费、清洁费等。

政府性收费作为政府财政非税收入的重要形式，是政府在履行其职能的过程中收取的费用，且一般都有专项用途，它与财政收入的主要形式——税收相比，有自己的特点：①征收主体的多元性。政府性收费的征收主体有的是国家及其政府有关部门，有的是事业单位，还有的是代行政府职能的社会团体；而税收是由税务机关负责征收。②使用方向的特定性。政府性收费是为了满足准公共需要即特定的公共产品和服务而收取的，资金的使用方向相对固定。税收是政府为满足纯公共需要，筹集一般公共产品和服务所需资金而征收的，使用方向不固定。③征收上的有偿性、自愿性和不固定性。政府性收费的征收虽然具有一定的强制性，同时在很大程度上体现了自愿和有偿，具体表现为缴费人提供特定的公共产品和服务，同时每项政府性收费一般都明确征收期限。且征收标准与提供的准公共产品和服务直接相关，适时调整。④资金管理方式的特殊性。政府性收费由于是政府为提供特定公共产品和服务而收取的，其收入应纳入财政预算或预算外资金财政专户管理，一般实行专款专用；而税收收入全部纳入财政预算，用于政府一般性开支，实行集中管理。

通过公共收费取得部分财政收入是各国通行的做法。合理的公共收费不仅有助于补偿政府的资金耗费，而且有利于公共费用的合理分担，并促使公共资源有效利用。在中国，反映在预算内的公共收费（包括基金收入）规模并不大，但由各种政府性收费尤其是地方政府收费组成的预算外和制度外资金规模较大。

4. 罚没收入

指国家行政执法机关依据国家法律、法规及规章规定，对当事人的违法违规行为收取的罚款、罚金，以及没收非法所得、没收非法财物、没收财产、没收赃款赃物、追回赃款赃物所形成的收入。

按照罚没收入的形式划分，可以分为罚款、罚金、没收非法所得、没收非法财物、没收财产、没收赃款赃物和追回赃款赃物等形式。罚款、没收非法所得、没收非法财物取得的收入是中国《行政处罚法》规定的处罚的三种不同种类；罚金是中国刑法附加刑之一，是指由人民法院判决的、强制犯罪分子向国家缴纳一定数额的金钱；没收财产同样是刑法的附加刑之一，表现形式为将犯罪分子个人或所有财产的一部分或全部强制、无偿地收归国有；没收赃款赃物是指县以上人民法院、检察院和公安机关对那些应该退还失主但又找不到失主的赃款赃物无偿地收归公有；追回赃款赃物是指依法查处、追回贪污盗窃、行贿受贿等违法犯罪案件的财物。

5. 彩票公益金

彩票公益金是指彩票销售收入扣除返奖奖金、发行经费后的净收入，是国家筹集资金发展社会公益事业的一种重要手段。

中国彩票管理体制规定：发行彩票的批准权在国务院，审查权在中国人民银行。中国人民银行是彩票市场的主管机构。民政部依据法律、法规和国务院的有关规定，制定和发布福利彩票的具体操作方法。中国社会福利有奖募捐委员会（以下简称中募委）是民政部领导的全国福利彩票的管理机构，对全国福利彩票实施具体的日常管理。它又设省、地、县三级社会福利有奖募捐委员会，简称地方募委，受当地民政部门的领导。国家体育总局则是体育彩票的具体管理操作部门，下设体育彩票管理中心，为全国体育彩票的唯一发行组织。

中国的福利彩票销售收入分解为奖金、社会福利资金和管理费。具体来说，福利彩票销售收入的50%应作为奖金返还给中奖者。福利彩票销售收入的30%作为社会福利资金，其中5%上缴中募委，其余归地方募委。社会福利资金必须专款专用，不得冲抵中央和地方安排的社会福利事业费。对彩票发行单位不再征收企业所得税。福利彩票销售收入的20%作为管理费，即发行费用。目前，其中的7%～8%是作为代理费支付给各经销点，对其征收营业税或免税，其余为印刷费，电信费，设备的购置、还贷和折旧费，彩票机构的人员工资和管理成本等。

6. 特许权收入

特许经营收入是指国家依法特许企业、组织或个人垄断经营某种产品或服务而获得的收入，属于政府非税收入的组成部分。

7. 公债收入

公债通常被视为一种非经常性财政收入，主要用于弥补财政收支的缺口。在现代经济生活中，公债发行的规模不仅取决于一般财政收支的状况，更重要的是取决于宏观经济调控的需要。

二、财政收入的部门结构分析

财政收入的部门结构主要反映国民经济各部门为政府提供收入的情况。财政收入的部门结构可以从两个角度进行分析：一是按传统的部门划分方法分析工业、农业、商业、交通运输业、建筑业、服务业等部门提供财政收入的情况；二是按现代的部门划分方法分析第一产业、第二产业和第三产业提供财政收入的情况。

财政收入的部门结构与经济中的部门结构具有直接联系。在一般的农业国家，来自农业部门财政收入比重较高；随着工业化的不断推进，工业部门提供的财政收入会相应增加，并成为财政收入的主要来源；在工业化走向现代化的过程中，商业服务业等第三产业会有更快的增长，其提供财政收入的比重也会迅速上升。

在一定的经济结构状况下，财政收入的部门构成还与价格体系与收入政策有关，典型的是农业。农业是国民经济的基础，没有农业的发展，其他部门的发展及所能提供的财政收入都将受到制约。从这个意义上说，农业也是财政收入的基础。但农业从整体上看属于“弱质”产业，农产品在商品交换中也往往处于弱势地位，因此农业创造的价值通常会有一部分转移到工业或其他部门。在这种情况下，财政来自农业的账面收入就会低于其实际贡献程度。

现代的部门结构分类与传统的部门分类所依据的标准不同，但又相互交叉。一般认为，第一产业相当于农业（包括种植业、养殖业和渔业）和采掘业，第二产业相当于加工业和建筑业，第三产业相当于上述部门以外的其他部门。把国民经济分为第一产业、第二产业和第三产业是国际通行的做法。从国际比较看，在发达国家，第三产业创造的价值占 GDP 的比重已达 60%以上，提供的财政收入占全部财政收入 50%以上。目前，中国的第三产业还不够发达，但增长较快，占 GDP 的比重已超过 30%，成为政府越来越重要的财源。

三、财政收入的地区结构分析

财政收入按来源地的不同可以分为不同地域或行政区划提供的财政收入。从这一角度分析财政收入结构，有助于了解财政收入的地域分布状态。如一定量的中央财政收入来自各地区的比例，不同行政区划财政收入规模或水平的对比状态等。这种分析是认识区域经济差异和财政差异的重要途径，也是制定区域经济发展战略和财政分配政策的重要依据。

由于受历史机遇、地理条件、人口素质、经济政策及其他因素的影响，必然产生地区经济发展的不平衡，因此一国各地区的财政收入规模和结构必定存在差距。在中国，按东部、中部、西部三个地带划分，东部地区的财政收入水平明显高于中西部地区，而西部地区的收入水平最低。据测算，目前，中央财政收入的 70%以上是来自东部地区。

地区间的经济发展和财政收入水平差距过大，既不利于资源的有效利用和收入的公平分配，也不利于社会政治局面的稳定。因此，各国大都采用税收、政府投资、转移支付等手段来促进经济落后地区的开发，协调区域经济发展。如在中国实施的西部大开发战略，对于逐步缩小东西部地区之间的经济和财政收入差距都具有重大意义。

财政收入结构分析还可以从其他角度进行，如按财政收入是否纳入政府预算管理划分，可以分析预算内与预算外收入的关系；按财政收入级次划分，可以分析中央财政与地方财政以及地方各级财政的关系，等等。这些分析均有其特定的意义和作用。

重点概念

财政收入　国有资产收益　税收收入　财政收入规模　财政收入结构　政府基金　公共收费

思考题

1. 如何正确认识财政收入的内涵及外延？
2. 财政收入规模一般的变化趋势是什么？我国财政收入规模的变化有什么特殊性？
3. 怎样理解经济发展水平与技术水平对财政收入规模的影响？
4. 从我国的实践分析分配政策变化与财政收入规模变化之间的联系。
5. 从财政收入结构分析来思考我国增加财政收入的途径。

第六章 税收原理

税收是国家取得收入的主要方式，因此税收理论在财政收入理论中占有重要地位。本章从最基本的税收概念、税收本质、税收分类入手，进一步分析了税收负担及其转嫁与归宿、税收的经济效应和税收原则等问题。

案例导引

世界各国的税收负担情况及最佳税收负担率

当今，世界各国的税收负担率水平差异很大。以国内生产总值税负率衡量，世界各国税收负担率水平大体上可以划分为高税负国家（或地区）、中等税负国家（或地区）和低税负国家（或地区）3类。高税负国家，一般是指税收总额占国内生产总值的比重为30%以上的国家，大多数经济发达国家一般都属于此类。高税国家又可以具体分为3个级次。一是最高税负国家，其税收总额占国内生产总值的比重在50%左右，这些国家包括瑞典、丹麦、芬兰、比利时、法国、荷兰、卢森堡等。二是次高税负国家，其税收总额占国内生产总值的比重在35%～45%，这些国家包括奥地利、加拿大、德国、希腊、爱尔兰、意大利、新西兰、挪威、葡萄牙、西班牙、英国等。三是一般高税国家，其税收总额占国内生产总值的比重为30%左右，这些国家包括美国、澳大利亚、日本、瑞士等。中等税负国家，一般是指税收总额占国内生产总值的比重在20%～30%的国家，世界上大多数发展中国家均属于此类，如肯尼亚、南非、突尼斯、扎伊尔、埃及、巴西、印度、墨西哥、巴基斯坦、哥伦比亚、马耳他等。低税负国家和地区，一般是指税收总额占其国内（地区）生产总值的比重在20%以下的国家和地区。低税负国家和地区的具体情况又分为以下3种：一部分属于实行低税模式的避税港，如巴哈马、百慕大、中国香港及中国澳门等。以中国香港为例，税收总额占地区生产总值的比重只有10%左右，其税收主要由4种税（即利得税、薪俸税、利息税和物业税）所构成。避税港多是小国，有的还是小岛或“飞地”，它们之中过去不少曾沦为发达国家的殖民地。另一部分属于经济欠发达国家，国内生产总值不高，税源小，财政收支比较紧张。再一部分属于靠非税收入为主的资源国，特别是石油输出国，如阿联酋、科威特、伊朗、巴林等，这些国家的财政收入主要依靠非税收收入。如阿联酋财政收入的100%、科威特财政收入的95%、伊朗财政收入的60%来自于石油的开采与销售。世界银行的一份调查资料也显示，一国的税收负担率与该国的人均GDP水平成正相关关系：人均GDP在260美元以下的低收入国家，最佳的税收负担率应为13%左右；人均GDP在750美元左右的偏低收入国家，最佳的税收负担率应为20%左右；人均GDP在2000美元以上的中等收入国家，最佳的税收负担率应为23%左右；人均GDP在10000美元以上的高收入国家，最佳的税收负担率应为30%左右。

第一节 税收概述

一、税收的本质与特征

(一) 马克思主义关于税收的定义

税收是一个人们十分熟悉的古老的经济范畴。它有几千年的历史，经历了奴隶社会、封建社会、资本主义社会。在社会主义社会仍然存在税收。马克思说：“赋税是政府机器的经济基础，而不是其他任何东西。”“国家存在的经济体现就是捐税。”列宁认为，所谓赋税，就是国家不付任何报酬而向居民取得东西。

据马克思主义学说，可以对税收做如下界定：其一，税收是与国家的存在直接联系的，是政府机器赖以存在并实现其职能的物质基础，即政府保证社会公共需要的物质基础；其二，税收是一个分配范畴，是国家参与并调节国民收入分配的一种手段，是国家财政收入的主要形式；其三，国家在征税过程中形成一种特殊的分配关系，即以国家为主体的分配关系，因而税收的性质取决于社会经济制度的性质和国家的性质。马克思主义认为，税收总是与国家紧密联系在一起的，无论是作为财政收入的形式参与 GDP 分配的手段，还是作为特定分配关系的体现，都是如此。但这并不意味着国家是税收产生和发展的决定性因素。国家公共权力不过是为税收的产生提供社会条件，而决定税收产生的根本原因仍必须从经济上去寻找，也就是生产力的发展以及私有制的产生。其实，在说明公共权力是税收产生的社会条件的同时，已经说明了税收产生的经济原因。因为没有生产力的一定发展，没有剩余产品，就没有私有制，也就没有阶级和国家。简单的事实是，只有出现剩余产品，才有税收的源泉。按马克思主义的理解，税收是在一定经济条件和社会条件下产生的，当然也会在一定的经济条件和社会条件下消亡，但是，在税收产生和发展的经济条件和社会条件尚未消失之前，税收是不可能退出历史舞台的。当前社会主义的税收不是削弱以至于取消的问题，而是要掌握社会主义税收的性质、特征及其规律性，制定科学的税收制度，从而强化税收的作用。

(二) 西方经济学者关于征税的依据

税收存在的依据说明国家或政府为什么要征税、社会公众为什么要缴税的问题。科学地说明税收存在的依据，对于深入把握税收的本质具有重要意义。

17 世纪以来，西方经济学者对这一问题进行了深入探讨，提出了各种不同的学说，较有代表性的是“公需说”、“交换说”和“经济调节说”。

“公需说”起源于 17 世纪德国官房学派的奥布利支、克洛克和法国的波丹。这种学说认为，国家职能在于满足公共需要，增进公共福利，为此需要费用支出，税收就是实现这种职能的物质条件；换言之，国家及公共团体为充实公共需要，才要求人民纳税。

“交换说”产生于 17 世纪，主要代表人物有重商主义者霍布斯、古典学派经济学家亚当·斯密等。这种学说以自由主义的国家观为基础，认为国家和个人是自主独立平等的实体，如果因国家的活动而使人民受益，人民就应当向国家提供金钱，税收就是这两者的交换。

“经济调节说”亦称“市场失灵论”，产生于 20 世纪 30 年代，是西方资本主义发展到国家垄断阶段以后产生的以凯恩斯主义为代表的理论观点。这种观点认为，西方社会的市场机制往往失灵，难以实现资源有效配置、财富公平分配和经济稳定增长，因此，政府有必要通过运用包括税收在内的各种经济手段，调节宏观经济运行。

上述学说从不同角度说明了税收存在的依据，均有其合理的成分。对于现代社会而言。税收存在的依据主要有以下几个方面：

第一，政府活动主要表现为为社会提供公共产品，以满足公共需要，由于公共产品具有非排他性和非竞争性的特点，其效率价格为零，这就决定了这类商品无法通过市场交易方式取得足以补偿成本的资金，而这种成本补偿是必不可少的，否则政府活动无法维持，因此，税收就成为政府以非市场方式取得收入，为公共产品的供给提供资金保障的基本手段。从政府向社会公众提供公共产品并课征税款，社会公众取得政府服务的“利益”并支付税款的角度看，税收可以称为公共产品的“价格”，即它体现以政府为一方，社会公众为另一方的整体“交换”关系。

第二，在市场经济中，市场机制对资源配置起基础性作用。但是，当出现市场失灵时，政府课税能矫正市场失灵，改善资源配置状况，产生增进社会福利的正效应，因此，税收能够促进土地、资金、劳动力、技术等经济资源的合理分配与使用。

第三，在市场经济中，由市场机制决定的收入和财富分配难以达到社会公平的状态，而社会公平作为一种价值追求，对保证一国的社会和经济稳定是十分重要的，为此，应当通过政府干预来调节收入和财富的分配状况。由于税收影响纳税人之间的利益关系，因而是政府对收入和财富分配进行调节的有力工具。

最后，市场经济的运行有一定的盲目性，这种盲目性造成诸如经济结构扭曲、价格水平不稳定和难以保持充分就业等问题，从而引起经济的周期性波动。现代政府担负的重要职责之一，就是要促进资源的充分利用和经济结构的合理化，保持宏观经济的稳定和均衡发展。为此，需要运用各种财政手段进行结构性和“反周期”性的调节，税收即为主要的财政调节手段之一。以差别税率引导经济行为，以增税或减税影响总供需关系等，有助于政府实现一定的宏观经济调控目标。

在税收存在的各种依据中，补偿公共产品的成本是基本依据，其余则为派生依据，换句话说，以税收方式对资源配置、财富分配和国民经济运行进行调节等，是把税收作为一种既定工具加以利用的。

（三）税收的形式特征

税收的形式特征是指税收的强制性、无偿性和固定性。通常被简称为税收的“三性”。

1. 强制性

税收的强制性，是指国家征税是凭借政治权力，并通过颁布法律或法令实施的。任何单位和个人都不得违抗，否则就要受到法律的制裁。在对社会产品的分配过程中，存在着两种权力：所有者权力和国家政治权力。前者依据对生产要素的所有权取得收入，后者凭借政治权力占有收入。税收的强制性是由它所依据的政治权力的强制性决定的。国家征税是对不同的社会产品所有者的无偿征收，是一种对所有者权力的“侵犯”，没有强制性的国家权力作后盾是不可能实现的。这也说明，在税收分配上，国家政治权力是高于所有权的。正如恩格斯指出的：“征税原则本质上是纯共产主义的原则，因为一切国家的征税的权力都是从所谓国家所有制来的。的确，或者是私有制神圣不可侵犯，这样就没有什么国家所有制，而国家也就无权征税；

或者是国家有这种权力，这样私有制就不是神圣不可侵犯的，国家所有制就高于私有制，而国家也就成了真正的主人。”还需说明的是，税收的强制性是由作为国家政治权力表现形式的税收法律的强制性加以体现的，与纳税人是否自觉自愿纳税的动机是无关的。纳税人自觉纳税（非捐献）表明纳税人自觉遵守税法，是法制观念强的表现，不能以此否定税收的强制性。

2. 无偿性

税收的无偿性，是指国家征税以后，税款即为国家所有，不再归还给纳税人，也不向纳税人直接支付任何代价或报酬。税收的无偿性使人们容易将其与国家信用关系中的国债的有偿性区别开来。但也必须指出，税收无偿性也是相对的，因为从个别的纳税人来说，纳税后并未直接获得任何报偿，即税收不具有偿还性。但是若从财政活动的整体来考察，税收的无偿性与财政支出的无偿性是并存的，这又反映出有偿性的一面。在社会主义条件下，税收具有马克思所说的“从一个处于私人地位的生产者身上扣除的一切，又会直接或间接地用来为处于社会成员地位的这个生产者谋福利”的性质，即“取之于民，用之于民”。从这个意义上说，有的学者提出税收具有“个别无偿性，整体有偿性”的看法也是不无道理的。

3. 固定性

税收的固定性，是指国家在征税前就以法律或法规的形式预先规定了征税的标准，包括征税对象、征收的数额或比例，并只能按预定的标准征收。纳税人只要取得了应当纳税的收入，或发生了应当纳税的行为，或拥有了应当纳税的财产，就必须按规定标准纳税。同样，征税机关也只能按规定标准征税，不得随意更改这个标准。由此还可看出，税收的固定性还暗含了税收是连续征收和缴纳的意思，这使税收能成为经常性的财政收入。税收的固定性强调的是税收征纳要按法律规定的标准进行。这个法定的标准必须有一定的稳定性，但也应随着社会经济条件的变化在必要时进行更新，使其更为科学、合理。将税收的固定性理解为税收是长期固定不变的，则是不正确的。

税收的上述三个形式特征是一个统一体，共同构成税收区别于其他财政收入形式的标志。判断一种财政收入形式是不是税收，主要是看其是否同时具备这三个特征。凡同时具备这三个特征的，无论叫什么名称，都是税收；如果不同时具备这三个特征，即便名称是税，实质上也不是税收。

税收的三性反映了一切税收的共性，它不会因社会制度的不同而有所改变。税收的三个基本特征是密切联系的。税收的强制性，决定着征收的无偿性，因为如果是有偿的话就无须强制征收。而税收的无偿性，必然要求征税方式的强制性，因为国家征税，收入即归国家所有，不直接向纳税人支付任何报酬，一般纳税人不能做到自愿纳税，必须要求其依法纳税。强制性和无偿性又决定和要求征收的固定性。否则，如果国家可以随意征收，那就会侵犯现存的所有制关系，使正常的经济活动无法维持下去，从而会危及国家的存在。当然，征税本身也是对所有制的一种侵犯，但由于税收的固定性，则把这种侵犯限制在所有制允许的范围内。税收的强制性、无偿性和固定性是统一的、缺一不可的。税收的“三性”成为区别税与非税的重要依据。判断什么是税，什么不是税主要看它是否同时具备这三个特征。例如，罚没收入也可以构成财政收入，也是强制的和无偿的，但对缴纳人来说却不一定是固定的，因此不能称之为税。

二、税收要素

（一）纳税人

纳税人，又称纳税主体，它是指税法规定的负有纳税义务的单位和个人。纳税人可以是自然人，也可以是法人。所谓自然人，一般是指公民或居民个人，如月工资达到应纳税所得额的我国公民，就是个人所得税的纳税人。所谓法人，是指依法成立并能独立行使法定权利和承担法定义务的社会组织，主要是各类企业，如我国的国有企业、集体企业和私人企业等都是企业所得税的纳税人。与纳税人相联系的一个概念是负税人。负税人是指最终负担税款的单位和个人，它与纳税人有时是一致的，如在税负不能转嫁的条件下；有时是分离的，如在税负可以转嫁的条件下。

（二）课税对象

课税对象，又称税收客体，它是指税法规定的征税的目的物，是征税的根据。每一种税都必须明确对什么征税，每一种税的课税对象都不会完全一致。课税对象是一种税区别于另一种税的主要标志。在现代社会，税收的课税对象主要包括所得、商品和财产三大类，国家的税制往往也是以对应于这三类课税对象的所得税、商品税和财产税为主体。由于课税对象是比较笼统的，为了满足税制的需要，还必须把课税对象具体化，将课税标的物划分成具体项目。这种在税制中对课税对象规定的具体项目称为税目。税目规定了一个税种的征税范围，反映了征税的广度。税目的划分根据国家调节经济和税收管理的不同需要，可繁可简。

与课税对象相联系的一个概念是计税依据。计税依据是按一定标准对课税对象予以度量的结果，亦称为“税基”。计税依据和税率是决定应缴税额的两个因素，即应纳税额＝计税依据×税率。计税依据可分为两类：一类按价值量计算，如销售额、营业额、所得额、增值额等；另一类按实物量计算，如重量、面积、容积等。

（三）税率

税率，是指应征税额对课税对象征税的比率。课税对象与税率的乘积就是应征税额，反过来说，应征税额与课税对象之比即为税率。税率是税收制度的核心和中心环节，税率的高低既是决定国家税收收入多少的重要因素，也是决定纳税人税收负担轻重的重要因素，因此，它反映了征税的深度，体现国家的税收政策。一般来说，税率可划分为比例税率、定额税率和累进税率三类。

(1) 比例税率。比例税率是对同一课税对象，不论其数额大小，统一按一个比例征税。在具体运用上，比例税率可分为统一比例税率和差别比例税率两类。统一比例税率是指一个税种只设置一个比例税率；差别比例税率是指一个税种设置两个或两个以上的比例税率，差别比例税率可按产品、行业或地区设计。比例税率计征简便，并且同类征税对象等比负担，有利于规模经营和平等竞争，因而应用较为广泛。其缺陷是有悖于量能负担原则，且税负具有累退性。

(2) 定额税率。定额税率是按课税对象的实物单位直接规定固定税额，而不采取征收比例的形式。如按吨、平方米、辆等实物单位规定单位税额。定额税率的特点是计算方便，且税款不受价格变动的影响，但税负不尽合理，只适用于少数税种或某些税种中的部分税目。

（3）累进税率。它是按课税对象数额的大小，划分若干等级，分别规定不同的税率，课税对象数额越大，税率越高，数额越小，税率越低。累进税率因计算方法的不同，又分为全额累进税率和超额累进税率两种。①全额累进税率，是把课税对象的全部按照与之相对应的税率征税，即按课税对象适应的最高级次的税率统一征税。②超额累进税率，是把课税对象按数额大小划分为不同的等级，每个等级由低到高分别规定税率，各等级分别计算税额，一定数额的课税对象同时使用几个税率。

全额累进税率与超额累进税率都是按照量能负担的原则设计的。但二者又有不同的特点，主要表现在：①在名义税率相同的情况下，全额累进税率的累进程度高，税负重；超额累进税率的累进程度低，税负轻；②在级距的临界点附近，全额累进税率会出现税额增长超过税基增长的不合理现象，超额累进税率则不存在这种问题；③全额累进税率在计算上简便，超额累进税率计算复杂。

在实践中，各国税制都将公平原则放在重要位置，因此，超额累进税率目前得到普遍推行。为了解决该税率使用上的复杂性问题，采取了简化计算的“速算扣除法”。即先计算出速算扣除数，然后运用下列公式计算出应纳税额：

应纳税额＝法定税基×适用税率－速算扣除数

所谓速算扣除数，指同一税基按全额累进税率计算的税额与按超额累进税率计算的税额之间的差额。

（四）减免税

减免税是依据税法对某些纳税人或征税对象给予少征部分税款或全部免于征税的优惠规定。减免税的形式多样，一般分为税基式减免、税率式减免、税额式减免。

税基式减免是指对具体项目列举减免或对课税对象规定起征点、免征额，以解决普遍性照顾问题。其中，起征点是指对课税对象开始征税的数量界限；免征额是指在课税对象总额中免于征税的数额。起征点与免征额有相同点，即当课税对象小于起征点和免征额时，都不予征税。两者也有不同点，即当课税对象大于起征点和免征额时，采用起征点制度的要对课税对象的全部数额征税，采用免征额制度的仅对课税对象超过免征额部分征税。在税法中规定起征点和免征额是对纳税人的一种照顾，但两者照顾的侧重点显然不同，前者照顾的是低收入者，后者则是对所有纳税人的照顾。

税率式减免是指将原定税率降低一定幅度，征税时按降低后的税率计征所实现的减免税，也是主要用于解决普遍性照顾问题。

税额式减免指对课税对象先按统一规定计算应纳税额，然后减征一定数量的税额而实现的减免税，主要用于解决个别性照顾问题。

（五）其他要素

纳税环节是指税法规定的在商品流转过程中和劳务活动中应当缴纳税款的环节。商品从生产到消费往往需要经过多个流转环节。纳税环节的确定，关系到税制结构和整个税收体系的布局；关系到税款能否及时、足额入库；关系到地区间财政利益的分配；也关系到是否便利纳税人交税等。

纳税期限是指税法规定的纳税人向国家缴纳税款的时间。规定纳税期限是为了促使纳税人及时依法纳税，以保证国家财政支出的需要。它是税收强制性和规范性在时间上的体现。纳税期限的确定，一般应考虑纳税人生产经营和课税对象的特殊性，以及应纳税额数量的大小。

纳税地点是税法规定纳税人缴纳税款的地点。由于不同税种的纳税环节不同，各个纳税人的生产经营方式也不尽一致，因此，税收制度中本着方便征纳，有利于对税款源泉控管的原则，通常要在各税种中明确规定纳税人的具体纳税地点。

三、税收分类

（一）按课税对象的性质分类

现代国家的税制一般都由多个税种组成，各税种既相互区别又密切相关，依照一定的标准将各税种分别归类，是研究和建设税制的重要前提。税收分类的标准和方法很多，但根据课税对象的性质进行分类，始终是各国常用的主要的分类方法，也是最能反映现代税制结构的分类方法。按照课税对象的性质可将各税种分为所得课税、商品课税和财产课税三大类。①所得课税，是指以纳税人的净所得（纯收益或纯收入）为课税对象的税种，一般包括个人所得税、企业所得税等。在西方国家，社会保障税、资本利得税等一般也划入此类。②商品课税，包括所有以商品为课税对象的税种，如增值税、营业税、消费税、关税等。③财产课税，是指以各类动产和不动产为课税对象的税收，如财产税、遗产税、赠予税等。必须说明，由于各个国家的税制千差万别，税种设计方式各异，因而同样采用此种分类方法，结果也不完全相同，如我国税种一般分为所得课税、商品课税、资源课税、行为课税和财产课税五大类。

（二）按税负能否转嫁为标准分类

按税收负担能否转嫁分类，可将税收分为直接税和间接税。凡税负不能转嫁，纳税人与负税人一致的税种为直接税；凡税负能够转嫁，纳税人与负税人不一致的税种为间接税。一般认为，所得课税和财产课税属于直接税，商品课税属于间接税。但需要指出的是，某种税之所以归属于直接税或者间接税，只是表明这种税在一定条件下税负转嫁的可能性。在实践中，税收是否真正能够转嫁，则必须根据它所依存的客观经济条件来判断，这与理论上的税收分类并不矛盾。

（三）按税收与价格的关系分类

按税收与价格的关系可以把税收分为价内税和价外税。凡税金构成商品价格组成部分的，称为价内税，凡税金作为商品价格之外的附加，称为价外税。与此相适应，价内税的计税依据为含税价格，价外税的计税依据为不含税价格。一般认为，价外税比价内税更容易转嫁，价内税课征的侧重点为厂家或生产者，价外税课征的侧重点是消费者，价内税的负担是不透明的，价外税的负担是透明的。如中国的消费税和营业税属于价内税，增值税属于价外税。

（四）按课税标准分类

按照课税标准分类，可将税收划分为从量税和从价税。国家征税时，必须按照一定标准对课税对象的数量加以计量，即确定税基。而度量的方法有两种：一是以实物量为课税标准确定税基的方法；二是以货币量即以价格为课税标准确定税基的方法。采用前一种方法的税种称为从量税，采用后一种方法的税种称为从价税。从量税的税额随课税对象实物量的变化而变化，不受价格影响，在商品经济不发达时期曾被普遍采用，在现代市场经济条件下，只宜在少数税种采用。我国目前的资源税、城镇土地使用税、车船使用税等属于从量税。从价税的税额随课税对象的价格变化发生同向变化，收入弹性大，能适应价格引导资源配置的市场经济运行的要求，便于贯彻税收政策和增加税收收入，因而被多数税种所采用。

（五）按税种的隶属关系和征管权限分类

按税种的隶属关系和征管权限，可将税收分为中央税、地方税和共享税。中央税指税收立法权、管理权和收入支配权由中央政府掌握的税收；地方税指税收立法权或管理权、收入支配权由地方政府掌握的税收；共享税指收入按一定形式由中央政府和地方政府分享的税收。中央税、地方税及共享税在一国税收制度中的具体划分，各国的做法不尽相同，但一般将收入规模大、调节功能强的税收作为中央税或共享税，而将税源具有地域性、税基具有非流动性、收入规模相对较小的税收作为地方税。

这种分类常见于实行分税制的财政管理体制中，实行这类体制的国家是按税种划分中央政府和地方政府的财政收入的。

第二节　税 收 原 则

税收原则是制定税收政策和税收制度的指导思想，同时也是评价税收政策好坏、判断税制优劣的标准。税收原则不仅对政府设计和实施税收制度来说十分重要，而且还是判断既定税收制度是否合理的基本标准。人们对税收原则的认识，是随着社会经济的发展而不断地深化的。亚当·斯密根据自由放任的市场经济对税收提出了基本要求，提出了平等、确实、便利和节俭等四项原则，首次从理论上概括出税收所应当遵循的基本原则。19 世纪下半叶，资本主义社会的财富分配不公状况日益严重，阶级矛盾也日益尖锐，针对这种情况，阿道夫·瓦格纳集前人的税收原则之大成，提出了税收的四类九项原则：①财政收入原则。它包括收入充分原则和收入弹性原则；②国民经济原则。它包括慎选税源原则和慎选税种原则；③社会正义原则。它包括普遍原则和平等原则；④税务行政原则。它包括确实原则、便利原则和节省原则，等等。1929 年开始的资本主义经济大危机，表明经济的顺利运转不能仅靠市场机制的自发调节，还需要政府进行适当的干预，税收就是实现国家干预政策目标的一个工具，这时期的税收原则除继续强调公平与效率外，同时也开始强调税收的稳定原则，一般来说，现代市场经济条件下，税收应遵循效率、公平、稳定和财政等原则。

一、公平原则

税收的公平是指社会成员的税收负担应符合公平标准。具体包含税收横向公平和税收纵向公平。税收公平是横向公平与纵向公平的统一。

1. 税收横向公平

税收横向公平是指经济情况相同、纳税能力相等的纳税人，应当享有相同的纳税待遇，交纳数量相同的税款。这种税收公平观实际表明，税收不应该是专断和差别待遇的。现代社会对税收横向公平的基本原则并无异议，但对根据什么标准来衡量相同经济情况或相等纳税能力，存有不同看法。第一种观点主张以人们拥有的财产作为衡量纳税能力强弱的依据。第二种观点主张以个人消费作为测定纳税人负担能力的标准。第三种观点主张以纳税人取得的收入所得作为测定纳税能力的标准。美国芝加哥大学著名经济学家亨利·西蒙斯曾指出，所有税收，不论其名义基础如何，都应当是落在个人收入上面。

从各国税制实践看，第三种标准较为科学、合理和可行。因为收入所得具有作为纳税能力依据的五种特性：①应税所得是货币所得，它将纳税能力统一于价值符号，易于量度。②应税所得是交换所得，符合社会经济中通行的价值法则，具有代表性。③应税所得是规范性的所得，它作为现代社会纳税人的一项稳定的主要收入来源，支撑着人们的纳税能力。④应税所得是扣除各项费用后的纯所得，能够用于反映和比较各种纳税人实际收入状况和纳税能力。⑤应税所得还是可以根据不同性质和来源加以分类的综合所得。如分为财产、资本与工薪所得，国内所得与国外所得等，这便于实行区别对待、合理负担的政策。因此，在现有经济和技术条件下，以收入所得为依据设计税收负担，实现税收横向公平，无疑是一种较好的选择。

2. 税收纵向公平

税收纵向公平是指经济情况不同或纳税能力不等的纳税人，其交纳的税收亦不应相同。虽然，这一原则已被社会所公认，但是，按照这一原则设计税收制度的困难在于，如果已经知道两类纳税人的纳税能力不同，政府将如何实行差别课税，才能有效地体现社会公平？目前，有两个原则可供参考：

一是利益原则。主张不同纳税能力的纳税人应当根据他们从政府活动中期望得到的利益大小交税。随着现代国家社会经济职能的拓展，政府为公众提供的公共产品和公共服务日益增多，按受益原则课征的税收也越来越广。受益原则把征、纳税过程中双方的利益结合起来考虑，这样，在一定程度上不仅可提供关于税收公平的某种准则，而且有利于引导资源的有效配置。

当然，在实际中，受益原则存在很大的局限性，它只适用于受益人可以明显感受到的情况，而难以适用于政府提供的大多数经济利益，如国防、教育等。毕竟，要确定每个纳税人从政府支出中受益的额度是一件十分困难的事。

虽然受益原则不具有普遍意义，但这并不排除其在特定场合对税制的指导作用。

二是牺牲原则。所谓牺牲，是指个人或社会的所有财富在课税以前所得到的满足，与课税后从剩余财富中得到满足之间的差额。由于对效用牺牲程度相同或均等有着不同的理解，形成了绝对均等牺牲、比例均等牺牲和边际均等牺牲三种不同的理论。

绝对均等牺牲，要求每个纳税人因纳税而牺牲的总效用相等。按照边际效用递减原理，人们的收入与其边际效用呈反方向变化，收入越多，边际效用越小，收入越少，边际效用越大。也就是低收入者的货币边际效用大，高收入者的货币边际效用小。如果对边际效用大的收入和边际效用小的收入征同样比例的税，则前者的牺牲程度就要大于后者，这样的税收就是不公平的。所以，为使每个纳税人牺牲的总效用相等，就须对边际效用小的收入部分征高税，以边际效用大的收入部分征低税。

在图6-1中，纵轴表示收入的边际效用，横轴表示收入。MUL 为低收入者的边际效用曲线，MUH 为高收入者的边际效用曲线，并假定收入的边际效用是递减的。在征税前，低收入者 L 和高收入者 H 的收入分别为 OB 和 $O'B'$，总效用分别为 $OBDM$ 和 $O'B'D'M'$，按照绝对均等牺牲学说，收入为 OB 的低收入者 L 负担的税收为 CB，收入为 $O'B'$ 的高收入者 H 负担的税收为 $C'B'$，$CB+C'B'$ 等于税收总额。低收入者 L 的效用牺牲 $CBDE$ 等于高收入者 H

的效用牺牲 $C'B'D'E'$。

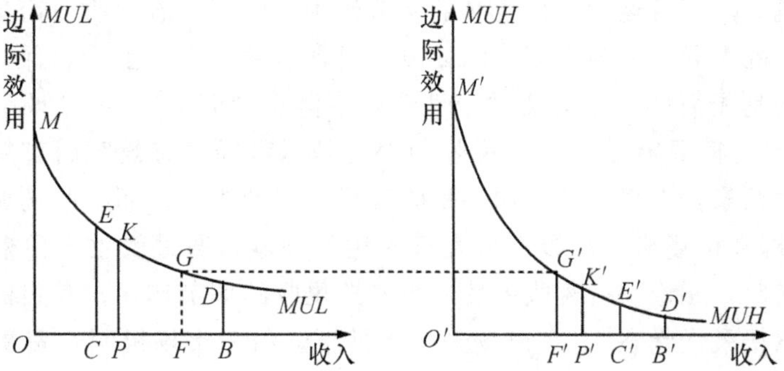

图 6-1　均等牺牲的税收负担分配

比例均等牺牲，要求每个纳税人因纳税而牺牲的效用与其收入成相同比例。西方经济学家认为，虽然与纳税人收入增加相伴随的是边际效用的减少，但高收入者的总效用总是要比低收入者的总效用大。为此，须对所获总效用大者(即收入多者)多征税，对所获总效用小者(即收入少者)少征税，从而有可能使征税后各纳税人所牺牲的效用与其收入成相同比例，以实现税收公平的目的。在图 6-1 中，低收入者 L 负担的税收为 PB，高收入者 H 所负担的税收为 $P'B'$，$PB+P'B'$ 等于全部税收。低收入者 L 的效用牺牲比例 $PBDK/OBDM$ 等于高收入者 H 的效用牺牲比例 $P'B'D'K'/O'B'D'M'$。

边际均等牺牲，要求社会全体因纳税而蒙受的总效用牺牲最小。要做到这一点，就纳税人个人的牺牲来讲，如果某甲纳税的最后一个单位货币的效用，比某乙纳税的最后一个单位货币的效用为小，那么，就应该将某乙所纳的税收加到某甲身上，使得二者因纳税而牺牲的最后一个单位货币的边际效用相等。就社会全体成员来说，要让每个纳税人完税后因最后一单位税收而损失的收入边际效用彼此相等，甚至要求对最高收入者实行 100% 的边际税率，对最低收入者实行免税。在图 6-1 中，低收入者 L 负担税收为 FB，高收入者 H 负担的税收为 $F'B'$，$FB+F'B'$ 为全部税收。$FG=F'G'$，同时总效用的牺牲 $FBDG+F'B'D'G'$ 是最小的。

二、效率原则

税收的效率包括经济效率和行政效率两个方面。

税收的经济效率是指政府在以课税方式将经济资源从私人部门转移到公共部门的过程中，所产生的额外负担最小和额外收益最大。税收额外负担是指课税除了给纳税人带来正常的经济负担外，还会对资源配置和经济运行产生的不良影响。税收额外负担的产生主要是由于税制设置不合理导致商品比价关系和人们经济行为扭曲，扰乱市场配置资源的正常机制，使资源配置和人们的行为选择难以达到最优状况，从而造成社会福利损失。税收的额外收益是与额外负担相反的一种状态，即课税后经济活动得到促进，社会利益获得增加。税收的额外收益源于税收政策的恰当运用对市场缺陷的弥补，如对具有外部收益的项目的税收照顾和对具有外部成本的项目的税收惩罚。要使税收具有经济效率，一方面应尽可能地保持税收对市场机制运行的“中性”影响，充分发挥“看不见的手”对资源配置的调节作用；另一方面应在一定范围内适当运用差别性的税收政策解决市场失灵问题，促进公共利益的增长。

实现税收的经济效率涉及税收的中性与税收的经济调节作用问题。所谓税收的中性，是指政府课税对纳税人的市场行为选择不发生影响，不给纳税人带来超出税款之外的额外负担，不干扰市场机制的正常运行。而税收的调节作用，则意味着税收对市场活动的干预。对经济主体行为选择的引导，并与实现一定的政府目标有关。表面上看，保持税收的中性与发挥税收的调节作用是矛盾的，因为要“中性”就不能有“调节”，要“调节”必然失去“中性”。但实际上两者之间具有统一性。税收的中性是对市场“有效”而言的，即在市场对资源的配置能达到“帕累托效率”的领域，税收应尽量保持中性；而税收的调节作用是对市场“失效”而言的，即在市场机制难以有效发挥作用的领域，通过税收干预来实现资源配置的“帕累托效率”。因此，无论保持税收中性还是发挥税收的调节作用，其目的都是促使经济资源配置达到“帕累托最优状态”。在市场经济条件下，由于市场机制在资源配置中具有基础性作用，从而使税制结构具有中性是首要的，差别性的税收政策应当建立在税收中性的基础上。当然，在实践中，由于技术上的难度和受多种因素的影响，税收中性与税收调节的恰当组合往往只是政府努力追求的一种理想状态。

税收的行政效率是指税收征纳过程所发生的费用最小化，即税收成本最低。所谓税收成本，是指在税收征纳过程中所发生的各类费用支出。它有狭义和广义之分。狭义的税收成本亦称“税收征收费用”，专指税务机关为征税而花费的行政管理费用。具体包括：税务机关工作人员的工资、薪金和奖金支出；税务机关办公用具和办公设备支出；税务机关在征税过程中因实施或采用各种方法、措施而支出的费用；税务机关为进行及适应税制改革而付出的费用等。广义的税收成本除税务机关征税的行政管理费用外，还包括纳税人在按照税法规定纳税过程中所支付的费用，即西方所称的“税收遵从费用”。

第三节 税收负担与转嫁

一、税收负担的含义

税收负担简称“税负”，是纳税人履行纳税义务所承受的经济负担。它反映一定时期内社会产品在国家与纳税人之间税收分配的数量关系，通常用税收负担率这一相对量来表示。税收负担问题是税收的核心问题，因而也是建立税收制度要解决的首要问题。

税收负担可以从不同角度加以考察。从不同的经济层面看，有宏观税收负担和微观税收负担；从具体的表现形式看，有名义税收负担和实际税收负担。

（一）宏观税收负担与微观税收负担

宏观税收负担是从国民经济总体看的税收负担水平，反映一国社会成员税收负担的整体状况。研究宏观税收负担，有助于解决税收在宏观方面促进资源合理配置、经济稳定增长和国民收入合理分配中带有全局性和整体性的问题。衡量宏观税收负担的指标主要有国民生产总值税收负担率和国内生产总值税收负担率。

国民生产总值税收负担率（T/GNP）＝税收收入总额/国民生产总值×100％

国内生产总值税负率（T/GDP）＝税收收入总额/同期国内生产总值×100％

微观税收负担是指纳税人个体所承受的税收负担。微观税收负担可以以纳税人缴纳的某一种税来衡量，如公司所得税负担率、个人所得税负担率，也可以以纳税人缴纳的各种税收综合衡量，如企业综合税收负担率。研究微观税收负担可以为政府制定税收政策，实施对微观经济活动的有效调控提供直接的依据。

宏观税收负担与微观税收负担具有内在联系，微观税收负担是基础，宏观税收负担是微观税收负担的综合反映，在一定的税制结构中，微观税收负担的增加或减少，必然引起宏观税收负担的相应变化。

（二）名义税收负担与实际税收负担

名义税收负担又称为法定税收负担，是从税制规定看的纳税人应承担的税收负担水平，表现为纳税人依据税法应向国家缴纳的税款与课税对象的比值。如当一国的公司所得税法规定，公司所得税的标准税率为25%，25%即为公司所得税的名义税收负担或法定税收负担。

实际税收负担是在税收征管过程中考虑了影响纳税人向政府实际缴付税款的各种因素后，纳税人实际承担的税负水平，一般表现为纳税人实纳税额与课税对象的比值。影响纳税人实际税收负担的因素有：税收扣除、减免、退税、加成或加倍等合法因素和税收偷逃、以费代税等不合法或不合理因素。

二、合理的税负水平

税收负担水平是通过税制确定的。无论是单个税种还是整个税制体系，都既关系到宏观税收负担，又关系到微观税收负担，因而是不可偏废的。由于宏观税负水平是微观税负水平的重要决定因素，所以，在此主要研究宏观税负水平的确定问题。从宏观上看，税收是国家为了满足社会公共需要而集中的一部分国内生产总值。在国内生产总值一定的条件下，国家税收增加与民间部门可支配收入相互消长。因此，国内生产总值在政府与民间部门之间有一个最佳分割点，而最佳宏观税收负担率（以下简称最佳税率）就是其具体体现。宏观税收负担水平的确定问题，实质上是一个财政职能的实现问题，既关系到资源配置效率，同时也关系到社会公平和经济稳定与发展。宏观税收负担率如果过低，从而政府可供支配的收入过少，就不能满足社会公共需要；如果宏观税收负担率过高，不仅民间部门可供支配的收入过少，不能有效满足私人需要，而且往往通过影响民间部门资本和劳动的投入，使以后的产出减少，进而最终减少税收收入。在这里有必要介绍一下由美国供给学派代表人物阿瑟·拉弗设计的“拉弗曲线”。见图6-2。

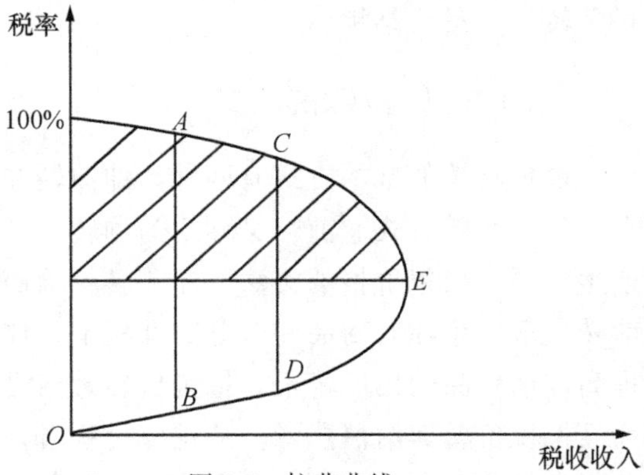

图6-2 拉弗曲线

该曲线阐明了税率、税收收入和国民产出之间的关系。图中以纵轴代表税率，横轴代表由税率与生产共同决定的税收收入。当税率为零时，政府税收为零；当税率为100%时，由于人们将停止生产，政府税收也为零。A点代表一个很高的税率和很低的产出，B点代表一个很低的税率和很高的产出，然而两者曲线阐明了税率、税收收入和国民产出之间的关系。图中以纵轴代表税率，横轴代表由税率与生产共同决定的税收收入。当税率为零时，政府税收为零；当税率为100%时，由于人们将停止生产，政府税收也为零。A点代表一个很高的税率和很低的产出，B点代表一个很低的税率和很高的产出，然而两者政府提供同等的税收。若税率从A点下降到C点，产出和税收均增加；若税率从 B 点上升到 D 点，税收将增加，但产出可能减少，C 点与 D 点也提供同等的税收。E 点代表的税率，是与生产相结合能提供最大税收的税率。在 E 点上，如果政府再降低税率，产出将增加，但税收将下降；如果提高税率，产出和税收都会下降。因此，图中阴影区是税率禁区。"拉弗曲线"是富有启发性的，它可使我们更全面、直观地认识税收与经济的内在联系，并告诉我们最佳税率应是既能使政府获得实现其职能的预期收入，又能使经济实现预期产出（常用国内生产总值表示）的税率。显然，这个最佳税率应该小于或等于 E 点代表的税率。由于各国所处发展阶段的不同，具有政治体制、经济体制和文化传统上的差别，因而不可能有一个各国通用的最佳税率。同样，一个国家不同时期的最佳税率也可能是不同的。归根到底，最佳税率的确定只能建立在本国国情的基础上。

三、税负转嫁与归宿

（一）税负转嫁与归宿的含义

税负转嫁是指纳税人在商品交换过程中，把由自己缴纳的税款通过提高价格或压低价格等途径全部或部分转移给他人负担的行为。当发生税负转嫁时，税收的名义纳税人和实际负税人就会相背离，最初缴纳税款的法定纳税人，就不一定是该项税收的最终负担者。在市场经济条件下，纳税人在商品交换过程中通过税负转嫁的途径追求自身经济利益的最大化，是一种普遍的经济现象。税负转嫁是一个税收负担不断运动的过程，不论这一过程是一次完成还是需要多次才能完成，不论税负是部分转嫁还是完全转嫁，只要税负运动的过程结束，税款也就落到最后的负担者身上，这就是税负的归宿。税负归宿是指税收负担的最终落脚点或税负转嫁的最后结果。

（二）税负转嫁的方式

税负转嫁的基本方式有两种，即前转和后转，还有其他一些转嫁方式。

（1）前转方式。前转又称之为顺转，它指的是纳税人将其所缴纳的税款，通过提高商品或生产要素出售价格的方法，向前转移给商品与生产要素的购买者或最终消费者负担。税负前转大多发生在对商品和劳务的课税上。如在产制环节对消费品征税，生产厂商就可以通过提高该消费品的出厂价格，把税负转嫁给批发商，批发商再将税负转嫁给零售商，最后零售商又把税负转嫁给消费者。从这一过程看，虽然名义上的纳税人是生产厂商，而实际的税收负担者是各种商品和劳务的消费者。税负前转是税收转嫁最典型也是最普遍的形式。

（2）后转方式。后转又称逆转，指在纳税人无法实现前转时，通过压低进货价格以转嫁税负的方式，如对汽车销售商的课税，销售商如无法提高售价只好压低汽车进货价格，将税款全部或部分地转给汽车制造者，则为后转。后转往往是通过厂商和销售商以谈判的方式解决。

（3）其他转嫁方式。在现实生活中，往往是前转和后转并行，即一种商品的税负通过提高销价转移一部分，又通过压低进价转移一部分，这种转嫁方式被称为混转或散转。在税收理论中还有消转和税收资本化之说。所谓消转，是指纳税人通过改进生产工艺，提高劳动生产率，自我消化税款。从税收转嫁的本意上说，消转并不成为一种税负转嫁方式。所谓税收资本化，指对某些能够增值的商品（如土地、房屋、股票）的课税，预先从商品价格中扣除，然后再从事交易的方式。

(三) 影响税负转嫁的因素

实现税负转嫁是纳税人的一般行为倾向，但税负能否转嫁，能以何种程度转嫁，还取决于多种现实因素。

1. 税种因素

税负转嫁与商品价格变动存在直接关系，因此，对于课税对象与商品价格的联系较为紧密的税种，其税负较容易转嫁，而与商品价格的联系不密切或不直接的税种，其税负则较难转嫁。从主要税类来看，一般来说，商品课税容易转嫁，如增值税、消费税、营业税、关税等，而所得课税难以转嫁，如个人所得税和公司所得税。

2. 商品的供求弹性

供给弹性较大、需求弹性较小的商品的课税较易转嫁，供给弹性较小、需求弹性较大的商品的课税不易转嫁。社会中大量的商品生产和销售都处于竞争状态，商品价格的确定最终取决于供求关系，而税负转嫁自然与供求弹性有关。一般来说，供给弹性较大的商品，生产者可灵活调整生产数量，最终可以将商品在所期望的价格水平上销售出去，因而所纳税款完全可以作为价格的一个组成部分转嫁出去；而供给弹性较小的商品，生产者调整生产数量的可行性较小，从而难以控制价格水平，税负转嫁困难。同理，需求弹性较小的商品，其价格最终取决于卖方，也可以顺利地实现税负转嫁；但需求弹性较大的商品，买方可以通过调整购买数量影响价格，税负转嫁比较困难。如果把供给和需求结合起来考虑，则当供给弹性大于需求弹性时，税负容易转嫁；当供给弹性小于需求弹性时，税负转嫁困难。在极特殊的情况下，供给弹性等于需求弹性，则往往由供给和需求双方共同负担税款，税负转嫁只能部分实现。

在商品价格和供求关系变动的影响下，税负转嫁与归宿的一般规律可如图 6-3 和图 6-4 所示。图中的符号 S 代表税前供给曲线，S' 代表税后供给曲线，D 代表需求曲线，P 代表价格，Q 代表供给量或需求量。图 6-3 显示出供给弹性大于需求弹性时税负转嫁和归宿的情况。由于供给弹性大于需求弹性，税后的购买者支付价格由 P_1 上升到 P_2，供给者所得价格由 P_1 下降到 P_3，(P_2-P_3) 为全部税收，且 $P_2-P_3=(P_2-P_1)+(P_1-P_3)$。这时税收由购买者和供给者共同负担，即消费者负担$(P_2-P_1)$，供给者负担$(P_1-P_3)$，说明由于供给弹性大于需求弹性，税收的大部分向前转移给消费者负担，小部分由供给者本身负担。图 6-4 则说明需求弹性大于供给弹性的条件下税负转嫁和归宿的情况。由于需求弹性大于供给弹性，税后的均衡价格由 P_1 上升到 P_2，(P_2-P_1) 为购买者承担的税收，供给者所得价格由 P_1 下降到 P_3，(P_1-P_3) 为供给者承担的税收，说明由于需求弹性大于供给弹性，税收的小部分转嫁给消费者负担，而大部分由供给者本身负担。

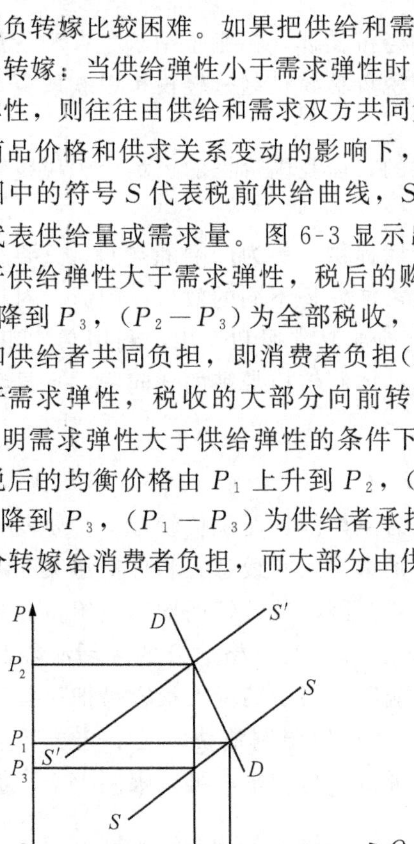

图 6-3 供给弹性大于需求弹性的税负转嫁

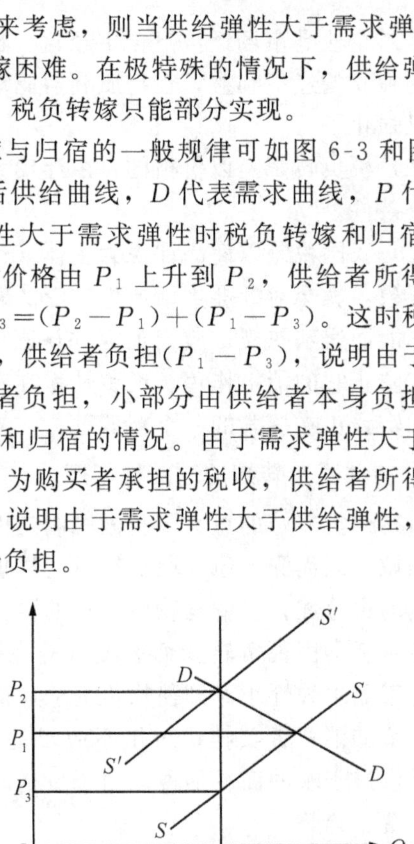

图 6-4 需求弹性大于供给弹性的税负转嫁

3. 课税范围

一种税的课征范围不同，税负转嫁的难易程度也是不一样的。一般来说，课税范围广的商品税容易转嫁，课税范围窄的难以转嫁。若一种税对所有商品都同等课征，购买者无法找到不征税的替代商品，只能接受因课税而形成的商品加价，因而税负容易转嫁；若一种税只对部分商品课征，且购买者可以找到不征税的替代商品，则这种税的税负就难以转嫁。

（四）我国的税负转嫁

1. 我国已经存在税负转嫁的经济条件

如上所述，税负转嫁是和商品经济相伴随的一种经济现象，是通过价格升降来实现的税负转移。价值规律是商品经济的基本规律，而价值规律的内涵就是商品价值由社会必要劳动时间决定，商品价格受供求关系的影响围绕价值上下波动。因此，不论什么社会经济制度，只要是商品经济形式，价值规律在发挥作用，就存在税负转嫁，市场经济体制下普遍存在税负转嫁现象。当然，不同社会经济制度下税负转嫁的实现条件是不同的。我国过去是实行计划经济体制以及相应的计划价格体制，在这种经济体制下，税负转嫁的主观条件和客观条件都不存在。改革开放后，我国逐步转向社会主义市场经济体制，经济生活的各个方面发生了巨大的变化，企业不仅存在税负转嫁的动机，而且也具备了充分的税负转嫁的条件。这是因为：

（1）企业是市场经济下自主经营、自负盈亏的经济实体，在竞争中求生存和发展，有了自身的独立的经济利益，在物质利益驱动下，利用税负转嫁机制减轻税负以获取更大的利益的动机强化了。

（2）税负转嫁是以价格的自由浮动为基本条件的，而我国价格的市场化为税负转嫁提供了充分条件。

（3）我国税制以商品课税为主体，也为税负转嫁提供了更为广阔的空间。只要存在税负转嫁现象，就会对社会生活产生广泛的影响，而且可能发挥不同的效应。因此，对税负转嫁问题不能回避和忽视，应当正视并认真对待，自觉地加以掌握和运用，利用它的积极作用，限制或防止它的消极作用。税负转嫁在我国是由经济体制转换带来的新问题，也是我国税收理论和实践正在探索的一个新课题。

2. 有关税负转嫁的政策性问题

（1）税负转嫁的意义。我国税制是以商品课税为主体的，而税负转嫁又主要发生在商品课税领域，因而深入研究税负转嫁的机理，有着特别重要的实践意义和理论意义。税负转嫁是税负的再分配，也就是物质利益的再分配，消费者会因税负转嫁而增加负担，商品的生产者和经营者会因税负转嫁而改变在竞争中的地位。例如，对价格放开的生活必需品课以重税，由于需求弹性小，即使物价上涨，消费者也不能不购买，纳税人很容易把税负转嫁给消费者，增加消费者负担；对供不应求的商品加税，既可以限制消费，又不会妨碍生产的增长；对供过于求的商品加税，由于价格难以上涨，税负不易转嫁，可以限制生产，但不利于鼓励消费，等等。

（2）税负转嫁与制定税收政策及设计税收制度有密切关系。假如原定的税收政策和税收制度是合理的，既有利于资源优化配置，又符合公平原则，但税负转嫁可能改变预定税负分配格局，抵消税收的经济调节作用或导致税负的不公平。因此在制定税收政策和设计税收制度时，必须充分考虑各类商品的供求状况和价格趋势，并合理选择税种、税率以及课征范围。

（3）税负转嫁会强化纳税人逃税的动机，应强化税收征管工作。即当税负转嫁不易实现时，纳税人极有可能转向逃税来取代税负转嫁，破坏税收的严肃性，削弱纳税人依法纳税的自觉性。所以，税务机关在防止任意转嫁税负的同时，还必须采取经济手段、法律手段和行政手段，加强税收征管工作。

（4）自然垄断行业的税负转嫁处于优势，应加强对这些行业的价格管理。垄断分为自然垄断和人为垄断两大类。国家通过支持和鼓励竞争，可以消除或限制人为垄断，但对自然垄断则不能完全靠市场竞争来消除。由于自然垄断具有规模越大、效益越高的特征，在市场经济条件下，若国家不进行适当干预，自然垄断行业（如电力、天然气、煤气、供水、通信和运输等行业）就会通过减产提价来获得超额利润。对于自然垄断行业，不少市场经济国家也都曾实行国有和公营，或对私有企业实施不同程度的国家干预。在市场经济条件下，自然垄断行业既要引入一定的市场调节机制，又不能像一般竞争行业那样主要靠市场调节。所以，对这些行业在遵循供求规律的前提下，政府有必要在价格方面实施一定程度的干预和控制，只有这样，才能有效地控制该类企业为减轻税收负担而进行不正当的税负转嫁。

（5）提高所得课税比重，缩小税收转嫁的范围和空间。我国税负中商品税的比重偏大，而所得税的比重偏低。从税制改革的方向来看，提高所得税的比重，既有利于强化税收的调节作用，也有利于缩小税收转嫁的范围和空间，缓解税收转嫁的负面效应。

（6）实行价外税，有利于增强商品课税税负归宿的透明度。价内税与价外税的征纳税额是一样的，只是价格形式有所不同。价内税的税收是作为价格的组成部分，表现为含税价格，价外税的税收是作为价格的附加，价格与税收分离，表现为不含税价格。从现实生活来看，消费者购买商品的时候，价内税的税款是与价格同时支付，而价外税的税款是单独支付，所以，价内税是价税合一，淡化了税负最终归宿的透明度，混淆了纳税人与负税人的区别，同时也会使价格信号失真，模糊价格与税收的不同功能。实行价外税，是将税款和价格分开，使纳税人与实际税负人分离，有利于增强税负最终归宿的透明度，有利于培养公民的纳税意识，也有利于更好地发挥税收和价格这两个经济杠杆调节经济的作用。总结我国五十多年来商品课税征收的经验，借鉴世界上一些国家采用价外税的成功做法，为了避免引起大的波动，使企业和消费者逐步习惯，可先同步公布按含税价征税和按不含税价征税的两种税率，逐步过渡到完全以不含税价征税。

第四节　税收效应

一、税收的收入效应

国家课税是一种收入再分配，会引起纳税人的收入水平及商品价格体系的变化，从而对经济活动产生一系列影响，包括引起消费者行为和生产者行为的改变等。所谓税收效应，是指国家课税对纳税人行为选择的影响。税收的经济效应表现为税收的收入效应和税收的替代效应两个方面。

税收的收入效应是指因为政府征税改变人们的总体收入水平，而对纳税人或负税人的经济行为选择所产生的影响。一般来说，政府开征一种税或提高税率，必然会拿走纳税人的一部分收入，使其境况变差，并因此使该纳税人表现出与纳税前不同的行为。

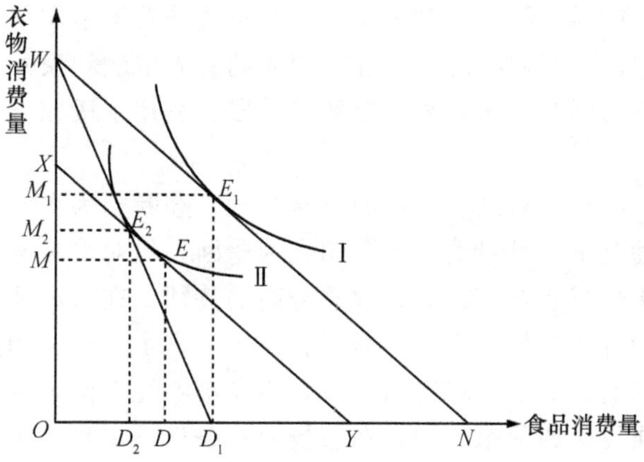

图 6-5 税收的收入效应

税收的替代效应指因为政府实行选择性征税而对人们的经济行为所产生的影响。在政府实行差别税收待遇，在对有些项目征税，有些项目不征税，有的征高税，有的征低税的情况下，纳税人用非应税活动代替应税活动，用低税活动代替高税活动的一种行为选择。

税收的收入效应和替代效应可以通过图 6-5 作具体分析。

在图 6-5 中，假定某消费者的收入是既定的，其全部收入用于购买一定价格的衣物和食品，将该消费者购买两种商品的数量组合连成一条线，图中的 WN 线，即为消费者的需求曲线。消费者可以从一定数量的衣物和一定数量的食品中获得效用满足，且在效用上无差异，则两者数量上的组合可以形成一系列的曲线，即效用无差异曲线。WN 线可与无数的无差异曲线相交，但只能与其中一条相切。在图中，WN 线与无差异曲线 Ⅰ 在 E_1 点相切。在这一点上，表示消费者以一定的价格购买 E_1M_1 数量的食品和购买 E_1D_1 数量的衣物，所获得的满足程度最大。

现假定政府对所有消费品征收一次性税收，致使衣物和食品价格上涨，消费需求量下降，需求曲线由 WN 下移至 XY，并与另一条无差异曲线 Ⅱ 在 E 点相切。这表明征税降低了人们的实际收入，尽管衣物和食品的相对价格不变，人们对食品的需求量也由 E_1M_1 降为 EM，对衣物的需求量由 E_1D_1 降为 ED，从而产生所谓税收的收入效应。

如果假定政府决定只对食品征税，而对衣物不征税，导致两种消费品之间的相对价格发生变化，即食品的价格相对衣物的价格要更昂贵一些，消费者对食品的消费量就会下降，需求曲线由 WN 移至 WZ，并与无差异曲线 Ⅱ 在 E_2 点相切。表明政府实行差别税制与无差别税制相比，改变了消费者购买消费品的选择，衣物和食品组合的均衡点由 E 移至 E_2，消费者减少了对食品的购买量（由 ED 移至 E_2D_2），相对增加了对衣物的购买量（由 EM 移至 E_2M_2），从而产生了所谓的税收替代效应。

二、税收的劳动供给效应

税收的劳动供给效应是税收对劳动力供给的影响，包括税收在劳动力供给上的收入效应和替代效应。

税收对劳动力供给的收入效应表现为：当政府对工资收入课税时，劳动者实际可支配收入减少，为了维持税前的收入和生活水平，必须减少闲暇时间，更加积极努力地工作，从而使劳动力供给增加。

税收对劳动力供给的替代效应表现为：由于政府对劳动收入课税降低了实际工资率，改变了劳动与闲暇之间的“比价”关系，即劳动的相对“价格”降低，闲暇的相对“价格”提高，使劳动者以更多的闲暇来替代劳动，从而减少劳动力的供给。例如，提高所得税税率，使劳动者的边际收入下降，则他们会选择更多的休息而不是工作。

税收对劳动力供给的两种效应的影响方向是相反的，收入效应激励纳税人为增加收入而努力工作，替代效应则抑制纳税人的工作积极性。两种效应相抵后的净效应状况，取决于经济、社会、文化等多种因素。从纯经济角度分析，税制因素和纳税人的经济状况不同，税收在劳动力供给上的净效应也不同。就税制而言，一般来说，征收定额税（人头税）不影响替代效应；征收比例所得税对劳动者的边际收入有一定影响，会产生一定的替代效应，在某种程度上减少劳动力供给；累进所得税对劳动者的边际收入影响较大，其替代效应较为明显，会在较大程度上减少劳动力供给。就纳税人的经济状况而言，收入水平较低的人为了在纳税后能达到起码的或所期望的生活水平，只能更勤奋地工作，而收入水平较高的人对实际收入减少的承受能力较强，在面临课税时更有可能以更多的闲暇来代替工作。

三、税收的储蓄效应

储蓄是经济主体为满足未来消费而放弃即期消费的一种资金安排，即储蓄把人们的收入分为两个部分：一部分用于满足当前消费需要，另一部分用于满足未来消费需要。由于储蓄是投资的资金来源，因而储蓄规模对投资数量有很大的影响，对经济增长也有重要影响。税收的储蓄效应即税收对纳税人储蓄行为的影响。

税收的储蓄效应同样可以区分为收入效应和替代效应。

在图 6-6 中，纵轴表示纳税人对储蓄的选择，横轴代表纳税人对消费的选择。在政府对储蓄利息征税之前，纳税人对投资的选择组合用 AB 表示。AB 线与无差异曲线 I_1 相切于 E_1 点，表明在这一点上，纳税人选择 G_1 的储蓄和 C_1 的消费，可获得最大效用满足。

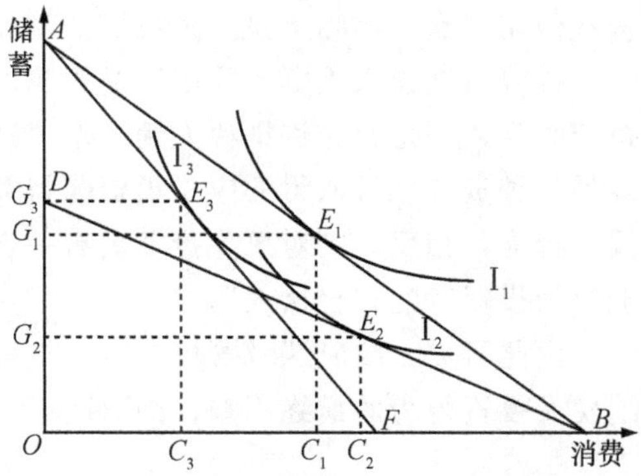

图 6-6 税收对储蓄的影响示意图

当政府对利息所得征税，如果产生收入效应，即纳税人愿意用减少现期消费的办法来保持或增加储蓄，其结果如图 6-6 所示，纳税人对储蓄和消费的选择组合线就会由 AB 向内旋至 AF，并与无差异曲线 I_3 相切于 E_3 点，在这一点，他的储蓄由 G_1 增至 G_3，消费由 C_1 减至 C_3。

征税如果产生替代效应，即纳税人宁愿增加现期消费，减少储蓄，其结果亦如图 6-6 所示，纳税人对储蓄和消费的选择组合线由 AB 向内旋至 BD，并与无差异曲线 I_2 相切于 E_2 点，在这一点上，他的储蓄由 G_1 降为 G_2，消费则由 C_1 增为 C_2。

这两种效应对纳税人储蓄行为选择的影响方向是不同的，实际作用的结果究竟是增加还是减少储蓄，受多种主客观因素的制约，其中纳税人对消费的时间偏好、税制以及纳税人的经济状况等是重要的影响因素。一般来说，对当期消费偏好较强的纳税人，税收对储蓄的替代效应起主导作用，反之，则收入效应起主导作用；税负具有累进性或累进程度较高的税收与不具有累进性或累进程度较低的税收相比，前者替代效应较强，后者可能会产生一定的收入效应；在对所有社会成员均按同一标准课税（如定额税或比例税）的情况下，收入水平低的纳税人与收入水平高的纳税人相比，前者的替代效应较明显，而后者的替代效应较弱。

四、税收的投资效应

投资是增加资本或资产的活动。对纳税人而言，投资总是与实现一定的利益目标相联系的。税收的投资效应是税收对纳税人投资行为的影响。

影响纳税人投资行为的直接因素有：投资的预期收益和投资的风险因素。税收正是通过对这两项因素的影响来影响纳税人的投资行为的。

政府课税（主要指所得税）减少纳税人的投资收益，并影响投资收益与投资成本的比率，从而对纳税人的投资行为产生方向相反的两种效应：一是因税收减少纳税人可支配收入，使纳税人为了实现既定的收益目标而增加投资，即发生所谓收入效应；二是税收使投资收益减少而降低了投资对纳税人的吸引力，造成纳税人以消费替代投资，即发生所谓替代效应。在企业（公司）所得税的征收中，往往有折旧扣除和投资税收抵免的规定，这都可能影响企业投资的资本使用成本和税后实际收益率。就折旧扣除而言，若课税时允许的折旧扣除与实际发生的折旧扣除一致，则税收对企业投资的资本使用成本和税后收益不发生影响，对投资的影响是中性的；若允许的折旧扣除大于实际发生的折旧扣除，即实行所谓加速折旧，则税收降低了企业投资的资本使用成本和增加了税后收益，这会对投资产生刺激作用。投资税收抵免的规定（即对企业收益中用于再投资的部分减征或免征所得税）降低了企业投资的资本使用成本，实际上是鼓励投资的税收政策。

税收对纳税人投资风险因素的影响取决于所得税的征收是否允许纳税人用投资亏损抵消投资收益，即是否允许纳税人用一个时期或一种资产项目发生的投资亏损冲减其另一个时期或另一种资产项目取得的应税投资收益，在不允许抵消的情况下，税收会抑制纳税人的风险投资行为，相反，则对风险投资具有一定的激励作用，在后一种情况下，政府已在某种程度上成为投资者的“合伙人”。

由此可见，政府课税既可能减少纳税人的投资，也可能促进纳税人的投资。至于税收对纳税人投资行为的最终影响，则取决于不同因素的相对影响力度。

重点概念

税收　纳税人　累进税率　税收效率　税收公平　税收负担　税负转嫁　税收的收入效应　替代效应

思考题

1. 如何理解税收的概念？
2. 确定合理的宏观税收负担应考虑哪些因素？试加以分析。
3. 拉弗曲线说明了什么？对我们有哪些启示？
4. 论述制约税负转嫁的因素。
5. 试评价税收公平原则中的利益说和支付能力说。
6. 如何理解税收中性与税收调节的关系？
7. 从理论上说，存在哪些提高税收效率的途径？

第七章 流 转 税

流转税又称流转课税、流通税，指以纳税人商品生产、流通环节的流转额或者数量以及非商品交易的营业额为征税对象的一类税收，包括增值税、消费税、营业税等。流转税是我国政府财政收入的重要来源。本章分别介绍了增值税、消费税、营业税的概念、特点、纳税人、征税范围、计税依据及其税收征管等内容。通过本章学习，要求学生掌握增值税征收范围、纳税人、销项税额、进项税额、应纳税额的计算，消费税的纳税人、征收范围及应纳税额的计算，营业税的征收范围与应纳税额的计算；熟悉增值税、消费税、营业税特点及其纳税义务发生时间；理解增值税类型；了解增值税、消费税、营业税纳税地点和纳税期限。

案例导引

流转税占比近七成 已成高物价“推手”

居高不下的流转税占比，已与物价形成了高度关联，我国税制结构亟待优化。财政部3日公布的2010年全国公共财政收入基本情况显示，2010年，全国税收收入73210.79亿元，比2009年增长23.0%，其中，增值税、消费税、营业税和进出口环节增值税和消费税等流转税合计占比达66.7%。专家指出，流转税占比过高，是推高物价的税制原因，需降低流转税占比，才能弱化物价与税收的关系，并降低宏观税负。数据显示，2010年国内增值税21093.48亿元，完成预算的103.1%，比2009年增长14.1%；国内消费税6071.55亿元，完成预算的115.8%，比2009年增长27.5%；营业税11157.91亿元，完成预算的111.1%，比2009年增长23.8%；进口货物增值税、消费税10490.64亿元，完成预算的130%，比2009年增长35.7%。上述流转税加在一起，占整个税收收入的66.7%。然而所得税占税收收入的比重仅为24.2%。据原国家税务总局副局长许善达介绍，自从1994年分税制改革以来，流转税的占比就一直在六成以上，所得税占比也一直在两成左右。

高流转税与物价形成了高度关联。一年来，财政部在分析财政、税收收入增长形势时，频繁提到一个原因，那就是“物价上涨推动了以现价计算的税收收入增长”。税收与物价的关系还不仅仅停留在这一层面。中国社科院财贸所所长高培勇指出，由于流转税占比过高，我国的税制结构呈现“由企业缴纳，走价格通道”的特点。也就是说，在现有税制结构下，物价越高，税收越高，而税收高则反过来推高物价。这样的税制结构对经济还有一些不利影响。社科院经济研究所副所长张平曾指出，中国目前这种以流转税为基础的税收体制，导致各个地方都竞相加速扩张自己的产业链，如果这个问题不解决，后果将很严重。

为此，财税专家一致呼吁加快税制结构调整。高培勇建议，要想摆脱或弱化税收和价格之间的高度关联，就要增加直接税的占比，降低间接税的占比，即增加由个人缴纳给政府的税收比重，相对减少企业缴纳给政府的税收的比重，从而使中国的税制结构更为均衡。

资料来源：上海证券报（广州），2011年8月4日。

第一节 增 值 税

1954 年增值税诞生于法国。我国从 1979 年起在部分城市试行增值税。1982 年财政部制定了《增值税暂行办法》，并自 1983 年 1 月 1 日开始在全国试行。1984 年 9 月，在总结经验的基础上，国务院制定了《中华人民共和国增值税条例（草案）》，并自该年 10 月起施行。1993 年 12 月 13 日，国务院发布了《中华人民共和国增值税暂行条例》，从 1994 年 1 月 1 日起施行。为进一步完善税制，积极应对国际金融危机对我国经济的影响，国务院决定自 2009 年 1 月 1 日起全面实施增值税转型改革，修订《中华人民共和国增值税暂行条例》（以下简称《增值税暂行条例》），在 2008 年 11 月 5 日经国务院第三十四次常务会议审议通过，11 月 10 日以国务院令第 538 号公布，于 2009 年 1 月 1 日起施行。

一、增值税概念、特点及其类型

（一）概念

增值税是以商品（含应税劳务）在流转过程中产生的增值额作为计税依据而征收的一种流转税。理论上讲，增值额应该是劳动者在生产经营过程中创造的，相当于商品价值 C＋V＋M 中的 V＋M 部分；从一个单位来讲，增值额应该是该单位实现的销售总收入扣除物化劳动部分后的金额；从商品整个生产经营过程来讲，其最后环节的销售价格应该等于各个环节增值额之和（见表 7-1）；从国民收入分配角度看，增值额 V＋M 相当于我国的净产值，即工资＋利润＋利息＋租金＋其他增值收入。

表 7-1 某商品销售价格与各个环节增值额关系 单位：元

生产流通环节	各环节销售价格	各环节增值额*
原材料生产环节	30	30
产成品生产环节	50	20
商品批发环节	60	10
商品零售环节	73	13
合计	213	73

注：表中*列所示数字假定均为增值额。

对流转环节征税有两种方法，一是按照每一个环节全额征收，这样该产品最终按照 213 元征收了税款，其中三个环节重复征收了 140 元相应的税款，加重了纳税人负担，缩小了利润空间，进一步会阻碍商品流通，影响社会化协作大生产。另一种方法是按照每一环节的增值额征收税款，也就是每一环节征税时，都扣除上一环节已征税款部分，无论流通环节有多少，最终征收税款的基数就是最后环节的销售价格，这样就可以避免重复征税，保持税收中性，有利于搞活经济、提高生产效率、推动社会进步。

（二）增值税特点

（1）实行税款抵扣制度。纳税人在计算缴纳增值税时，可以扣除以前环节已经缴纳的增值税款，避免了重复征税。由于实行凭票抵税，简化了进项税额计算并使抵扣税金更加准确。

（2）实行价外税制度。增值税按照不含税价格作为计税依据，这样有利于纳税人增值税转嫁的实现。

（3）税收负担由商品最终是由消费者承担。增值税虽是纳税人缴纳，但是纳税人通过税负转嫁，最终是由消费者承担。

（4）保持税收中性。由于每个环节抵扣进项税额计算缴纳增值税，所以对同一商品而言，无论流转环节多少，只要增值额相同，其税负就相等，不影响商品结构、组织和流通。

（5）普遍征收。纳税人只要在我国进内销售或者进口货物、提供应税劳务，都要在各个流通环节向纳税人征收。

（6）实行比例税率。对不同行业、不同企业、不同产品，原则上都实行单一比例税率征收，简化了计算，降低了税收征管成本。

（三）增值税类型

1. 生产型增值税

生产型增值税以纳税人的销售收入（或劳务收入）减去用于生产、经营的外购原材料、燃料、动力等物质资料价值后的余额作为法定的增值额，但对购入的固定资产及其折旧均不予扣除。其增值额相当于国民生产总值（工资＋利润＋利息＋租金＋折旧），所以称其为生产型增值税。

2. 收入型增值税

收入型增值税除允许扣除外购物质资料的价值以外，对于购置用于生产、经营用的固定资产，允许将已提折旧的价值额予以扣除。其增值额相当于国民收入，所以称其为收入型增值税。

3. 消费型增值税

消费型增值税除允许扣除外购物质资料的价值以外，对于购置用于生产、经营用的固定资产价值中所含的税款，在购置当期全部一次扣除。就整个社会来说，对生产资料不征税，只对消费资料征税，所以称为消费型增值税。

我国从2009年1月1日起实行消费型增值税。消费型增值税有利于企业公平税负，优化产业结构和产业升级，鼓励出口。目前世界上采用增值税的130多个国家中，其中90%以上实行消费型增值税。增值税实行价外税，税款最终是由消费者负担；实行以票抵税，有利于纳税人操作，方便税务机关管理，同时有助于减少偷逃税款，降低税收征管成本，提高税收征管效率。

二、纳税人、征税范围、税率

（一）征税范围

1. 基本规定

（1）销售或进口的货物。销售是指有偿转让货物的所有权；货物是指各种有形动产及电力、热力和气体等，但不包括土地、房屋和其他建筑物等不动产。

（2）提供加工、修理修配劳务。所谓加工是指委托方提供原材料，受托方按照委托方的要求加工货物的业务。修理修配是指对损伤和丧失功能的货物进行修复的业务。不包括单位或者个体聘用雇员为本单位或者雇主提供加工、修理修配劳务。

2. 视同销售货物应征收增值税的特殊行为

单位和个体经营者的下列行为，虽然没有取得销售收入，也视同销售应税货物，征收增值税：

（1）将货物交付他人代销；

（2）销售代销货物；

（3）设有两个以上机构并实行统一核算的纳税人，将货物从一个机构移送其他机构用于销售，但相关机构在同一县（市）的除外；

（4）将自产、委托加工的货物用于非应税项目；

（5）将自产、委托加工或购买的货物作为投资，提供给其他单位或个体经营者；

（6）将自产、委托加工或购买的货物分配给股东或投资者；

（7）将自产、委托加工的货物用于集体福利或个人消费；

（8）将自产、委托加工或购买的货物无偿赠送他人。

上述8种行为虽然没有实现销售收入，但是为了保证抵扣链条的完整连续性，减少偷逃税款和公平税负，对纳税人均要征收增值税。

3. 混合销售行为

一项销售行为既涉及增值税应税货物或应税劳务，又涉及非应税劳务，被称为混合销售行为。非应税劳务，是指属于应缴营业税的交通运输业、建筑业、金融保险业、邮电通信业、文化体育业、娱乐业、服务业税目征收范围的劳务。其特点为销售货物与提供营业税劳务之间存在因果关系和内在联系。

《增值税暂行条例实施细则》规定，从事货物的生产、批发或零售的企业、企业性单位及个体经营者（包括以从事货物的生产、批发或零售为主，并兼营非应税劳务的企业、企业性单位及个体经营者在内）的混合销售行为，视为销售货物，应征收增值税；其他单位和个人的混合销售行为，视为销售非应税劳务，不征收增值税。

上述所说以从事货物的生产、批发或零售为主，并兼营非应税劳务，是指纳税人的年货物销售额与非增值税应税劳务营业额的合计数中，年货物销售额超过50％，非增值税应税劳务营业额不到50％。

4. 兼营应税劳务与非应税劳务

兼营应税劳务与非应税劳务，又称兼营行为，是指纳税人在一定时期内既从事销售货物、提供应税劳务，又提供非应税劳务两类经营项目，二者是并列关系而不是发生在同一项业务中。《增值税暂行条例》规定，纳税人兼营非应税劳务的，应分别核算货物或应税劳务和非应税劳务的销售额。不分别核算或者不能准确核算的，由主管税务机关核定货物或者应税劳务的销售额。

（二）纳税人

1. 一般规定

《增值税暂行条例》第一条规定：“在中华人民共和国境内销售货物或者提供加工、修理修配劳务以及进口货物的单位和个人，为增值税的纳税义务人，应依照本条例缴纳增值税。”

这里所称的“单位”，是指国有企业、集体企业、私有企业、股份制企业、其他企业、外商投资企业、外国企业和行政单位、事业单位、军事单位、社会团体及其他单位。所称的“个人”，是指个体经营者及其他个人。

2. 纳税人认定

根据纳税人会计核算水平和经营规模，将纳税人分为一般纳税人和小规模纳税人，分别采用不同的征收管理办法。

根据《增值税暂行条例》及其《增值税暂行条例实施细则》的规定，小规模纳税人的认定标准是：

（1）从事货物生产或者提供应税劳务的纳税人，以及以从事货物生产或者提供应税劳务为主，并兼营货物批发或者零售的纳税人，年应征增值税销售额（以下简称应税销售额）在50万元以下（含本数，下同）；所谓“以从事货物生产或者提供应税劳务为主”，是指纳税人年度货物生产或者提供应税劳务的销售额占年度应税销售额的比重在50%以上。

（2）对上述规定以外的纳税人，年应税销售额在80万元以下。

（3）年应税销售额超过小规模纳税人标准的其他个人。

（4）非企业性单位、不经常发生应税行为的企业，可选择按小规模纳税人纳税。

3. 纳税人管理

（1）小规模生产企业年应税销售额在规定标准以下，如果有账册，能够正确计算进项税额、销项税额和应纳税额，并能按规定报送有关税务资料，可以申请认定为一般纳税人。

（2）小规模纳税人满足一般纳税人条件的，可以申请转为一般纳税人；但是纳税人一经认定为一般纳税人以后，除国家税务总局另有规定外，不得转为小规模纳税人。

（3）一般纳税人可以申请领购、使用增值税专用发票，取得的增值税专用发票注明的增值税额可以作为进项税抵扣。小规模纳税人采用简易征收方法缴纳增值税，即使取得专用发票也不能再抵扣。

（三）税率与征收率

1. 一般纳税人税率

（1）基本税率17%——适用销售货物、提供加工修配劳务。

（2）低税率13%——适用规定的特殊货物。

（3）零税率——适用出口货物。

2. 小规模纳税人的征收率

小规模纳税人销售货物或者应税劳务实行简易征收办法，征收率为3%。

三、一般纳税人应纳增值税计算

当期应纳税额＝当期销项税额－当期进项税额

（一）销项税额计算

销项税额是指纳税人销售货物或提供应税劳务时，按照销售额或提供应税劳务收入和规定的税率计算并向购买方收取的增值税额。其计算公式为：

销项税额＝（不含税）销售额×适用税率

销售额是指纳税人销售货物或者应税劳务向购买方收取的全部价款和价外费用，不包括收取的销项税额。如果销售额是含增值税的销售额，应按下列公式换算：

$$（不含税）销售额＝\frac{（含税）销售额}{（1＋适用税率）}$$

所谓价外费用，是指价外向购买方收取的手续费、补贴、基金、集资费、返还利润、奖励费、违约金（延期付款利息）、包装费、包装物租金、储备费、优质费、运输装卸费、代收款项、代垫款项及其他各种性质的价外收费。但不包括：

（1）受托加工应征消费税的消费品代收代缴的消费税；

（2）同时符合以下条件的代垫运费：

第一，承运部门的运费发票开具给购货方的；

第二，纳税人将该项发票转交给购货方的。

（3）纳税人销售货物的同时代办保险而向购买方收取的保险费，以及从事汽车销售的纳税人向购买方收取的代购买方缴纳的车辆购置税、牌照费。

价外费用在会计核算中一般通过“其他应付款”、“其他业务收入”、“营业外收入”等会计科目核算，但是《增值税暂行条例实施细则》规定，凡价外费用，无论其会计制度如何核算，均应并入销售额计算纳税额。价外费用一般都按含税金额进行换算。

【例 7-1】某企业为一般纳税人，某月销售 D 产品 200 件，增值税专用发票注明价款 40 万元、增值税 6.8 万元，另外收取包装费 0.3 万元、返还利润 1 万元。要求：计算销项税额（增值税率 17%）。

销项税额＝6.8＋（0.3＋1）÷（1＋17%）×17%＝6.99（万元）

如果某企业为一般纳税人，某月销售 D 产品 200 件开具普通发票注明价款 46.8 万元，另外收取包装费 0.3 万元、返还利润 1 万元。计算销项税额（增值税率 17%）。

销项税额＝［46.8＋（0.3＋1）］÷（1＋17%）×17%＝6.99（万元）

（二）进项税额

进项税额是指纳税人在购进货物或者接受应税劳务时，支付或者承担的增值税额。纳税支付的进项税额有的可以抵扣，有些是不能抵扣的，只有符合条件的进项税额才允许抵扣，这些是大家在学习中最容易出错的地方。

1. 准予抵扣的进项税额

（1）从销售方取得的增值税专用发票上注明的增值税额。

（2）从海关取得增值税专用缴款书上注明的增值税额。

以上两种是纳税人凭专用发票抵扣销项税额。除此以外还有两种是计算抵税。

（3）运输费用。购进或者销售货物以及在生产经营过程中支付的运输费用，按照运输费用结算单据上注明的运输费用金额和7%的扣除率计算进项税额。运输发票列示的建设基金可以按7%计算扣除，但是运输发票列示的装卸费、保险费等其他杂费不得计算扣除进项税额。进项税额计算公式：

进项税额＝（运输费用＋建设基金）×7%

【例7-2】某企业为增值税一般纳税人，某月购进材料取得专用发票列示价款100万元、增值税17万元，发生运费取得运费发票注明运费9万元、建设基金1万元、包装及装卸等费用2万元。要求：计算进项税额。

进项税额＝（9＋1）×7%＝0.7（万元）

（4）购进农产品，除取得增值税专用发票或者海关进口增值税专用缴款书外，按照农产品收购发票或者销售发票上注明的农产品买价和13%的扣除率计算的进项税额。进项税额计算公式：

进项税额＝买价×13%

【例7-3】某企业为增值税一般纳税人，某月向农业生产者收购水果开具的农产品收购发票列示价款30万元，发生运费取得运费发票注明运费1万元、包装及装卸等费0.6万元。要求：计算进项税额。

进项税额＝30×13%＋1×7%＝3.97（万元）

2. 不得从销项税额中抵扣的进项税额

（1）用于非增值税应税项目、免征增值税项目、集体福利或者个人消费的购进货物或者应税劳务。

所称购进货物，不包括既用于增值税应税项目（不含免征增值税项目）也用于非增值税应税项目、免征增值税（以下简称免税）项目、集体福利或者个人消费的固定资产。

所称固定资产，是指使用期限超过12个月的机器、机械、运输工具以及其他与生产经营有关的设备、工具、器具等。

所称个人消费包括纳税人的交际应酬消费。

所称非增值税应税项目，是指提供非增值税应税劳务、转让无形资产、销售不动产和不动产在建工程。

所称不动产是指不能移动或者移动后会引起性质、形状改变的财产，包括建筑物、构筑物和其他土地附着物。

纳税人新建、改建、扩建、修缮、装饰不动产，均属于不动产在建工程。

（2）非正常损失的购进货物及相关的应税劳务。

所称非正常损失，是指因管理不善造成被盗、丢失、霉烂变质的损失。

（3）非正常损失的在产品、产成品所耗用的购进货物或者应税劳务。

（4）国务院财政、税务主管部门规定的纳税人自用消费品。

纳税人自用的应征消费税的摩托车、汽车、游艇，其进项税额不得从销项税额中抵扣。

（5）上述第（1）项至第（4）项规定的货物的运输费用和销售免税货物的运输费用。

【例7-4】某企业为增值税一般纳税人，某月购进面粉取得专用发票列示价款40万元、增值税6.8万元，发生运费取得运费发票注明运费4万元、包装及装卸等费用1万元。在入库前，将其中20%调拨给职工食堂。要求：计算可抵扣进项税额和不可抵扣进项税额。

可抵扣进项税额＝（6.8＋4×7%）×80%＝5.66（万元）

不可抵扣进项税额＝（6.8＋4×7%）×20%＝1.42（万元）

【例7-5】某企业（增值税一般纳税人）某月库存材料被盗，其成本30万元，增值税率17%。要求：计算不予抵扣的进项税额。

不予抵扣进项税额＝30×17%＝5.1（万元）

（三）一般纳税人应纳增值税计算案例

【例7-6】某彩色电视机生产企业（增值税一般纳税人）2012年4月购销情况如下：

（1）外购彩色显像管一批，取得的防伪税控增值税专用发票上注明价款400万元、增值税额68万元，另支付运输费用20万元。货物已验收入库。

（2）进口检测设备一台，取得的海关完税凭证上注明价款100万元、增值税额15万元。

（3）从小规模纳税人企业购进辅助材料，取得普通发票注明价款1.75万元。

（4）外购用于彩电大厦二期工程的钢材取得防伪税控增值税专用发票上注明税款68万元，货物已验收入库。

（5）向本市电子产品销售公司销售彩电5000台，出厂单价0.3万元（含税价），支付运输费用去的运输发票注明运输费用30万元、包装费用5万元。

要求：计算该企业应缴纳增值税额，增值税率17%。假定该企业取得的增值税专用发票和运输发票均符合抵扣要求。

【解答】业务（1），进项税额＝68＋20×7%＝69.4（万元）

业务（2），进项税额－15万元

业务（3），去得普通发票，进项税额不得抵扣。

业务（4），购进钢材用于房屋建筑，其进项税额不得抵扣。

业务（5），销项税额＝5000×0.3÷（1＋17%）×17%＝217.95（万元），进项税额＝30×7%＝2.1（万元）

应纳增值税＝217.95－（69.4＋15＋2.1）＝131.459（万元）

四、小规模纳税人

小规模纳税人销售货物或者应税劳务取得的销售额，按规定的征收率计算应纳税额，不得抵扣进项税额。

应纳增值税税额＝（不含税）销售额×征收率

如果销售额含有增值税，换算公式如下：

$$（不含税）销售额=\frac{（含税）销售额}{（1+征收率）}$$

注意：（1）小规模纳税人的销售额包换的内容与一般纳税人相同；（2）小规模纳税人取得的增值税专用发票和运输发票，也不得抵扣。

【例7-7】某小规模纳税人某月购进材料取得增值税防伪税控专用发票注明价款10万元、增值税1.7万元，支付运输费用取得运输发票注明运输费用0.4万元、包装费0.3万元。该月销售产品开具普通发票注明价款18.54万元。要求：计算该纳税人当月应缴增值税额。

$$应交增值税=\frac{18.54}{1+3\%}\times3\%=0.54\text{（万元）}$$

五、征收管理

（一）纳税义务发生时间

（1）销售货物或者应税劳务，为收讫销售款项或者取得索取销售款项凭据的当天；先开具发票的，为开具发票的当天。

（2）进口货物，为报关进口的当天。

（二）纳税期限

增值税的纳税期限分别为1日、3日、5日、10日、15日、1个月或者1个季度。纳税人的具体纳税期限，由主管税务机关根据纳税人应纳税额的大小分别核定；不能按照固定期限纳税的，可以按次纳税。

纳税人以1个月或者1个季度为1个纳税期的，自期满之日起15日内申报纳税；以1日、3日、5日、10日或者15日为1个纳税期的，自期满之日起5日内预缴税款，于次月1日起15日内申报纳税并结清上月应纳税款。

（三）纳税地点

（1）固定业户应当向其机构所在地的主管税务机关申报纳税。总机构和分支机构不在同一县（市）的，应当分别向各自所在地的主管税务机关申报纳税；经国务院财政、税务主管部门或者其授权的财政、税务机关批准，可以由总机构汇总向总机构所在地的主管税务机关申报纳税。

（2）固定业户到外县（市）销售货物或者应税劳务，应当向其机构所在地的主管税务机关申请开具外出经营活动税收管理证明，并向其机构所在地的主管税务机关申报纳税；未开具证明的，应当向销售地或者劳务发生地的主管税务机关申报纳税；未向销售地或者劳务发生地的主管税务机关申报纳税的，由其机构所在地的主管税务机关补征税款。

（3）非固定业户销售货物或者应税劳务，应当向销售地或者劳务发生地的主管税务机关申报纳税；未向销售地或者劳务发生地的主管税务机关申报纳税的，由其机构所在地或者居住地的主管税务机关补征税款。

（4）进口货物，应当向报关地海关申报纳税。

第二节　消　费　税

消费税具有悠久的历史，早在汉朝就开始征收。新中国成立之后，1950年统一全国税制，曾开征了特种消费行为税。1994年1月1日起实施《消费税暂行条例》，对部分消费品征收消费税。2006年3月20日，对消费税的税目、税率及相关政策进行了调整。2008年11月5日经国务院第三十四次常务会议修订通过并颁布《中华人民共和国消费税暂行条例》（以下简称《消费税暂行条例》），2008年12月15日财政部、国家税务总局第51号令颁布了《中华人民共和国消费税暂行条例实施细则》，并于2009年1月1日起正式实施。

一、概念及其特点

（一）概念

消费税是指对消费品和特定的消费行为按消费流转额征收的一种商品税。消费税包括一般消费税和特别消费税两种，前者是对所有消费品包括生活必需品和日用品普遍征收，后者主要是针对特定消费品或者特定消费行为征收。我国现行消费税是对在我国境内从事生产、委托加工和进口应税消费品的单位和个人就其应税消费品征收的一种税。它选择部分消费品征税，因而属于特别消费税。

（二）特点

（1）征税范围具有选择性。我国现行消费税不是对所有消费品征收，在消费税税目税率表上列举的14个税目才征收消费税，没有列举的其他消费品一律不征收消费税。

（2）征税环节具有单一性。我国目前的消费税主要是在生产环节和进口环节征收，个别消费品在零售环节征收，为避免重复征税，原则上在某个环节征收了消费税，其他环节直接销售不再征收。

（3）征收方式具有灵活性。征收方式上采取了从量定额、从价、从量与从价复合三种征收方式，其中啤酒、黄酒、成品油从量征收；卷烟和白酒实行从价和从量复合征收，其他消费品全部实行从价征收。

（4）平均税率水平比较高且税负差异大。为了有效调节消费品的消费，国家对规定的消费品都规定了较高的平均税率，并且不同税目的税负相差较大，需限制或控制消费的消费品，通常税负较重。

（5）税负具有转嫁性。消费税是价内税，纳税人将其缴纳的消费税纳入商品价格，通过销售向购买者收取，所以消费税最终是由消费者在承担。

二、纳税人

在中华人民共和国境内生产、委托加工和进口《消费税暂行条例》规定的消费品的单位和个人，为消费税的纳税人，应当依照消费税暂行条例缴纳消费税。

单位，是指企业、行政单位、事业单位、军事单位、社会团体及其他单位。

个人，是指个体工商户及其他个人。

在中华人民共和国境内，是指生产、委托加工和进口属于应当缴纳消费税的消费品的起运地或者所在地在境内。

三、税目与税率

（一）税目

我国实行的是选择性的特种消费税，1993年12月13日开征消费税时确定的税目共11个。2006年4月1日，财政部、国家税务总局对消费税税目作了重大调整，现有税目14个，即烟、酒及酒精、化妆品、贵重首饰及珠宝玉石、鞭炮焰火、成品油、汽车轮胎、小汽车、摩托车、高尔夫球及球具、高档手表、游艇、木制一次性筷子、实木地板。很多税目还包括了若干子目。

征收消费税的税目主要包括如下五大类：

(1) 过度消费会对人类健康、社会秩序和生态环境造成危害的特殊消费品，包括烟、酒及酒精、鞭炮与焰火、木制一次性筷子、实木地板等。

(2) 奢侈品、非生活必需品，包括贵重首饰及珠宝玉石、化妆品、高尔夫球及球具、高档手表。

(3) 高能耗及高档消费品，包括游艇、小汽车、摩托车等。

(4) 使用和消耗不可再生和替代的稀缺资源的消费品，例如成品油等。

(5) 具有特定财政意义的消费品，例如汽车轮胎等，这类消费品的税基宽广、消费普遍、征税后不影响广大居民基本生活，还可以起到增加财政收入的目的。

(二) 税率

消费税的税率按产品设计，适用比例税率和定额税率两种性质的税率，并根据不同的税目或子目确定相应的税率或单位税额（表 7-2）。

表 7-2 消费税税目、税率（税额）表

税目	税率
一、烟	
1. 卷烟	
(1) 甲类卷烟	56%加 0.003 元/支
(2) 乙类卷烟	36%加 0.003 元/支
2. 雪茄烟	25%
3. 烟丝	30%
二、酒及酒精	
1. 白酒	20%加 0.5 元/500 克（或者 500 毫升）
2. 黄酒	240 元/吨
3. 啤酒	
(1) 甲类啤酒	250 元/吨
(2) 乙类啤酒	220 元/吨
4. 其他酒	10%
5. 酒精	5%
三、化妆品	30%
四、贵重首饰及珠宝玉石	
1. 金银首饰、铂金首饰和钻石及钻石饰品	5%
2. 其他贵重首饰和珠宝玉石	10%
五、鞭炮、焰火	15%
六、成品油	

续表

税目	税率
1. 汽油	
(1) 含铅汽油	1.40元/升
(2) 无铅汽油	1.00元/升
2. 柴油	0.80元/升
3. 航空煤油	0.80元/升
4. 石脑油	1.00元/升
5. 溶剂油	1.00元/升
6. 润滑油	1.00元/升
7. 燃料油	0.80元/升
七、汽车轮胎	3%
八、摩托车	
1. 气缸容量（排气量，下同）在250毫升（含250毫升）以下的	3%
2. 气缸容量在250毫升以上的	10%
九、小汽车	
1. 乘用车	
(1) 气缸容量（排气量，下同）在1.0升（含1.0升）以下的	1%
(2) 气缸容量在1.0升以上至1.5升（含1.5升）的	3%
(3) 气缸容量在1.5升以上至2.0升（含2.0升）的	5%
(4) 气缸容量在2.0升以上至2.5升（含2.5升）的	9%
(5) 气缸容量在2.5升以上至3.0升（含3.0升）的	12%
(6) 气缸容量在3.0升以上至4.0升（含4.0升）的	25%
(7) 气缸容量在4.0升以上的	40%
2. 中轻型商用客车	5%
十、高尔夫球及球具	10%
十一、高档手表	20%
十二、游艇	10%
十三、木制一次性筷子	5%
十四、实木地板	5%

四、应纳税额的计算

（一）从价定率计征

应纳税额＝应税消费品的销售额×适用税率

1. 销售额的确定

消费税的销售额是纳税人销售应税消费品向购买方收取的全部价款和价外费用，但不包括收取的销项增值税。

“价外费用”是指价外收取的基金、集资费、返还利润、补贴、违约金（延期付款利息）和手续费、包装费、储蓄费、优质费、运输装卸费、代收款项、代垫款项以及其他各种性质的价外收费。但下列款项不包括在内：

（1）承运部门的运输发票开具给购货方的；

（2）纳税人将该项发票转交给购货方的。

其他价外费用，无论是否属于纳税人的收入，均应并入销售额计算征税。

【例 7-8】某化妆品工业企业为增值税一般纳税人，某月销售化妆品开出专用发票注明价款 150 万元、增值税 25.5 万元，收取违约金 1.75 万元，增值税率 17%、消费税率 30%，计算应纳消费税。

$$应纳消费税=\left(150+\frac{1.75}{1+17\%}\right)\times 30\%=45.45\text{（万元）}$$

2. 含增值税销售额的换算

在计算消费税时，价格中如含有增值税金，应将其换算为不含增值税的销售额。换算公式为：

$$应税消费品的销售额=\frac{含增值税的销售额}{（1+增值税税率或征收率）}$$

仍以上例，假定该化妆品工业企业为增值税一般纳税人，某月销售化妆品开具普通发票注明价款 175.5 万元，收取违约金 1.75 万元，增值税率 17%、消费税率 30%，计算应纳消费税。

$$应纳消费税=\frac{175.5+1.75}{1+17\%}\times 30\%=45.45\text{（万元）}$$

（二）从量定额计算方法

应纳税额=应税消费品的销售数量×单位税额

其中销售数量的确定：

（1）销售应税消费品的，为应税消费品的销售数量。

（2）自产自用应税消费品的，为应税消费品的移送使用数量。

（3）委托加工应税消费品的，为纳税人收回的应税消费品数量。

（4）进口的应税消费品，为海关核定的应税消费品进口征税数量。

【例 7-9】某啤酒厂某月销售自产甲类啤酒 100 吨，开具专用发票注明价款 40 万元、增值税 6.8 万元。消费税率 250 元/吨，要求：计算啤酒厂应纳消费税。

应纳消费税=100×250=25000（元）

（三）从量定率和从量定额混合计算办法

应纳税额=应税销售数量×定额税率+应税销售额×比例税率

混合计算的适用对象只有卷烟、粮食白酒、薯类白酒等几类。

【例 7-10】某卷烟厂为增值税一般纳税人，某月销售甲类卷烟 200 标准箱，开具专用发票注明价款 500 万元、增值税 85 万元。从价消费税率 56%、从量消费税率 150 元/标准箱。

要求：计算该卷烟厂应纳消费税。

$$应纳消费税=500\times56\%+\frac{200\times150}{10000}=283（万元）$$

五、征收管理

（一）纳税义务发生时间

（1）纳税人销售应税消费品的，按不同的销售结算方式分别为：①采取赊销和分期收款结算方式的，为书面合同约定的收款日期的当天，书面合同没有约定收款日期或者无书面合同的，为发出应税消费品的当天；②采取预收货款结算方式的，为发出应税消费品的当天；③采取托收承付和委托银行收款方式的，为发出应税消费品并办妥托收手续的当天；④采取其他结算方式的，为收讫销售款或者取得索取销售款凭据的当天。

（2）纳税人自产自用应税消费品的，为移送使用的当天。

（3）纳税人委托加工应税消费品的，为纳税人提货的当天。

（4）纳税人进口应税消费品的，为报关进口的当天。

（二）纳税期限

消费税的纳税期限分别为1日、3日、5日、10日、15日、1个月或者1个季度。纳税人的具体纳税期限，由主管税务机关根据纳税人应纳税额的大小分别核定；不能按照固定期限纳税的，可以按次纳税。

纳税人以1个月或者1个季度为1个纳税期的，自期满之日起15日内申报纳税；以1日、3日、5日、10日或者15日为1个纳税期的，自期满之日起5日内预缴税款，于次月1日起15日内申报纳税并结清上月应纳税款。

（三）纳税地点

纳税人到外县（市）销售或者委托外县（市）代销自产应税消费品的，于应税消费品销售后，向机构所在地或者居住地主管税务机关申报纳税。

纳税人的总机构与分支机构不在同一县（市）的，应当分别向各自机构所在地的主管税务机关申报纳税；经财政部、国家税务总局或者其授权的财政、税务机关批准，可以由总机构汇总向总机构所在地的主管税务机关申报纳税。

委托个人加工的应税消费品，由委托方向其机构所在地或者居住地主管税务机关申报纳税。

进口的应税消费品，由进口人或者其代理人向报关地海关申报纳税。

第三节 营 业 税

1791年营业税诞生于法国，以其营业额大小征收。1931年，中国国民党政府制定营业税法，开征此税。新中国成立后，废止旧的营业税，于1950年公布《工商业税暂行条例》。其中规定，凡在中国境内的工商营利事业，均应按营业额于营业行为所在地缴纳营业税。

1958 年至 1984 年，营业税不作为独立税种，而在试行的工商统一税及后来试行的工商税中设置若干税目征收。1984 年恢复征收营业税。1993 年 12 月 13 日国务院发布《中华人民共和国营业税暂行条例》，自 1994 年 1 月 1 日起施行。2008 年 11 月 5 日经国务院第三十四次常务会议修订通过并颁布《中华人民共和国营业税暂行条例》（以下简称《营业税暂行条例》），2008 年 12 月 15 日财政部、国家税务总局第 51 号令颁布了《中华人民共和国营业税暂行条例实施细则》，并于 2009 年 1 月 1 日起正式实施。

一、概念及特点

（一）概念

营业税是以我国境内提供应税劳务、转让无形资产或销售不动产所取得的营业额为课税对象而征收的一种商品劳务税。

（二）营业税的特点

（1）计税依据一般为营业额全额。营业税属于商品劳务税，计税依据为营业额全额，税额的计算不受成本、费用高低的影响，从而有利于保证国家财政收入的稳定增长。

（2）税目、税率按行业、类别设计。因营业税是对增值税范围之外的所有经营业务普遍征收，所以税率的设计一般也较低，但由于各行业、各经营业务类别的盈利水平不同，实行行业、类别的差别比例税率。

（3）多环节征收。在经营活动各个环节，只要实现了《营业税暂行条例》征税范围的收入，都要征收营业税，并且不得扣除以前环节征收的营业税。

（4）计算简便，便于征管。因为营业税按营业额全额征税，又实行的是比例税率，所以，相对于其他税种来说，其计算简便，有利于纳税人计算缴纳和税务机关征收管理。

二、纳税人、税目及税率

1. 纳税人

在中华人民共和国境内提供《营业税暂行条例》规定的劳务、转让无形资产或者销售不动产的单位和个人，为营业税的纳税人，应当依照营业税暂行条例缴纳营业税。

单位，是指国有企业、集体企业、私有企业、股份制企业、其他企业和行政单位、事业单位、军事单位、社会团体及其他单位。

个人，是指个体工商户及其他有经营行为的个人。

根据全国人大常委会的决定，单位中还包括外商投资企业和外国企业；个人中还包括在中国境内有经营行为的外国人。

2. 税目

营业税对课税对象分类规定了具体征税项目。它是按照不同营业行为，在综合分类基础上，采取正列举办法分别设计的。对列举税目范围内的行为征税，没有列举的不征税。现行营业税的税目有 9 个，即：交通运输业、建筑业、邮电通信业、文化体育业、金融保险业、服务业、转让无形资产、销售不动产、娱乐业。每个税目下又设有若干个子目。

3. 税率

营业税按照行业、类别不同分别采用不同的比例税率，具体税率由各省、自治区、直辖市人民政府根据当地实际情况，在税法规定幅度内决定（表 7-3）。

表 7-3 营业税税目税率表

税 目	税 率
交通运输业	3%
建筑业	3%
金融保险业	5%
邮电通信业	3%
文化体育业	3%
娱乐业	5%～20%
服务业	5%
转让无形资产	5%
销售不动产	5%

三、营业税计算

纳税人的营业额为纳税人提供应税劳务、转让无形资产或者销售不动产收取的全部价款和价外费用。

价外费用，包括收取的手续费、补贴、基金、集资费、返还利润、奖励费、违约金、滞纳金、延期付款利息、赔偿金、代收款项、代垫款项、罚息及其他各种性质的价外收费，但不包括同时符合以下条件代为收取的政府性基金或者行政事业性收费：

（1）由国务院或者财政部批准设立的政府性基金，由国务院或者省级人民政府及其财政、价格主管部门批准设立的行政事业性收费；

（2）收取时开具省级以上财政部门印制的财政票据；

（3）所收款项全额上缴财政。

应纳税额计算公式：

应纳税额＝营业额×税率

【例 7-11】某运输公司某月实现货物运输收入 200 万元，房屋租赁收入 10 万元，本月支付人工成本 40 万元、燃料成本 90 万元、其他成本 10 万元。交通运输业营业税率 3%、服务业（租赁）营业税率 5%，要求：计算应纳营业税。

应纳营业税＝200×3%＋10×5%＝6.5（万元）

四、征收管理

（一）纳税义务发生时间

营业税纳税义务发生时间为纳税人提供应税劳务、转让无形资产或者销售不动产并收讫营业收入款项或者取得索取营业收入款项凭据的当天。

取得索取营业收入款项凭据的当天，为书面合同确定的付款日期的当天；未签订书面合同或者书面合同未确定付款日期的，为应税行为完成的当天。

（二）纳税期限

营业税的纳税期限分别为5日、10日、15日、1个月或者1个季度。纳税人的具体纳税期限，由主管税务机关根据纳税人应纳税额的大小分别核定；不能按照固定期限纳税的，可以按次纳税。

纳税人以1个月或者1个季度为一个纳税期的，自期满之日起15日内申报纳税；以5日、10日或者15日为一个纳税期的，自期满之日起5日内预缴税款，于次月1日起15日内申报纳税并结清上月应纳税款。

扣缴义务人解缴税款的期限，依照前两款的规定执行。

（三）纳税地点

（1）纳税人提供应税劳务应当向其机构所在地或者居住地的主管税务机关申报纳税。但是，纳税人提供的建筑业劳务以及国务院财政、税务主管部门规定的其他应税劳务，应当向应税劳务发生地的主管税务机关申报纳税。

（2）纳税人转让无形资产应当向其机构所在地或者居住地的主管税务机关申报纳税。但是，纳税人转让、出租土地使用权，应当向土地所在地的主管税务机关申报纳税。

（3）纳税人销售、出租不动产应当向不动产所在地的主管税务机关申报纳税。

扣缴义务人应当向其机构所在地或者居住地的主管税务机关申报缴纳其扣缴的税款。

重点概念

增值税　销项税额　进项税额　消费税　营业税

思考题

1. 增值税、消费税、营业税各有哪些特点？
2. 增值税的征税范围有哪些？视同销售行为有哪些？
3. 增值税纳税人是如何确定的？
4. 进项税额可以抵扣和不予抵扣是如何规定的？
5. 如何确定消费税的纳税环节？
6. 消费税和增值税有何关系？
7. 营业税的纳税人有哪些？
8. 营业税目有哪些？与增值税的征税范围有何关系？

计算题

1. 某建材企业为增值税一般纳税人，2012年6月发生以下业务：

（1）购进一批A钢材，取得增值税防伪税控专用发票注明不含税价款300万元，增值税税率为17%，支付运输费20万元，取得运输发票；

（2）购进一批B钢材，取得普通发票注明价款10万元；

（3）购进一台成套设备，取得增值税防伪税控专用发票注明不含税价款40万元，增值税税率为17%；

（4）本月销售钢材开具增值税防伪税控专用发票注明不含税价款 360 万元

（5）用钢材向其联营企业投资，双方作价为 20 万元（不含税）。

要求：计算该企业当月的进项税额、销项税额和应纳税额。(增值税率 17%)

2. 某生产企业（增值税一般纳税人）2012 年 7 月购销情况如下：

（1）外购材料一批，取得的防伪税控增值税专用发票上注明税款 60 万元，另支付运输费用 20 万元(取得运输发票)。货物已验收入库 80%，其余 20%直接用于企业仓库建造。

（2）进口检测设备一台，取得海关完税凭证上注明增值税税额 15 万元。

（3）向本市甲公司销售产品，出厂价 585 万元（含税价），另外收取违约金 11.7 万元。

（4）库存材料因管理不善发生毁损成本 10 万元。

要求：计算该企业当月的可抵扣进项税额、销项税额、不予抵扣进项税额和应纳税额。（增值税率 17%）

3. 根据下列资料计算应纳消费税（增值税率 17%）：

（1）某酒厂为增值税一般纳税人，2012 年 8 月销售自产啤酒 400 吨，每吨不含税出厂价为 4000 元，消费税率 250 元/吨；销售自产白酒 600 箱，每箱 20 斤，每箱不含税出厂价为 500 元。

（2）某化妆品生产企业为增值税一般纳税人，2012 年 8 月销售化妆品 100 件，取得含税销售额 46.8 万元，另外收取欠款利息 1.17 万元。

4. 某饭店 2012 年 11 月发生以下业务：

（1）客房收入 80 万元，歌舞厅收入 6 万元；

（2）餐厅餐饮收入 50 万元，另收服务费 3 万元；

（3）出租柜台本月取得租金 5 万元。

要求：计算饭店本月应纳营业税。(营业税率：服务业 5%、娱乐业 20%)

第八章 所 得 税

所得税是指以纳税人的所得额为课税对象的各种税收的统称。税法规定的所得额，是指纳税人在一定时期内，由于生产、经营等取得的可用货币计量的收入，扣除为取得这些收入所需各种耗费后的净额。所得税属于直接税，其税负不易转嫁。按照纳税人的不同，所得税包括企业所得税和个人所得税。本章分别介绍了企业所得税和个人所得税的概念、特点、纳税人、征税范围、计税依据及其税收征管等。通过本章学习，要求学生理解掌握企业所得税和个人所得税的纳税人，熟悉两个所得税特点、税率和征税范围，熟练运用企业所得税和个人所得税应纳税所得额主要规定进行应纳所得税额的计算。

案例导引

2012 年初，某国有企业向税务机关报送 2011 年度企业所得税纳税申报表，其中，表中填报的产品销售收入 7000 万元，减除成本、费用、税金后，利润总额为 50 万元，应纳税所得额也是 50 万元。税务机关通知该企业委托会计师事务所进行所得税审计，否则税务机关将对其进行查账稽核。该企业便委托某会计师事务所进行所得税审计，会计事务所经查账核实以下几项支出：

（1）企业全年工资总额 90 万元，已列支；

（2）企业当年实际发生职工福利费 16.6 万元、教育经费 5.25 万元，拨交工会经费共 2.8 万元，已列支进入成本费用；

（3）企业通过希望工程基金会向希望工程捐赠款 20 万元，已列支计入营业外支出；

（4）企业全年发生业务招待费 8 万元、新产品研究费用 40 万元，均已列支计入管理费用；

（5）企业全年发生广告费和业务宣传费 1250 万元，已列支计入销售费用；

（6）当年初向非关联企业甲公司借款 1000 万元用于经营活动，支付利息 100 万元，已列支计入财务费用，银行同类同期贷款利率 6%。

问题：

请按企业所得税法及其实施条例，对该企业超过准予列支标准的项目，在计算应纳税所得额时分项进行调整，然后计算应纳所得税税额（设企业所得税税率为 25%）。

第一节 企业所得税

1909 年企业所得税起源于英国，目前世界上有 160 多个国家和地区开征了企业所得税。我国企业所得税的历史不长。1937 年 1 月 1 日，所得税原则及所得税暂行草案开始实施，标志着中国所得税的产生。1950 年政务院发布《全国税政实施要则》，标志着新中国企业所得税体系的初步建立。1958 年实行工商税制改革时，所得税从工商业税中分离出来，定名为工商所得税。这是新中国建立后所得税成为一个独立税种的标志，为以后的所得税制建立打下了基础。1980 年 9 月，我国颁布了《中华人民共和国中外合资经营企业所得税法》，这是我国第一部企业所得税法。1981 年又颁布了《中华人民共和国外国企业所得税法》。1991 年将两部涉外企业所得税法合并为《中华人民共和国外商投资企业和外国企业所得税法》。1984 年 9 月，国务院发布了《中华人民共和国国营企业所得税条例（草案）》和《国营企业调节税征收办法》。1985 年 4 月，国务院发布了《中华人民共和国集体企业所得税暂行条例》。1993 年 12 月，国务院发布了《中华人民共和国企业所得税暂行条例》，将原来的国营企业所得税、集体企业所得税、私营企业所得税合并，统一了内资企业所得税制度，从 1994 年 1 月 1 日起施行。2007 年 3 月 16 日第十届全国人民代表大会第五次全体会议通过了《中华人民共和国企业所得税法》，由中华人民共和国主席令第 63 号公布，自 2008 年 1 月 1 日起施行。2007 年 11 月 28 日国务院第 197 次常务会议通过了《中华人民共和国企业所得税法实施条例》，自 2008 年 1 月 1 日起施行。

一、概念及特点

（一）概念

企业所得税是对我国境内的企业和其他取得收入的组织，就其生产经营所得和其他所得所征收的一种税收。在我国现行税制中，企业所得税是仅次于增值税的第二大税种。企业所得税在国外被称为“公司税”、“公司所得税”、“法人税”或“法人所得税”。对于企业和组织所得课征税收，有利于税负公平。

（二）特点

（1）以所得额为课税对象。征税对象不是企业会计账面利润，而是应纳税所得额，即依照企业所得税法规定确定的应税总收入扣除税法允许扣除的成本费用后的净所得额。

（2）以量能负担为原则。为体现税收公平，实行所得多、负担能力大的多征，所得少、负担能力小的少征，无所得、没有负担能力的不征。

（3）税法对税基的约束力强。应纳税所得额的计算应严格按照企业所得税法及其实施条例有关规定进行，如果企业的财务会计处理与其相抵触，应当按照税法的规定计算纳税。

（4）实行按年计算，分期预缴的征收办法。由于企业在一个纳税年度内，收入、成本费用的发生在各期可能不均衡，所以企业所得税的征收实行按年应纳税所得额计算、分月或分季预缴、年终汇算清缴的征收办法。

二、纳税人、征税对象及其税率

（一）纳税人

在中华人民共和国境内，企业和其他取得收入的组织（以下统称企业）为企业所得税的纳税人，依照本法的规定缴纳企业所得税。

个人独资企业、合伙企业不适用本法。

在中国境内成立的企业，包括依照中国法律、行政法规在中国境内成立的企业、事业单位、社会团体以及其他取得收入的组织。

企业所得税法根据地域管辖权和居民管辖权双重标准，将纳税人分为居民企业和非居民企业，其纳税义务各有不同。

1. 居民企业

居民企业是指依法在中国境内成立，或者依照外国（地区）法律成立但实际管理机构在中国境内的企业。

在中国境内成立的企业，包括依照中国法律、行政法规在中国境内成立的企业（包括国有企业、集体企业、私营企业、联营企业、股份制企业、外商投资企业、外国企业等）、事业单位、社会团体以及其他取得收入的组织。

依照外国（地区）法律成立的企业，包括依照外国（地区）法律成立的企业和其他取得收入的组织。

实际管理机构是指对企业的生产经营、人员、账务、财产等实施实质性全面管理和控制的机构。

2. 非居民企业

非居民企业，是指依照外国（地区）法律成立且实际管理机构不在中国境内，但在中国境内设立机构、场所的，或者在中国境内未设立机构、场所，但有来源于中国境内所得的企业。

（二）征税对象

企业所得税的征税对象包括企业的生产经营所得、其他所得和清算所得。

1. 居民企业征税对象

居民企业应当就其来源于中国境内、境外的所得缴纳企业所得税。包括销售货物所得、提供劳务所得、转让财产所得、股息红利等权益性投资所得、利息所得、租金所得、特许权使用费所得、接受捐赠所得和其他所得。

2. 非居民企业征税对象

非居民企业在中国境内设立机构、场所的，应当就其所设机构、场所取得的来源于中国境内的所得，以及发生在中国境外但与其所设机构、场所有实际联系的所得，缴纳企业所得税。

非居民企业在中国境内未设立机构、场所的，或者虽设立机构、场所但取得的所得与其所设机构、场所没有实际联系的，应当就其来源于中国境内的所得缴纳企业所得税。

实际联系，是指非居民企业在中国境内设立的机构、场所拥有据以取得所得的股权、债权，以及拥有、管理、控制据以取得所得的财产等。

（三）税率

（1）基本税率为25%。适用于居民企业和在中国境内设有机构、场所且所得与机构、场所有关联的非居民企业。

（2）低税率为20%。适用于在中国境内未设立机构、场所的，或者虽设立机构、场所但取得的所得与其所设构、场所没有实际联系的非居民企业。但实际征税时适用10%的税率。

三、应纳税所得额

企业每一纳税年度的收入总额，减除不征税收入、免税收入、各项扣除以及允许弥补的以前年度亏损后的余额，为应纳税所得额。其计算公式为：

应纳税所得额＝收入总额－不征税收入－免税收入－各项扣除－以前年度亏损

（一）收入总额

收入总额是指企业以货币形式和非货币形式从各种来源取得的收入。包括：

(1) 销售货物收入，是指企业销售商品、产品、原材料、包装物、低值易耗品以及其他存货取得的收入。

(2) 提供劳务收入，是指企业从事建筑安装、修理修配、交通运输、仓储租赁、金融保险、邮电通信、咨询经纪、文化体育、科学研究、技术服务、教育培训、餐饮住宿、中介代理、卫生保健、社区服务、旅游、娱乐、加工以及其他劳务服务活动取得的收入。

(3) 转让财产收入，是指企业转让固定资产、生物资产、无形资产、股权、债权等财产取得的收入。

(4) 股息、红利等权益性投资收益，是指企业因权益性投资从被投资方取得的收入。

(5) 利息收入，是指企业将资金提供他人使用但不构成权益性投资，或者因他人占用本企业资金取得的收入，包括存款利息、贷款利息、债券利息、欠款利息等收入。

(6) 租金收入，是指企业提供固定资产、包装物或者其他有形资产的使用权取得的收入。

(7) 特许权使用费收入，是指企业提供专利权、非专利技术、商标权、著作权以及其他特许权的使用权取得的收入。

(8) 接受捐赠收入，是指企业接受的来自其他企业、组织或者个人无偿给予的货币性资产、非货币性资产。

(9) 其他收入，是指企业取得的除企业所得税法第六条第（一）项至第（八）项规定的收入外的其他收入，包括企业资产溢余收入、逾期未退包装物押金收入、确实无法偿付的应付款项、已作坏账损失处理后又收回的应收款项、债务重组收入、补贴收入、违约金收入、汇兑收益等。

（二）不征税收入

(1) 财政拨款，是指各级人民政府对纳入预算管理的事业单位、社会团体等组织拨付的财政资金，但国务院和国务院财政、税务主管部门另有规定的除外。

(2) 依法收取并纳入财政管理的行政事业性收费、政府性基金，是指依照法律法规等有关规定，按照国务院规定程序批准，在实施社会公共管理，以及在向公民、法人或者其他组织提供特定公共服务过程中，向特定对象收取并纳入财政管理的费用。政府性基金，是指企业依照法律、行政法规等有关规定，代政府收取的具有专项用途的财政资金。

(3) 国务院规定的其他不征税收入，是指企业取得的，由国务院财政、税务主管部门规定专项用途并经国务院批准的财政性资金。

(三) 免税收入

(1) 国债利息收入。

(2) 符合条件的居民企业之间的股息、红利等权益性收益。该收益仅仅指居民企业直接投资于其他居民企业的投资收益。

(3) 在中国境内设立机构、场所的非居民企业从居民企业取得与该机构、场所有实际联系的股息、红利等权益性投资收益。该收益不包括连续持有居民企业公开发行并上市流通的股票不足12个月取得的投资收益。

(4) 符合条件的非营利组织的收入。

(5) 非营利组织的下列收入为免税收入:

①接受其他单位或者个人捐赠的收入;②除《中华人民共和国企业所得税法》第七条规定的财政拨款以外的其他政府补助收入,但不包括因政府购买服务取得的收入;③按照省级以上民政、财政部门规定收取的会费;④不征税收入和免税收入孳生的银行存款利息收入;⑤财政部、国家税务总局规定的其他收入。

(四) 扣除范围

1. 扣除项目的范围

企业实际发生的与取得收入有关的、合理的支出,包括成本、费用、税金、损失和其他支出,准予在计算应纳税所得额时扣除。

有关的支出,是指与取得收入直接相关的支出。

企业所得税法第八条所称合理的支出,是指符合生产经营活动常规,应当计入当期损益或者有关资产成本的必要和正常的支出。

在计算应纳税所得额时还应注意下列三个方面内容:

第一,企业发生的支出应当区分收益性支出和资本性支出。收益性支出在发生当期直接扣除;资本性支出应当分期扣除或者计入有关资产成本,不得在发生当期直接扣除。

第二,企业的不征税收入用于支出所形成的费用或者财产,不得扣除或者计算对应的折旧、摊销扣除。

第三,除企业所得税法和本条例另有规定外,企业实际发生的成本、费用、税金、损失和其他支出,不得重复扣除。

(1) 成本,是指企业在生产经营活动中发生的销售成本、销货成本、业务支出以及其他耗费。

(2) 费用,指企业在生产经营活动中发生的销售费用、管理费用和财务费用。

(3) 税金,是指企业发生的除企业所得税和允许抵扣的增值税以外的企业缴纳的各项税金及其附加。有消费税、营业税、城市维护建设税、关税、资源税、土地增值税和教育费附加、房产税、车船税、土地使用税、印花税。

(4) 损失,是指企业在生产经营活动中发生的固定资产和存货的盘亏、毁损、报废损失,转让财产损失,呆账损失,坏账损失,自然灾害等不可抗力因素造成的损失以及其他损失。

企业发生的损失减除责任人赔偿和保险赔款后的余额,依照规定扣除。

企业已经作为损失处理的资产，在以后纳税年度又全部收回或者部分收回时，应计入当期收入。

(5) 扣除的其他支出，是指除成本、费用、税金、损失外，企业在生产经营活动中发生的与生产经营活动有关的、合理的支出。

2. 扣除项目及其标准

(1) 工资、薪金支出。企业发生的合理的工资薪金支出，准予扣除。工资薪金，是指企业每一纳税年度支付给在本企业任职或者受雇的员工的所有现金形式或者非现金形式的劳动报酬，包括基本工资、奖金、津贴、补贴、年终加薪、加班工资，以及与员工任职或者受雇有关的其他支出。

“合理工资、薪金”，是指企业按照股东大会、董事会、薪酬委员会或相关管理机构制订的工资薪金制度规定实际发放给员工的工资薪金。税务机关在对工资薪金进行合理性确认时，可按以下原则掌握：

第一，企业制订了较为规范的员工工资薪金制度。

第二，企业所制订的工资薪金制度符合行业及地区水平。

第三，企业在一定时期所发放的工资薪金是相对固定的，工资薪金的调整是有序进行的。

第四，企业对实际发放的工资薪金，已依法履行了代扣代缴个人所得税义务。

第五，有关工资薪金的安排，不以减少或逃避税款为目的。

(2) 职工福利费、工会经费、职工教育经费。企业发生的职工福利费、工会经费、职工教育经费按标准扣除，未超过标准的按实际数扣除，超过标准的只能按标准扣除。

第一，企业发生的职工福利费支出，不超过工资薪金总额14%的部分准予扣除。

第二，企业拨缴的工会经费，不超过工资薪金总额2%的部分准予扣除。

第三，除国务院财政、税务主管部门或者省级人民政府规定外，企业发生的职工教育经费支出，不超过工资薪金总额2.5%的部分准予扣除，超过部分准予结转以后纳税年度扣除。

【例 8-1】某企业 2012 年年末会计税前利润 85 万元。当年发放工资 500 万元，发生福利费支出 80 万元、拨缴工会经费 16 万元、发生职工教育经费支出 16.5 万元。要求：计算应纳税所得额。

福利费扣除限额＝500×14%＝70（万元）

调增纳税所得额＝80－70＝10（万元）

工会经费扣除限额＝ 500×2%＝10（万元）

调增纳税所得额＝16－10＝6（万元）

职工教育经费扣除限额＝ 500×2.5%＝12.5（万元）

调增纳税所得额＝16.5－12.5＝4（万元）

应纳税所得额＝85＋10＋6＋4＝105（万元）

(3) 社会保险费。企业依照国务院有关主管部门或者省级人民政府规定的范围和标准为职工缴纳的基本养老保险费、基本医疗保险费、失业保险费、工伤保险费、生育保险费等基本社会保险费和住房公积金，准予扣除。

企业为投资者或者职工支付的补充养老保险费、补充医疗保险费，在国务院财政、税务主管部门规定的范围和标准内，准予扣除。

企业参加财产保险，按照规定缴纳的保险费，准予扣除。

(4) 利息费用。企业在生产经营活动中发生的下列利息支出，准予扣除：

第一，非金融企业向金融企业借款的利息支出、金融企业的各项存款利息支出和同业拆借利息支出、企业经批准发行债券的利息支出；

第二，非金融企业向非金融企业借款的利息支出，不超过按照金融企业同期同类贷款利率计算的数额以内的部分。

【例 8-2】某公司 2012 年会计税前利润 100 万元。当年发生借款利息支出如下：

①向开户行借款支付利息 20 万元、罚息 3 万元。

②向乙公司借款 1000 万元，支付一年利息 70 万元（银行年利 5%，后同）。

要求：计算应纳税所得额。

①向开户行借款支付利息和罚息可全扣；

②向乙公司借款扣除限额＝1000×5%＝50（万元）

调增纳税所得额＝70－50＝20（万元）

应纳税所得额＝100＋20＝120（万元）

(5) 业务招待费。企业发生的与生产经营活动有关的业务招待费支出，按照发生额的 60%扣除，但最高不得超过当年销售（营业）收入的 5‰。

【例 8-3】某企业 2012 年年末会计税前利润 160 万元。当年发生招待费支出 70 万元，当年实现销售收入 6000 万元。要求：计算应纳税所得额。

销售收入 5‰＝6000×5‰＝30（万元）

发生额的 60% ＝70×60%＝42（万元）

30＜42，招待费扣除限额 30 万元

调整应纳税所得额＝70－30＝40（万元）

应纳税所得额＝160＋40＝200（万元）

(6) 广告费和业务宣传费。广告费和业务宣传费除国务院财政、税务主管机关另有规定外，不超过当年销售（营业）收入 15%的部分，准予扣除；超过部分，准予结转以后纳税年度扣除。

企业申报扣除的广告费支出应与赞助支出严格区分。企业申报扣除的广告费支出，必须符合下列条件：广告是通过工商部门批准的专门机构制作的；已实际支付费用，并已取得相应发票；通过一定的媒体传播。

【例 8-4】某企业 2012 年年末会计税前利润 200 万元。当年实现销售收入共计 6000 万元，当年发生广告费 920 万元、业务宣传费支出 80 万元。要求：计算应纳税所得额。

广告费、业务宣传费扣除限额＝6000×15%＝900（万元）

调整应纳税所得额＝（920＋80）－900＝100（万元）

应纳税所得额＝200＋100＝300（万元）

(7) 租赁费。以经营租赁方式租入固定资产发生的租赁费支出，按照租赁期限均匀扣除。

【例 8-5】某公司 2012 年年末会计税前利润 100 万元。当年 9 月初经营租入设备用于公司行政管理，一次性支付一年租金 120 万元，会计将其全部计入管理费用在税前利润中一次性扣除。要求：计算应纳税所得额。

租金扣除限额＝120÷12×4＝40（万元）

调增纳税所得额＝120－40＝80（万元）

应纳税所得额＝100＋80＝180（万元）

（8）劳动保护费。企业发生的合理的劳动保护支出，准予扣除。

（9）公益性捐赠支出。公益性捐赠，是指企业通过公益性社会团体、公益性群众团体或者县级（含县级）以上人民政府及其部门，用于《中华人民共和国公益事业捐赠法》规定的公益事业的捐赠。

企业发生的公益性捐赠支出，不超过年度利润总额12％的部分，准予扣除。年度利润总额，是指企业按照国家统一会计制度的规定计算的年度会计利润。

【例8-6】某企业2012年年末会计税前利润60万元，当年扣除的捐赠如下：

①自行捐给福利院3万元；

②通过赈灾组织捐给灾区10万元。

要求：计算应纳税所得额。

①自行捐赠不得扣除；

②捐灾区扣除限额＝60×12％＝7.2（万元）

调整应纳税所得额＝10－7.2＝2.8（万元）

应纳税所得额＝60＋3＋2.8＝65.8（万元）

（10）依照有关法律、行政法规和国家有关税法规定准予扣除的其他项目。如会员费、合理的会议费、差旅费、违约金、诉讼费用等。

（五）不得扣除的项目

（1）向投资者支付的股息、红利等权益性投资收益款项。

（2）企业所得税税款。

（3）税收滞纳金，是指纳税人违反税收法规，被税务机关处以的滞纳金。

（4）罚金、罚款和被没收财物的损失，是指纳税人违反国家有关法律、法规规定，被有关部门处以的罚款，以及被司法机关处以罚金和被没收财物。

（5）超过规定标准的捐赠支出。

（6）赞助支出，是指企业发生的与生产经营活动无关的各种非广告性质支出。

（7）未经核定的准备金支出，是指不符合国务院财政、税务主管部门规定的各项资产减值准备、风险准备等准备金支出。

（8）企业之间支付的管理费、企业内营业机构之间支付的租金和特许权使用费，以及非银行企业内营业机构之间支付的利息，不得扣除。

（9）与取得收入无关的其他支出。

（六）亏损弥补

亏损是指企业依照企业所得税法和暂行条例的规定，将每一纳税年度的收入总额减除不征税收入、免税收入和各项扣除后小于零的数额。税法规定，企业某一纳税年度发生的亏损可以用下一年度的所得弥补，下一年度的所得不足以弥补的，可以逐年延续弥补，但最长不得超过5年。

四、居民企业应纳税额的计算

应纳税额＝应纳税所得额×适用税率－减免税额－抵免税额

应纳税所得额的计算一般有两种方法：

（1）直接法：应纳税所得额＝收入总额－不征税收入－免税收入－各项扣除－弥补亏损

（2）间接法：应纳税所得额＝会计利润总额±纳税调整项目金额

【例 8-7】某制药企业 2012 年年末会计账面税前利润 100 万元，发生下列业务：①销售产品收入 2000 万元；②取得国债利息 2 万元；③全年支付广告费 400 万元；④全年发生招待费 80 万元；⑤通过政府部门批准的非营利组织对灾区捐款 20 万元；⑥违反政府规定被工商局罚款 2 万元。

要求：计算应纳所得税额（企业所得税率 25％）。

①国债利息收入 2 万元属于免税收入，调减纳税所得额。

②广告费限额＝2000×15％＝300（万元）

调增纳税所得额＝400－300＝100（万元）

③招待费发生额的 60％＝80×60％＝48（万元）

销售收入的 5‰＝2000×5‰＝10（万元）

48＞10，招待费扣除限额 10 万元

调增纳税所得额＝80－10＝70（万元）

④捐赠扣除限额＝100×12％＝12（万元）

调增纳税所得额＝20－12＝8（万元）

⑤工商局罚款 2 万元不得扣除。

⑥应纳税所得额＝100－2＋100＋70＋8＋2＝278（万元）

⑦应纳所得税额＝278×25％＝69.5（万元）

五、税收优惠

（一）从事农、林、牧渔业项目的所得

（1）企业从事下列项目的所得，免征企业所得税：①蔬菜、谷物、薯类、油料、豆类、棉花、麻类、糖料、水果、坚果的种植。②农作物新品种的选育。③中药材的种植。④林木的培育和种植。⑤牲畜、家禽的饲养。⑥林产品的采集。⑦灌溉、农产品的初加工、兽医、农技推广、农机作业和维修等农、林、牧、渔服务业项目。⑧远洋捕捞。

（2）企业从事下列项目的所得，减半征收企业所得税：①花卉、茶以及其他饮料作物和香料作物的种植；②海水养殖、内陆养殖。

（二）从事国家重点扶持的公共基础设施项目投资经营的所得

企业从事国家重点扶持的公共基础设施项目投资经营的所得，自项目取得第一笔生产经营收入所属纳税年度起，第一年至第三年免征企业所得税，第四年至第六年减半征收企业所得税。

企业承包经营、承包建设和内部自建自用本条规定的项目，不得享受本条规定的企业所

得税优惠。

（三）从事符合条件的环境保护、节能节水项目的所得

环境保护、节能节水项目的所得，自项目取得第一笔生产经营收入所属纳税年度起，第一年至第三年免征企业所得税，第四年至第六年减半征收企业所得税。

（四）符合条件的技术转让所得

居民企业转让技术所有权所得不超过500万元的部分，免征企业所得税；超过500万元的部分，减半征收企业所得税。

（五）国家需要重点扶持的高新技术企业减按15%的税率征收企业所得税

（六）小型微利企业优惠

小型微利企业减按20%的所得税税率征收企业所得税。小型微利企业的条件如下：

（1）工业企业，年度应纳税所得额不超过30万元，从业人数不超过100人，资产总额不超过3000万元。

（2）其他企业，年度应纳税所得额不超过30万元，从业人数不超过80人，资产总额不超过1000万元。

（七）加计扣除优惠

（1）研究开发费，是指企业为开发新技术、新产品、新工艺发生的研究开发费用，未形成无形资产计入当期损益的，在按照规定据实扣除的基础上，按照研究开发费用的50%加计扣除；形成无形资产的，按照无形资产成本的150%摊销。

（2）企业安置残疾人员所支付的工资，是指企业安置残疾人员的，在按照支付给残疾职工工资据实扣除的基础上，按照支付给残疾职工工资的100%加计扣除。

（八）加速折旧优惠

企业的固定资产由于技术进步原因确实需要加速折旧可以缩短折旧年限或者采取加速折旧的方法。可以采取缩短折旧年限或者采取加速折旧的方法的固定资产，包括：

（1）由于技术进步，产品更新换代较快的固定资产；

（2）常年处于强震动、高腐蚀状态的固定资产。

采取缩短折旧年限方法的，最低折旧年限不得低于规定折旧年限的60%；采取加速折旧方法的，可以采取双倍余额递减法或者年数总和法。

（九）减计收入优惠

综合利用资源，是指企业以《资源综合利用企业所得税优惠目录》规定的资源作为主要原材料，生产国家非限制和禁止并符合国家和行业相关标准的产品取得的收入，减按90%计入收入总额。

所称原材料占生产产品材料的比例不得低于《资源综合利用企业所得税优惠目录》规定

的标准。

(十) 税额抵免优惠

税额抵免，是指企业购置并实际使用《环境保护专用设备企业所得税优惠目录》、《节能节水专用设备企业所得税优惠目录》等规定的环境保护、节能节水、安全生产等专用设备的，该专用设备的投资额的 10%可以从企业当年的应纳税额中抵免；当年不足抵免的，可以在以后 5 个纳税年度结转抵免。

六、征收管理

(一) 纳税地点

(1) 除税收法律、行政法规另有规定外，居民企业以企业登记注册地为纳税地点；但登记注册地在境外的，以实际管理机构所在地为纳税地点。

(2) 居民企业在中国境内设立不具有法人资格的营业机构的，应当汇总计算并缴纳企业所得税。

(3) 非居民企业在中国境内设立机构、场所的，应当就其所设机构、场所取得的来源于中国境内的所得，以及发生在中国境外但与其所设机构、场所有实际联系的所得，以机构、场所所在地为纳税地点。

非居民企业在中国境内设立两个或者两个以上机构、场所的，经税务机关审核批准，可以选择由其主要机构、场所汇总缴纳企业所得税。

(4) 非居民企业在中国境内未设立机构、场所的，或者虽设立机构、场所但取得的所得与其所设机构、场所没有实际联系的所得，以扣缴义务人所在地为纳税地点。

(二) 纳税期限

企业所得税按年计征，分月或者分季预缴，年终汇算清缴，多退少补。

企业应当自月份或者季度终了之日起 15 日内，向税务机关报送预缴企业所得税纳税申报表，预缴税款。

企业应当自年度终了之日起 5 个月内，向税务机关报送年度企业所得税纳税申报表，并汇算清缴，结清应缴应退税款。

企业在年度中间终止经营活动的，应当自实际经营终止之日起 60 日内，向税务机关办理当期企业所得税汇算清缴。

第二节 个人所得税

个人所得税起源于英国，自 1799 年起开征。1950 年，我国政务院公布的《税政实施要则》中涉及对个人所得征税的主要是薪给报酬所得税和存款利息所得税，但一直没有开征。1980 年 9 月 10 日第五届全国人民代表大会第三次会议通过《中华人民共和国个人所得税法》，1986 年 1 月国务院发布了《中华人民共和国城乡个体工商业户所得税暂行条例》，同年 9 月颁布了《中华人民共和国个人收入调节税暂行条例》。先后经历了 1993 年 10 月 31 日第八届全国人民代表大会常务委员会第四次会议《关于修改〈中华人民共和国个人所得税法〉的决定》第一次修正；1999 年 8 月 30 日第九届全国人民代表大会常务委员会第十一次会议《关于修改〈中华人民共和国个人所得税法〉的决定》第二次修正；2005 年 10 月 27 日第十届全国人民代表大会常务委员会第十八次会议《关于修改〈中华人民共和国个人所得税法〉的决定》第三次修正；2007 年 6 月 29 日第十届全国人民代表大会常务委员会第二十八次会议《关于修改〈中华人民共和国个人所得税法〉的决定》第四次修正；2007 年 12 月 29 日第十届全国人民代表大会常务委员会第三十一次会议《关于修改〈中华人民共和国个人所得税法〉的决定》第五次修正；2011 年 6 月 30 日第十一届全国人民代表大会常务委员会第二十一次会议《关于修改〈中华人民共和国个人所得税法〉的决定》第六次修正，同日发布了修改后的《中华人民共和国个人所得税法》，2011 年 7 月 19 日国务院公布了修改后的《中华人民共和国个人所得税法实施条例》，2011 年 9 月 1 日起施行。

一、概念及特点

（一）概念

个人所得税是以自然人取得的各类应税所得为征税对象而征收的一种所得税。个人所得税的征税对象不仅包括个人还包括具有自然人性质的企业。个人所得税是世界各国普遍开征的一种税种，在我国也被公认为是最具潜力的税种。

个人所得税是政府利用个人所得税调节个人收入的一种重要手段。在调节个人收入差距，实现社会公平功能的税收调控体系中，个人所得税是最核心的税种之一。政府充分发挥税收调节收入分配的职能作用，积极进行个人所得税制度改革，降低中低收入者的税负，加强高收入者个人所得税征管，从而缩小贫富差距，实现社会共同富裕的目标。

（二）特点

我国个人所得税制主要有以下四个特点：

（1）实行分类征收。世界各国的个人所得税制大体可分为三种类型，即分类所得税制、综合所得税制和混合所得税制，我国的个人所得税采用的是分类所得税制，它将个人取得的各种所得划分为 11 类，分类计算，分别征收。

（2）累进税率与比例税率并用。工资、薪金所得，个体工商户的生产经营所得和对企事业单位的承包、承租经营所得实行超额累进税率，其他税目实行比例税率。比例税率计算简便，便于实行源泉扣缴；累进税率可以合理调节收入分配，体现公平。

（3）税款征收主要采用源泉扣缴，辅以纳税人自行申报。对纳税人的应纳税额主要采取由支付单位和个人在支付给纳税款项时，代扣代缴个人所得税；少数特殊情况要求纳税人自行申报。

（4）计算简便。我国个人所得税将个人收入分为 11 个类别，分别规定费用扣除标准、不同的税率和不同的计税方法，不需要汇总计算，计算比较简单，易于掌握。

二、个人所得税征收模式

个人所得税的征收模式有三种：分类征收制、综合征收制与混合征收制。

（1）分类征收制，是指将纳税人的所得按照不同来源、性质分为不同类别所得，分别规定不同费用扣除标准，按照不同税率征税的一种征收模式。

（2）综合征收制，是指将纳税人全年的各项所得加以汇总，按照费用综合扣除标准和统一税率，就其总额进行征税的一种征收模式。

（3）混合征收制，又称为分类综合所得税，是指对纳税人不同来源、性质的所得先分别按照不同的税率征税，然后将全年的各项所得进行汇总征税的一种征收模式。

三种不同的征收模式各有其优缺点。第一种征收模式优点是对纳税人全部所得按不同性质区别征税，能够较好体现国家相关的方针和政策；不足之处是税务机关难以全面把握纳税人整体所得，容易导致实际税负的不公平；第二种方式优点是可以对纳税人的全部所得征税，较好体现税收公平，但它不利于针对不同收入进行调节，不利于体现国家的有关方针与政策；第三种方式则集中了前两种模式的优点，既可实现税收的政策性调节功能，也可体现税收的公平原则。

我国目前采用的是分类征收制，在收入单一、收入水平较低情况下使用，有利于对高收入水平进行调节，税款主要采用代扣代缴，便于征收管理。但是随着纳税人收入形式增多，这种模式调节功能大大降低，导致税负严重不公平，改革现行征管模式势在必行，改革方向就是由分类征收制向混合征收制转变。

三、纳税人

《个人所得税法》规定，我国个人所得税的纳税人是在中国境内居住有所得的人，以及不在中国境内居住而从中国境内取得所得的个人，包括中国公民个人、个体工商户，香港特别行政区、澳门特别行政区、台港同胞和华侨，以及在我国取得所得的外籍人员。按照住所和居住时间两个标准，纳税人区分为居民和非居民，分别承担不同纳税义务。

（一）居民纳税义务人

居民纳税义务人，是指在中国境内有住所，或者无住所而在境内居住满 1 年的个人。居民纳税人承担无限纳税义务。其所取得的应纳税所得，无论是来源于中国境内还是中国境外任何地方，都要在中国缴纳个人所得税。

（1）在我国境内（是指中国大陆地区，不包括香港、澳门和台湾地区，下同）有住所的人，即因户籍、家庭、经济利益关系在我国境内习惯性居住的个人。所谓习惯性居住，是判定纳税义务人是居民或非居民的一个法律意义上的标准，不是指实际居住或在某一个特定时期内的居住地。如因学习、工作、探亲、旅游等而在中国境外居住的，在其原因消除之后，必须回到中国境内居住的个人，则中国即为该纳税人习惯性居住地。

（2）在我国境内居住满 1 年的个人，即在一个纳税年度（即公历 1 月 1 日至 12 月 31 日，下同）中在我国境内居住 365 日。在一个纳税年度内一次临时离境不超过 30 日或者多次临时离境累计不超过 90 日的，不扣减日数。

（二）非居民纳税人

非居民纳税人承担有限纳税义务，仅就其从中国境内取得的所得，依法缴纳个人所得税，它是指在中国境内无住所又不居住或者无住所而在境内居住不满 1 年的个人。具体包括：

（1）在我国境内无住所又不居住在我国的自然人；

（2）在我国境内无住所而居住在我国境内不满 1 年的自然人；

（3）在我国境内无住所，但居住满 1 年，且在一个纳税年度内一次离境超过 30 日或者多次离境累计超过 90 日的自然人。

四、征税范围

下列各项个人所得，应纳个人所得税：

（1）工资、薪金所得，是指个人因任职或者受雇而取得的工资、薪金、奖金、年终加薪、劳动分红、津贴、补贴以及与任职或者受雇有关的其他所得。

（2）个体工商户的生产、经营所得，是指：①个体工商户从事工业、手工业、建筑业、交通运输业、商业、饮食业、服务业、修理业以及其他行业生产、经营取得的所得；②个人经政府有关部门批准，取得执照，从事办学、医疗、咨询以及其他有偿服务活动取得的所得；③其他个人从事个体工商业生产、经营取得的所得；④上述个体工商户和个人取得的与生产、经营有关的各项应纳税所得。

（3）对企事业单位的承包经营、承租经营所得，是指个人承包经营、承租经营以及转包、转租取得的所得，包括个人按月或者按次取得的工资、薪金性质的所得。

（4）劳务报酬所得，是指个人从事设计、装潢、安装、制图、化验、测试、医疗、法律、会计、咨询、讲学、新闻、广播、翻译、审稿、书画、雕刻、影视、录音、录像、演出、表演、广告、展览、技术服务、介绍服务、经纪服务、代办服务以及其他劳务取得的所得。

（5）稿酬所得，是指个人因其作品以图书、报刊形式出版、发表而取得的所得。

（6）特许权使用费所得，是指个人提供专利权、商标权、著作权、非专利技术以及其他特许权的使用权取得的所得；提供著作权的使用权取得的所得，不包括稿酬所得。

（7）利息、股息、红利所得，是指个人拥有债权、股权而取得的利息、股息、红利所得。

（8）财产租赁所得，是指个人出租建筑物、土地使用权、机器设备、车船以及其他财产取得的所得。

（9）财产转让所得，是指个人转让有价证券、股权、建筑物、土地使用权、机器设备、车船以及其他财产取得的所得。

（10）偶然所得，是指个人得奖、中奖、中彩以及其他偶然性质的所得。

（11）经国务院财政部门确定征税的其他所得。

个人取得的所得，难以界定应纳税所得项目的，由主管税务机关确定。

五、税率

（1）工资、薪金所得适用税率（见表 8-1）。

表 8-1 工资、薪金所得个人所得税适用税率

级数	全月应纳税所得额	税率（%）	速算扣除数（元）
1	不超过 1500 元	3	0
2	超过 1500 元至 4500 元的部分	10	105
3	超过 4500 元至 9000 元的部分	20	555
4	超过 9000 元至 35000 元的部分	25	1005
5	超过 35000 元至 55000 元的部分	30	2755
6	超过 55000 元至 80000 元的部分	35	5505
7	超过 80000 元的部分	45	13505

(2) 个体工商户的生产经营所得和对企事业单位的承包经营、承租经营所得适用税率(见表 8-2)。

表 8-2 个体工商户的生产经营所得和对企事业单位的承包经营、承租经营所得个人所得税适用表

级数	全年应纳税所得额	税率（%）	速算扣除数（元）
1	不超过 15000 元的	5	0
2	超过 15000 元至 30000 元的部分	10	750
3	超过 30000 元至 60000 元的部分	20	3750
4	超过 60000 元至 100000 元的部分	30	9750
5	超过 100000 元的部分	35	14750

(3) 劳务报酬所得，适用所得税率 20%。对劳务报酬所得一次收入畸高的，可以实行加成征收，即一次取得劳务报酬收入，减除费用后的余额（即应纳税所得额）超过 2 万元至 5 万元的部分，按照税法规定计算的应纳税额，加征五成；超过 5 万元的部分，加征十成。其税率实际上适用 20%、30%、40%三级超额累进税率，见表 8-3。

表 8-3 劳动报酬所得个人所得税税率表

级数	每次应纳税所得额	税率（%）	速算扣除数（元）
1	不超过 20000 元部分	20	0
2	超过 20000 元不超过 50000 元部分	30	2000
3	超过 50000 元部分	40	7000

(4) 稿酬所得，适用比例税率为 20%，并按应纳税额减征 30%，实际税率 14%。

(5) 特许权使用费所得，财产租赁所得，利息、股息、红利所得，偶然所得和其他所得适用税率均为 20%，另有规定除外。

六、应纳税所得额的规定

（一）每次收入的确定

（1）劳务报酬所得，根据不同劳务项目的特点，分别规定为：①只有一次性收入的，以取得该项收入为一次。例如从事设计、安装、装潢、制图、化验、测试等劳务，往往是接受客户的委托，按照客户的要求，完成一次劳务后取得收入。因此，是属于只有一次性的收入，应以每次提供劳务取得的收入为一次。②属于同一事项连续取得收入的，以1个月内取得的收入为一次。

（2）稿酬所得，以每次出版、发表取得的收入为一次。具体又可细分为：①同一作品再版取得的所得，应视做另一次稿酬所得计征个人所得税。②同一作品先在报刊上连载，然后再出版，或先出版，再在报刊上连载的，应视为两次稿酬所得征税。即连载作为一次，出版作为另一次。③同一作品在报刊上连载取得收入的，以连载完成后取得的所有收入合并为一次，计征个人所得税。④同一作品在出版和发表时，以预付稿酬或分次支付稿酬等形式取得的稿酬收入，应合并计算为一次。⑤同一作品出版、发表后，因添加印数而追加稿酬的，应与以前出版、发表时取得的稿酬合并计算为一次，计征个人所得税。

（3）特许权使用费所得，以某项使用权的一次转让所取得的收入为一次。一个纳税义务人，可能不仅拥有一项特许权利，每项特许权的使用权也可能不止一次地向他人提供。因此，对特许权使用费所得的“次”的界定，明确为每一项使用权的每次转让所取得的收入为一次。如果该次转让取得的收入是分笔支付的，则应将各笔收入相加为一次的收入，计征个人所得税。

（4）财产租赁所得，以1个月内取得的收入为一次。

（5）利息、股息、红利所得，以支付利息、股息、红利时取得的收入为一次。

（6）偶然所得，以每次收入为一次。

（7）其他所得，以每次收入为一次。

（二）费用减除标准

（1）工资、薪金所得，以每月收入额减除费用3500元后的余额（2011年9月1日前每月2000元），为应纳税所得额。

（2）个体工商户的生产、经营所得，以每一纳税年度的收入总额，减除成本、费用以及损失后的余额，为应纳税所得额。

个人独资企业的投资者以全部生产经营所得为应纳税所得额；合伙企业的投资者按照合伙企业的全部生产经营所得和合伙协议约定的分配比例，确定应纳税所得额，合伙协议没有约定分配比例的，以全部生产经营所得和合伙人数量平均计算每个投资者的应纳税所得额。

（3）对企事业单位的承包经营、承租经营所得，以每一纳税年度的收入总额，减除必要费用后的余额，为应纳税所得额。每一纳税年度的收入总额，是指纳税义务人按照承包经营、承租经营合同规定分得的经营利润和工资、薪金性质的所得；所说的减除必要费用，是指按月减除3500元。

（4）劳务报酬所得、稿酬所得、特许权使用费所得、财产租赁所得，每次收入不超过

4000元的，减除费用800元；4000元以上的，减除20%的费用，其余额为应纳税所得额。

（5）财产转让所得，以转让财产的收入额减除财产原值和合理费用后的余额，为应纳税所得额。

（6）利息、股息、红利所得，偶然所得和其他所得，以每次收入额为应纳税所得额。

自2005年6月13日起，个人从上市公司取得的股息、红利所得按以下规定处理：

（1）对个人投资者从上市公司取得的股息、红利所得，自2005年6月13日起暂减按50%计入个人应纳税所得额，依照现行税法规定计征个人所得税。

（2）对证券投资基金从上市公司分配取得的股息、红利所得，按照财税［2005］102号文件规定，扣缴义务人在代扣代缴个人所得税时，减按50%计算应纳税所得额。

（三）附加减除费用适用的范围和标准

（1）附加减除费用适用的范围，包括：①在中国境内的外商投资企业和外国企业中工作取得工资、薪金所得的外籍人员。②应聘在中国境内的企业、事业单位、社会团体、国家机关中工作取得工资、薪金所得的外籍专家。③在中国境内有住所而在中国境外任职或者受雇取得工资、薪金所得的个人。④财政部确定的取得工资、薪金所得的其他人员。

（2）附加减除费用标准。上述适用范围内的人员每月工资、薪金所得在减除3500元费用的基础上，再减除1300元。

（3）华侨和香港、澳门、台湾同胞参照上述附加减除费用标准执行。

（四）应纳税所得额的其他规定

（1）个人将其所得通过中国境内的社会团体、国家机关向教育和其他社会公益事业以及遭受严重自然灾害地区、贫困地区捐赠，捐赠额未超过纳税义务人申报的应纳税所得额30%的部分，可以从其应纳税所得额中扣除。

纳税人通过中国人口福利基金会、光华科技基金会的公益、救济性捐赠，可在应纳税所得额的30%内扣除。

个人通过非营利的社会团体和国家机关向农村义务教育的捐赠，准予在缴纳个人所得税前的所得额中全额扣除。

（2）个人的所得（不含偶然所得和经国务院财政部门确定征税的其他所得）用于资助非关联的科研机构和高等学校研究开发新产品、新技术、新工艺所发生的研究开发经费，经主管税务机关确定，可以全额在下月（工资、薪金所得）或下次（按次计征的所得）或当年（按年计征的所得）计征个人所得税时，从应纳税所得额中扣除，不足抵扣的，不得结转抵扣。

（3）个人取得的应纳税所得，包括现金、实物、有价证券和其他形式的经济利益。所得为实物的，应当按照取得的凭证上所注明的价格计算应纳税所得额；无凭证的实物或者凭证上所注明的价格明显偏低的，参照市场价格核定应纳税所得额。所得为有价证券的，根据票面价格和市场价格核定应纳税所得额。所得为其他形式的经济利益的，参照市场价格核定应纳税所得额。

七、应纳税额计算

（一）工资、薪金所得应纳税额的计算

应纳税额＝应纳税所得额×适用税率－速算扣除数

或＝（每月收入额－3500或4800）×适用税率－速算扣除数

【例8-8】王某2012年3月取得工资收入6000元。要求：计算应纳税额。

应纳税额＝（6000－3500）×10％－105＝145（元）

【例8-9】在外商投资企业工作的某外籍专家汤姆，2012年5月取得该企业支付的月薪8000元。要求：计算应纳税额。

应纳税额＝（8000－4800）×10％－105＝315（元）

（二）个体工商户的生产、经营所得应纳税额的计算

应纳税额＝应纳税所得额×适用税率－速算扣除数

或＝（全年收入总额－成本、费用以及损失）×适用税率－速算扣除数

其计算类似于企业所得税，不再举例。

（三）对企事业单位的承包经营、承租经营所得应纳税额的计算

对企事业单位的承包经营、承租经营所得，其个人所得税应纳税额的计算公式为：

应纳税额＝应纳税所得额×适用税率－速算扣除数

或＝（纳税年度收入总额－必要费用）×适用税率－速算扣除数

这里需要说明的是：

（1）对企事业单位的承包经营、承租经营所得，以每一纳税年度的收入总额，减除必要费用后的余额为应纳税所得额。

在一个纳税年度中，承包经营或者承租经营期限不足1年的，以其实际经营期为纳税年度。

（2）对企事业单位的承包经营、承租经营所得适用的速算扣除数，同个体工商户的生产、经营所得适用的速算扣除数。

【例8-10】2012年1月1日，某个人与事业单位签订承包合同经营招待所，承包期为3年。2012年招待所实现承包经营利润100000元，按合同规定承包人每年应从承包经营利润中上交承包费30000元。要求：计算承包人2012年应纳个人所得税税额。

①年应纳税所得额＝承包经营利润－上交费用－每月必要费用扣减合计

＝100000－30000－3500×12＝28000（元）

②应纳税额＝28000×10％－750＝2050（元）

（四）劳务报酬所得应纳税额的计算

对劳务报酬所得，其个人所得税应纳税额的计算公式为：

（1）每次收入不足4000元的：

应纳税额＝应纳税所得额×适用税率

或＝（每次收入额－800）×20％

（2）每次收入在4000元以上的：

应纳税额＝应纳税所得额×适用税率

或＝每次收入额×（1－20％）×20％

（3）每次收入的应纳税所得额超过20000元的：

应纳税额＝应纳税所得额×适用税率－速算扣除数

或＝每次收入额×（1－20％）×适用税率－速算扣除数

【例8-11】李某利用工作之余时间为某单位设计图纸获得收入3000元。要求：请计算应纳税额。

应纳税额＝（3000－800）×20％＝440（元）

【例8-12】段某利用工作之余时间为某单位提供一套设计方案获得报酬共40000元。要求：请计算应纳税额。

应纳税额＝40000×（1－20％）×30％－2000＝7600（元）

（五）稿酬所得应纳税额的计算

稿酬所得应纳税额的计算公式为：

（1）每次收入不足4000元的：

应纳税额＝应纳税所得额×适用税率×（1－30％）

＝（每次收入额－800）×20％×（1－30％）

（2）每次收入在4000元以上的：

应纳税额＝应纳税所得额×适用税率×（1－30％）

＝每次收入额×（1－20％）×20％×（1－30％）

【例8-13】某作家余某发表文章获得稿酬收入10000元。要求：请计算应纳税额。

应纳税额＝10000×（1－20％）×20％×（1－30％）＝1120（元）

（六）特许权使用费所得应纳税额的计算

特许权使用费所得应纳税额的计算公式为：

（1）每次收入不足4000元的：

应纳税额＝应纳税所得额×适用税率＝（每次收入额－800）×20％

（2）每次收入在4000元以上的：

应纳税额＝应纳税所得额×适用税率＝每次收入额×（1－20％）×20％

【例8-14】2010年9月，通过拍卖行拍卖《绿岛的故事》原著书稿，获得所得20000元。要求：请计算应纳税额。

应纳税额＝20000×（1－20％）×20％＝3200（元）

（七）利息、股息、红利所得应纳税额的计算

利息、股息、红利所得应纳税额的计算公式为：

应纳税额＝应纳税所得额×适用税率＝每次收入额×20％

【例 8-15】余某购买某企业债券获得利息收入 6000 元。要求：请计算应纳税额。

应纳税额＝6000×20％＝1200（元）

（八）财产租赁所得应纳税额的计算

应纳税所得额的计算公式为：

(1) 每次（月）收入不超过 4000 元的：

应纳税额＝应纳税所得额×适用税率＝（每次收入额－800）×20％

(2) 每次（月）收入超过 4000 元的：

应纳税额＝应纳税所得额×适用税率＝每次收入额×（1－20％）×20％

【例 8-16】吴某某月出租门面获得月租金 5000 元。要求：请计算应纳税额。

应纳税额＝5000×（1－20％）×20％＝800（元）

（九）财产转让所得应纳税额的计算

财产转让所得应纳税额的计算公式为：

应纳税额＝应纳税所得额×适用税率

＝（收入总额－财产原值－合理税费）×20％

【例 8-17】某人建房一栋，造价 36000 元，支付费用 2000 元。该人转让房屋，售价 60000 元，在卖房过程中按规定支付交易费等有关费用 2500 元，要求：请计算应纳税额。

(1) 应纳税所得额＝60000 －（36000＋2000）－2500 ＝19500（元）

(2) 应纳税额＝19500×20％＝3900（元）

（十）偶然所得应纳税额的计算

偶然所得应纳税额的计算公式为：

应纳税额＝应纳税所得额×适用税率＝每次收入额×20％

【例 8-18】陈某在参加商场的有奖销售过程中，中奖所得 8000 元。要求：请计算应纳税额。

应纳税额＝8000×20％＝1600（元）

（十一）其他所得应纳税额的计算

其他所得应纳税额的计算公式为：

应纳税额＝应纳税所得额×适用税率＝每次收入额×20％

八、税收优惠

（一）下列各项个人所得免纳个人所得税

(1) 省级人民政府、国务院部委和中国人民解放军军以上单位，以及外国组织、国际组织颁发的科学、教育、技术、文化、卫生、体育、环境保护等方面的奖金；

(2) 国债和国家发行的金融债券利息；

(3) 按照国家统一规定发给的补贴、津贴；

（4）福利费、抚恤金、救济金；
（5）保险赔款；
（6）军人的转业费、复员费；
（7）按照国家统一规定发给干部、职工的安家费、退职费、退休工资、离休工资、离休生活补助费；
（8）依照我国有关法律规定应予免税的各国驻华使馆、领事馆的外交代表、领事官员和其他人员的所得；
（9）中国政府参加的国际公约、签订的协议中规定免税的所得；
（10）经国务院财政部门批准免税的所得。

（二）有下列情形之一的，经批准可以减征个人所得税

（1）残疾、孤老人员和烈属的所得；
（2）因严重自然灾害造成重大损失的；
（3）其他经国务院财政部门批准减税的。

九、税收征管

（一）纳税义务人有下列情形之一的，应当按照规定到主管税务机关办理纳税申报

（1）年所得 12 万元以上的；
（2）从中国境内两处或者两处以上取得工资、薪金所得的；
（3）从中国境外取得所得的；
（4）取得应纳税所得，没有扣缴义务人的；
（5）国务院规定的其他情形。

年所得 12 万元以上的纳税义务人，在年度终了后 3 个月内到主管税务机关办理纳税申报。

纳税义务人办理纳税申报的地点以及其他有关事项的管理办法，由国务院税务主管部门制定。

（二）代扣代缴税款

（1）个人所得税，以所得人为纳税义务人，以支付所得的单位或者个人为扣缴义务人。个人所得超过国务院规定数额的，在两处以上取得工资、薪金所得或者没有扣缴义务人的，以及具有国务院规定的其他情形的，纳税义务人应当按照国家规定办理纳税申报。扣缴义务人应当按照国家规定办理全员全额扣缴申报。

（2）扣缴义务人每月所扣的税款，自行申报纳税人每月应纳的税款，都应当在次月 15 日内缴入国库，并向税务机关报送纳税申报表。

（3）工资、薪金所得应纳的税款，按月计征，由扣缴义务人或者纳税义务人在次月 15 日内缴入国库，并向税务机关报送纳税申报表。特定行业的工资、薪金所得应纳的税款，可以实行按年计算、分月预缴的方式计征，具体办法由国务院规定。

（4）个体工商户的生产、经营所得应纳的税款，按年计算，分月预缴，由纳税义务人在次月15日内预缴，年度终了后3个月内汇算清缴，多退少补。

（5）对企事业单位的承包经营、承租经营所得应纳的税款，按年计算，由纳税义务人在年度终了后30日内缴入国库，并向税务机关报送纳税申报表。纳税义务人在一年内分次取得承包经营、承租经营所得的，应当在取得每次所得后的15日内预缴，年度终了后3个月内汇算清缴，多退少补。

（6）从中国境外取得所得的纳税义务人，应当在年度终了后30日内，将应纳的税款缴入国库，并向税务机关报送纳税申报表。

重点概念

企业所得税　个人所得税　居民企业　非居民企业　居民纳税人　非居民纳税人　企业所得税应纳税所得税额　免税收入　不征税收入　亏损　销售（营业）收入

思考题

1. 如何理解企业所得税概念？
2. 居民企业和非居民企业各包括哪些纳税人？
3. 企业所得税扣除项目的范围包括哪几个大类？
4. 企业所得税亏损弥补的主要规定是什么？
5. 企业所得税的税收优惠包括哪些内容？
6. 什么是个人所得税？有何特点？包括哪几种征收模式？
7. 个人所得税居民和非居民纳税人各包括哪些纳税人？
8. 个人所得税税率有哪些形式？各适用征税范围是什么？
9. 个人所得税收入的“次”如何确定的？
10. 个人所得税费用扣除标准是怎样规定的？
11. 个人所得税自行申报办法是如何规定的？

计算题

1. 某企业2012年相关生产、经营资料如下：

（1）企业当年销售产品实现销售收入8000万元；

（2）应扣除的销售产品成本5000万元；销售税金300万元；

（3）发生销售费用1500万元。其中：广告及宣传费1300万元；

（4）发生财务费用200万元，其中：1月1日向丙企业借款，金额1500万元，借期1年，支付利息费用115万元，同期银行贷款的年利息率为5%；

（5）发生管理费用900万元，其中：含业务招待费50万元、当年发生新技术研究费用60万元（不形成无形资产）；

（6）全年计入成本、费用中的实发工资总额1200万元，拨缴职工工会经费64万元、发生职工福利费268万元和职工教育经费70万元，并取得了相关票据；

（7）8月20日通过有关部门向灾区捐款40万元；10月1日直接向某老年服务机构捐款10万元。

要求：分析并计算应缴纳的企业所得税。

2. 2012年年末，某国有工业企业实现销售收入1200万元，销售成本750万元，产品销售税金及附加70万元；管理费用80万元，财务费用30万元，销售费用240万元，投资收益50万元（其中：从居民企业分回利润30万元），营业外收入100万元，营业外支出110万元；当年实现利润总额70万元，并按所得税税率25%计算应纳所得税17.5万元。

经聘请的会计师事务所对该企业进行审计，核实有关账簿内容如下：

(1) 管理费用80万元，其中：业务招待费8万元；当年发生新产品研究费用（不形成无形资产）20万元；

(2) 财务费用30万元，其中：向其他单位借款400万元，支付一年利息40万元，银行同类年利率5%；

(3) 销售费用240万元，其中：广告费及业务宣传费210万元；

(4) 营业外支出110万元，其中：通过组织捐给灾区28.4万元；

(5) 成本费用中计入的工资100万元、当年发生福利费20万元、拨缴工会经费5万元、实际支付职工教育经费7.5万元。

要求：请依据企业所得税法有关规定，指出企业计算所得税时出现的错误，并重新计算该企业当年应纳所得税税额。

3. 某企业2012年年末会计利润600万元（其中：国债利息收入40万元），销售收入5000万元。支付消防罚款、税收滞纳金分别为7万元、2万元；支付赞助新开业甲公司15万元，计提固定资产减值准备8万元；通过组织捐给某福利院102万元；当年发生的计入管理费的“三新费”研究费用60万元、发生业务招待费95万元；计入销售费用的广告费780万元、业务宣传费20万元。

要求：计算应缴纳企业所得税。

4. 陈某为某有限责任公司技术总监，2012年10月收入情况如下：

(1) 取得工资8000元；

(2) 业余为某单位搞一项创新设计，取得设计收入30000元；

(3) 发表论文一篇取得稿酬3000元；

(4) 购买福利彩票中奖12000元。

要求：根据上述资料，计算陈某10月应缴的个人所得税。

5. 2012年12月中国公民赵某有如下所得：

(1) 当月工资6000元；

(2) 赵某出租自有门面，取得当月租金收入10000元；

(3) 当年7月购入甲公司债券10000份，每份买入价6元；12月卖出债券6000份，每份卖出价9元；

(4) 利用业余时间兼职，12月份从兼职单位取得报酬3000元；

(5) 当年1月购入乙公司债券20000份，每份买入价6元，年利率6%，12月收到乙公司分来利息。

要求：根据上述资料，请计算赵某12月应缴纳的个人所得税。

第九章　财产行为税

财产税是对纳税人所有或者占有的财产就其数量或者金额课征的税，包括对所有类别的财产课征。行为税主要是针对某种特殊行为或者带达到特定目的而设立的税种。现阶段我国的财产行为税主要包括房产税、车船税、印花税和契税等。

案例导引

房产税的由来

1696 年，英国政府为解决财政困难，开征了“窗户税”，即按照房屋窗户数量的多少、大小征税。结果不少人为减轻负担，索性将一些窗户封起，许多贫民更是封闭房屋的所有窗户。虽然“窗户税”带来了一些收入，但受到舆论强烈的批判，几经调整后政府在 1851 年正式废除“窗户税”，取而代之的是房产税。

第一节　房　产　税

房产税是以房产为征税对象，依据房产价格或房产租金收入向房产所有人或经营人征收的一种税。它属于财产税的范畴。

现行房产税法的基本规范，是 1986 年 9 月 15 日国务院颁布的《中华人民共和国房产税暂行条例》（以下简称《房产税暂行条例》）。

一、房产税概述

（一）房产税的税赋特点

1. 房产税属于财产税中的个别财产

财产税按征收方式分类，可分为一般财产税与个别财产税。一般财产税也称综合财产税，是对纳税人拥有的财产综合课征的税收。个别财产税，也称特种财产税，是对纳税人所有的土地、房屋、资本或其他财产分别课征的税收。我国现行房产税属于个别财产税。

2. 征税范围限于城镇的经营性房屋

房产税的征税范围是在城市、县城、建制镇和工矿区，不涉及农村。农村的房屋，大部分是农民居住用房，为了不增加农民负担，对农村的房屋没有纳入征税范围。另外，对某些拥有房屋但自身没有纳税能力的单位，如国家拨付行政经费、事业经费和国防经费的单位自用的房产，税法也通过免税的方式将这类房屋排除在征税范围之外。因为这些单位本身没有经营收入，若对其征税，就要相应增加财政拨款，征税也就失去了意义。

3. 区别房屋的经营使用方式规定征税办法

拥有房屋的单位和个人，既可以自己使用房屋，又可以把房屋用于出租、出典。房产税根据纳税人经营形式的不同，确定对房屋征税可以按房产计税余值征收，又可以按租金收入征收，使其符合纳税人的经营特点，便于平衡税收负担和征收管理。

(二) 房产税的作用

1. 筹集地方财政收入

我国的房产税属于地方税，征收房产税可以为地方财政筹集一部分市政建设资金，缓解地方财力不足的矛盾。而且，房产税以房屋为征税对象，税源比较稳定，随着社会经济的发展，房产税将成为地方财政收入的重要来源之一。

2. 调节财富分配

在我国现阶段，房屋是法人和个人拥有财富的主要形式。对房屋，尤其是对个人拥有的房屋征房产税，在调节财务分配方面应该可以发挥积极作用。

3. 有利于加强房产管理，配合城市住房制度改革

对房屋拥有者征收房产税，不仅可以调节单位、居民之间的财富分配，还有利于加强对房屋的管理，提高房屋的使用效率，同时推动城市住房制度改革。

二、纳税义务人

我国现行税法规定，房产税是以在征税范围内的房屋产权所有人为纳税人。具体规定为：

(1) 产权属国家所有的，由经营管理单位纳税；产权属集体和个人所有的，由集体单位和个人纳税。

(2) 产权出典的，由承典人纳税。所谓产权出典，是指产权所有人将房屋、生产资料等的产权，在一定期限内典当给他人使用，而取得资金的一种融资业务。这种业务大多发生于出典人急需用款，但又想保留产权回赎权的情况。承典人向出典人交付一定的典价之后，在质典期内即获抵押物品的支配权，并可转典。产权的典价一般要低于卖价。出典人在规定期间内须归还典价的本金和利息，方可赎回出典房屋等的产权。由于在房屋出典期间，产权所有人已无权支配房屋，因此，税法规定由对房屋具有支配权的承典人为纳税人。

(3) 产权所有人、承典人不在房屋所在地的，由房产代管人或者使用人纳税。

(4) 产权未确定及租典纠纷未解决的，亦由房产代管人或者使用人纳税。所谓租典纠纷，是指产权所有人在房产出典和租赁关系上，与承典人、租赁人发生各种争议，特别是权利和义务的争议悬而未决的。此外还有一些产权归属不清的问题，也都属于租典纠纷。对租典纠纷尚未解决的房产，规定由代管人或使用人为纳税人，主要目的在于加强征收管理，保证房产税及时入库。

(5) 无租使用其他房产的问题。纳税单位和个人无租使用房产管理部门、免税单位及纳税单位的房产，应由使用人代为缴纳房产税。

自 2009 年 1 月 1 日起，外商投资企业、外国企业和组织以及外籍个人，依照《中华人民共和国房产税暂行条例》缴纳房产税。

三、征税范围

房产税以房产为征税对象。所谓房产，是指有屋面和围护结构（有墙或两边有柱），能够遮风避雨，可供人们在其中生产、学习、工作、娱乐、居住或贮藏物资的场所。房地产开发企业建造的商品房，在出售前，不征收房产税；但对出售前房地产开发企业已使用或出租、出借的商品房应按规定征收房产税。

《房产税暂行条例》规定，房产税的征税范围为城市、县城、建制镇和工矿区。具体规定如下：

（1）城市是指国务院批准设立的市。

（2）县城是指县人民政府所在地的地区。

（3）建制镇是指经省、自治区、直辖市人民政府批准设立的建制镇。

（4）主矿区是指工商业比较发达、人口比较集中、符合国务院规定的建制镇标准但尚未设立建制镇的大中型工矿企业所在地。开征房产税的工矿区须经省、自治区、直辖市人民政府批准。

房产税的征税范围不包括农村，这主要是为了减轻农民的负担。因为农村的房屋，除农副业生产用房外，大部分是农民居住用房。对农村房屋不纳入房产税征税范围，有利于农业发展，繁荣农村经济，有利于社会稳定。

四、税率

我国现行房产税采用的是比例税率。由于房产税的计税依据分为从价计征和从租计征两种形式，所以房产税的税率也有两种：一种是按房产原值一次减除10%～30%后的余值计征的，税率为1.2%；另一种是按房产出租的租金收入计征的，税率为12%。从2001年1月1日起，对个人按市场价格出租的居民住房，用于居住的，可暂减按4%的税率征收房产税。

五、计税依据

房产税的计税依据是房产的计税价值或房产的租金收入。按照房产计税价值征税的，称为从价计征；按照房产租金收入计征的，称为从租计征。

（一）从价计征

《房产税暂行条例》规定，房产税依照房产原值一次减除10%～30%后的余值计算缴纳。各地扣除比例由当地省、自治区、直辖市人民政府确定。

（1）房产原值是指纳税人按照会计制度规定，在账簿（固定资产）科目中记载的房屋原价。因此，凡按会计制度规定在账簿中记载有房屋原价的，应以房屋原价按规定减除一定比例后作为房产余值计征房产税；没有记载房屋原价的，按照上述原则，并参照同类房屋确定房产原值，按规定计征房产税。

值得注意的是：自2009年1月1日起，对依照房产原值计税的房产，不论是否记载在会计账簿固定资产科目中，均应按照房屋原价计算缴纳房产税。房屋原价应根据国家有关会计制度规定进行核算。对纳税人未按国家会计制度规定核算并记载的，应按规定予以调整或重新评估。

（2）房产原值应包括与房屋不可分割的各种附属设备或一般不单独计算价值的配套设施。主要有：暖气、卫生、通风、照明、煤气等设备；各种管线，如蒸汽、压缩空气、石油、给水排水等管道及电力、电讯、电缆导线；电梯、升降机、过道、晒台等。属于房屋附属设备的水管、下水道、暖气管、煤气管等应从最近的探视井或三通管起，计算原值；电灯网、照明线从进线盒连接管起，计算原值。

（3）纳税人对原有房屋进行改建、扩建的，要相应增加房屋的原值。

（4）房屋附属设备和配套设施的计税规定。

从 2006 年 1 月 1 日起，房屋附属设备和配套设施计征房产税按以下规定执行：

①凡以房屋为载体，不可随意移动的附属设备和配套设施，如给排水、采暖、消防、中央空调、电气及智能化楼宇设备等，无论在会计核算中是否单独记账与核算，都应计入房产原值，计征房产税。②对于更换房屋附属设备和配套设施的，在将其价值计入房产原值时，可扣减原来相应设备和设施的价值；对附属设备和配套设施中易损坏、需要经常更换的零配件，更新后不再计入房产原值。

（5）居民住宅区内业主共有的经营性房产缴纳房产税

从 2007 年 1 月 1 日起，对居民住宅区内业主共有的经营性房产，由实际经营（包括自营和出租）的代管人或使用人缴纳房产税。其中自营的，依照房产原值减除 10%～30%后的余值计征，没有房产原值或不能将业主共有房产与其他房产的原值准确划分开的，由房产所在地地方税务机关参照同类房产核定房产原值；出租的，依照租金收入计征。

（6）对按照房产原值计税的房产，无论会计上如何核算，房产原值均应包含地价，包括为取得土地使用权支付的价款、开发土地发生的成本费用等。土地容积率低于 0.5 的，按房产建筑面积的 2 倍计算土地面积并据此确定计入房产原值的地价。

（二）从租计征

《房产税暂行条例》规定，房产出租的，以房产租金收入为房产税的计税依据。

所谓房产的租金收入，是房屋产权所有人出租房产使用权所得的报酬，包括货币收入和实物收入。

如果是以劳务或者其他形式为报酬抵付房租收入的，应根据当地同类房产的租金水平，确定一个标准租金额从租计征。

纳税人对个人出租房屋的租金收入申报不实或申报数与同一地段同类房屋的租金收入相比明显不合理的，税务部门可以按照《中华人民共和国税收征收管理法》的有关规定，采取科学合理的方法核定其应纳税款。具体办法由各省、自治区、直辖市地方税务机关结合当地实际情况制定。

对出租房产，租赁双方签订的租赁合同约定有免收租金期限的，免收租金期间由产权所有人按照房产原值缴纳房产税。

六、应纳房产税税额的计算

房产税的计税依据有两种，与之相适应的应纳税额计算也分为两种：一是从价计征的计算；二是从租计征的计算。

（一）从价计征的计算

从价计征是按房产的原值减除一定比例后的余值计征，其计算公式为：

应纳税额=应税房产原值×（1−扣除比例）×1.2%

如前所述，房产原值是（固定资产）科目中记载的房屋原价；减除一定比例是省、自治区、直辖市人民政府规定的10%～30%的减除比例；计征的适用税率为1.2%。

【例9-1】某企业的经营用房原值为500万元，按照当地规定允许减除30%后余值计税，适用税率为1.2%。要求：请计算其应纳房产税税额。

应纳税额=500×（1−30%）×1.2%=4.2（万元）

（二）从租计征的计算

从租计征是按房产的租金收入计征，其计算公式为：

应纳税额= 租金收入×12%（或4%）

【例9-2】某公司出租房屋，年租金收入为300000元，适用税率为12%。要求：请计算其应纳房产税税额。

应纳税额=300000×12%=36000（元）

七、征收管理

（一）减免税优惠

房产税的税收优惠是根据国家政策需要和纳税人的负担能力制定的。由于房产税属地方税，因此给予地方一定的减免权限，有利于地方因地制宜地处理问题。

目前，房产税的税收优惠政策主要有：

（1）国家机关、人民团体、军队自用的房产免征房产税。但上述免税单位的出租房产以及非自身业务使用的生产、营业用房，不属于免税范围。

（2）由国家财政部门拨付事业经费的单位，如学校、医疗卫生单位、托儿所、幼儿园、敬老院、文化、体育、艺术这些实行全额或差额预算管理的事业单位所有的，本身业务范围内使用的房产免征房产税。

（3）宗教寺庙、公园、名胜古迹自用的房产免征房产税。

宗教寺庙自用的房产，是指举行宗教仪式等的房屋和宗教人员使用的生活用房。

公园、名胜古迹自用的房产，是指供公共参观游览的房屋及其管理单位的办公用房。

宗教寺庙、公园、名胜古迹中附设的营业单位，如影剧院、饮食部、茶社、照相馆等所使用的房产及出租的房产，不属于免税范围，应照章纳税。

（4）个人所有非营业用的房产免征房产税。

（5）对行使国家行政管理职能的中国人民银行总行（含国家外汇管理局）所属分支机构自用的房产，免征房产税。

（6）经财政部批准免税的其他房产。

这类免税房产，情况特殊，范围较小，是根据实际情况确定的。主要有：

（1）损坏不堪使用的房屋和危险房屋，经有关部门鉴定，在停止使用后，可免征房产税。

（2）纳税人因房屋大修导致连续停用半年以上的，在房屋大修期间免征房产税，免征税额由纳税人在申报缴纳房产税时自行计算扣除，并在申报表附表或备注栏中作相应说明。

纳税人房屋大修停用半年以上需要免征房产税的，应在房屋大修前向主管税务机关报送相关的证明材料，包括大修房屋的名称、坐落地点、产权证编号、房产原值、用途、房屋大修的原因、大修合同及大修的起止时间等信息和资料，以备税务机关查验。具体报送材料由各省、自治区、直辖市和计划单列市地方税务局确定。

（3）在基建工地为基建工地服务的各种工棚、材料棚、休息棚和办公室、食堂、茶炉房、汽车房等临时性房屋，在施工期间，一律免征房产税。但工程结束后，施工企业将这种临时性房屋交还或估价转让给基建单位的，应从基建单位接收的次月起，照章纳税。

（4）为鼓励利用地下人防设施，暂不征收房产税。

（5）对非营利性医疗机构、疾病控制机构和妇幼保健机构等卫生机构自用的房产，免征房产税。

（6）老年服务机构自用的房产。老年服务机构是指专门为老年人提供生活照料、文化、护理、健身等多方面服务的福利性、非营利性的机构，主要包括：老年社会福利院、敬老院（养老院）、老年服务中心、老年公寓（含老年护理院、康复中心、托老所）等。

（7）从2001年1月1日起，对按政府规定价格出租的公有住房和廉租住房，包括企业和自收自支事业单位向职工出租的单位自有住房，房管部门向居民出租的公有住房，落实私房政策中带户发还产权并以政府规定租金标准向居民出租的私有住房等，暂免征收房产税。

（8）对邮政部门坐落在城市、县城、建制镇、工矿区范围内的房产，应当依法征收房产税；对坐落在城市、县城、建制镇、工矿区范围以外的尚在县邮政局内核算的房产，在单位财务账中划分清楚的，从2001年1月1日起不再征收房产税。

除上面提到的可以免纳房产税的情况以外，如纳税人确有困难的，可由省、自治区、直辖市人民政府确定，定期减征或者免征房产税。

（9）向居民供热并向居民收取采暖费的供热企业暂免征收房产税。供热企业，包括专业供热企业、兼营供热企业、单位自供热及为小区居民供热的物业公司等，不包括从事热力生产但不直接向居民供热的企业。

对于免征房产税的“生产用房”，是指上述企业为居民供热所使用的厂房。对既向居民供热，又向非居民供热的企业，可按向居民供热收取的收入占其总供热收入的比例划分征免税界限；对于兼营供热的企业，可按向居民供热收取的收入占其生产经营总收入的比例划分征免税界限。

（二）纳税义务发生时间

纳税人将原有房产用于生产经营，从生产经营之月起缴纳房产税。

纳税人自建的房屋用于生产经营，从建成之日的次月起缴纳房产税。

纳税人委托施工企业建设的房屋，从办理验收手续之日的次月起缴纳房产税。

纳税人购置新建商品房，自房屋交付使用之次月起缴纳房产税。

纳税人购置存量房，自办理房屋权属转移、变更登记手续，房地产权属登记机关签发房屋权属证书之次月起，缴纳房产税。

纳税人出租、出借房产，自交付出租、出借房产之次月起，缴纳房产税。

房地产开发企业自用、出租、出借本企业建造的商品房，自房屋使用或交付之次月起，缴纳房产税。

自2009年1月1日起，纳税人因房产的实物或权利状态发生变化而依法终止房产税纳税义务的，其应纳税款的计算应截止到房产的实物或权利状态发生变化的当月末。

（三）纳税期限

房产税实行按年计算、分期缴纳的征收方法，具体纳税期限由省、自治区、直辖市人民政府确定。

（四）纳税地点

房产税在房产所在地缴纳。房产不在同一地方的纳税人，应按房产的坐落地点分别向房产所在地的税务机关纳税。

附：上海市、重庆市对部分个人住房征收房产税的改革试点。

为进一步完善房产税制度，合理调节居民收入分配，正确引导住房消费，有效配置房地产资源，根据国务院第136次常务会议有关精神，上海、重庆两市市政府决定开展对部分个人住房征收房产税试点。

1. 上海市开展对部分个人住房征收房产税试点的基本内容

上海市以本市行政区域为试点范围，对暂行办法施行之日起本市居民家庭在本市新购且属于该居民家庭第二套及以上的住房（包括新购的二手存量住房和新建商品住房）和非本市居民家庭在本市新购的住房，试点初期，按应税住房市场交易价格的70%计算缴纳。适用税率暂定为0.6%，应税住房每平方米市场交易价格低于本市上年度新建商品住房平均销售价格2倍的，税率暂减为0.4%。试点成熟后，计税依据将确定为参照应税住房的房地产市场价格确定的评估值，评估值按规定周期进行重估。试行办法自2011年1月28日起实施。

2. 重庆市开展对部分个人住房征收房产税试点的基本内容

重庆市以本市主城区为试点范围，对暂行办法施行之日起本市居民个人拥有的独栋商品住宅、个人新购的高档住房、在本市同时无户籍、无企业、无工作的个人新购的第二套（含）以上的普通住房，试点初期，按应税住房市场交易价格（待条件成熟时按房产评估值）和0.5%、1%、1.2%的差别比例税率计算缴纳房产税。试行办法自2011年1月28日起实施。

第二节 车 船 税

车船税是以车船为征税对象，向拥有车船的所有人或者管理人征收的一种税。管理人是指对车船具有管理权或者使用权，不具有所有权的单位和个人。

现行车船税法，是2011年2月25日第十一届全国人大常委会第十九次会议通过的《中华人民共和国车船税法》（以下简称《车船税法》），于2012年1月1日开始实施。

一、纳税义务人

在中华人民共和国境内，属于《车船税法》中规定的车辆、船舶（以下简称车船）的所有人或者管理人，为车船税的纳税人，应当依照《车船税法》缴纳车船税。

二、征税范围

车船税的征收范围，是指依法应当在我国车船管理部门登记的车辆、船舶。这里的车辆、船舶，是指：

（1）依法应当在车船管理部门登记的机动车辆和船舶；

（2）依法不需要在车船管理部门登记、在单位内部场所行驶或者作业的机动车辆和船舶。

三、税目、税额

车船税实行定额幅度税率，即对征税的车船规定单位上下限税额标准。税额确定总的原则是：排气量低的车辆税负轻于排气量高的车辆；小吨位船舶的税负轻于大船舶。车船的适用税额，依照《车船税法》所附的《车船税税目税额表》执行。

四、应纳税额的计算

纳税人按照纳税地点所在的省、自治区、直辖市人民政府确定的具体适用税额缴纳车船税。车船税由地方税务机关负责征收。

（1）购置的新车船，购置当年的应纳税额自纳税义务发生的当月起按月计算。

计算公式为：

$$\text{应纳税额}=\frac{\text{年应纳税额}}{12}\times\text{应纳税月份数}$$

（2）在一个纳税年度内，已完税的车船被盗抢、报废、灭失的，纳税人可以凭有关管理机关出具的证明和完税证明，向纳税所在地的主管税务机关申请退还自被盗抢、报废、灭失月份起至该纳税年度终了期间的税款。

（3）已办理退税的被盗抢车船，失而复得的，纳税人应当从公安机关出具相关证明的当月起计算缴纳车船税。

（4）在一个纳税年度内，纳税人在非车辆登记地由保险机构代收代缴机动车车船税，且能够提供合法有效完税证明的，纳税人不再向车辆登记地的地方税务机关缴纳车船税。

（5）已缴纳车船税的车船在同一纳税年度内办理转让过户的，不另纳税，也不退税。

【例 9-3】某运输公司拥有载货汽车 15 辆（货车整备质量为 10 吨/辆）；乘人大客车 20 辆；小客车 10 辆。要求：计算该公司应纳车船税。（注：载货汽车每吨年税额 90 元，乘人大客车每辆年税额 1200 元，小客车每辆年税额 800 元）

（1）载货汽车应纳税额＝15×10×90＝135000（元）

（2）乘人汽车应纳税额＝20×1200＝24000（元）

（3）小客车应纳税额＝10×800＝8000（元）

（4）全年应纳车船税额＝13500＋24000＋8000＝45500（元）

五、保险机构代收代缴

(1) 从事机动车第三者责任强制保险业务的保险机构为机动车车船税的扣缴义务人，应当在收取保险费时依法代收车船税，并出具代收税款凭证。

(2) 保险机构在代收车船税时，应当在机动车交通事故责任强制保险的保险单以及保费发票上注明已收税款的信息和减免税信息，作为代收税款凭证。

(3) 纳税人在应当购买交通事故责任强制保险截止日期以后购买的，或以前年度没有缴纳车船税的，保险机构在代收代缴税款的同时，还应代收代缴欠缴税款的滞纳金。

(4) 已完税或者按照《车船税法》第三条第（四）项、第五条规定减免税的车船，纳税人应当向扣缴义务人提供登记地主管税务机关出具的减免税证明。扣缴义务人凭主管税务机关出具的减免税证明或者完税凭证，依法办理相关手续。不能提供相关证明且拒绝扣缴义务人代扣代缴车船税的纳税人，扣缴义务人不得出具保单、保险标志和保费发票等，并报主管税务机关处理。

(5) 扣缴义务人应当及时解缴代收代缴的税款，并向地方税务机关申报。扣缴义务人向税务机关解缴税款时，应当同时报送明细的税款扣缴报告。扣缴义务人解缴税款的具体期限，由各省、自治区、直辖市地方税务机关依照规定确定。

六、征收管理

(一) 减免税优惠

1. 法定减免

(1) 捕捞、养殖渔船。捕捞、养殖渔船是指在渔业船舶管理部门登记为捕捞船或者养殖船的船舶。

(2) 军队、武警专用的车船。军队、武警专用的车船是指按照规定在军队、武警车船管理部门登记，并领取军用牌照、武警牌照的车船。

(3) 警用车船。警用车船，是指公安机关、国家安全机关、监狱、劳动教养管理机关和人民法院、人民检察院领取警用牌照的车辆和执行警务的专用船舶。

(4) 按照法律有关规定应当予以免税的外国驻华使馆、领事馆和国际组织驻华机构及其有关人员的车船。

(5) 对节约能源的减半征收车船税，对使用新能源的车船免征车船税。

(6) 对受严重自然灾害影响纳税困难以及有其他特殊原因确需减免税的，可以办理减免税。

(7) 省、自治区、直辖市人民政府根据当地实际情况，可以对公共交通车船，农村居民拥有并主要在农村地区使用的摩托车、三轮汽车和低速载货汽车定期减征或者免征车船税。

2. 特定减免

(1) 经批准临时入境的外国车船和香港特别行政区、澳门特别行政区、台湾地区的车船，不征收车船税。

(2) 按照规定缴纳船舶吨税的机动船舶，自《车船税法》实施之日起 5 年内免征车船税。

(3) 机场、港口内部行驶或作业的车船，自《车船税法》实施之日起 5 年内免征车船税。

(二) 纳税期限

车船税的纳税义务发生时间，为取得车船所有权或者管理权的当月，即该车船交付的当月。以合同、协议载明的车船交付日期，或者购买车船的发票及证明文件所载日期的当月为准。

车船税按年申报，分月计算，一次性缴纳。纳税年度为公历 1 月 1 日起至 12 月 31 日止。具体申报纳税期限由省、自治区、直辖市人民政府确定。

(三) 纳税地点

车船税的纳税地点，为车船的登记地或者车船税扣缴义务人所在地。依法不需要办理登记的车船，车船税的纳税地点为车船的所有人或者管理人所在地。

第三节　印　花　税

印花税是以经济活动和经济交往中，书立、领受应税凭证的行为为征税对象征收的一种税。印花税因其采用在应税凭证上粘贴印花税票的方法来完成纳税义务而得名。

印花税最早产生于 1624 年的荷兰，现在已是世界各国普遍开征的一个税种。旧中国，在北洋政府和国民党统治时期也先后颁布过《印花税法》，开征过印花税。新中国成立以后，中央人民政府政务院于 1950 年发布了《印花税暂行条例》，在全国范围内开征印花税；1958 年简化税制时，经全国人民代表大会常务委员会通过，将印花税并入工商统一税，印花税不再单设税种征收，直至经济体制改革以前。

党的十一届三中全会以后，在改革开放政策的指引下，我国的商品经济得以迅速发展。为适应商品经济发展的要求，国家先后颁布了经济合同法、商标法、工商企业登记管理条例等一系列经济法规，在经济活动中依法书立、领受各种经济凭证已成为普遍现象，重新开征印花税不仅是必要的，而且也具备了一定的条件。因此，国务院于 1988 年 8 月发布了《中华人民共和国印花税暂行条例》，自同年 10 月 1 日起施行。随着我国经济体制由有计划的商品经济向社会主义市场经济体制转变，印花税的征收在规范书立、领受经济凭证行为方面起着更加重要的作用。

一、纳税义务人

印花税的纳税义务人，是在中国境内建立、使用、领受印花税法所列举的凭证并应依法履行纳税义务的单位和个人。包括国内各类企业、事业、机关、团体、部队以及中外合资企业、合作企业、外资企业、外国公司和其他经济组织及其在华机构等单位和个人。

按照征税项目划分，具体分为以下几种纳税人：

(1) 立合同人。指合同的当事人。所谓当事人，是指对凭证有直接权利义务关系的单位和个人，但不包括合同的担保人、证人、鉴定人。各类合同的纳税人是立合同人，当事人在两方或者两方以上的，各方均为纳税人。

当事人的代理人有代理纳税的义务，他与纳税人负有同等的税收法律义务和责任。

(2) 立账簿人。营业账簿的纳税人是立账簿人。所谓立账簿人，指设立并使用营业账簿的单位和个人。

(3) 立据人。产权转移书据的纳税人是立据人。是指土地、房屋权属转移过程中买卖双方的当事人。

(4) 领受人。权利许可证照的纳税人是领受人。领受人，是指领取或接受并持有该项凭证的单位和个人。

(5) 使用人。在国外书立、领受，但在国内使用的应税凭证，其纳税人是使用人。

(6) 各类电子应税凭证的签订人。即以电子形式签订的各类应税凭证的当事人。

二、征税范围

现行印花税的征税税目，指印花税法明确规定的应当纳税的项目，一般地说，列入税目的就要征税，未列入税目的就不征税。正式列举的印花税共有13个税目，即：

(1) 购销合同。包括供应、预购、采购、购销结合及协作、调剂、补偿、贸易等合同；还包括出版单位与发行单位（不包括订阅单位和个人）之间订立的图书、报纸、期刊和音像制品的应税凭证，例如订购单、订书单等。另外还包括发电厂与电网之间、电网与电网之间（国家电网公司系统、南方电网公司系统内部各级电网互供电量除外）签订的购售电合同。但是，电网与用户之间签订的供用电合同不属于印花税列举征税的凭证，不征收印花税。

对纳税人以电子形式签订的各类应税凭证按照规定缴纳印花税。

(2) 加工承揽合同。包括加工、定做、修缮、修理、印刷、广告、测绘、测试等合同。

(3) 建设工程勘察设计合同。包括勘察、设计合同的总包合同、分包合同和转包合同。

(4) 建筑安装工程承包合同。包括建筑、安装工程承包合同的总承包合同、分包合同和转包合同。

(5) 财产租赁合同。包括租赁房屋、船舶、飞机、机动车辆、机械、器具、设备等合同，还包括企业、个人出租门店、柜台等签订的合同，但不包括企业与主管部门签订的租赁承包合同。

(6) 货物运输合同。包括民用航空、铁路运输、海上运输、公路运输和联运合同，以及作为合同使用的单据。

(7) 仓储保管合同。包括仓储、保管合同，以及作为合同使用的仓单、栈单等。

(8) 借款合同。银行及其他金融组织与借款人（不包括银行同业拆借）所签订的合同，以及只填开借并作为合同使用、取得银行借款的借据。银行及其他金融机构经营的融资租赁业务，是一种以融物方式达到融资目的的业务，实际上是分期偿还的固定资金借款，因此融资租赁合同属于借款合同。

(9) 财产保险合同。包括财产、责任、保证、信用保险合同，以及作为合同使用的单据。财产保险合同，分为企业财产保险、机动车辆保险、货物运输保险和农牧业保险五大类。“家财产两全保险”属于家庭财产保险性质，其合同在财产保险合同之列，应照章纳税。

(10) 技术合同。包括技术开发、转让、咨询、服务等合同，以及作为合同使用的单据。

技术转让合同，包括专利申请权转让、专利实施许可和非专利技术转让。

技术咨询合同，是当事人就有关项目的分析、论证，预测和调查订立的技术合同。但一般的法律、会计、审计等方面的咨询不属于技术咨询，其所立合同不贴印花。

技术服务合同，是当事人一方委托另一方就解决有关特定技术问题，如为改进产品结构、改良工艺流程、提高产品质量、降低产品成本、保护资源环境、实现安全操作、提高经济效益等提出实施方案，实施指导所订立的技术合同，包括技术服务合同、技术培训合同和技术中介合同。但不包括以常规手段或者为生产经营目的进行一般加工、修理、修缮、广告、印刷、测绘、标准化测试，以及勘察、设计等所书立的合同。

（11）产权转移书据。包括财产所有权和版权、商标专用权、专利权、专有技术使用权等转移书据和土地使用权出让合同、土地使用权转让合同、商品房销售合同等权力转移合同。

所称产权转移书据，是指单位和个人产权的买卖、继承、赠与、交换、分割等所立的书据。“财产所有权”转移书据的征税范围，是指经政府管理机关登记注册的动产、不动产的所有权转移所立的书据，以及企业股权转让所立的书据，并包括个人无偿赠送不动产所签订的“个人无偿赠与不动产登记表”。当纳税人完税后，税务机关（或其他征收机关）应在纳税人印花税完税凭证上加盖“个人无偿赠与”印章。

（12）营业账簿。指单位或者个人记载生产经营活动的财务会计核算账簿。营业账簿按其反映内容的不同，可分为记载资金的账簿和其他账簿。

记载资金的账簿，是指反映生产经营单位资本金数额增减变化的账簿。其他账簿，是指除上述账簿以外的有关其他生产经营活动内容的账簿，包括日记账簿和各明细分类账簿。

但是，对金融系统营业账簿，要结合金融系统财务会计核算的实际情况进行具体分析。凡银行用以反映资金存贷经营活动、记载经营资金增减变化、核算经营成果的账簿，如各种日记账、明细账和总账都属于营业账簿，应按照规定缴纳印花税；银行根据业务管理需要设置的各种登记簿，如空白重要凭证登记簿、有价单证登记簿、现金收付登记簿等，其记载的内容与资金活动无关，仅用于内部备查，属于非营业账簿，均不征收印花税。

（13）权利、许可证照。包括政府部门发给的房屋产权证、工商营业执照、商标注册证、专利证、土地使用证等。

三、税率

印花税的税率设计，遵循税负从轻、共同负担的原则。所以，税率比较低；凭证的当事人，即对凭证有直接权利与义务关系的单位和个人均应就其所持凭证依法纳税。

现行印花税的税率有两种形式，即比例税率和定额税率。

（1）比例税率。印花税的比例税率分为四档，即1‰、0.5‰、0.3‰和0.05‰。其具体规定是：①财产租赁合同、仓储保管合同、财产保险合同的税率为1‰。②加工承揽合同、建筑工程勘察设计合同、货物运输合同、产权转移书据、营业账簿中记载资金的账簿，其税率为0.5‰。③购销合同、建筑安装工程承包合同、技术合同，其税率为0.3‰。④借款合同的税率为0.05‰。⑤此外，根据国家税务总局等的规定，股份制企业向社会公开发行的股票，因购买、继承、赠与所书立的股权转让数据，均依照书立时证券市场当日实际成交价格计算的金额，从2007年5月30日起，由立据双方当事人分别按照3‰的税率缴纳印花税（包括A股和B股）。2008年4月23日，财政部宣布证券交易印花税税率从4月24日起由

3‰下调至1‰，2008年9月19日起，证券交易印花税实行单边收取。

(2) 定额税率。在印花税的13个税目中，适用定额税率的是权利、许可证照和营业账簿税目中的其他账簿，采取按件贴花，税额为每件5元。

另外，在确定印花税税率时，如果一份合同载有一个或者几个经济事项，可以同时适用一个或者几个税率分别计算贴花，如果未分开的，应按照其中的较高税率计算贴花。这样规定主要就是为了避免纳税人以低税率凭证代替高税率凭证纳税，从而逃避纳税义务。

四、应纳税额的计算

(一) 计税依据的一般规定

印花税的计税依据为各种应税凭证上所记载的计税金额。具体规定为：

(1) 购销合同的计税依据为合同记载的购销金额。

(2) 加工承揽合同的计税依据是加工或承揽收入的金额。具体包括以下两种规定：

①对于由受托方提供原材料的加工、定做合同，凡在合同中分别记载加工费金额和原材料金额的，应分别按“加工承揽合同”、“购销合同”计税，两项税额相加数，即为合同应贴印花；若合同中未分别记载，则应就全部金额依照加工承揽合同计税贴花。②对于由委托方提供主要材料或原料，受托方只提供辅助材料的加工合同，无论加工费和辅助材料金额是否分别记载，均以辅助材料与加工费的合计数，依照加工承揽合同计税贴花。对委托方提供的主要材料或原料金额不计税贴花。

(3) 建设工程勘察设计合同的计税依据为收取的费用。

(4) 建筑安装工程承包合同的计税依据为承包金额。

(5) 财产租赁合同的计税依据为租赁金额；经计算，税额不足1元的，按1元贴花。

(6) 货物运输合同的计税依据为取得的运输费金额（即运费收入），不包括所运货物的金额、装卸费和保险费等。

(7) 仓储保管合同的计税依据为收取的仓储保管费用。

(8) 借款合同的计税依据为借款金额。针对实际借贷活动中不同的借款形式，税法规定了不同的计税方法：

①凡是一项信贷业务既签订借款合同，又一次或分次填开借据的，只以借款合同所载金额为计税依据计税贴花；凡是只填开借据并作为合同使用的，应以借据所载金额为计税依据计税贴花。②借贷双方签订的流动资金周转性借款合同，一般按年（期）签订，规定最高限额，借款人在规定的期限和最高限额内随借随还。为避免加重借贷双方的负担，对这类合同只以其规定的最高限额为计税依据，在签订时贴花一次，在限额内随借随还不签订新合同的，不再另贴印花。③对借款方以财产作抵押，从贷款方取得一定数量抵押贷款的合同，应按借款合同贴花；在借款方因无力偿还借款而将抵押财产转移给贷款方时，应再就双方书立的产权书据，按产权转移书据的有关规定计税贴花。④对银行及其他金融组织的融资租赁业务签订的融资租赁合同，应按合同所载租金总额，暂按借款合同计税。⑤在贷款业务中，如果贷方系由若干银行组成的银团，银团各方均承担一定的贷款数额。借款合同由借款方与银团各方共同书立，各执一份合同正本。对这类合同借款方与贷款银团各方应分别在所执的合同正本上，按各自的借款金额计税贴花。⑥在基本建设贷款中，如果按年度用款计划分年签

订借款合同，在最后一年按总概算签订借款总合同，且总合同的借款金额包括各个分合同的借款金额的，对这类基建借款合同，应按分合同分别贴花，最后签订的总合同，只就借款总额扣除分合同借款金额后的余额计税贴花。

(9) 财产保险合同的计税依据为支付（收取）的保险费，不包括所保财产的金额。

(10) 技术合同的计税依据为合同所载的价款、报酬或使用费。为了鼓励技术研究开发，对技术开发合同，只就合同所载的报酬金额计税，研究开发经费不作为计税依据。单对合同约定按研究开发经费一定比例作为报酬的，应按一定比例的报酬金额贴花。

(11) 产权转移书据的计税依据为所载金额。

(12) 营业账簿税目中记载资金的账簿的计税依据为“实收资本”与“资本公积”两项的合计金额。

实收资本，包括现金、实物、无形资产和材料物资。现金按实际收到或存入纳税人开户银行的金额确定。实物，指房屋、机器等，按评估确认的价值或者合同、协议约定的价格确定。无形资产和材料物资，按评估确认的价值确定。

资本公积，包括接受捐赠、法定财产重估增值、资本折算差额、资本溢价等。如果是实物捐赠，则按同类资产的市场价格或有关凭据确定。

其他账簿的计税依据为应税凭证件数。

(13) 权利、许可证照的计税依据为应税凭证件数。

(二) 计税依据的特殊规定

(1) 上述凭证以“金额”、“收入”、“费用”作为计税依据，应当全额计税，不得作任何扣除。

(2) 同一凭证，载有两个或两个以上经济事项而适用不同税目税率，如分别记载金额的，应分别计算应纳税额，相加后按合计税额贴花；如未分别记载金额的，按税率高的计税贴花。

(3) 按金额比例贴花的应税凭证，未标明金额的，应按照凭证所载数量及国家牌价计算金额；没有国家牌价的，按市场价格计算金额，然后按规定税率计算应纳税额。

(4) 应税凭证所载金额为外国货币的，应按照凭证书立当日国家外汇管理局公布的外汇牌价折合成人民币，然后计算应纳税额。

(5) 应纳税额不足 1 角的，免纳印花税；1 角以上的，其税额尾数不满 5 分的不计，满 5 分的按 1 角计算。

(6) 有些合同，在签订时无法确定计税金额，如技术转让合同中的转让收入，是按销售收入的一定比例收取或是按实现利润分成的；财产租赁合同，只是规定了月（天）租金标准而无租赁期限的。对这类合同，可在签订时先按定额 5 元贴花，以后结算时再按实际金额计税，补贴印花。

(7) 应税合同在签订时纳税义务即已产生，应计算应纳税额并贴花。所以，不论合同是否兑现或是否按期兑现，均应贴花。

对已履行并贴花的合同，所载金额与合同履行后实际结算金额不一致的，只要双方未修改合同金额，一般不再办理完税手续。

(8) 对有经营收入的事业单位，凡属由国家财政拨付事业经费，实行差额预算管理的单位，其记载经营业务的账簿，按其他账簿定额贴花，不记载经营业务的账簿不贴花；凡属经费来源实行自收自支的单位，其营业账簿，应对记载资金的账梅和其他账簿分别计算应纳税额。

跨地区经营的分支机构使用的营业账簿，应由各分支机构于其所在地计算贴花。对上级单位核拨资金的分支机构，其记载资金的账簿按核拨的账面资金额计税贴花，其他账簿按定额贴花；对上级单位不核拨资金的分支机构，只就其他账簿按件定额贴花。为避免对同一资金重复计税贴花，上级单位记载资金的账簿，应按扣除拨给下属机构资金数额后的其余部分计税贴花。

(9) 商品购销活动中，采用以货换货方式进行商品交易签订的合同，是反映既购又销双重经济行为的合同。对此，应按合同所载的购、销合计金额计税贴花。合同未列明金额的，应按合同所载购、销数量依照国家牌价或者市场价格计算应纳税额。

(10) 施工单位将自己承包的建设项目，分包或者转包给其他施工单位所签订的分包合同或者转包合同，应按新的分包合同或转包合同所载金额计算应纳税额。这是因为印花税是一种具有行为税性质的凭证税，尽管总承包合同已依法计税贴花，但新的分包或转包合同是一种新的凭证，又发生了新的纳税义务。

(11) 对股票交易征收印花税，始于深圳和上海两地证券交易的不断发展。现行印花税法规定，股份制试点企业向社会公开发行的股票，因购买、继承、赠与所书立的股权转让书据，均依书立时证券市场当日实际成交价格计算的金额，由立据双方当事人分别按1‰的税率缴纳印花税。

(12) 对国内各种形式的货物联运，凡在起运地统一结算全程运费的，应以全程运费作为计税依据，由起运地运费结算双方缴纳印花税；凡分程结算运费的，应以分程的运费作为计税依据，分别由办理运费结算的各方缴纳印花税。

对国际货运，凡由我国运输企业运输的，不论在我国境内、境外起运或中转分程运输，我国运输企业所持的一份运费结算凭证，均按本程运费计算应纳税额；托运方所持的一份运费结算凭证，按全程运费计算应纳税额。由外国运输企业运输进出口货物的，外国运输企业所持的一份运费结算凭证免纳印花税；托运方所持的一份运费结算凭证应缴纳印花税。国际货运运费结算凭证在国外办理的，应在凭证转回我国境内时按规定缴纳印花税。

必须明确的是，印花税票为有价证券，其票面金额以人民币为单位，分为1角、2角、5角1元、2元、5元、10元、50元、100元九种。

(三) 应纳税额的计算方法

印花税根据不同征税项目，分别实行从价计征和从量计征两种征收方法。其计算公式为：

应纳税额＝应税凭证计税金额（或应税凭证件数）×适用税率

【例9-4】某企业某年2月开业，当年发生以下有关业务事项：领受房屋产权证、工商营业执照、土地使用证各1件；与其他企业订立转移专用技术使用权书据1份，所载金额200万元；订立产品购销合同1份，所载金额为200万元；订立借款合同1份，所载金额为400万元；企业记载资金的账簿，“实收资本”、“资本公积”为1000万元；其他营业账簿10本。要求：试计算该企业当年应缴纳的印花税税额。

（1）企业领受权利、许可证照应纳税额

应纳税额＝ 3×5＝15（元）

（2）企业订立产权转移书据应纳税额

应纳税额＝ 2000000 ×0.5‰＝1000（元）

（3）企业订立购销合同应纳税额

应纳税额＝2000000 ×0.3‰＝600（元）

（4）企业订立借款合同应纳税额

应纳税额＝4000000×0.05‰＝2000（元）

（5）企业记载资金的账簿

应纳税额＝ 10000000×0.05‰＝5000（元）

（6）企业其他营业账簿应纳税额

应纳税额＝10×5＝50（元）

（7）当年企业应纳印花税税额

15＋1000＋600＋2000＋5000＋50＝8665（元）

五、征收管理

（一）减免税优惠

（1）对已缴纳印花税凭证的副本或者抄本免税。凭证的正式签署本已按规定缴纳了印花税，其副本或者抄本对外不发生权利义务关系，只是留存备查。但以副本或者抄本视同正本使用的，则应另贴印花。

（2）对财产所有人将财产赠给政府、社会福利单位、学校所立的书据免税。所谓社会福利单位，是指扶养孤老伤残的社会福利单位。

（3）对国家指定的收购部门与村民委员会、农民个人书立的农副产品收购合同免税。由于我国农副产品种类繁多，地区之间差异较大，随着经济发展，国家指定的收购部门也会有所变化。对此，印花税法授权省、自治区、直辖市主管税务机关根据当地实际情况，具体划定本地区收购部门和农副产品的范围。

（4）对无息、贴息贷款合同免税。无息、贴息贷款合同，是指我国的各专业银行按照国家金融政策发放的无息贷款，以及由各专业银行发放并按有关规定由财政部门或中国人民银行给予贴息的贷款项目所签订的贷款合同。

（5）对外国政府或者国际金融组织向我国政府及国家金融机构提供优惠贷款所书立的合同免税。该类合同是就具有援助性质的优惠贷款而成立的政府间协议，对其免税有利于引进和利用外资，以推动我国经济与社会的快速发展。

（6）对房地产管理部门与个人签订的用于生活居住的租赁合同免税。

（7）对农牧业保险合同免税。对该类合同免税，是为了支持农村保险事业的发展，减轻农牧业生产的负担。

（8）对特殊货运凭证免税。这类凭证有：

①军事物资运输凭证，即附有军事运输命令或使用专用的军事物资运费结算凭证。

②抢险救灾物资运输凭证，即附有县级以上（含县级）人民政府抢险救灾物资运输证明文件的运费结算凭证。

③新建铁路的工程临管线运输凭证，即为新建铁路运输施工所需物料，使用工程临管线专用的运费结算凭证。

（9）对廉租住房、经济适用住房经营管理单位与廉租住房、经济适用住房相关的印花税以及廉租住房承租人、经济适用房购买人涉及的印花税免征。

（10）对公租房经营管理单位购买作为公租房，免征契税、印花税；对公租房租赁双方签订租赁协议涉及的印花税免征；对公租房经营管理党委建造公租房涉及的印花税免征。

（二）缴纳方法

印花税的纳税办法，根据税额大小、贴花次数以及税收征收管理的需要，分别采用以下三种纳税办法：

（1）自行贴花办法。这种办法，一般适用于应税凭证较少或者贴花次数较少的纳税人。纳税人书立、领受或者使用印花税法列举的应税凭证的同时，纳税义务即已产生，应当根据应纳税凭证的性质和适用的税目税率自行计算应纳税额，自行购买印花税票，自行一次贴足印花税票并加以注销或划销，纳税义务才算全部履行完毕。值得注意的是：纳税人购买了印花税票，支付了税款，国家就取得了财政收入。但就印花税来说，纳税人支付了税款并不等于已履行了纳税义务。纳税人必须自行贴花并注销或划销，这样才算完整地完成了纳税义务，这也就是通常所说的“三自”纳税办法。

对已贴花的凭证，修改后所载金额增加的，其增加部分应当补贴印花税票。凡多贴印花税票者，不得申请退税或者抵用。

（2）汇贴或汇缴办法。这种办法，一般适用于应纳税额较大或者贴花次数频繁的纳税人。

一份凭证应纳税额超过500元的，应向当地税务机关申请填写缴款书或者完税证，将其中一联帖贴在凭证上或者由税务机关在凭证上加注完税标记代替贴花。这就是通常所说的“汇贴”办法。

同一种类应纳税凭证，需频繁贴花的，纳税人可以根据实际情况自行决定是否采用按期汇总缴纳印花税的方式，汇总缴纳的期限为1个月。采用按期汇总缴纳方式的纳税人应事先告知主管税务机关。缴纳方式一经选定，1年内不得改变。主管税务机关接到纳税人要求按期汇总缴纳印花税的告知后，应及时登记，制定相应的管理办法，防止出现管理漏洞。对采用按期汇总缴纳方式缴纳印花税的纳税人，应加强日常监督、检查。

实行印花税按期汇总缴纳的单位，对征税凭证和免税凭证汇总时，凡分别汇总的。按本期征税凭证的汇总金额计算缴纳印花税；凡确属不能分别汇总的，应按本期全部凭证的实际汇总金额计算缴纳印花税。

凡汇总缴纳印花税的凭证，应加注税务机关指定的汇缴戳记、编号并装订成册后，将已贴印花或者缴款书的一联粘附册后，盖章注销，保存备查。

经税务机关核准，持有代售许可证的代售户，代售印花税票取得的税款须专户存储。并按照规定的期限，向当地税务机关结报，或者填开专用缴款书直接向银行缴纳，不得逾期不缴或者挪作他用。代售户领存的印花税票及所售印花税票的税款，如有损失，应负责赔偿。

(3) 委托代征办法。这一办法主要是通过税务机关的委托，经由发放或者办理应纳税凭证的单位代为征收印花税税款。税务机关应与代征单位签订代征委托书。所谓发放或者办理应纳税凭证的单位，是指发放权利、许可证照的单位和办理凭证的鉴证、公证及其他有关事项的单位。如按照印花税法规定，工商行政管理机关核发各类营业执照和商标注册证的同时，负责代售印花税票，征收印花税税款，并监督领受单位或个人负责贴花。税务机关委托工商行政管理机关代售印花税票，按代售金额5%的比例支付代售手续费。

(三) 纳税环节

印花税应当在书立或领受时贴花。具体是指在合同签订时、账簿启用时和证照领受时贴花。如果合同是在国外签订，并且不便在国外贴花的，应在将合同带入境时办理贴花纳税手续。

(四) 纳税地点

印花税一般实行就地纳税。对于全国性商品物资订货会（包括展销会、交易会等）上所签订合同应纳的印花税，由纳税人因其所在地后及时办理贴花完税手续；对地方主办、不涉及省际关系的订货会、展销会上所签合同的印花税，其纳税地点由各省、自治区、直辖市人民政府自行确定。

(五) 印花税的管理

1. 对印花税应税凭证的管理

各级地方税务机关应加强对印花税应税凭证的管理，要求纳税人统一设置印花税应税凭证登记簿，保证各类应税凭证及时、准确、完整地进行登记；应税凭证数量多或内部多个部门对外签订应税凭证的单位，要求其制定符合本单位实际的应税凭证登记管理办法。有条件的纳税人应指定专门部门、专人负责应税凭证的管理。印花税应税凭证应按照《税收征收管理法实施细则》的规定保存10年。

2. 完善按期汇总缴纳办法

各级地方税务机关应加强对按期汇总缴纳印花税单位的纳税管理，对核准实行汇总缴纳的单位，应发给汇缴许可证，核定汇总缴纳的限期；同时应要求纳税人定期报送汇总缴纳印花税情况报告，并定期对纳税人汇总缴纳印花税情况进行检查。

3. 加强对印花税代售人的管理

各级税务机关应加强对印花税代售人代售税款的管理，根据本地代售情况进行一次清理检查，对代售人违反代售规定的，可视其情节轻重，取消代售资格，发现代售人各种影响印花税票销售的行为要及时纠正。

税务机关要根据本地情况，选择制度比较健全、管理比较规范、信誉比较可靠的单位或个人委托代售印花税票，并应对代售人经常进行业务指导、检查和监督。

4. 核定征收印花税

根据《税收征收管理法》第三十五条规定和印花税的税源特征，为加强印花税征收管理，纳税人有下列情形的，地方税务机关可以核定纳税人印花税计税依据：

(1) 未按规定建立印花税应税凭证登记簿，或未如实登记和完整保存应税凭证的；

(2) 拒不提供应税凭证，或不如实提供应税凭证致使计税依据明显偏低的；

(3) 采用按期汇总缴纳办法的，未按地方税务机关规定的期限报送汇总缴纳印花税情况报告，经地方税务机关责令限期报告，逾期仍不报告的或者地方税务机关在检查中发现纳税人有未按规定汇总缴纳印花税情况的。

地方税务机关核定征收印花税，应向纳税人发放核定征收印花税通知书，注明核定征收的计税依据和规定的税款缴纳期限。

地方税务机关核定征收印花税，应根据纳税人的实际生产经营收入，参考纳税人各期印花税纳税情况及同行业合同签订情况，确定科学合理的数额或比例作为纳税人印花税计税依据。

各级地方税务机关应逐步建立印花税基础资料库，包括：分行业印花税纳税情况、分户纳税资料等，确定科学、合理的评估模型，保证核定征收的及时、准确、公平、合理。

(六) 违章处理

印花税纳税人有下列行为之一的，由税务机关根据情节轻重予以处罚：

(1) 在应纳税凭证上未贴或者少贴印花税票的或者已粘贴在应税凭证上的印花税票未注销或者未划销的，由税务机关追缴其不缴或者少缴的税款、滞纳金，并处不缴或者少缴的税款50%以上5倍以下的罚款。

(2) 已贴用的印花税票揭下重用造成未缴或少缴印花税的，由税务机关追缴其不缴或者少缴的税款、滞纳金，并处不缴或者少缴的税款50%以上5倍以下的罚款；构成犯罪的，依法追究刑事责任。

(3) 伪造印花税票的，由税务机关责令改正，处以2000元以上1万元以下的罚款；情节严重的，处以1万元以上5万元以下的罚款；构成犯罪的，依法追究刑事责任。

(4) 按期汇总缴纳印花税的纳税人，超过税务机关核定的纳税期限，未缴或少缴印花税款的，由税务机关追缴其不缴或者少缴的税款、滞纳金，并处不缴或者少缴的税款50%以上5倍以下的罚款；情节严重的，同时撤销其汇缴许可证；构成犯罪的，依法追究刑事责任。

(5) 纳税人违反以下规定的，由税务机关责令限期改正，可处以2000元以下的罚款；情节严重的，处以2000元以上1万元以下的罚款。

①凡汇总缴纳印花税的凭证，应加注税务机关指定的汇缴戳记，编号并装订成册后，将已贴印花或者缴款书的一联粘附册后，盖章注销，保存备查。②纳税人对纳税凭证应妥善保存。凭证的保存期限，凡国家已有明确规定的，按规定办；没有明确规定的其余凭证均应在履行完毕后保存1年。

(6) 代售户对取得的税款逾期不缴或者挪作他用，或者违反合同将所领印花税票转托他人代售或者转至其他地区销售，或者未按规定详细提供领、售印花税票情况的，税务机关可视其情节轻重，给予警告或者取消其代售资格的处罚。

第四节 契 税

契税是以在中华人民共和国境内转移土地、房屋权属为征税对象，向产权承受人征收的一种财产税。

现行契税的法律基本规范，是1997年7月7日国务院发布并于同年10月1日开始施行的《中华人民共和国契税暂行条例》（以下简称《契税暂行条例》）。

一、纳税义务人

契税的纳税义务人是境内转移土地、房屋权属，承受的单位和个人。境内是指中华人民共和国实际税收行政管辖范围内。土地、房屋权属是指土地使用权和房屋所有权。单位是指企业单位、事业单位、国家机关、军事单位和社会团体以及其他组织。个人是指个体经营者及其他个人，包括中国公民和外籍人员。

二、征税范围

契税的征税对象是境内转移的土地、房屋权属。具体包括以下六项内容：

（一）国有土地使用权出让

国有土地使用权出让是指土地使用者向国家交付土地使用权出让费用，国家将国有土地使用权在一定年限内让与土地使用者的行为。

（二）土地使用权的转让

土地使用权的转让是指土地使用者以出售、赠与、交换或者其他方式将土地使用权转移给其他单位和个人的行为。土地使用权的转让不包括农村集体土地承包经营权的转移。

（三）房屋买卖

即以货币为媒介，出卖者向购买者过渡房产所有权的交易行为。以下几种特殊情况，视同买卖房屋：

1. 以房产抵债或实物交换房屋

经当地政府和有关部门批准，以房抵债和实物交换房屋，均视同房屋买卖，应由产权承受人，按房屋现值缴纳契税。

例如，甲某因无力偿还乙某债务，而以自有的房产折价抵偿债务。经双方同意，有关部门批准，乙某取得甲某的房屋产权，在办理产权过户手续时，按房产折价款缴纳契税。如以实物（金银首饰等等价物品）交换房屋，应视同以货币购买房屋。

2. 以房产作投资或作股权转让

这种交易业务属房屋产权转移，应根据国家房地产管理的有关规定，办理房屋产权交易和产权变更登记手续，视同房屋买卖，由产权承受方按契税税率计算缴纳契税。

例如，甲某以自有房产，投资于乙某企业。其房屋产权变为乙某企业所有，故产权所有人发生变化，因此，乙某企业在办理产权登记手续后，按甲某人股房产现值（国有企事业房产须经国有资产管理部门评估核价）缴纳契税。如丙某以股份方式购买乙某企业房屋产权，丙某在办理产权登记后，按取得房产买价缴纳契税。

以自有房产作股投入本人独资经营的企业，免纳契税。因为以自有的房地产投入本人独资经营的企业，产权所有人和使用权使用人未发生变化，不需办理房产变更手续，也不办理契税手续。

3. 买房拆料或翻建新房，应照章征收契税

例如，甲某购买乙某房产，不论其目的是取得该房产的建筑材料或是翻建新房，实际构成房屋买卖。甲某应首先办理房屋产权变更手续，并按买价缴纳契税。

（四）房屋赠与

房屋的赠与是指房屋产权所有人将房屋无偿转让给他人所有。其中，将自己的房屋转交给他人的法人和自然人，称作房屋赠与人；接受他人房屋的法人和自然人，称为受赠人。房屋赠与的前提必须是，产权无纠纷，赠与人和受赠人双方自愿。

由于房屋是不动产，价值较大，故法律要求赠与房屋应有书面合同（契约），并到房地产管理机关或农村基层政权机关办理登记过户手续，才能生效。如果房屋赠与行为涉及涉外关系，还需公证处证明和外事部门认证，才能有效。房屋的受赠人要按规定缴纳契税。

（五）房屋交换

房屋交换是指房屋所有者之间互相交换房屋的行为。

随着经济形势的发展，有些特殊方式转移土地、房屋权属的，也将视同土地使用权转让、房屋买卖或者房屋赠与。一是以土地、房屋权属作价投资、入股；二是以土地、房屋权属抵债；三是以获奖方式承受土地、房屋权属；四是以预购方式或者预付集资建房款方式承受土地、房屋权属。

（六）承受国有土地使用权支付的土地出让金

对承受国有土地使用权所应支付的土地出让金，要计征契税。不得因减免土地出让金而减免契税。

三、税率

契税实行幅度比例税率，税率幅度为3%～5%。具体执行税率，由各省、自治区、直辖市人民政府在规定的幅度范围内，按照本地区的实际情况决定。从2010年10月1日起，对个人购买90平方米及以下且属家庭唯一住房的普通住房，减按1%税率征收契税。

四、应纳税额的计算

（一）计税依据

契税的计税依据为不动产的价格。由于土地、房屋权属转移方式不同，定价方法不同，因而具体计税依据视不同情况而决定。

（1）国有土地使用权出让、土地使用权出售、房屋买卖，以成交价格为计税依据。成交价格是指土地、房屋权属转移合同确定的价格，包括承受者应交付的货币、实物、无形资产或者其他经济利益。

（2）土地使用权赠与、房屋赠与，由征收机关参照土地使用权出售、房屋买卖的市场价格核定。

(3) 土地使用权交换、房屋交换，为所交换的土地使用权、房屋的价格差额。也就是说，交换价格相等时，免征契税；交换价格不等时，由多交付的货币、实物、无形资产或者其他经济利益的一方缴纳契税。

(4) 以划拨方式取得土地使用权，经批准转让房地产时，由房地产转让者补交契税。计税依据为补交的土地使用权出让费用或者土地收益。

为了避免偷、逃税款，税法规定，成交价格明显低于市场价格并且无正当理由的，或者所交换土地使用权、房屋的价格的差额明显不合理并且无正当理由的，征收机关可以参照市场价格核定计税依据。

(5) 房屋附属设施征收契税的依据。

①采取分期付款方式购买房屋附属设施土地使用权、房屋所有权的，应按合同规定的总价款计征契税。②承受的房屋附属设施权属如为单独计价的，按照当地确定的适用税率征收契税；如与房屋统一计价的，适用与房屋相同的契税税率。

(二) 应纳税额的计算方法

契税采用比例税率。当计税依据确定以后，应纳税额的计算比较简单。应纳税额的计算公式为：

$$应纳税额=计税依据\times税率$$

【例 9-5】居民李某有两套住房，将一套出售给居民张某，成交价格为 500000 元；将另一套两室住房与居民王某交换成两处一室住房，并支付给其换房差价款 80000 元。要求：试计算三人相关行为应缴纳的契税（假定税率为 5%）。

(1) 李某应缴纳契税＝ 80000×5%＝4000（元）

(2) 张某应缴纳契税＝500000×5%＝25000（元）

(3) 王某不缴纳契税。

五、征收管理

(一) 减免税优惠

1. 契税减免的一般规定

(1) 国家机关、事业单位、社会团体、军事单位承受土地、房屋用于办公、教学、医疗、科研和军事设施的，免征契税。

(2) 城镇职工按规定第一次购买公有住房的，免征契税。

此外，财政部、国家税务总局规定：自 2000 年 11 月 29 日起，对各类公有制单位为解决职工住房而采取集资建房方式建成的普通住房，或由单位购买的普通商品住房，经当地县以上人民政府房改部门批准、按照国家房改政策出售给本单位职工的，如属职工首次购买住房，均可免征契税。

(3) 因不可抗力丧失住房而重新购买住房的，酌情减免。不可抗力是指自然灾害、战争等不能预见、不可避免并不能克服的客观情况。

(4) 土地、房屋被县级以上人民政府征用、占用后，重新承受土地、房屋权属的，由省级人民政府确定是否减免。

（5）承受荒山、荒沟、荒丘、荒滩土地使用权，并用于农、林、牧、渔业生产的，免征契税。

（6）经外交部确认，依照我国有关法律规定以及我国缔结或参加的双边和多边条约或协定，应当予以免税的外国驻华使馆、领事馆、联合国驻华机构及其外交代表、领事官员和其他外交人员承受土地、房屋权属。

2. 契税减免的特殊规定

（1）对拆迁居民因拆迁重新购置住房的，对购房成交价格中相当于拆迁补偿款的部分免征契税，成交价格超过拆迁补偿款的，对超过部分征收契税。

（2）对国家石油储备基地第一期项目建设过程中涉及的契税免征。

（3）对廉租住房经营管理单位购买住房作为廉租住房、经济适用住房经营管理单位回购经济适用住房作为经济适用住房房源的，免征契税。

（4）自 2011 年 8 月 31 日起，婚姻关系存续期间，房屋、土地权属原归夫妻一方所有，变更为夫妻双方共有的，免征契税。

（5）对已缴纳契税的购房单位和个人，在未办理房屋权属变更登记前退房的，退还已纳契税；在办理房屋权属变更登记后退房的，不予退还已纳契税。

（6）对公租房经营管理单位购买住房作为公租房的，免征契税。

（二）纳税义务发生时间

契税的纳税义务发生时间是纳税人签订土地、房屋权属转移合同的当天，或者纳税人取得其他具有土地、房屋权属转移合同性质凭证的当天。

（三）纳税期限

纳税人应当自纳税义务发生之日起 10 日内，向土地、房屋所在地的契税征收机关办理纳税申报，并在契税征收机关核定的期限内缴纳税款。

（四）纳税地点

契税在土地、房屋所在地的征收机关缴纳。

（五）征收管理

纳税人办理纳税事宜后，征收机关应向纳税人开具契税完税凭证。纳税人持契税完税凭证和其他规定的文件材料，依法向土地管理部门、房产管理部门办理有关土地、房屋的权属变更登记手续。土地管理部门和房产管理部门应向契税征收机关提供有关资料，并协助契税征收机关依法征收契税。

重点概念

财产税　房产税　车船税　印花税　契税

思考题

1. 简述房产税的征税范围和计税办法。

2. 简述车船税的计税依据。

3. 简述印花税的主要特点和征收管理。

4. 简述契税的征税原理及减免税规定。

计算题

1. 某企业固定资产账面房产原值 2000 万元，所在省政府规定按原值减除 30%后的余值计税，房产税适用税率为 1.2%。

要求：计算该企业应纳房产税税额。

2. 某公民出租自有房屋供他人经商，年租金收入 50000 元，房产税适用税率为 12%。

要求：计算该公民应纳的房产税税额。

3. 某企业在年初拥有 10 吨载货汽车 6 辆和小轿车 4 辆，当年 4 月购入 8 吨载货汽车挂车 3 辆，当月办理完登记手续，11 月，1 辆小轿车被盗，出具了公安机关证明。如当地载货汽车每吨每税额 120 元，小轿车每辆年税额 660 元。

要求：请计算该企业当年共需缴纳的车船税。

4. 某汽车修配厂接受客户委托，改装两辆运输汽车总价值 13 万元。双方签订加工承揽合同中规定：汽车底盘和发动机由客户提供，价值 80000 元；由修配厂提供轮胎、零配件，价值 28000 元；其他辅料，价值 2000 元；收取加工费 40000 元。

要求：请计算汽车修配厂应缴纳多少印花税？

5. 居民李某出售一套 180 平方米的住房给肖某，成交价格为 190 万元。

要求：请计算应缴纳的契税为多少？谁交税（假设契税税率为 5%）？

第十章　公 债 原 理

通过本章学习，掌握公债的概念及其基本特征、公债理论主要观点；掌握公债规模衡量指标体系及公债风险防范；了解我国地方公债现状及强化地方政府债务风险管理的重要性。

案 例 导 引

继迪拜债务危机后，希腊又爆发债务危机。2009 年 12 月，全球三大信用评级机构相继调降希腊的主权信用评级。希腊的财政问题由来已久，其财政赤字占 GDP 的比重高达 12%，远远超过欧元区设定的 3%的上限；希腊公共债务余额占 GDP 得比重则高达 110%。

问题：

我国政府为什么要控制公债的发行规模？为什么说公债规模问题是一个攸关国家全局的宏观经济问题？以及对我国加强地方债务风险管理有何启示？

第一节　公 债 概 述

一、公债的含义与特征

（一）公债的含义

从财政角度分析：公债，亦称公共债务，是一国政府举借的债。具体说，是政府为满足实现其职能对资金的需求，凭借其信用，而筹集、取得政府收入的一种有偿形式。

从金融角度分析：公债简单说就是政府尚未清偿债务。

公债是指的是政府为筹措财政资金，凭其信誉按照一定程序向投资者出具的，承诺在一定时期支付利息和到期偿还本金的一种格式化的债权债务凭证。

公债是各级政府借债的统称。中央政府的债务称为中央债，又称公债；地方政府的债务称为地方债。我国地方政府无权以自身名义发行债务，故人们常将公债与国债等同起来。

公债是政府收入的一种特殊形式。公债具有有偿性和自愿性特点。除特定时期的某些强制性公债外，公众在是否认购、认购多少等方面，拥有完全自主的权利。

公债是政府信用或财政信用的主要形式。政府信用是指，政府按照有借有还的商业信用原则，以债务人身份来取得收入、或以债权人身份来安排支出，或称为财政信用。公债只是财政信用的一种形式。财政信用的其他形式包括：政府向银行借款、财政支农周转金，以及财政部门直接发放的财政性贷款等。

公债是政府可以运用的一种重要的宏观调控手段。

公债是一种虚拟的借贷资本。

公债体现了债权人（公债认购者）与债务人（政府）之间的债权债务关系。公债在发行期间是由认购者提供其闲置资金，在偿付阶段是由政府主要以税收收入进行还本付息。公债资本与其他资本存在的区别在于公债资本（用于非生产性开支）并不是现实资本，而只是一种虚拟的资本。用于生产性开支的公债则表现为不能提取的公共设施等国家的现实资本。

公债体现一定的分配关系，是一种“延期的税收”。

公债的发行，是政府运用信用方式将一部分已作分配、并已有归宿的国民收入集中起来；公债资金的运用，是政府将集中起来的资金，通过财政支出的形式进行再分配；而公债的还本付息，则主要是由国家的经常收入——税收来承担。因此，从一定意义上讲，公债是对国民收入的再分配。

（二）公债的特点

自愿性：它是指公债的发行或认购建立在认购者自愿承购的基础上。认购者买与不买，买多买少，完全由认购者自己根据个人或单位情况自主决定，政府不能指派具体的承购人。

自愿性的意义：保证了公债资金来源于闲置资金，避免了对投资和消费的不良影响。

有偿性：它是指通过发行公债筹集的财政资金，政府必须作为债务如期偿还，并且还要按事先规定的条件向认购者支付一定数额的利息。

有偿性的意义：国家作为债务人，存在资金偿还的压力，有利于提高资金使用的效益。

灵活性：它是指公债发行与否以及发行多少，一般完全由政府根据国家财政资金的丰裕程度灵活加以确定，不必通过法律形式预先加以规定。

灵活性的意义：国家可以根据资金的需要和宏观经济的情况来决定公债的是否发行和发行数量。使公债成为宏观调控和货币政策的一个重要的灵活手段。

二、公债的产生与发展

（一）西欧公债的产生

（1）根据前苏联大百科全书《国家公债》一书记载，公元前4世纪，古希腊和古罗马出现了国家向商人、高利贷者和寺院借债的情况。这是有关公债的最早记录。

（2）现代公债制度是在封建社会末期，随着资本主义生产关系的产生和发展，以及西欧资本主义列强的先后崛起而建立和发展起来的。

12世纪末，在意大利城市佛罗伦萨，政府曾向金融业者募集公债。

14、15世纪，意大利几乎所有城市都发行了公债。

15世纪末16世纪初，随着美洲新大陆发现和印度航线的开辟，公债得到快速发展。

16世纪和17世纪上半叶，欧洲各国面临着严重的财政困难和金融困难，政府举债成为普遍现象。

（马克思指出：现代国家公债制度首先是在荷兰确立的，16世纪末，已经成为资本主义强国的荷兰为顺应当时国内资本充斥的情况，并使资本家获得更多利息，也为满足自身对海外扩张的支出需要，荷兰政府发行了大量国家公债。到17世纪末，荷兰的经济地位被英国所取代，国家公债的发展就转向到英国。）

（二）现代意义上公债的兴起

（1）从支出需求看，国家对外扩张等职能引起了财政支出的过度膨胀。

(2) 从发行条件看，经济增长促使闲置资本规模的扩大，给公债发行提供了大量的、稳定的资金来源。

(3) 从利益分配角度看，新兴资产阶级通过认购公债而获得巨额利息，并借机得到一些特权。

(4) 从经济理论和财政实践看，赤字财政理论和赤字财政政策在西方各国的流行和推广，为公债的膨胀提供了理论上的诠释和制度上的保证。

(三) 我国公债的形成与发展

清末，公债随着西方列强的侵略而产生，从外债来看，从1853年至1949年，历届政府大约共借外债65.5亿元：主要用于赔款和军费开支。清光绪二十年，即1894年，发行了我国历史上第一次内债——“息借商款”；1898年又发行了“昭信股票”，总额为1100万两白银。

公债发展经历了清末、北洋军阀政府时期和国民党政府时期，都是变相掠夺人民的工具。

新中国成立后，公债发展经历了四个阶段：

第一阶段：新中国成立至改革开放前，公债功能未能得到充分发挥。20世纪50年代初期发债至1958年停止发债，1968年偿清全部债务，1969年5月11日《人民日报》宣布我国成为既无内债又无外债的国家。

第二阶段：1981～1985年，公债发行的探索阶段。

第三阶段：1986～1995年，利用公债筹集建设资金。

第四阶段：1996年～至今，公债政策的宏观调控功能得到确立。

三、公债的种类

(一) 国内公债与国外公债

国内公债不影响国内资源总量，不存在国内资源向国外转移的问题，但发行国内公债可以导致国内资源在一定时期在本国范围的重新配置，不影响国际收支。

国外公债影响国际收支。

国内公债与国外公债的区别是相对的。在一定条件下，国内公债与国外公债可以相互转化。

(二) 有期公债和无期公债

有期公债又分为：

(1) 短期公债。主要是银行借款、国库券等。国库券是指由国库发行、用以弥补财政收支差额的一种公债。在政府财政活动中，常常由于以下两种情况而导致国库周转不灵：一是当财政收入和财政支出发生时间滞差；二是由于预算执行过程中发生临时变故，导致支出的增加大于收入的增加；三是政府因公债管理上的需要。

(2) 中期公债。偿还期限在1年以上10年之内的公债为中期公债。发行中期公债是为了弥补整个预算年度的财政赤字或进行经济建设投资。

(3) 长期公债。偿还期限在10年或10年以上的公债为长期公债。这种公债通常是在国家遇有突然变故（如战争或经济危机）或重大的经济建设项目投资等，需有巨额的资金支付，而政府财政在数年之内又无力偿还的情况下发行的。

无期公债亦称永久公债或统一公债。这种公债发行之时不规定还本期限，平时仅按期支付利息。

(三) 货币公债和实物公债

按照公债本位对公债进行分类，可以将其划分为货币公债和实物公债两类。

(1) 货币公债。货币公债即以货币为本位的公债。一般地，一国政府所发行的国内公债都是本币公债。国内公债可以采取外币公债的形式，而国外公债则又有可能采取本币公债的形式。就国内公债而言，在本国货币币值极其不稳，公债信誉十分低落时，可采取外币公债形式。当本国货币成为世界性货币时，甚至向国外发行的公债也以本国货币为本位。

(2) 实物公债。单一实物公债是直接以某一种实物为本位的公债。实物公债通常是将若干种类的实物及其相应的数量折合为一种综合的、在一定范围内通用的公债计量单位，这种折合实际上是借助于各该类商品的市场价格完成的。与货币公债相比，实物公债具有债值稳定、债信较高的特点。但是，其计算方法比较复杂、适应性较差。

(四) 强制公债、爱国公债和自由公债

强制公债，是指政府不管认购者是否愿意而利用政治权力强行发行的公债。

爱国公债，是指政府利用认购者的爱国热情和政治觉悟，而不是利用其对经济利益的追求所发行的公债，亦称“准强制公债”。这种公债多在战争或其他财政发生特殊困难的条件下发行。

自由公债，是指完全由认购者自愿承购的政府公债。

(五) 记名公债和无记名公债

记名公债在债券上写明债券所有人的姓名，在债权转让时需要作转移登记，一般不可转让公债采用这种形式。无记名公债在债券上不写明姓名，以债券的持有人为所有人，转让较为容易，一般可转让公债都采取这种形式。

(六) 其他分类

以公债是否具有相关凭证为标准，可以分为凭证式公债和记账式公债；以公债的认购对象为标准，可以分为居民认购的公债、机构认购的公债等；以公债资金的最终用途为标准，可以分为建设性公债和赤字公债。

四、公债的功能

1. 弥补财政赤字

通过发行公债弥补财政赤字，是公债产生的主要动因，也是现代国家的普遍做法。用公债弥补财政赤字，实质是将不属于政府支配的资金在一定时期内让渡给政府使用，是社会资金使用权的单方面转移。政府也可以采用增税和向银行透支的方式弥补财政赤字。但是，税

收增加客观上受经济发展速度和效益的制约，如果强行增税，就会影响经济发展，使财源枯竭，得不偿失；同时，又要受立法程序的制约，也不易为纳税人所接受。通过向中央银行透支来弥补财政赤字，等于中央银行增加财政性货币发行，可能会扩大流通中的货币量，导致通货膨胀的后果。比较而言，以发行公债的方式弥补财政赤字，一般不会影响经济发展，可能产生的副作用较小。第一，发行公债只是部分社会资金使用权的暂时转移，流通中的货币总量一般不变，不会导致通货膨胀。第二，公债的认购通常遵循自愿的原则，通过发行公债获取的资金基本上是社会资金运动中游离出来的部分，也就是企业和居民闲置不用的资金。将这部分资金暂时交由财政使用，当然不会对经济发展产生不利的影响。当然，也不能把公债视为医治财政赤字的灵丹妙药。因为，第一，财政赤字过大，形成债台高筑，还本付息的压力又会进一步加大财政赤字，互为因果，最终会导致财政收支的恶性循环。第二，社会闲置资金是有限的，政府集中过多，会将减少民间部门可借贷资金的供给，或提高民间部门的投资成本，产生“排挤效应”。

2. 筹集建设资金

弥补财政赤字是从平衡财政收支的角度说明公债的功能。筹集建设资金是从财政支出的使用角度来说明公债的功能。公债是政府在正常收入形式以外，筹集资金用于经济建设的一种重要手段。首先，市场经济条件下，财政的经济建设职能主要是在市场失效领域安排公共投资（如基础产业投资、农业投资等）以弥补民间投资的不足，促进经济的发展。而单独依靠税收等正常的财政收入形式并不能完全满足政府对资金的需求，有必要通过发行公债为财政筹集建设资金；其次，从单项债务看，公债都有偿还期限，而财政的公共投资项目一般都有较长的建设周期，债务资金似乎难以服务于财政的经济建设职能。但实际上，政府可以通过借新债还旧债的途径长久地占有公债资金，公债资金用于长期性财政投资项目存在现实的可能性。我国 1987 年开始发行重点建设债券和重点企业建设债券（其中包括电力债券、钢铁债券、石油化工债券），公债资金的用途很明确，就是用于基础产业的投资。1998～2002 年，我国每年发行的公债中，都包括 1000 多亿元的建设性公债，主要用于社会基础设施建设和重点行业的更新改造。

3. 调节经济

公债是对 GDP 的再分配，反映了社会资源的重新配置，是财政调节经济的重要手段。政府发行公债首先会改变民间和政府部门占有资源的规模，影响社会资源在两大部门原有的配置格局。政府公债资金用于不同方向，又会对经济结构产生多方面的影响：用于公共投资，将会改变原有的投资与消费的比例；用于公共消费，将会改变社会的消费结构。进一步说，国家发行公债，继而扩大财政支出的过程，能够调节社会总供需关系，是扩张性财政政策的重要工具。另外，短期公债还可以作为中央银行进行公开市场操作的对象，是其调节货币流通量的重要手段。

第二节　公债规模及风险防范

一、公债的负担

公债负担是指国家发行公债给各相关方面造成的利益损失和政府因负债所承受的经济压

力。公债负担既包括国民经济的整体负担，也包括不同利益主体的个体负担；既包括同一时期的公债负担，也包括不同时期的公债负担，即代际负担。

1. 国民经济的公债负担

国民经济的公债负担是指政府发行公债给国民经济发展带来的负面影响。

这种负担是否形成，关键要看公债的使用方向和使用效益。如果公债用于经济发展，并不减少社会积累的总规模，并且形成了良好的宏观经济环境，对国民经济发展能够产生较好的推动作用，那么，发行公债就不会给经济发展带来负面影响，也不形成对国民经济的负担。反之，如果发行公债仅仅是为了满足政府的纯消费性开支，它减少了社会积累的总规模，使经济难以按正常的速度发展，甚至因公债增长而使经济发展速度有所下降，则此时就会产生公债的经济负担。

2. 政府的公债负担

政府的公债负担是指政府作为债务人因负债所承受的经济压力。政府的公债负担往往体现在政府对公债还本付息的能力上。

如果公债增长推动了经济增长，并且产生出足够的偿还能力或者具备借新债还旧债的经济条件，那么公债的增长并不会形成政府的还债压力，也就不会形成政府的公债负担。

反之，如果公债的偿还是通过增加税负或压缩正常的支出来实现的，则很有可能干扰正常的财政活动，形成政府财政的拖累，也就构成了政府作为债务人的公债负担。

3. 认购者的公债负担

认购者的公债负担是指认购者作为债权人因认购公债而承担的利益损失。作为公民投资的一种方式，公债具有风险低、收益高等特点，通常能给投资者带来收益而不是带来损失。因此，投资公债往往并不构成认购者的负担。但在以下两种情况下，这种负担却是客观存在的：

一是在强制发行的情况下，购买公债并非购买者的自愿行为，其结果或者会因购买公债而降低认购者的福利水平，或者会强行改变购买者的行为偏好，这些都会使购买者的利益受到损害，从而形成认购者的公债负担；二是在公债利率低于通货膨胀率，即出现公债负利率的情况下，认购者的公债投资收益将低于其所让渡货币的时间价值，从而形成实实在在的公债负担。

4. 纳税人的公债负担

纳税人的公债负担是指因政府为偿还公债而增加税收所给纳税人造成的利益损失。公债在发行期可以增加政府财力，但在偿还期则会增加政府支出。而国家偿债资金的重要来源是税收收入。

如果公债的发行推动了经济发展，使税源得以扩大，则偿还公债的税收就是公债效益的一部分，只不过是以税收的形式筹集而已。因此在这种情况下，公债的偿还并不构成纳税人的负担。反之，如果公债的使用并没有增加整个社会的宏观经济效益，也没有引起税源的相应扩大，那么此时公债的偿还就会因为主要依靠增加税收而在实质上形成纳税人的公债负担。

5. 公债的代际负担

公债的发行使用与偿还在时间上存在着差异，由这种差异所导致的公债受益人（当代人）与偿还人（后代人）的不一致，就是公债的代际负担问题。或者说，公债的代际负担就是下一代人为偿还上一代人发行的公债而付出的经济代价。

公债的代际负担在长期公债方面尤为明显，因为长期公债使得公债的发行者（受益者）与还本付息者分属于不同的时期。而这种公债的用途不同，其对收入分配的影响也就不同。

如果现在发行的长期公债会使当代人受益，使下代人受损，就可以认为公债产生了代际负担。在通常情况下，短期公债的代际负担问题比较不明显，但是同样也会产生这一问题。

如果政府不断地以发新债还旧债的方式来偿还到期公债的本息，那么，此时短期公债对不同代人的收入分配影响就与长期公债没有什么区别。

一般而言，政府发行的公债不论时间长短，只要是用于经常性支出（此时公债具有“挤出效应”），则还本付息就会普遍采取借新债还旧债的办法（最终要靠税收来偿还），也就一定会产生公债的代际负担。但是如果公债用于投资性支出，在刺激社会总需求的同时能够收到较高的投资收益率，那么就不会产生公债的代际负担问题。

二、公债适度规模的含义及特征

公债适度规模是指公债既可以促进国民经济稳步协调发展，又能保证政府如约履行偿付义务公债规模。公债规模包括三层含义：一是公债发行规模（财政年度发行公债数额）；二是公债剩余规模（某一时点政府已发行而未清偿公债数额）；三是公债还本付息规模（一个财政年度的债务还本付息支出额）。公债适度规模有以下三个特征：

第一，规模效益性，即在一定的公债规模下能使国民经济得到最佳整体效益；一般说来，公债规模太小无法形成推动力促进经济发展，但规模太大则造成资源的浪费，降低公债使用效益。

第二，成本适中，成本是指进行某项经济活动所必须付出的代价，它包括公债的直接成本（即发行成本和使用成本）和间接成本（即公债对经济的负面效应，主要指对经济的挤出效应和通货膨胀效应）。

第三，必须是政府能够驾驭的公债规模，这要求政府不仅能以合理的成本筹集到公债资金，还要能合理使用资金，提高使用效益，确保到期还本付息的能力。

三、公债适度规模衡量指标体系

衡量公债规模的指标主要有四个：

一是负担率，即当年公债的余额占 GDP 的比重，衡量一个国家偿债能力。国际公认的警戒线为 60％ 。

二是债务的依存度，即公债的发行额（债务收入）占一般财政支出加债务还本付息支出的比重，反映的是政府财政支出对债务收入依赖程度。警戒线为 20％。

三是公债的偿债率，即当年的还本付息额占财政收入的比重，它反映了财政的债务的清偿能力。一般不超过 10％。

四是公债借债率，是指政府当年债务发行规模与当年 GDP 的比例关系，它反映了一国经济总量对新增公债承担能力、目前西方国家借债率稳定在 5％～10％。

四、公债债务风险及防范

公债债务风险是指国家发行的公债在发行、流通、使用和偿还过程中，由于各种不确定因素的存在，不仅给政府财政活动自身而且给国民经济运行带来负面影响的可能性。

（一）公债债务风险

1. 财政风险

举债规模过大，导致财政收支体系和债务清偿机制紊乱，从而使财政陷入支付困境。

在债务清偿期内，若政府税收收入增长不能高于正常财政支出的增长，势必造成债务负担的后移，甚至进一步增加公债累积额，当前举债规模越大，对未来收入增长的要求也越高；从对未来支出的压力上看，若在债务清偿期内无法对正常财政支出形成一定约束，产生适量的预算盈余，则不能化解乃至加重原有的债务负担，当前的公债依存度越高，对未来支出控制的压力也越大，甚至会对未来正常财政支出产生“排挤”，影响财政职能的实现。

2. 货币风险

因举债引发通货膨胀，使正常经济活动秩序遭到破坏。

当公债发行所引致的货币投放超过了经济生活对货币的正常需求，才会产生公债发行引起通货膨胀的现实问题。同时，政府举债是否构成对中央银行货币投放的压力，还取决于举债当期社会资金的供求状况，倘若举债时市场利率低迷，社会资金闲置严重，则政府适量发债不仅不会引起新的货币发行，反而有利于激活社会的存量资金。

（二）公债债务风险防范

1. 结构的控制

注意发行期限的均衡，避免出现偿债高峰。

2. 规模的控制

建立规模控制预警系统，确保规模控制在可控范围。

公债适度规模的标准有五个方面：

（1）从应债能力方面看，社会上是否有足够的资金来承受债务的规模。

（2）从偿债能力方面看，政府是否有足够的能力在今后偿还逐渐累积的债务。

（3）从政府债务对中央银行货币供应的影响来看，政府债务将在多大程度上影响价格总水平。

（4）从政府债务对私人部门投资的影响来看，政府债务有多大的所谓“挤出效应”。

（5）从政府债务工具是证券市场的基本金融商品的角度来看，证券市场需要和能够容纳多少政府债券。

第三节　公债的发行与偿还

一、公债发行的条件

公债的发行是指公债售出或被投资者认购的过程，是公债运行的起点和基础环节。公债发行主要涉及两个方面的问题：发行条件和发行方式。发行条件包括发行价格、发行利率、发行期限、是否可转让等。其中，最主要的发行条件是发行价格和发行利率。

1. 公债发行价格

公债的发行价格是指政府债券的出售价格。政府债券的发行价格不一定就是票面值，可以低于票面值发行，少数情况下也可以高于票面值发行，所以就有一个发行的行市问题。按照与票面值的关系，公债发行价格可以分为平价发行、溢价发行和折价发行三种情况：①平价发行就是政府债券按票面值出售。认购者按票面值支付购买金额，政府按票面值取得收入，到期亦按票面值还本。政府债券按平价发行必须具备两个条件：一是公债利率与市场利率大体一致。如市场利率高于公债利率，按票面值出售可能找不到认购者或承购者，公债发行面临困难；市场利率低于公债利率，按票面值出售，财政将遭受不应有的损失。二是政府的信用必须良好。唯有在政府信用良好的条件下，人们才会乐于按票面值认购，公债发行任务的完成才有足够的保障。②折价发行就是政府债券以低于票面值的价格出售，即认购者按低于票面值的价格支付购买金额，政府按这一折价取得收入，到期仍按票面值还本。政府债券折价发行，其原因主要是在财政发行任务较重的情况下，需要政府提高利率或折价发行来调动投资者认购公债的积极性。但采取提高公债利率的方式会引起市场利率的上升，会对经济产生紧缩性影响。这时，采用折价发行给予投资者额外的收益是较好的选择。③溢价发行就是政府债券以超过票面值的价格出售，即认购者按高于票面值的价格支付购买金额，政府按这一价格取得收入，到期则按票面值还本。政府债券溢价发行，只有在公债利率高于同期市场利率时才能办到。即虽然投资者按溢价认购，在价格上会有些损失，但高利率带来的收益足可以弥补价格损失，以至政府债券的综合收益率与其他证券相比仍是最高的。

比较上述三种发行价格，从政府财政的角度看，第一种价格即平价发行可以说是最为有利的。首先，平价发行，政府可按事先规定的票面值取得收入，又按此偿还本金，除了支付正常的债息外，不会给财政带来额外负担。其次，平价发行，公债利率与市场利率大体相当，撇开政府利用公债利率调控经济的因素不论，不会对市场利率带来上涨或下降的压力，有利于经济的稳定。溢价发行，虽可在发行价格上为政府带来一些差价收入，但因高利率财政也要负担更高的利息支出，而且由于收入的不规则，也不利于政府对公债收入的计划管理。至于折价发行，对财政明显是不利的，只有在公债发行任务非常重的情况下才会采用。

2. 公债利率

公债利率是公债利息与票面值的比例。公债发行到期时不仅要还本，而且还要支付一定的利息，付息多少则取决于公债的利率。公债利率的确定既关系到公债的发行，又关系到公债的偿还，还关系到对市场利率和经济增长的影响，因此，需要多方权衡，综合考虑各种相关因素。

在市场经济国家，市场利率是制约公债利率的主要因素。市场利率一般是指证券市场上各种证券的平均利率水平。一般的原则是公债利率要保持与市场利率大体相当的水平。如公债利率高于市场利率，不仅会增加财政的利息负担，还会出现公债券排挤其他证券，或拉动市场利率上升，不利于证券市场和经济的稳定。反之，公债利率低于市场利率太多，则会使公债失去吸引力，影响公债的正常发行。在我国经济中，由国家制定的银行利率起主导作用，市场利率在银行利率基础上受资金供求状况的影响而有所浮动。因此，我国公债利率的确定主要是以银行利率为基准。

公债利率在很大程度上受制于市场利率或银行利率，但二者并非完全一致，一般可以略低于市场利率。这是因为公债以国家信用为基础，信用等级较高，安全性好，投资者即使在收益上有所损失，也愿意认购公债，这是世界上一般国家公债利率都稍低于市场利率的主要原因。社会资金的供求状况是决定公债利率的基本因素。若社会资金比较充裕，闲置资金较多，公债利率可以适当降低；若社会资金十分短缺，公债利率必须相应提高。公债利率还受政府经济政策的影响，考虑政府经济政策的需要。公债利率的确定固然要考虑市场利率，但同时对市场利率产生影响。具体讲，短期公债利率会影响货币市场，而长期公债利率则对资本市场利率发生影响。政府有时会利用公债利率来影响市场利率，实现调节经济运行的目标。

我国发行公债的历史较短，同时受客观经济条件的限制，对公债利率的选择还处于探索阶段。公债的利率水平和结构不尽合理。1989 年以前，公债利率低于储蓄利率，由于当时人们对公债认识不够，加上社会资金短缺和通货膨胀的形势，低利率导致公债发行的困难，不得不采取行政摊派和强制认购的方式推销公债，从而影响了公债的声誉。1989 年以来，开始提高公债利率，高利率固然有利于公债的发行，但与公债券作为“金边债券”的身份不相称，也加重了公债的利息负担。1999 年以后，随着利息所得税的恢复征收，公债因免于征税而显示出优势，政府相机降低了公债利率。从一般趋势来看，在利率水平上，公债利率应略低于市场利率或银行利率。在利率结构上，应对不同期限、不同用途的公债规定差别较大的结构性利率。长期公债利率高于中期公债利率，中期公债利率高于短期公债利率，建设性公债的利率高于国库券和其他债券的利率。

二、公债发行方式

1. 固定收益出售方式

这是一种在金融市场上按预定的发行条件发行公债的方式。其特点是认购期限较短，发行条件固定，推销机构不限，主要适用于中长期债券的发行。在金融市场稳定的条件下采取这种方式是比较有利的。政府既可据此预测市场容量，确定公债的收益条件和发行数量，也可灵活选择有利的推销时间。但在金融市场利率易变或不稳定的情况下，采取这种方式就会遇到一定困难，主要是政府不易把握市场行情并据此确定公债的收益条件及发行数量；即使勉强确定，也极有可能与市场行情不适应，难以保证公债发行任务的完成。

为了使固定收益出售不受市场波动的影响，采取这种方式推销公债的国家大都辅之以“销售担保”措施，这就是：①辛迪加财团包销。即财政部门与银行、信贷机构和证券商等组成的辛迪加金融财团通过谈判签订合同，后者对政府的债券实行包销。如公债预定发行量未能完全推销掉，其余额由包销者自身购入。但作为包销者发行风险的补偿，政府必须支付高昂的佣金和手续费，因而实行这种措施的推销费用较高。②中央银行包销。即由中央银行负责包销政府债券，并承购未能推销掉的余额，然后由其负责在市场上继续出售。在这种包销方式一般不需政府支付包销用金和手续费，在推销费用上显然优于前者，但却可能导致中央银行货币增发，影响货币政策的效果。

2. 公募拍卖方式

公募拍卖方式也叫公募招标方式。这是一种在金融市场上通过公开招标发行公债的方式。其主要特点是：发行条件通过投标确定，招投标过程由财政部门或中央银行负责组织，即以它们为发行（推销）机构。主要适用于中短期公债，特别是国库券的发行。主要由一级自营商参与公债的投标。

具体的招标或拍卖的方式是多种多样的。其中，按标的来划分，可以分为价格招标和收益招标。价格招标是指公债的利率和票面值固定不变，认购者根据公债的价格进行投标。投标价格可以高于债券面值，也可以低于面值。推销机构则由高到低出售，额满为止。收益招标是指固定债券的出售价，认购者对债券的利率进行投标。发行机构则根据投标利率的高低，由低到高依次出售，额满为止。按照中标者认购公债的价格或利率来划分，又可分为单一价格（收益）招标和多种价格（收益）招标。单一价格（收益）招标又称荷兰式招标，即所有中标者都按最后一个中标者自报的价格或利率（终止价）来认购公债，因而适用于认购者的发行条件是单一的。多种价格（收益）招标，也叫美国式招标，即各个中标者要按投标时自报的价格或利率来认购公债，因而适用于认购者的发行条件不一致。

采用公募拍卖方式发行公债时，常常要附加某些限制性条件。其中主要是规定最低标价（发行价格）和最高标价（发行利率），低于最低标价或高于最高标价的投标，发行机构不予接受。

3. 连续经销方式

连续经销方式也叫出卖发行法。一般由财政部门委托金融机构、中央银行或证券经纪人在金融市场上设立专门柜台代为经销公债的方式。其特点是经销期限不定，发行条件不定，即不预先规定债券的出售价格和利率，而由财政部门或其代销机构根据推销中的市场行情相机确定，且可随时进行调整。这种方式主要适用于不可转让债券，特别是对居民发行的储蓄债券。其主要优点是可灵活确定公债的发行条件和发行时间，从而确保公债发行任务的完成。缺点是会排挤其他债券如企业债券和金融债券，从而妨碍工商企业民间的筹资活动（实际上，其他方式也同样存在这个问题，只不过连续经销方式表现更为突出）。目前只有澳大利亚、丹麦等少数国家采用。

4. 直接销售方式

直接销售方式也叫承受发行法。它是由财政部门直接与认购者举行一对一谈判出售公债的发行方式。主要特点是发行机构只限于财政部门，而不通过任何中介或代理机构；认购者主要限于机构投资者。其中主要是商业银行、储蓄银行、保险公司、各种养老基金和政府信托基金等；发行条件通过直接谈判确定。这种方式主要适用于某些特殊类型的政府债券的推销。如我国 80 年代以来对银行、保险公司、养老保险基金和待业基金定向发行的财政债券、专项公债和特种公债等，就是采用这种方式发行的。

5. 综合方式

这是一种综合上述各种方式的特点而使用的公债发行方式。在某些国家的公债发行过程中，有时并不单纯使用上述的任何一种方式，而是将这些方式中的一些特点综合起来，取其所长，结合使用。英国是一个最典型的例子。在英国，公债的发行往往采取先拍卖后连续经销的方式。即最初先将公债以公募拍卖方式出售，由于拍卖期限较短，且附有最低标价规定，难以避免投标数量不足。拍卖余额由英格兰银行负责购入，其后再以连续经销方式继续出售，直到完成预定的发行任务。英国的这种发行方式就是综合了公募拍卖和连续经销两种方式的特点，取长补短，也具有了相当的灵活性。

6. 强制摊派方式

这是一种政府利用政治权力推销公债的方式。其特点是带有强制性，即一旦摊销数额和对象确定，不论认购者是否愿意，都必须如数支付债款，接受债券，因而在形式上接近于税收。这种方式的优点是可为政府迅速地筹措到所需的资金，一般不会发生认购不足的情况。但它的弊端也非常明显，这就是它违背信用经济的基本要求，容易使认购者产生抵触情绪。因此，一般情况下不宜采用。

我国自1981年恢复发行公债之初，基本采取单一的行政摊派方式。这是由当时的客观条件决定的。一是我国发行公债不长，人们对公债的认识不够；二是公债利率低于同期银行储蓄利率，公债券又不能转让流通，限制了人们认购公债的积极性；三是人们的收入水平低。所有这些因素，决定了当时公债的发行只能采取行政摊派这种特殊的方式。1991～1993年，随着公债发行条件的改善，在对部分公债的发行继续沿用行政摊派的同时，开始采用承购包销（固定收益）的发行方式。1994～1995年，则基本上采取单一的承购包销方式。1996年以来，公债的发行基本上是同时采用承购包销、公募拍卖和直接销售方式。基本的结构是：以公募拍卖方式出售可上市公债（记账式公债）；以承购包销方式出售储蓄公债（凭证式）公债；以直接销售方式向社会保障机构和保险公司出售定向公债。

三、公债的还本付息

1. 还本方式

公债是要偿还的。公债本金的偿还数虽然是固定的，但政府在偿还方式上却有很大的选择余地。可供选择的还本方式主要有以下几种：

（1）分期逐步偿还法。即对一种债券规定几个还本期，每期偿还一定比例，直到债券到期时，本金全部偿清。如5年期票面额为1000元的债券分5次在5年内偿还，每年偿还1/5，持有人可以每年从政府收回200元，直到5年期限结束收回全部本金1000元。这种偿还方式可以避免到期一次偿还给财政带来的压力。但还本越迟，利率越高，公债偿还的工作量和复杂程度也越大。

（2）抽签轮次偿还法。即在公债偿还期内，政府通过定期对公债券号码抽签对号以确定偿还一定比例债券，直到偿还期结束，全部债券皆中签偿清为止。我国1981～1984年发行的国库券就采用了这种发行方式。如1981年的国库券，自1986～1990年分5年偿还，每年偿还1/5，政府通过抽签确定各年度应偿还的国库券号码并向社会公布。每年只对本年度中签的那部分国库券进行偿还。这种还本方式的利弊与分期逐步偿还法大致类似。

（3）到期一次偿还法。即实行在债券到期日按票面额一次全部偿清。其优点是公债还本管理工作简单、易行，且不必为公债的还本而频繁地筹措资金。缺点是集中一次偿还公债本金，财政支付压力较大。我国1985年以后发行的公债一般都采取这种还本方式。

（4）市场购销偿还法。即政府在债券期限内通过定期或不定期地从证券市场上买回一定比例债券，买回后不再卖出，以致在这种债券到期时，已全部或绝大部分被政府所持有，从而债券的偿还已变成一个政府内部的账目处理问题了。这种偿还方式只适用于可转让债券。其中由于各国中央银行进行公开市场业务活动，大量买卖短期债券，因此，市场购销偿还法就成为短期债券还本的主要方式。其长处是给投资者提供了中途兑现的可能性，并会对公债券的价格起支持作用。其短处是只限于可转让公债，而且对公债流通市场有较高的要求。

（5）以新替旧偿还法。即通过发行新债券来兑换到期的旧债券，以达到公债偿还之目的。采用这种方式的目的是为了缓解兑付高峰、国家财政资金紧缺与债务集中偿还的矛盾。我国

1990 年、1991 年对到期公债券曾采取过这种转换债的方式偿还。具体做法是：继续沿用原来的债权凭证（或收款单），按新公布的转换债利率，采取推迟偿还、分段计息的做法。这种偿还方式，严格来说，政府并没有按期偿还公债，不利于维护政府的债信，因此不宜经常采用。

2. 还本资金来源

不论采取什么偿还方式，公债的还本总是会对财政形成负担。同时，还本是否如约进行，既影响政府的债信和公债券的行市，又关系到公债投资者的切身利益。这就要求政府的公债还本资金来源有比较可靠、稳妥的安排。一般而言，还本资金来源有以下几种：

（1）设立偿债基金。政府预算设置专项基金用于偿还公债，即从每年财政收入中拨出一笔专款，由特定的机关管理，只能用于偿付公债，不用作其他用途。而且在未还清之前，每年的预算拨款不能减少，以期逐年减少债务，故又称做“减债基金”。设立偿债基金能保证公债按期如数偿还，降低财政的债务风险。然而，财政之所以借债是因为资金紧张，设立专门的偿债基金在实践中很难做到。虽然一些西方国家曾做过这方面的尝试，但偿债基金经常被挪用，最后大多以失败而告终。

（2）通过预算列支。就是将每年的公债偿还数作为财政支出的一个项目（如“债务还本支出”）而列入当年支出预算，由正常的财政收入（主要是税收）保证公债的偿还。表面上看，这似乎是确保公债按期偿还的稳妥办法，但要求正常财政收入在满足一般财政支出（费债务支出）后仍有剩余，即在财政收入比较充裕的情况下才可以做到。如果财政仍旧困难，通过预算列支的方式解决偿债资金的来源往往也行不通。

（3）举借新债。就是通过发行新债为到期债务筹措偿还资金。这既有实践上的必要性，又有理论上的合理性。从实践来看，财政收入不足与偿债负担沉重几乎是各国财政共同存在的问题，每年的到期债务已远非正常财政收入所能担负。举借新债偿还旧债便成为各国政府公债偿还的必然选择。从理论上看，单项公债无疑存在偿还期；但从债务总体看，它实际上并不存在偿还期，而是可以采用借新债还旧债的办法，无限期地延续下去。正因如此，举借新债成为各国政府偿还公债的基本手段。

3. 付息方式

虽然公债还本一般不列入财政支出，但把公债利息的支付列入财政支出却是世界各国的通行做法。因为如果公债的还本付息都采用举借新债的方法筹集资金，那么公债规模必然会越来越大，产生“滚雪球”效应。因此，政府在付息资金来源上几乎没有多大选择余地。其在公债付息方面的主要任务，便是对付息方式，包括付息次数、时间及方法等作出相应的安排。而可供政府选择的公债付息方式大体有以下两种：

（1）按期分次支付法。即将债券应付利息，在债券存在期内分作几次（如每一年或半年）支付，一般附有息票，债券持有者可按期剪下息票兑付息款。这种方式往往适用于期限较长或在持有期限内不准兑现的债券。这是因为，在较长期限内，如能定期支付一定数额的利息，不仅可以激发投资者认购公债的积极性，也可以避免政府债息费用的集中支付，使债息负担均匀分散化。

（2）到期一次支付法。即将债券应付利息同偿还本金结合起来，在债券到期时一次支付。这种方式多适用于期限较短或超过一定期限后可随时兑现的债券。这是因为，在较短的期限内，债券的分次支付成为不必要。如在债券到期时将息款连同本金一次支付，则可大大简化公债付息工作，对债券持有者来讲也是可以接受的。

由于付息方式的不同，政府每一年度应付的利息和实际支付的利息并不完全一样。通常情况下，应付额会大于实付额而形成一笔利息上的债务。因此，在公债付息工作中，政府往往要通过恰当地选择付息方式，安排好应付额和实付额之间的关系，以期与财政状况和经济形势的需要相适应。

第四节 公债的流通

一、公债流通市场的分类与功能

公债市场是指公债的交易，是证券市场的重要组成部分。公债市场按交易的阶段或层次可分为两个部分：公债发行市场和公债流通市场。公债发行市场又称公债一级市场，一般是政府财政部门与债券承销机构（一级自营商）及投资者（主要是机构投资者）之间的交易。公债流通市场又称公债二级市场，是公债交易的第二阶段，一般是公债承销机构与投资者之间的交易，也包括公债投资者与政府之间的交易以及公债投资者相互之间的交易。

可以从不同角度对公债流通市场进行分类。其中，按交易的场所，公债流通市场可以分为证券交易所交易和场外交易。证券交所交易是指在指定的交易营业厅从事的公债交易，不在交易所营业厅从事的交易即为场外交易。场外交易又可分为银行间公债交易和银行柜台公债交易等。银行间公债交易是指中央银行与商业银行之间以及商业银行相互之间在交易所之外所进行的公债交易。银行柜台交易主要是指商业银行与投资者之间在商业银行所进行的公债交易。按交易的方式，公债流通市场可以分为现货（券）市场、回购市场、期货市场和期权市场等。

公债流通市场一般具有四个方面的功能：一是实现公债的顺利发行。从承销机构来看，其是否有足够的积极性认购公债，取决于认购的公债是否可以顺利地推销出去；从投资者来看，其是否投资公债，也要看公债的流动性的高低。因此，公债的流通是公债顺利发行的重要基础。二是实现公债的偿还。如前所述，政府可以通过流通市场采用购销偿还法来偿还可转让公债。三是调节社会资金的运行。在公债流通过程中，公债持有者与公债购买者之间的交易实际上是以公债券为中介的社会资金的再分配，通过这种交易，可以调剂资金余缺，使社会资金的配置趋向合理。四是实现中央银行的公开市场操作，调节货币供应量。如前所述，公开市场业务是现代国家货币政策的主要手段，而中央银行的公开市场操作就是在公债流通市场上进行的。

二、公债流通市场的交易方式

常见的公债交易方式主要有现货交易、回购交易、期货交易和期权交易四种。

（1）公债现货交易。公债现货交易是指公债买卖双方在谈妥一笔交易后（即成交时），马上办理交券付款交割手续的交易方式。采用这种方式，卖者交出债券，买者付出价款，当场交割，钱券两清。它是证券交易中最古老的交易方式。现货交易的特点是：第一，成交与交割基本上同时进行；第二，是实物交易，即卖方必须实实在在地向买方转移债权，没有对冲现象；第三，现货交易是投资行为，它反映了购入者有进行长期投资的意愿，希望在未来的时间内从公债上取得较稳定的利息收益。

（2）公债回购交易。公债回购交易是指债券持有人在卖出一笔公债的同时，与买方签订协议，承诺在约定期限后以约定的价格购回同笔公债的交易活动。公债回购有正回购和逆回购之分。公债正回购与逆回购是同一笔交易的两个方面。公债正回购是相对于债券持有人来说的，逆回购则是相对于资金持有人来说的。公债回购还有封闭式回购和开放式回购之分。采用封闭式回购的债券在回购期间内不能被再次使用，而采用开放式回购的公债在回购期内可以被再次交易使用，回购首期与到期均按买断关系进行结算。封闭式回购的优点是有利于控制结算风险，不足之处是对市场流动性有一定消极影响。而开放式回购正好相反。公债回购是在公债交易形式下的一种融券兼融资活动，具有金融衍生工具的性质，是资金持有者获取短期债券和公债持有者获取短期资金的重要渠道。因而公债回购交易对公债流通市场的发展有重要的推动作用。但如果公债回购市场不规范，也会产生副作用。如在金融监管不到位的情况下，回购交易容易出现无实际债券作保证的买空卖空现象，干扰正常的金融秩序。

（3）公债期货交易。公债期货交易是相对于公债现货交易而言的，其特点是买卖双方债券所有权的转让和货款的交割时间分割开来，双方签订交易合同后不是立即付款和交付债券，只是到了约定的交割时间才进行买方付款，卖方交付债券。期货合同有四个要素：约定的时间、约定的价格、约定的公债品种和约定的交易数量。其约定的公债品种叫做期货交易的标的公债。公债期货是公债现货交易发展到一定阶段的产物，它具有独特的功能：一是显示和引导公债价格或公债行市。公债期货交易是买卖双方经过公开竞价，使公债价格不断随供求状况而变化，并在市场传递。由于期货市场是众多买者与卖者的意愿，是最具有代表性的价格，对当前与未来的价格走势都有指导作用。二是套期保值。公债投资者可以在期货市场和现货市场上同时就某一品种公债做数量相同、买卖相反的操作，以求期货市场和现货市场的盈亏相抵，从而实现保值。三是投机获利。投机是指投资者通过预测未来价格的变化，以在将来某个时间卖出（或购入）并获利为目的，在当前购入（或卖出）商品的行为。公债期货投机是指通过买入（或卖出）公债期货合约，然后待价位合适时对冲平仓获取利润的行为。投机者希望从价格波动中获利，并以在预期错误时遭受损失为代价。

（4）公债期权交易。公债期权交易是指交易双方为限制损失或保障利益而订约，同意在约定时间内，按照协定价格买进或卖出契约中指定的债券，也可以放弃买进或卖出这种债券的交易方式。期权交易方式相对于期货交易方式而言，其风险较小。因为，期权交易在订约之后，期权的买方可以在买进或不买进、卖出或不卖出之间进行选择，即使期权买方对期货交易中债券价格变动趋势判断失误，也仅需支付一定的期权费作为补偿。期权交易又可分为买进期权和卖出期权两种。买进期权是指期权交易双方订约，规定期权的买方在有效期内有权按协定的价格向期权的卖方买进约定品种和价格的公债券，也有权不买进约定品种和价格的公债券。前一种情况，买方在支付债券购买价格的同时，支付期权费；后一种情况，则只需支付期权费。卖出期权是指期权交易双方订约，规定期权的买方在有效期内有权按协定的价格向期权的卖方出售约定品种和价格的公债券，也有权不出售约定品种和价格的公债券。前一种情况，由期权买方（即债券的卖方）向期权卖方（即债券的买方）支付期权费，期权卖方（即债券的买方）向期权的买方（即债券的卖方）支付债券购买价格；后一种情况，期权买方则需向期权的卖方支付期权费。

三、我国公债流通市场的发展与完善

我国从1981年恢复发行公债到1988年的7年间，没有公债流通市场。债券在一定期限终止了持券人的购买力，使持券人感到不方便。因此，解决居民手中债券的变现问题，就成为当务之急。1985年曾允许公债券办理贴现，但实行的效果并不理想。实践证明，只有建立和完善公债流通市场才是解决公债流动性的根本途径。

从1988年开始，国家首先允许7个城市随后又批准54个城市进行国库券流通转让的试点工作。允许1985年和1986年的国库券上市，试点地区的财政部门和银行设立了证券公司参与流通转让工作。试点主要是在证券中介机构进行，因而中国的公债流通市场始于场外交易。1991年又进一步扩大了公债流通市场的开放范围，允许400个地区市一级以上的城市进行公债流通转让。同时，公债承销的成功，证券机构的迅速增加，也使得场外交易变得活跃起来。到1993年，场外交易量累计达450亿元，大于当时的场内交易量。但是，场外交易的先天弱点：交易活动分散，规范管理比较困难，从而容易出现拖欠和清算与交割危机；场外市场统一性差，地区牌价差价大，买卖差价大；不少场外市场有行无市，流动性差，等等。这些因素导致场外交易不断萎缩，至1996年，场外市场交易的比重已不足10%。

从公债场内交易的发展来看，1991年沪深证券交易所先后开业，之后，1992武汉公债交易中心成立，这为公债场内交易的发展提供了最基本的条件。虽然场内交易市场起步较晚，但由于其交易相对集中和规范，便于监管，信誉较好，因而发展较快，至1996年，已占整个公债交易总量的90%以上。

1997年，为了阻断资本市场风险向金融体系扩散，人民银行要求商业银行退出交易所公债市场，并成立银行间债券市场。在国内市场参与者构成中，商业银行所占市场份额最大，其债券持有额与交易额大体占到80%左右。随着商业银行退出交易所市场，公债场内交易规模急剧缩减。而我国银行间债券市场经过几年的培育，已基本吸纳了全国所有商业银行、农村信用联社、保险公司、财务公司、证券投资基金进入市场，部分证券公司和信托投资公司也已进入市场。外资商业银行在华分行也已基本被批准进入银行间债券市场参与交易。从2002年6月开始，为了扩大公债流通市场的范围，给社会投资者提供公债交易的机会，财政部和人民银行允许工、农、中、建四家商业银行开办公债柜台交易业务，即商业银行可向投资者销售记账式公债，投资者可在指定银行办理证券卡和开设记账式公债账户，在商业银行柜台进行公债交易。发展公债柜台交易，既有利于扩展公债市场，方便公众投资人，又可充分发挥商业银行在公债市场中的市商作用，使柜台市场与银行间市场形成联动，为公债场外交易市场的发展提供更大的回旋余地。

迄今为止，我国公债流通市场的发展，可以粗略地划分为三个阶段：1988～1991年，场外交易从无到有得到了快速发展；1991～1996年，场内交易快速发展和场外交易相对萎缩阶段；1997年至今，可以说是场内和场外交易共同发展阶段。2003年为止，我国公债流通市场，除了新发展的少量的银行柜台交易外，基本结构是交易所公债市场和银行间公债市场并立的格局。

我国公债流通市场的进一步发展和完善需要从以下几个方面推进：

①加强市场法规建设，强化管理监督；②完善资金清算与债券结算机制，尽快实现“券款对付”。由于公债自动支付系统建设相对滞后，债券过户与资金清算不能实现同步进行，

既增大结算风险，也影响市场运作的效率，因此，完善资金清算与债券结算机制，实现支付系统与债券结算系统联网运作，必须作为流通市场的基础设施建设而得到应有的重视；③在培育银行柜台交易市场的同时，努力打通场内交易和场外交易市场，有步骤、有计划地允许可流通公债既可在银行间市场流通转让，又可在交易所市场上市交易，最终形成批发市场与零售市场相结合、场内市场与场外市场相互沟通的全国统一的公债市场；④建立集中统一的公债托管清算体系。迄今为止，我国尚没有统一的公债托管清算系统，每个证券交易所、证券交易中心都设有自己的托管清算系统。公债托管清算分散在不同的托管清算机构内，既不利于提高结算效率，也导致公债市场的人为分割。应考虑把公债市场的托管清算统一起来，无论是场内交易还是场外交易，所有公债都托管在一个全国统一的托管机构，其交易都通过该机构统一清算；⑤逐步引入公债衍生品种，增强市场流动性。国际经验表明，衍生品种的多少既是市场繁荣的标志，又是促进市场发展的重要催化剂。目前公债市场除了现货交易外，衍生品种只有“封闭式回购”。今后应在严格的风险管理和统一的托管系统的支持下，依次、逐步引入“开放式回购”、期货、期权等衍生品种。

第五节　地方政府债务管理

一、地方政府债务的概念、成因、范围

（一）地方政府债务的概念

地方政府债务是指地方政府作为债务主体以信用为基础，为满足地方政府履行职能的需要而采用的一种收入的手段。债务按债务主体性质可以分为政府债务、企业债务和个人债务。政府债务按照负债主体级次不同又可以分为中央政府债务和地方政府债务。而地方政府债务根据涵盖范围的大小又可以分为狭义与广义的地方政府债务。狭义的地方政府债务是指地方政府作为债务主体由于过去事项而引起的现时义务，该义务的履行预期会导致政府资源的流出。广义的地方政府债务是指地方政府作为公共主体，“政府要承担的支出责任与义务，不仅包括法定的责任和义务”。可见，广义上的地方政府债务涵盖的内容比较全面，其不仅包括地方政府通过信用手段取得的发债和借款，还包括地方政府工资和工程欠款、社会保障资金缺口、国有企业违约负债或银行等金融机构破产债务以及担保债务等；不仅包括本级次地方政府部门和机构的债务，还包括地方融资平台、经费补助事业单位、公用事业单位及其他单位的债务。本文所讨论的就是指广义上的地方政府债务。

（二）地方政府债务主要成因分析

地方政府债务的成因十分复杂，既有行政考核体制负面诱导的缘故，也有政府投融资体制改革滞后的原因；既有各级地方政府债务管理水平较低的原因，也有上级政府监管不到位的原因。综合起来，在2C06年以前，主要原因来自于财政体制；2006年以来，除财政体制外，经济增长方式也是一个主要原因；同时，地方政府债务自凸显直至膨胀的全过程中始终存在的一个问题就是法制缺失和多头管理。

1. 2006 年以前：财政体制原因

2006 年之前，地方负债以行政性支出欠账为主，包括拖欠机关和事业单位工资，粮食补贴，社保资金缺口等。

首先，财政管理体制造成地方政府财力严重不足，是导致地方政府债务的直接原因。1994 年分税制改革以来，我国已初步建立起中央和地方分享事权、财权的分级财政体制，从我国财政运行中的现实矛盾看，摆在地方政府面前的是扩大市政建设、提供足量的公共产品与资金严重不足的矛盾。当地方政府在常规的条件下难以经过自身的努力解决财力问题时，举借债务成为一种必然。

其次，地方金融风险的财政化转移模式加剧了地方政府债务压力。1996 年来，各地在化解日益积聚和暴露的地方金融风险（如城市信用社、农村基金会、信托投资公司等金融机构违规经营所形成的巨额不良资产）、解决它们对社会和个人的巨额债务兑付困难时，基本上采取了财政化的风险转移模式，这有利于维持地方金融和经济的稳定，但其“转嫁”性质，却使地方政府在短期内面临集中的债务承接压力。

最后，在积极财政政策下，地方政府为了追求政绩，大量投入资金进行基础设施建设，提高和改善经济发展环境，造成面子工程和盲目性投资激增，这就迫使地方政府被动增加直接债务。另外，地方政府在财政资金无力支撑的情况下，将大量需要承担的公债缺口配套资金通过政府控制的投资公司之类的经济实体从多渠道融资，相应形成了地方政府的显性债务。

2. 2006 年以后：财政体制与经济增长方式共同推动

2006 年之后，直接债务的增长速度越来越快，相当大部分是由于地方政府本身的非规范性债务融资所造成的，这主要是 2008 年在全球经济危机波及中国的情况下，中国政府为“保增长、保稳定”，通过发行地方政府债券来拉动经济增长，客观上带来了经济的稳定增长，但地方大规模投资导致地方负债呈“大跃进”之势。

首先，地方政府投资冲动持续膨胀，投融资平台成为地方政府债务最主要的渠道。这些地方政府控股的各类城市投资公司以兴建基建项目为主，向政策性银行、商业银行举借大量资金，这些项目由于受地方政府实际控制，其形成的债务自然成为了地方财政的隐形负债。更有甚者，一些地方政府罗列若干项目，依靠投融资平台渠道融资，然后再把这些资金全部或部分转移，用于其他用途，使得地方政府债务规模和风险不断积累。

其次，政策性银行、商业银行的诱导融资行为，使地方政府债务规模无限扩张。据研究，在地方政府债务的形成过程中，存在严重的银行诱导融资倾向，部分政策性银行、商业银行对地方政府相关部门机构提出的融资申请，不仅不纳入严格的审贷程序进行处理，反而以各种形式加大地方政府投融资平台或其他政府融资中介的授信权限，甚至主动要求它们加大贷款额度，此外，银行对与地方政府有关的贷款，不论其信用水平和投资可行性，都会以非常简便的方式促成贷款的完成，几乎没有必要的风险控制。

3. 法制缺失、多头管理

当前，规范我国地方政府债务的具体法规没有出台，对地方政府债务进行管理的机构不明确。从现有的《预算法》角度看，地方政府被禁止进行赤字预算和举借债务，但市场经济的发展与现实法律的冲突，使地方政府以各种名义规避《预算法》的约束，投融资平台等地方融资中介也就是地方政府应对此问题的一种手段。从国际经验看，地方政府举借债务有其一定的必要性，特别是中国经济持续发展的情况下，需要中央政府对地方政府债务的相关问题从法律层面予以相应的明确，并且出台相应的管理制度和管理细则，明确管理主体和有关责任，控制地方政府融资欲望。此外，由于地方政府债务法律法规的缺失，也使得债务主体部门多元化，造成了多头管理、乱而无序的形势，债务规模难以抑制，缺乏透明。

（三）地方政府债务的范围界定

就我国情况而言，包括五方面：

（1）地方政府的债务收入：地方政府各职能部门通过信用手段取得的财政收入。

（2）准地方政府性债务：各级地方政府职能部门所属机构或单位举借的用于地方公共支出的债务。

（3）地方政府的欠款和挂账：地方政府的欠款和挂账实际上是赤字，因此是必须由地方政府加以弥补的债务。

（4）地方政府担保的债务：各级地方政府提供担保的机构、单位或企业的各种借款或债券的发行，包括经地方政府批准，由国有经济单位—政府专项预算等作担保的各种借款。

（5）社会性负债：地方国企难以偿还的债务或社保资金的缺口，以及某些金融风险的转嫁。

二、中国地方政府债务的历史和现状

（一）地方政府债务从控制走向膨胀：1978～2004年

1978～1992年，中国经济转轨的前期阶段，地方举债受到严格控制。1992年以后，我国开始步入建立社会主义市场经济体制基本框架的阶段，地方政府债务问题开始凸现出来。1994年财政改革使地方政府的自主权越来越大，地方各级政府不同程度地出现了不顾财力层层扩张的问题，举债搞建设极为盛行，地方政府债务迅速膨胀。1995年实行的《预算法》中明确规定地方政府不允许举债，同年颁布的《中华人民共和国担保法》明确规定，地方政府及其职能部门是无权对经济合同进行担保的。但是，在引进外资的过程中，许多外国政府、国际金融机构和一些国内经济组织在签订融资合同时，都要求地方财政予以担保。地方各级政府迫于压力，不得不授意地方财政部门违规担保。1996年中央全面清理预算外资金后，在宏观经济处在需求较旺的前提下，地方政府举债搞建设取得了比较明显的成效。但1997年亚洲金融危机后，通货紧缩、消费不足成为地方经济发展的主要障碍；地方金融机构的风险日益暴露，为维护金融与社会秩序的稳定，地方政府不得不出面承担其支付缺口。

1998年下半年，面对亚洲金融危机和国内市场有效需求不足等极其复杂的经济环境，中央政府决定实施以公债投资为主的积极财政政策，并将公债资金中的很大一部分通过签订中央政府与地方政府之间的转贷协议，并根据“同条件转贷”的原则，转贷地方政府使用。据统计，1998～2005年，中央财政共发行了约9900亿元长期建设公债投资资金，其中约1/3是由中央转贷给地方使用。公债转贷所形成地方政府债务的规模很大，因为公债缺口需要地方政府安排配套资金，在一定程度上也诱发了地方政府自行举债或变相融资等问题。同时，在1998～2004年实施积极的财政政策期间，地方政府为了追求政绩开始大量投入资金进行基础设施建设，盲目性投资激增，并运用收费工具补充建设资金的缺口，迫使地方政府被动增加直接债务。国务院发展研究中心2003年根据对全国各级地方政府债务类别测算数据，做出了最粗略的计算：当时地方政府债务至少在 1 万亿元以上。

（二）地方政府债务“大跃进”：2004～2009 年

这一阶段的地方政府债务可以分为两个时期，2004～2007 年地方政府债务呈现复杂和扩散特征，2008～2009 地方政府债务呈现“城投债”井喷态势。

2004～2007 年，中国财政政策由积极转向稳健，但每年还是出现大量赤字。虽然地方各级政府都在努力控制、化解地方政府债务，但地方政府债务增长的势头仍在继续。根据 2005 年财政部对有关省市的调查数据，这一时期地方政府债务呈现以下突出特征：①债务规模庞大，扩张普遍较快；②县乡政府负债沉重，偿债高峰期已经来临；③债务来源多样，债权主体不断扩散；④债务关系复杂，诱发矛盾不断增多。由于地方政府债务的大规模膨胀，直接加剧了乱收费等现象的蔓延，也使地方政府卖地的冲动变得更加强烈，影响到社会稳定和基层政权运转。因为乱收费、乱摊派及卖地是地方政府转嫁债务负担的重要途径，也是掩盖债务危机的重要方式。针对地方政府债务的规模和风险，国家曾出台过相关的意见，但均收效甚微。

2008 年以来，中国地方政府债务呈现“城投债”井喷的新态势。外在原因在于，以美国次贷危机引发的全球经济危机不断蔓延，世界各国包括中国都实行了增发公债和扩大财政赤字为主要内容的积极财政政策，2009 年国务院同意地方发行 2000 亿元债券，由财政部代理发行，列入省级预算管理。在各地纷纷扩大投资、增加政府支出的压力下，2000 亿元的地方政府债券受到各地追捧，一方面是地方政府资金需求大，另一方面各地迅速扩大规模的准地方政府债务——城投债（又称“准市政债”，是城投类企业配合地方政府公开发行的企业债和中期票据，其最终信用主体是地方政府，募集资金主要用于城市路网项目、市政基础及公共服务项目等建设，而偿债资金多来自于财政补贴）。

目前，全国各地、各层级的地方政府债务规模到底有多大，从公开资料看，仍然缺乏准数。2010 年 6 月，审计署“2009 年中央预算执行和其他财政收支的审计工作报告”披露了审计调查的 18 个省、16 个市和 36 个县本级财政数据，其中显示，截至 2009 年年底，上述地方各级融资平台公司 307 家，其政府性债务余额共计 1.45 万亿元，分别占省、市、县本级政府性债务总额的 44.07%、71.36% 和 78.05%。这些地方政府的债务总额合计 2.79 万亿元。其中，2009 年以前形成的债务余额约 1.75 万亿元，当年新增约 1.04 万亿元。审计还发现，各地融资平台公司的政府性债务平均占本级债务余额的一半以上。可见，地方政府债务和投融资平台问题，成为事关当前中国的经济安全和社会稳定的重要问题。

三、中国地方政府债务管理中存在的问题

目前我国地方各级政府还没有一个行之有效和完善的债务管理体系，既缺乏对举债主体的统一管理，也没有对举债行为进行科学论证和对用债、偿债行为进行有效的监督。债务管理混乱，存在的问题很多。主要表现在以下三个方面：

1. 举债主体分散，缺乏统一管理

目前法律条款方面，我国地方政府的举债或贷款权限收到很大限制。根据我国《预算法》有关地方政府不得实行赤字预算的规定推定，我国地方政府一般不具备合法的举债权；《贷款通则》规定，地方政府不得向金融机构借款；在国务院 247 号令《非法金融机构和非法金融业务活动取缔办法》又规定，除非经中国人民银行批准，否则，我国地方政府不得向

社会不定对象进行融资。正是由于我国法律法规对我国地方政府融资渠道的诸多限制，地方政府不能名正言顺地成立的专门机构筹集资金，只能通过政府的各种附属机构或企业进行所需资金的筹集，从而形成了我国目前政府债务举借主体多元化、形式多样化、决策分散化的特点。举债主体的多元化导致了举债决策的分散，难以设立专门的部门或机构对举债主体和举债行为进行有效的统一管理。对地方政府举债不能进行有效的了解和控制，也无法对地方政府的举借信息和债务偿还情况进行归集汇总，债务规模和债务结构难以估计和控制。这必然导致地方政府债务日渐膨胀和加大政府债务的隐蔽性和非透明性，债务风险逐渐加剧。而归一举债主体的统一管理将是有效控制我国地方债务风险的首要问题。

2. 对债务的举借缺乏科学论证和监督管理

首先，我国对于地方政府债务筹集资金的投向没有一个明确详细的规定，各地制定的政府投资管理办法或条例中只是笼统规定“重点投向基础性和公益性项目”。债务资金投资范围的不确定性，使得许多地方政府在决策那些项目可以通过政府融通资金时，没有严格的界限依据，对举债项目的筛选标准不清晰，导致举债立项过多或非基础性项目过多。其次，在举债决策时缺乏科学的决策程序来进行债务审核，未对举债立项进行客观、科学的可行性论证，甚至很多债务的举债只是领导个人的短期考虑，而没有对后期的债务偿还进行详细的分析和考量。使得有些债务融资项目在一开始就失去了效益。例如珠海的机场项目，地方政府投入了大量资金建设，结果其使用率才10%左右，此项目不但没有效益可言，更因此而让珠海政府承担了巨大的债务压力。这种低效益的举债项目，当自身项目收益无法偿付债务时，不得不借助地方财政的力量来解决这类债务的偿还问题，从而给地方财政带来很大的负担。

3. 对偿债责任缺乏有效的约束机制

对偿债责任的监督和约束的缺位，本文从以下两个方面来讨论。一方面，是对举债部门和单位的偿债责任约束的缺位。目前，对地方政府偿债的约束，无论是上下级政府之间的行政监督，还是外在的法律约束，都存在缺位或只重口号监督，而缺乏实质监督和相应的处罚。导致地方政府或领导只举债，而不负任何实质责任。另一方面，是偿债基金管理体系的缺失。设立偿债基金用于清偿政府债务并有效实行相应的偿债基金管理体系，是目前大多数国家采用的政府债务清偿方式。但在我国，由于在举债阶段往往没有明确偿债资金来源，各级政府设立的偿债基金都形同虚设，基本是走形式。即使确实建立了偿债基金，也经常在政府资金短缺时被移作他月，当偿还债务时，往往采取预算扣款或举新还旧。

四、加强中国地方政府债务风险管理的措施

1. 合理划分中央与地方财权与事权，积极发挥转移支付功效

进一步明晰中央与地方政府以及各级地方政府之间的事权划分和支出责任，应该由中央政府承担的在划分责任明确由中央承担。首先以公共产品受益范围为标准，科学划分各级政府之间的事权，国家安全等全国受益的公共产品有中央政府承担，属于地方受益的公共产品，再按照受益范围的大小有相应的政府来提供。然后合理划分各级政府的财权。中央政府的税收应该以增值税、消费税和关税为主，省级政府以营业税为主，县级政府以财产税为主。同时，通过规范的转移支付制度弥补事权与财权不一致导致的差额。依据中央与地方事权与财权的比例，确定合理的转移支付规模和结构，保证地方转移支付资金足额足量，特别

是要加大事权大于财权的困难地区的转移支付力度。通过完善转移支付制度，弥补财权与事权不对称的差额，从而减轻地方政府的财政压力，缩减地方政府的债务规模。

2. 努力构建政府债务管理的良性循环机制，降低偿还风险

第一，建立有效的地方财政风险预警系统。加强对地方政府性债务的统计分析工作，通过综合分析和预测现有的财力、自备财力资源，使地方政府能够及时了解掌握其债务的变动情况及其对财政收支平衡的影响。同时，通过中介机构对政府债务风险进行评级分析，根据地方实际情况设立一定的警戒标准及处理措施，当政府债务风险高于一定禁戒标准时，提示政府采取相应措施缩减债务，保证债务风险控制在可接受范围之内。

第二，建立偿债准备金，合理偿还债务。地方政府偿债准备金。是地方政府为确保按期偿还债务本息而筹集、运用的专项储备资金。地方各级财政部门应以年度财政预算安排，财政结余资金等形式建立财政偿债资金，并将政府融资项目投资额及项目投资收益的一定比例划转入偿债基金，专项用于地方政府债务的偿还。通过建立偿债基金，方便政府灵活地根据经济形势和财政经济状况选择债务偿还期。若财政结余，可从市场上提前兑付部分债务以缓解以后年度债务压力；当政府偿债能力不足时，可通过暂时借新债还旧债来缓解债务风险。

第三，强化债务项目管理，提高债务资金的使用效率。各地方政府应注重对债务项目的全过程管理，对债务项目从申报到还贷的整个过程实行有效的监督。在项目实施中，加强和规范政府债务资金绩效评价，坚持事前、事中、事后评价相结合，以确保专款专用，政府债务资金发挥最大效益。

3. 实行以权责发生制为基础的资产负债管理模式，加强信息披露

根据权责发生制的要求，凡是当期发生的会使政府经济利益流出的现时义务，无论款项当期是否收付，都应当做当期的债务在报表中予以列报。在此基础上，预算管理体制应从财政收支管理转向资产负债管理。从本质上讲，财政风险源于资产负债结构的不匹配。将财政的收支纳入到广义的资产负债管理体系中，通过各种债务指标的计算和评价，保证资产与负债保持恰当的比例，明晰化、科学化的资产负债管理有利于政府债务风险的规范与化解。同时，建立健全规范的信息披露制度，要求地方政府除了提交有关预算收入和支出的报告，还应该提交报告中所没有包含的地方政府预算外的活动的情况，尤其是地方政府对地方国有企业的隐形债务、再就业和失业保险资金等等能够导致政府负债的活动。通过报纸、期刊、网络等传播媒体，将信息披露的范围由政府内部扩展到普通民众，接受群众监督。通过提高债务信息披露的质量和覆盖面，从而增强政府对债务的控制以及全民对政府债务的监督。

重点概念

公债　公债有益论　李嘉图等价定理　公债负担　公债依存度　公债负担率　公债偿债率　公债发行原则　地方政府债务

思考题

1. 如何认识公债的功能与限度。
2. 简述公债的发行条件与发行方式。
3. 公债的偿还应注意哪些问题？
4. 什么叫公债流通市场？我国公债流通市场进一步发展与完善应注意哪些问题？

第十一章　政府预算与预算管理

政府预算是指政府的年度财政收支计划，是经立法机关审批的法律性文件。政府预算不但能反映政府的活动范围和财政收支状况，而且也有助于政府实现对财政收支的控制。编制政府预算需要遵循完整、统一、可靠、公开和年度性原则。目前我国的政府预算形式是复式预算、部门预算和增量预算。政府预算程序包括预算编制、预算执行和决算三个阶段。按照一级政府一级预算的原则，我国政府预算体系由中央、省、市、县和乡五级预算构成。为加强预算管理，我国近年推行了部门预算改革、收支两条线改革、综合预算改革；加强了对预算调整的管理、实行了国库集中收付制度和政府采购制度改革；加强了对决算的审查和实行绩效预算改革。

案例导引

受国务院委托，财政部3月5日提请十二届全国人大一次会议审议《关于2012年中央和地方预算执行情况与2013年中央和地方预算草案的报告》。2012年全国公共财政预算执行情况：全国财政收入117209.75亿元，从中央预算稳定调节基金调入2700亿元。全国财政支出125712.25亿元，中央财政用超收收入补充中央预算稳定调节基金184.15亿元，以及地方政府债券还本支出2000亿元和地方财政结转下年支出13.35亿元，支出总量为127909.75亿元。全国财政收支总量相抵，差额8000亿元。2013年公共财政预算安排：中央财政收入60060亿元，从中央预算稳定调节基金调入1000亿元。中央财政支出69560亿元，预备费500亿元。收支总量相抵，中央财政赤字8500亿元。中央财政国债余额限额91208.35亿元。地方本级收入66570亿元，中央对地方税收返还和转移支付收入48857亿元。地方财政支出117543亿元，地方政府债券还本支出1384亿元。地方财政收支差额3500亿元，国务院同意由财政部代理发行地方政府债券弥补，并列入省级预算管理。

资料来源：《关于2012年中央和地方预算执行情况与2013年中央和地方预算草案的报告》。

问题：

1. 我国政府预算体系的主要内容是什么？
2. 地方政府编制预算时应遵循的原则是什么？
3. 政府预算管理的主体是谁？
4. 为提高财政资金的使用效率，从预算管理角度来看可以采取哪些措施？

第一节　政府预算概述

一、政府预算的含义

（一）政府预算的概念

政府预算是政府为实现其职能和一定的经济社会发展目标而编制的，经立法机关审批的，反映政府一个财政年度内基本财政收支计划的法律性文件。政府预算作为一种政府管理经济社会的工具，为各国广泛采用。

关于政府预算的理解。首先，政府预算是政府活动计划的财务反映。从形式上看，政府预算是按照一定标准将财政收支计划反映在一个收支对照表中；从内容上看，政府预算是对政府年度收支规模和结构所做的安排，反映政府未来一个财政年度内的主要工作、成本以及资金的筹集。可见，政府预算是对政府收支活动计划在财务上的一种反映。其次，政府预算是具有法律约束力的文件。因为，政府编制的预算在立法机关批准之前只能称为预算草案，只有经过立法机关批准的预算才能成为正式预算。而且，在预算执行的过程中，除非经过法定程序批准，否则，任何人无权改变预算规定的收支指标。在民主政治下，财政预算是公众通过立法机关约束政府收支行为的一个工具。最后，政府预算是政府对经济社会发展进行科学管理的工具。为实现政府职能，对经济社会进行科学管理，有必要制定一个发展目标并采取相应的手段，政府预算就是经济手段之一。当经济社会发生变化时，政府的政策目标会相应变化，预算作为实现政府政策目标的手段也会随之进行调整。财政收支规模和结构的变化会影响其他经济主体的行为，从而出现一种新的经济社会发展格局。可见，科学的预算有助于政府实现对经济社会的有效管理。

（二）政府预算的功能

（1）反映政府的活动范围和财政收支状况。政府预算按一定标准将财政收入和支出分门别类地列入特定表格，政府各部门及其机构是如何使用其经费，政府的各项收入来自哪里，均一目了然。预算编制是政府对财政收支计划地安排，预算执行是政府财政收入的筹措和使用，预算执行结果又会形成政府决算。说明政府预算反映了政府介入经济社会活动的范围、规模和程度，是对政府活动地详细计划和记录。一位美国经济学家曾这样说过：“要发现联邦政府将要做些什么或已经做了什么，看看联邦政府预算就足够了。”

（2）有助于政府实现对财政支出的控制。官僚追求公共权力机构极大化，公共权力的增大往往会导致财政支出规模的扩大。如果不对财政支出进行有效控制，公共物品供给就会过剩。而利用政府预算能对政府的全部收入项目及其规模进行全面反映和有效管理。政府预算必须经过国家立法机关的审批才能生效，作为一个反映政府财政收支状况的法律性文件，政府的支出被置于公民、立法机关的监督和制约之下，而这种监督和制约有助于形成对财政支出规模的有效控制。

（三）政府预算的原则

（1）完整性原则。要求政府预算必须包括政府全部财政收支项目，反映以政府为主体的全部财政收支活动，不允许在政府预算之外的以政府为主体的资金收支活动。完整性原则是建立规范化、法制化政府预算的前提。只有完整的政府预算才能保证政府对各类财政资金流向和流量地调节与控制，有利于财政行使其再分配的职能。才能有利于立法机关的有效审批和社会公众对政府活动的全面了解，有助于立法机关和社会公众实现对预算执行的监督。

(2) 统一性原则。统一原则就是要求政府预算收支按照统一的口径、方法和程序来测算和编制；要求任何机构的收支都以总额而不是收支相抵后的净额列入预算；要求一级政府一个预算，不能以临时预算或特种基金的名义另立预算。作为政府宏观调控的重要杠杆，政府预算的统一性是增强政府宏观调控的必要条件。

(3) 可靠性原则。要求对政府预算的数字必须正确估算，不能过高或过低，更不能造假。各种预算收支的性质必须明确区分，不能掺杂混同。

(4) 公开性原则。要求全部预算收支必须经过立法机关审批，且以一定形式向社会公开，接受其监督。

(5) 年度性原则。要求政府预算按照一定的预算年度编制，列出全年预算收支，对年度预算收支进行比较，不应对该年度之后的财政收支做出任何事先的安排。

(四) 政府预算的形式

(1) 按预算的编制形式的不同分为单式预算与复式预算。单式预算是指在预算年度内，将全部财政收支统一在一个总预算内，而不再按各类财政收支的性质分别编制预算，这一种是传统的预算编制形式。复式预算是指年度内将全部财政预算收支按经济性质分别编成两个或两个以上预算，通常分为经常预算和资本预算两个部分。我国预算法规定政府预算按照复式预算编制，分为经常性预算和建设性预算。未来我国复式预算的目标模式是建立由政府公共预算、国有资产经营预算、社会保障预算和债务预算组成的复式预算体系。

单式预算和复式预算具有不同的特点和作用。单式预算的优点是能全面、综合地反映财政活动的总体情况，更符合统一性和完整性原则；缺点是没有按照财政收支的性质分列，无法反映各项收支之间的对应与平衡，也不能反映经济建设工程效益的高低，不利于政府的宏观调控与控制。复式预算的优缺点则正好相反，虽然其无法较好地反映财政活动的全貌，但能较为明确地反映收支结构和经济建设工程状况，有利于对不同性质的财政收入进行分析和管理，有利于提高财政支出的经济效益，有利于实行宏观调控和管理。

(2) 按预算编制依据内容的不同分为零基预算和增量预算。零基预算是指在预算编制时，不考虑以前年度收支执行情况，对原有的各项开支重新审核。零基预算的优点是：摒弃过去技术加增长的预算编制方法，预算项目、金额的确定不受以往年度“既成事实”的限制，强调一切从计划的起点开始，从合理性和可靠性出发，取消本年度预算执行过程中不合理和无效率的支出，加强预算管理，提高预算的科学性。零基预算的缺点是：要求高、耗时长、工作量大，若运用不当就无法排除不合理因素的影响。增量预算是指在编制预算时，预算年度财政收支指标以上年度财政收支执行为基础，并考虑新的年度经济发展情况进行调整后确定。增量预算的优点是能保持政府预算的连续性；缺点是无法剔除不合理支出部分。

(3) 按预算支出分类汇总的不同分为功能预算和部门预算。功能预算是一种不分组织单位和支出对象，按照政府的目标或职能对支出进行分类的预算方法。优点是便于了解政府在行使各职能方面的支出有多少，缺点是部门没有一本完整的预算。部门预算是由政府各部门编制，经财政部门审核后报立法机关机关审议通过，反映部门所有收支的预算，即一个部门一个预算。部门预算收支分类是在部门内部所属预算单位的基础上进行，有助于明确政府各部门的收支规模和财政权力，可以完整反映政府活动范围和方向，增强预算的透明度和调控能力。过去我国一直实行功能预算模式，现在已借鉴市场经济国家的做法，采用部门预算的编制方法。

二、政府预算程序

（一）政府预算的编制

编制预算是一件复杂且细致的工作，正式编制预算之前需要做一系列的准备工作，如需要对上年度预算执行情况进行分析，拟定计划年度预算控制指标，熟悉或了解编制政府预算草案的指示和具体规定，以及修订预算科目和预算表格。

各级政府各部门各单位应当按照国务院规定的时间，参考上一年度预算执行情况和本年度预算收支预测情况，按照复式预算的方式编制预算草案。中央政府公共预算不列赤字。必需的建设性投资的部分资金可通过举借国内外债务的方式筹措。地方各级政府预算按照量入为出、收支平衡的原则编制，不列赤字；过去由中央代替地方发行债券并以“债转贷”的方式给地方使用，近年来对地方政府发行债券弥补建设资金的不足有所松动。如 2009 年开始，全国人大通过关于允许地方政府以发行地方债券的形式弥补地方赤字的提案，当年地方债券发行的额度为 2000 亿元。

各级预算收入的编制，应当与国民经济的增长率相适应，按照规定必须列入收入预算的收入，不得隐瞒、少列。各级预算支出的编制，应当统筹兼顾，保证重点。各级预算支出中应安排必要的资金，用于老、少、边、穷地区发展经济文化建设事业，应当按照本级政府预算支出额的一定比例设置预备费；用于当年预算执行中的自然灾害等难以预料的特殊开支，应当按国务院的规定设置预算周转金。

（二）政府预算的审批

国务院应当及时下达关于编制下一年度预算草案的指示，具体事项由财政部门部署。各省自治区直辖市应当按照国务院规定的时间，将本级总预算草案报国务院审核汇总。

预算审批主要包含审核与批复两个方面，预算经由财政部门、政府和人民代表大会三个部门审核后再由上至下进行批复。财政部门主要审核预算收支是否有赤字、预算收支科目是否正确、预算收入测算是否准确、预算支出是否有缺口、汇总的预算数是否与财政部门下达的预算支出数一致等内容。各级政府主要审核由财政部门汇总的各部门预算。各级人民代表大会专门委员会则在大会举行的前一个月对本级预算草案的主要内容进行初审。在大会举行时，由各级政府向各级人民代表大会作关于预算草案报告，经各级人民代表大会审查批准后预算草案才能成为正式具有法律性质的文件。对于批准后的预算，财政部要在人民代表大会通过预算后的 30 天内批复给中央各部门，各部门要在财政部批复部门预算 15 天内批复给所属单位。

（三）政府预算的执行

预算执行是指组织预算收入实现的过程，包括组织预算收入、拨付预算支出资金、动用预备费和周转金以及预算调整等内容。

各收入征收单位（如财政、税务、海关等部门）按预算收入的性质和征收方法分别对各项收入进行征收管理，依法及时、足额地征收应征的预算收入。有预算收入上缴的部门和单位，必须依法将资金及时、足额地上缴国库。各级财政部门必须依法及时、足额地拨付预算支出资金，并加强管理和监督。按照预算的要求和组织预算执行的需要制定相关的法规政策和制度，编制用款计划并按计划拨付资金，提高资金使用效率等。各支出机关具体负责预算支出的执行。县以上各级预算必须设立国库，由国库负责财政资金的出纳保管，办理预算收入的出纳、划分、留解和预算支出的拨付业务。国库业务由中国人民银行及其分支机构代为办理。

各级政府预算预备费的动用方案，由本级财政部门提出，报本级政府决定。各级政府预算周转金由本级政府财政部门管理，用于预算执行中的资金周转，不得挪用。预算调整是组织新的预算收支平衡的一个重要方法，是指经过批准的各级预算，在执行中因特殊情况需要增加支出或减少收入，使原批准的收支平衡的预算的总支出超过总收入，或者使原预算中举借债务的数额进行部分变更，包括动用预备费、预算的追加追减、经费流用和预算划转等。预算调整的程序是由各级政府编制预算调整方案，提请各级人民代表大会常务委员会审查和批准。各部门各单位预算支出应当按照预算科目执行，不同科目预算间的预算资金需要调剂使用的，必须按照国务院财政部的规定报经批准。

（四）政府决算

决算是年度预算的总结和终结。各级政府、各部门、各单位在每一预算年度终了后按照国务院规定的时间编制决算草案。编制决算草案必须符合法律和行政法规的规定，做到收支数额准确、内容完整、报送及时。决算草案的上报和审批与预算草案的相应程序相同。各级政府决算经审批后，财政部门应当向本级各部门批复决算，地方各级政府应当将批准的决算报上一级政府备案。

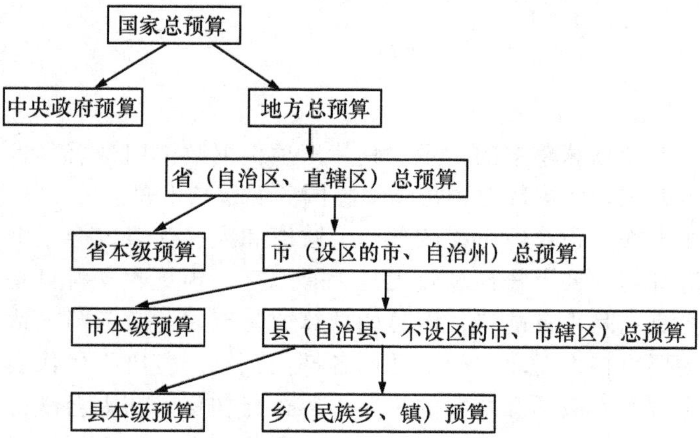

图 11-1 我国政府预算体系

三、政府预算体系

一国的预算是由各级政府的预算组成，而各级政府的预算是由该级政府所辖的公共部门预算组成。政府预算体系是指由各级政府的预算以及各级政府的公共部门预算组成的一个体系。按照一级政府一级预算的原则，我国政府预算体系由中央、省（直辖市、自治区和计划单列市）、市、县（市和自治县）和乡（镇）五级预算组成。每级预算由本级政府各部门预算和下级预算的汇总构成。具体见图 11-1。

第二节　政府预算管理

一、政府预算管理概述

（一）政府预算管理理念

政府预算产生的过程本身就体现了对政府预算收支加强管理的思想。在英国等老牌资本主义国家中，立法机关经过与君主政体的长期较量最终控制了税收，在取得课税、修改税法和批准税收提案的权力之后，立法机关把注意力转向支出控制，要求政府每年提交预算报告，包括支出说明书和收入说明书，从而在促进预算诞生的过程中实现了预算的管理。

从不同的角度，可以形成预算管理的不同理念。从立法机关的角度来看，预算是表述立法机关意向的工具，要求预算能明确地表述政府活动的范围和目的，并且确保对公共开支进行有效控制。从促进现代政府的经济职能角度来看，预算是促进政府三个职能（经济稳定、资源配置和再分配）的工具。

早期的预算管理更多地强调合规性，对公共资金使用所产生的结果（如效率）未给予充分关注。第二次世界大战后预算管理的主题从“合规”转向“明智”，后者要求经批准的预算得到有效而经济的执行，用较少的成本完成满意的工作。20 世纪 50 年代美国率先采用的绩效预算强调成本计量，从注重投入转向注重产出，并试图计量政府机构的生产效率。80 年代预算管理更多地追求效率，人们认为政府必须如同一个公司那样行事，确定财政资源使用的效率与产生的成果。现代预算管理方法认为，片面强调合规的传统预算管理理念已不能适应环境变化的要求，赋予支出机构管理灵活性对于有效的利用资源、达成既定目标非常重要。

（二）政府预算管理的意义

（1）弥补法治的不足。法治代表社会成员普遍认可的一系列强制性规则及其实施机制，当它延伸至预算管理领域时，即表现一整套正式的程序性规则，公共资源在这套程序性规则的支配下运作。然而，即使在法治较为完善的发达国家，也出现了公共资源分配中的低效率问题，说明法治基础上的预算程序和规则并不是确保预算过程取得效率的充分条件。这是因为法律调整总是滞后于现实世界的变化。而且法律强调服从，而实现预算资源的营运效率需要赋予支出管理者以必要的灵活性和某种程度上的自主性。所以，从效率的角度来看，法律没有必要对预算过程实行严密地控制与管理，这为政府预算管理留下了发挥作用的空间。

（2）改善信息。在政治民主政体下，公民进行公共选择所需要的财政信息，需要一个良好的预算管理系统才可能产生并得到妥善管理。高质量的公共选择高度依赖于良好的预算信息，如公众能获取更多的、相关度高的和易于理解的信息。通过改善信息管理，以适当的、可以理解的方式向公众披露相关的和充分的信息，预算管理系统可以帮助公众做出更好的公共选择，进而增进效率和福利。

（3）强化财政责任。良好的预算管理会通过强化财政责任而有助于增进公共利益。在支出管理中，这种“财政责任”是指支出管理者和决策者需要对其所从事或参与的财政活动的后果承担责任，具体包括三个方面的责任：首先，由于将大量分散的个人偏好集合为社会偏好存在困难，良好的预算管理有助于形成社会据以选择的适当标准（包括成本效益分析、支出归宿和绩效基准）、程序和信息，承担起帮助改进公共选择的责任。其次，由于公众无法行使公共产品完全的退出权，确保消费者（纳税人或选民）在政治程序中行使“发言权”就显得尤其重要。因此，当公众对政府提供的公共产品数量、质量或其组合不满意时，政府有必要通过预算管理承担起改善公共产品供应的责任。再次，在不同的等级中，个人和组织对被指定的工作负责，如行政部门对立法机关负责、支出单位内部管理者对具体的工作负责等。良好的预算管理有助于明确管理者和决策者的工作责任，从而帮助他们增进预算效率和公共利益。

（4）减少腐败。在预算管理的支出方面通常有三种形式的腐败：一是为个人目的而挪用或滥用公款；二是某个机构的公务员利用拨款的权力谋取私利；三是政府官员因某些人的特定需要改变支出的政策、法律，这是非常严重和普遍的一种腐败。

在政府预算管理的其他领域（如税收和负债领域），腐败现象也由来已久。在发展中国家和转轨国家中，一个常见的例子就是税收征管中税务人员与纳税人之间的共谋。收入管理的核心任务之一就是防范这种行为，更一般地讲，收入管理应以最大限度地减少纳税人和税务官员的共谋机会的方式进行。

（三）政府预算管理的要求

（1）遵循善治原则。公共治理即公共部门治理，指公共部门行使权力、制定和执行政策所依赖的制度环境和机制（如怎样做出决策、行使权力以及使政治家和管理者保持责任感的途径）。有效的公共部门治理并没有统一的模式和结构，但普遍认为好的治理依赖于四个支柱：有效的受托责任、透明度、可预见性和参与。这就要求政府预算部门或人员要关注财政资金的使用方向和成效，预算管理系统对公款的使用和结果负责。要求财政为公众提供与预算管理“相关的”和“可理解的”信息，因为财政透明度是良好治理的关键方面，而良好的公共治理对于实现宏观经济稳定和高质量增长至关紧要。要求在政府部门和支出机构准备预算编制时，未来可得的公共资源流量具有预见性，政府支出总量及其构成对于私人部门生产、投资具有可预见性，政府在资源分配时可利用的资源具有可预见性。要求公共雇员、公民和其他利益相关者对预算管理的适当参与，对支出机构的营运效率和服务质量的监管、对公共产品消费者的信息反馈的适当参与。以上四个原则共同构成善治的条件，如果没有可靠的财务信息，预算过程的受托责任机制就是空中楼阁；如果没有可预见的结果，受托责任是无意义的。进一步讲，所有的受托责任都必须联系到绩效——对绩效负责。

（2）预算的全面性。遵循善治原则的预算管理直接或间接地指向预算的全面性。一个可信的、优先确定的程序要求所有支出都合并到预算中。排除某些开支类别（例如预算外资金）将削弱决策制定者实现战略成果的能力。预算的全面性涉及预算的范围、预算的内容和收支对应关系三个方面。预算应全面反映政府活动的范围与方向，应包括所有的政府收入和支出（无论这些收支的性质和来源情况如何）。另外，如果没有支付者与受益者之间的直接对应关系，就不应采用专款专用的方式来安排资金，否则会阻碍财政资金流向高经济效益的项目和重点项目。

(四) 政府预算管理的目标

(1) 预算管理的关键目标。预算管理应同时追求经济政策的三大目标——增长、平等和稳定。经济和金融稳定要求在预算管理中贯彻财政纪律，严格控制财政总量——核心是支出总额。经济增长和平等要求公共资源在部门间或机构间进行战略层次上的良好分配以获得配置效率。三大目标都要求在微观层面的实践中，各支出部门/机构对自己获得的公共资源实施良好的营运管理以获得营运效率。因此，良好预算管理的三个关键目标：财政纪律与总量控制；基于政策优先性的资源配置；营运管理与运作效率。其中，财政纪律和总量控制是所有预算管理的首要任务。总量控制与财政纪律不仅要求遵守立法机关通过的预算决议，还意味着在预算执行期间内抵御不断增加支出的压力。配置有效不仅意味着政府引导资源增量转向新的、更优先的用途，还意味着将资金从低价值的用途转向高价值用途的意向和程序。营运效率要求推动支出机构提高服务交付的生产率，从而降低政府购买货物和服务的成本。

(2) 预算管理的一般目标。除以上关键目标外，关注适当程序以确保合规性以及管理财政风险，也是预算管理的基本要求，因为风险和合规存在于预算过程的每个环节，严重的违规和高风险可能对一个公共组织（包括政府）的预算造成重大的负面影响。合规性意味着预算管理过程的所有参与者，包括行政部门、财政部门、支出部门和支出机构中的决策者与管理者，必须严格遵从与政府预算相关的法律与其他相关的规范。而当政府面临严重的财政风险时，唯一有效的办法就是对财政风险进行及时而全面的管理。对风险进行管理以控制风险损失，如转移风险、消除或减少风险、承担风险。在任何情况下，主要的财政风险都需要予以确认、评估和报告，风险应尽可能量化。确认风险的来源、性质和类别，评估风险的严重性和频率，公布风险评估的结果，在年度预算中提供一份财政风险报告书。

至此，预算管理主要的五个目标可概括如下（见表 11-1）：

表 11-1　预算管理目标

目标	相应的收入功能	相应的支出功能	相应的组织层次
财政纪律与总量控制	可靠的预算	支出控制	核心部门
资源分配与配置效率	税收公平与归宿	支出规划	部门之间
营运管理与营运效率	收入管理	支出管理	部门内部
适当程序（合规性）	收入管理	支出管理	部门内部
控制财政风险损失	风险管理	风险管理	各个层次

预算管理的目标并非总是一致的，在不同的国家中，各自的重要性也并不完全相同。传统的预算管理强调遵循正式（法定）程序性规则，至于遵循这些正式的程序性规则是不能够产生有效率的预算结果，并不是其关注的问题。目前在多数发展中国家和转轨国家，通过确保预算过程的合规性来有效地控制支出总量，仍是预算管理诸目标中最紧要的目标。然而，自 20 世纪 80 年代以来，在许多发达国家中，在绩效导向的名义下，效率目标在预算管理诸目标中被提到一个前所未有的高度，为了强化绩效导向的预算管理，以新西兰、英国、澳大利亚等为代表的发达国家，甚至将传统的、现金制基础上的投入预算管理模式，系统地改造为权责发生制基础上的产出预算模式，作为促进更为良好的公共管理的诸多努力中的一个重要组成部分。

二、政府预算各环节的管理

（一）政府预算编制的管理

预算准备过程的管理。预算准备是指立法机关审查预算之前行政部门准备预算的过程。预算准备面对的中心任务就是促进预算管理的关键目标，预算准备过程应主要关注：确保预算适合宏观经济政策和资源约束的要求；资源分配应遵循政府政策；为良好的营运管理创造条件；对财政风险予以明确的考虑。为此，需要采取以下几项行动：

（1）确保预算与政策的联结。由于种种原因，即使在一个政治民主高度发达的背景下，预算总量及其分配都难以充分地反映民意，因而不得不用政府政策这种次优替代机制作为预算的直接依据。可见，如果政府政策能够（近似）反映民意，在预算管理系统中建立“预算与政府相联结”的机制就显得尤为必要。如界定和加强立法机关在预算问题上的权力；强化预算的权威性并坚定（但不失灵活）地执行预算等。

（2）依据宏观经济筹划准备预算。公共财政对宏观经济具有重要影响，宏观经济的运行反过来也会影响政府的财政收支及其变动。由于公共财政与宏观经济的相互作用，在预算管理中需要有宏观经济筹划，它是预算准备过程的起点。虽然各国发展宏观经济筹划的能力并不相同，但每个国家都应在自己的宏观经济调控中，基于现实的假设，既不高估收入，也不低估必需的支出，以此构造预算准备的框架。如在宏观经济筹划的基础上制定中期支出框架，用于促进年度预算限额的准备和确定，同时也有助于增强部门管理的可预见性和公共支出的效率。

（3）预先公布严格的预算限额。支出使用者通常力图扩大自己的预算申请，缺乏节约公共资源的动机。如果没有强有力的约束，支出机构的预算申请和实际支出总和，几乎总是超过并最终破坏政府的财政供给能力和经济的承受能力，在公共财政领域中形成所谓“公共悲剧”。因此，在预算准备的早期阶段即建立和公布严格的预算限额——核心是支出限额——极为重要。此外，在预算约束软化的情况下，支出部门/机构间过度的讨价还价以及逃避预算选择的行为，将严重削弱预算过程的配置效率和运作效率。

（4）界定主要参与者的职责。主要包括：政府核心部门（如内阁或总统办公室）协调政策制定，裁决在预算准备过程中出现的任何冲突；财政部门预算准备确定指导方针、审查预算申请，确保预算准备过程的协调，以及预算同政策、预算同宏观经济目标的一致性；支出部门和机构负责根据政策导向和政府确定的财务（预算）限额，准备自己的部门规划和预算。而立法机关由于其在审查和批准预算中扮演着关键性角色，需要有充足的能力、资源和权威。

（二）政府预算执行的管理

（1）确保合规与有效的支出控制。确保支出得到有效控制是所有预算管理系统都关注的重要目标，也是合规性的一项基本要求。在发展中国家和转轨国家中，由于法治不健全和其他原因，支出控制更是一项艰巨而复杂的任务。为此，预算执行系统要有完善的预算/拨款会计系统；在支出周期的每个阶段实施有效的控制；用以管理多年期合约和后续承诺的系统；一个有效的人事管理系统，包括人员定额；适当的和透明的竞争性的政府采购程序以及管理采购和合同的系统。

（2）从外部控制到内部控制。传统管理强调对预算执行过程的“外部控制”，现代预算管理强调将预算资源的管理责任下放到部门层次，形成“内部控制模式”。在内部控制模式中，各支出部门或部长在部门内部进行资源再分配的方面被赋予广泛的自主权，以决定资源在各计划、项目或活动间的配置。从外部控制模式向内部控制模式的转轨反映这样一种认识，即要想获得预算过程的配置效率，中央控制者必须想方设法让支出部门愿意合作，而强迫支出部门进行资源再分配并不是一种好办法。相对于外部控制，内部控制模式不再需要大量的这种自下而上的信息流动，但部门或机构负责人仍然需要获取大量的“现场信息”；能大大淡化支出控制者与机构者之间的角色冲突，从而决策者得以将主要精力集中于重大的政策问题；能够更好地激发支出部门和机构负责人的资源再分配动力，而不是向支出控制者索取更多的追加支出。

(3) 现金管理与国库功能。国库的一个核心功能是现金管理。现金管理的目的在于控制支出总量，有效实施预算，降低借款成本，提高政府存款和金融投资的回报率。为了实现这些功能，需要做到以下三个方面：通过国库单一账户对现金余额实施集中化管理；制订良好的现金（用款）计划；预先建立借款和投资标准。

三、政府预算管理的技术工具与方法改进

（一）政府预算管理的技术工具

1. 政府会计

政府会计是预算管理的基础性工具，良好的会计和报告系统对于预算管理、受托责任和制定政策极为重要。根据会计基础的不同，政府会计系统可分为四个类别：

(1) 现金基础会计。亦称现收现付制会计，以现金的实际收付时间作为确认、记录和报告交易的基础。它适合于处理实际发生现金流量的交易。然而，许多时候并不是所有的支出都属于付现支出，如拖欠公务员工资，属于非付现支出。鉴于非付现金交易在许多国家非常普遍并且具有宏观经济影响，在采用现金会计的预算管理系统中，需要一个适当的辅助系统用以记录承诺和报告欠款，以及其他形式的非现金交易。

(2) 修正现金会计。指在现金会计基础上，追加一个确认年末付款的额外期间（如在本财政年度结束后的10天内）。例如，本应在财政年度末发生的一笔支付，如果实际支付发生于下一个财政年度的第一个周一，那么仍确认为本财政年度的财政交易事项。在现金会计模式下，这笔交易将不在本财政年度内确认和记录。修正的现金会带来一些风险（如诱发操纵交易时间的机会主义行为），因此通常应予避免。

(3) 修正应计会计。应计制亦称权责制，是以取得收入的权力、承担支付义务所发生的时间作为确认、记录和报告交易的基础。修正应计制除了处理现金交易外，还可处理负债和财务资产——能够直接用来清偿政府债务的资产，它为记录负债和支出提供了一个完整的框架，因此比现金制适应范围更加广泛。

(4) 完全应计会计。借鉴现代公司（企业）会计采用的方法，在政府预算管理系统中也可采用的完全应计制会计。它除了可以处理现金交易外，也可以处理全部的负债和资产，尤其是可以提供关于政府活动（政府交易）的完整的成本/费用和绩效信息，从而为评估公共部门活动的完全成本和绩效提供了一个适当的框架。但是，应计制政府会计有严格的数据、技术、技能以及管理要求，这使它不太适合很多国家。

目前大部分国家仍然采用传统的现金制（或修正现金制）政府会计，但也有越来越多的国家自20世纪80年代以来在预算管理系统中引入了应计会计。为确保良好的预算执行，无论会计基础为何，政府会计系统都应具备以下特征：有确保系统记录交易的程序、足够的安全以及与银行报告的充分可比；所有收入和支出都应根据相同的方法记录，包括预算外资金、自治机构及融资的支出；支出按功能和经济性质分类；清晰而良好的会计程序；定期编制报告书；预算会计系统；良好的透明度；便于对会计数据的保留、存取并确保安全。

2. 政府报告

报告系统必须设计成能够满足不同用户的需要，包括立法机关、公众、预算管理者、政策制定者等。政府报告至少应该满足以下要求：对所有的政府拨款情况和条目的管理情况进行报告；报告受托责任，即对立法机关就预算资源的使用及其结果进行报告；提供财务信息，包括合并的一般政府财务状况、欠款、债务、或有负债以及贷款；对预算政策进行评估。

3. 财政审计

任何控制系统（包括外部控制和内部控制系统）都不可能杜绝舞弊、人为差错、无效率和滥用，但能探测到重大的违规/违法行为，如良好的内部审计和外部审计就有这样的作用。①内部审计。在内部控制系统中，内部审计是一个非常重要的组成部分，它代表高层管理者实施审计，测试内部控制的有效性，帮助管理者评估风险和发展更具成本有效的控制系统。②外部审计。对政府的外部审计典型地由某个独立的组织（通常称为高级审计机构）实施，该机构通常向立法机关或公众，以及被审计实体报告其审计结果。在发达国家中，审计机构实施的审计，包括事前审计、合规性审计、财务审计以及效率审计。各国的审计重点并不相同，取决于它们所处的特定环境。但一般地讲，财务审计和合规性审计是效率审计的基础。为确保外部审计的可信度，审计机构及其职员应与被审计的政府单位保持独立性，并且能够以不受约束的方法获得信息。为确保外部审计的有效性，审计机构还需要同立法机关、政府和被审计实体保持职业性和合作性的关系。

4. 预算评估

对预算执行结果进行评估是现代预算管理中的一个关键性步骤。评估结果产生大量有价值的信息，能帮助决策者做出更好的资源分配决策，减少或终止低效益项目或机构的开支，重新界定政策目标或规划目标的优先顺序，以便把预算资源转移到更有价值的用途上。通过将公布的评估结果与预先规定基准的绩效或产出指标进行比较，公众可以更好地判断公共部门的运作效率，从而对公共部门施加增进效率的压力。评估结果还可以作为立法机关和审计机关的参考资料，进而促使支出管理者更好地达到立法机关和审计机关的要求，从而间接地帮助提高预算过程的配置效率和营运效率。

预算评估通常采取规划评估的形式，目的在于确认和计量政府政策与规划所产生的效应。规划评估需要大量数据和专业技能，规划评估所采用的方法和技巧必须具有成本有效性，即能以尽可能低的成本进行评估。

5. 多年期展望

多年期展望对于良好的预算非常重要。有许多不同的方法引入这类多年期展望，最常见的是中期支出框架，这是一个包含所有政府开支的政府整体的支出规划，并有严格的数据和实施要求。

(二) 政府预算管理的加强与改进

(1) 预算管理与绩效导向。绩效是个相对概念，可以根据努力和结果来定义和计量。绩效与投入、产出、成果和过程等因素相联系。不存在一个放之四海而皆准的绩效标尺（指标），一般来说，所采用的绩效指标的合适性取决于服务的性质，以及该国所处的特定的人文和经济环境。另外，只要计量绩效被证明是适当的并且具有成本有效性，那么，绩效计量就应该将投入、产出、成本、过程、成本有效性这些指标综合起来，用以评估绩效并应用于特定活动、部门和国家。

如果绩效指标是好的（即清晰的、相关的、充分的和可监督的），就能促进预算管理的经济性、效率和有效性提高。另外，确定一个适当的绩效评价标准也非常重要，这要求所建立的基准应是挑战性的但经过努力又是可以实现的。

(2) 引入市场力量。在公共部门中引入市场力量，在许多方面是合适的。一种典型的方式是合同外包，即将政府服务交付（而不是融资）给私人部门承担。合同外包是预算管理系统中绩效导向的逻辑延伸，能直接服务于提高支出机构运作效率的目标。首先，合同外包直接提高了交付被外包服务的效率；其次，通过将私人部门的成本与政府提供同类服务的成本相比较，政府将感受到来自市场和公众降低服务成本、提高服务效率的压力，产生一种市场测试效应。

(3) 改革的战略。在过去数十年中，许多发展中国家在其预算管理系统中引入了源于异域的创新，但取得的成效有限，低效率和腐败仍随处可见，许多公共服务质量低劣甚至根本无法得到。一个重要的原因是引进的技术性“改进”与本国非正式的规则和激励相冲突。如公共项目的成本—效益分析技术在发达国家已相当成熟，但许多发展国家引入这一方法时，由于成本—效益分析产生的支出优先性排序，与那些习惯于根据“关系密切度”分配公共资源的官员或决策者的利益产生冲突，所以成本—效益分析方法运用的效果并不尽如人意。可见，预算管理改革涉及各方面利益关系调整，远非引进几项技术如此简单。忽视技术发挥作用的外部环境和制度，是不可能实现预算管理改革的目标的，预算管理改革战略需要精心设计才能取得成功。

四、我国的政府预算管理实践

(一) 我国政府预算编制过程的管理与改革

(1) 部门预算改革。部门预算是指由政府各部门编制，经财政部门审核后，报立法机关审议通过，反映部门所有收入和支出的预算。即一个部门一本预算。部门预算是市场经济国家普遍采用的预算编制方法。过去，我国向人民代表大会提交的是收入按类别，支出按功能的汇总预算。1999 年财政部提出编制部门预算的构想，从 2000 年起试编部门预算，由此拉开了政府预算改革的序幕。部门预算改革提出了大预算原则，将预算内支出、预算外支出、基金预算支出全部纳入部门预算编制范围。预算编制初步细化，预算编制时间得到提前，预算工作的主动性得到加强。

部门预算包括以下几个方面的内容：从编制程序看，部门预算是汇总预算，它是基础预算单位编制，逐级审核汇总形成的；从编制范围看，部门预算涵盖了部门或单位所有的收入和支出，体现了“大收入、大支出”的原则；从支出角度看，部门预算包括部门或单位所有按支出功能分类的不同用途的资金，可以全面地反映一个部门或一个单位各项资金的使用方向和具体使用内容；从细化程度看，部门预算既细化到了具体预算单位和项目，又细化到了按预算科目划分的各支出功能；从合法性看，部门预算必须在符合国家有关政策、规定的前提下按财政部门核定的预算控制数编制，经政府、人大审批，由财政部门到各部门逐级往下批复。我国的部门预算由一般预算和基金预算构成，两类预算之下又分为收入预算和支出预算。其中，一般预算收入包括财政预算拨款、预算外收入、其他收入；一般预算支出包括基本支出和项目支出。

我国的部门预算改革，在细化预算、提高政府预算透明度、促进财政法制建设等方面具有重要的意义。

(2) 收支两条线改革。我国预算外资金规模膨胀厉害，一度挤占预算内部分，带来了腐败和低效率等问题。为加强对预算外资金的管理，我国推出了预算外收支两条线改革，从制度上打破了以往由部门和单位自收自支、收支一体的体制。

收支两条线制度的核心要素是预算外资金财政专户。各部门和单位的预算外资金必须纳入同级财政专户，实行“专户储存、计划管理、财政审批、银行监督”的管理办法。财政专户管理的运作方法是：部门和单位的预算外收入必须上缴同级财政专户，支出由部门和单位提出用款申请后，同级财政部门根据年度预算外资金收支计划、单位财务收支计划和预算外资金收入上缴财政专户情况，从财政专户中及时核拨资金，实行收支两条线管理。

实行预算外收支两条线改革，要进一步规范单位预算外资金银行账户，取消单位擅自在银行开设的过渡性账户，确需开立预算外资金账户，必须经财政部的批准；要实行票据使用的单一化管理；要实行收缴分离、票款分离的管理办法。

收支两条线的实现方式。各地根据本地情况推出了几种具有代表性的方式：两个账户，收支分离；一个账户，收支直达；单位开票，银行收款；财政设站（厅）、集中收款；银行开票，银行收款。

(3) 综合预算管理的目标模式。归并和疏导预算外资金，建立统一的政府财政预算管理体系，是社会主义市场经济发展的必然要求，也是我国预算外资金发展的目标模式。统一政府预算管理体系，要求凡政府预算必须包括全部财政收支，全面反映政府活动。凡政府活动带来的各项收入均应作为预算收入，全部纳入预算内管理；凡政府活动所必需的各项支出均由财政统筹安排，纳入预算支出。财政部门作为政府的理财机构必须维护预算的完整性，对一切以政府为主体的资金收支活动均应予以全面地反映和管理。

统一预算管理改变了预算外资金的管理方式，具有法定性的特点，各级政府分别编制统一、全面的预算。其管理原则为：一是收支结合，综合平衡的原则。建立统一预算后，要求我国把预算内、外两块资金有机结合起来，实行财政预算内与预算外合并安排征收计划，支出统筹考虑一个标准，防止收支脱节；二是公平与效益的原则。通过不同的管理办法，既可调动收费单位征收的积极性，又能使收费收入顺利地纳入预算管理，保障财政充分行使管理支配权；整个政府财力统筹安排，集中财力发展经济建设事业，达到提高财政分配效益的目的。

（二）我国政府预算执行过程的管理与改革

(1) 预算调整的管理。预算调整指经全国人民代表大会批准的中央预算和经地方各级人民代表大会批准的地方本级预算，在执行中因特殊原因需要增加支出或者减少收入，使原批准的收支平衡的预算总额发生变化，总支出超过总收入；或者原批准预算中举借债务的数额增加，而发生的预算收支指标的增减变化。

预算调整的主要形式是预算收入或支出的追加追减。预算执行中由于国民经济和社会政治经济形势的变化，或者由于政策制度和体制的变化，而发生单位预算和总预算的追加追减，是正常和必要的。但是追加支出必须有相应的收入来源，追减收入必须相应地缩减支出。为了保证预算的稳定性，只在原来平衡的预算出现了支大于收的不平衡或原来举借债务的规模被突破时，才能进行调整，一般情况下不轻易调整预算。预算调整性质上近似于重编预算，一般在第三季度或者第四季度初进行。各级政府对于必须进行的预算调整，应当编制预算调整方案，并提请本级人大会审批；地方各级政府预算的调整方案经批准后，由本级政府报上一级政府备案。

政府预算调整包括局部调整和全局调整两类。局部调整是对政府预算作局部变动。在政府预算执行中，为了适应客观情况的变化，重新组织预算收支平衡，局部调整会经常发生。局部调整措施有四种：动用预备费、预算的追加追减、经费流用和预算划转。全面调整是指在预算执行中，如遇特大自然灾害、战争等特殊情况，或遇国民经济发展过分高涨或过分低落，以及对原定国民经济和社会发展计划进行较大调整时，对政府预算进行的大调整。全面调整，涉及面广，工作量大，实际上等于要重新编制一次政府预算，在预算执行过程中应慎重考虑。如要进行全面调整，则首先由财政部提出全面调整计划，经国务院审核，报全国人民代表大会常务委员会批准后，下达各地区、各部门执行。

（2）国库集中收付制度。过去我国实行分散收付收支制度，这种传统的分散支付方式具有重复和分散设置账户、财政收支信息反馈迟缓、财政收入流失、滋生腐败等问题；越来越不适应市场经济体制下公共财政的发展要求。因此，必须按照公共财政的要求，借鉴国际通行做法和经验，结合我国具体国情，从根本上进行改革，逐步建立和完善以国库集中收付体系为基础的现代国库管理制度。

所谓国库集中支付制度，就是对预算资金分配、资金使用、银行清算及资金到达商品和劳务供应者账户的全过程集中进行全面的监控制度。它主要包括以下几个方面的内容：财政部门在国库或国库指定的代理银行开设统一的银行，各单位在统一账户下设立分类账户，实行集中管理，预算资金不再拨付给各单位分设账户保存；各单位根据自身履行职能的需要，可以在批准的预算项目和额度内自行决定所要购买的商品和劳务，但要由政府部门直接向供应商支付货款，不再分散支付；除某些特殊用途外，购买商品和劳务的资金都要通过国库直接拨付给商品和劳务供应商。

国库集中收付制度具有以下特征：国库集中收付是政府经济行为，是政府的财政管理活动；集中收付的对象是财政性资金，包括预算内收入、预算外收入和其他财政性资金；集中收付的中介是国库及其指定的代理银行；具有集中统一性，即财政资金统一在国库开立单一账户，财政支出按实际发生数由财政部门统一集中办理支付；具有资金可控性，即财政部门直接对每一笔财政资金进行严格的监督和控制，防止其被挤占挪用。

（3）政府采购。政府采购是指各级部门为了开展日常政务活动或为公众提供公共服务的需要从市场上购买商品和劳务的行为，即财政购买性支出的一种行为。应该说，自从有了国家和政府，就有政府采购，只不过，传统的政府采购一般是由采购人（政府部门）自主、分散进行。传统的政府采购市场具有同质性、直接性、自主性和分散性的特点。

政府采购制度是为规范政府采购行为而制定的一系列法律、规章和办法。它最早形成于

18世纪末的西方自由资本主义国家。伴随着资本主义市场经济的发展，为解决经济和社会发展中不断出现的新矛盾，有关政府采购的制度建设和机构建设也不断完善，从而形成了现代政府的集中采购制度。与传统政府采购相比，现代政府采购制度具有规范性、集中性、计划性和公开性的特点。如图11-2。

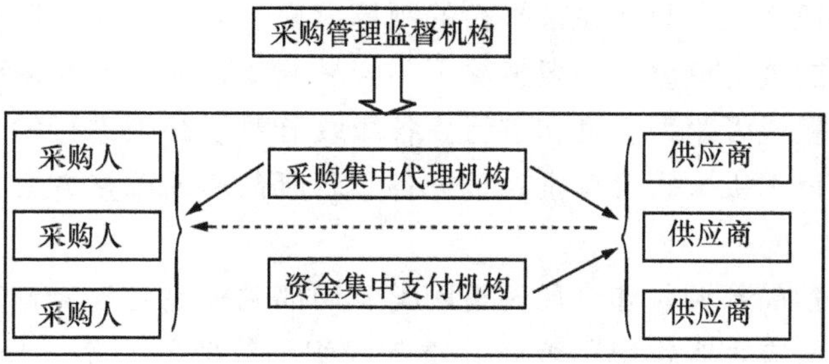

图11-2 现代政府采购制度

政府采购方式。按是否具有招标性质分类，可分为招标性采购和非招标性采购，其中非招标性采购方法主要有：询价采购、单一来源采购、竞争性谈判采购、自营工程等。按招标范围分类，可分为公开招标采购、选择性招标采购和限制性招标采购。按招标阶段分类，可分为单阶段招标采购和两阶段招标采购。

政府采购程序。从各国的经验来看，政府采购制度作规定的采购程序一般分为以下几个阶段：确定采购需求；选择采购方式；签订采购合同；履行采购合同；效益评估。在上述五个阶段中，前两个阶段称为合同形成阶段；后三个阶段称为合同管理阶段。

（三）我国政府预算决算过程的管理与改革

（1）政府决算的审查。政府决算的审查层次和机构自上而下为：①上级对下级决算进行的审查。包括：一是上级单位对下级单位决算进行的审查，如主管单位对二级单位的审查，二级单位对基层单位的审查；二是上级财政对下级财政总决算进行的审查。②财政部门同级主管部门的部门决算的审查。③立法机关对政府总预算的审查。④政府审计部门对政府预算的审查。

政府决算审查的内容：①政策性审查。政策性审查主要是从贯彻执行党和国家的各项方针、政策、财政制度、财经纪律等方面进行审查分析。政策性审查的具体内容一般包括收入审查、支出审查和资产负债审查几个方面。②技术性审查。技术性审查主要是对决算报表的数字关系方面进行的审查，技术性审查主要包括数字关系审查、决算完整性和及时性审查等方面。

国家决算审查的方法和形式：决算审查的方法一般可分为就地审查、书面审查和派人到上级机关汇报审查三种。书面审查是最主要的审查方法，就地审查和派人到上级机关汇报通常是作为书面审查的补充，有时也交叉使用。决算审查的形式包括自审、联审互查和上级审查三种。

（2）政府决算的绩效评价。绩效预算改革最初由美国于1949年提出来，从20世纪80年代开始，世界上许多国家陆续对政府预决算进行了绩效考评的探索和尝试，并取得了积极的成效。1982年英国政府公布了著名的“财务管理新方案”，开创了绩效评估实践的先河。目前，世界上有近50个国家采用绩效预算。目前对预、决算实行绩效管理已纳入我国预算改革范围，建立政府预决算绩效评价制度体系对于提高财政资金使用效率、降低政府运行成本、增强管理的责任性和透明性，具有重要意义。

我国推行绩效预算、建立绩效评价体系的基本思路：在现有部门预算的基础上，结合绩效预算的基本要求，先试点实行“项目绩效预算”，最后再全方位推行“部门绩效预算”，逐步构建“过程”与“结果”相结合、“效果与效率”相结合的预算编制模式。理论界认为，大体可分三步走：第一步，选择部分项目支出占大头的部门实行“项目绩效预算”试点改革。在全面推行绩效预算之前，可以选择项目的效益考核开始，运用绩效预算的原理来充实部门预算，引入政府项目绩效评价制度来优化部门预算；第二步，总结经验，在所有部门全面推开“项目绩效预算”；第三步，在“项目绩效预算”的框架下，全面推行“绩效部门预算”。

重点概念

政府预算　部门预算　增量预算　复式预算　预算程序　预算管理　收支两条线　综合预算　国库集中收付　政府采购 绩效预算

思考题

1. 政府预算能从哪些方面发挥对经济社会发展调控作用？
2. 我国为什么要进行部门预算改革？
3. 我国政府预算的编制存在哪些问题？应怎样解决？
4. 综合预算改革有什么好处？
5. 简述在我国实行绩效预算改革的难点及解决办法。

案例分析

美国两党近年来多次围绕财政议题博弈，使得美国在2011年首次丧失3A级主权信用评级，也导致正常的预算审批流程变得形同虚设，多年来白宫一直在为期数月或半年的临时拨款法案下运行。分别掌握美国国会参众两院的民主、共和两党近日针锋相对地提出2014财年（2013年10月开始）的政府预算案，两份预算案内容迥异，凸显两党执政理念鸿沟，围绕财政议题的角力仍将继续。美国国会参议院预算委员会主席帕蒂·默里等民主党议员13日提议，要通过减少政府浪费、增加税源等途径，在未来十年内削减联邦政府约两万亿美元的财政赤字。这与国会众议院预算委员会主席保罗·瑞安在12日提出的预算版本差别显著，两党协调并使得下一财年的预算案在两院获批还需很大努力。如在精简政府开支方面，默里提议通过减少政府浪费和医疗福利开支等努力，在未来十年内共削减约9750亿美元的财政赤字。与瑞安提议未来十年削减开支4.6万亿美元的方案相比，民主党的预算案要温和许多。联邦政府运营的医疗保健项目等福利计划是美国公共债务高攀的主要推手。瑞安提议通过市场化的改革对医疗保健项目进行“质”的手术，并废除强调“大政府”作用的奥巴马医改计划。默里提议在未来十年仅减少约2750亿美元的福利开支，属于温和的“数”的调整。

资料来源：《美驴象两党角力政府预算案 凸显执政理念鸿沟》，新华网，2013年3月14日。

要求：根据以上案例资料，结合所学理论知识分析如下问题：

1. 美国的政党政治怎样影响政府预算的形成？
2. 中美预算审批程序的异同。
3. 两党在实现预算平衡的措施有哪些差异？这反映了什么问题？
4. 美国政府预算在什么条件下可能实现平衡？

第十二章　财政平衡与财政赤字

财政平衡是指一个预算年度内财政收支在量上的对比关系。财政的绝对平衡是一种理想状态，更多的是财政失衡，尤其是财政赤字。财政赤字有可能是主动安排的结果，也有可能是被动形成的结果。财政平衡是社会总供求的一部分，一国政府可以运用赤字预算促进社会总供求的平衡。财政赤字会对经济社会产生一定的影响，在诸多种财政赤字的弥补方式中，发行债券的方式为世界各国广泛采用，尽管这种方式也会给经济发展带来一些负面影响。

案例导引

近年来由于赤字规模失控，欧美等国的债务危机频发。欧盟成员国目前的平均赤字率上升到6%以上，公共债务余额占GDP的比重平均数已上升到85%以上。超过了当初结盟时约定的赤字率警戒线3%和债务率警戒线60%。过度负债使美国联邦政府面临“财政悬崖”，使美国宾夕法尼亚州首府哈里斯堡和亚拉巴马州杰弗逊县等地方政府相继面临破产。中国的赤字规模也急剧上升，2013年的财政赤字估计高达1.2万亿。这引起了社会各界的广泛关注。

问题：

1. 政府应该保持财政平衡吗？
2. 为何各国财政赤字大规模增加？
3. 巨额的财政赤字将会对各国经济产生怎样的影响？

第一节　财政平衡概述

一、财政平衡的含义

财政平衡是指一个预算年度内财政收支在量上的对比关系，即通过财政预算集中的资金与通过财政预算运用的资金相平衡。财政收支对比有三种可能：一是收大于支，出现财政结余；二是收等于支，出现财政平衡；三是收小于支，出现财政赤字。从实际经济运行看，财政收支正好相等的情况几乎是不存在的，为此，人们往往将略有结余和略有赤字也视为财政平衡。关于财政平衡，可从如下几个方面来理解：

（一）财政平衡是指财政收入和支出在量上大体相等，是一种相对平衡

理论上财政收支是可以相等的，然而在实践中，影响财政收支大小的因素各不相同，财政收入由一定经济社会发展水平下政府的收入政策决定，而财政支出主要由政府职能大小所决定。这使得预算年度内的财政收支完全平衡几乎不可能，财政不平衡（甚至财政赤字）反而是一种常态。财政收支完全平衡作为一种理想状态，是预算编制和执行的参照系。因此，

财政平衡是指当年财政收支在数量上基本对称，是一种相对平衡。依相对性大小又分为如下三种具体形式：一是财政结余占财政总收入的2%以下的财政收支完全平衡；二是财政结余占财政总收入的3%左右的稳固平衡；三是财政赤字占财政总收入3%以内的基本平衡。

（二）财政平衡是动态平衡和静态平衡的统一

静态平衡是指年度内财政收支平衡，动态平衡是一个经济周期内财政收支平衡。仅仅强调年度内的财政收支平衡毫无意义，财政作为一种重要的政府宏观调控手段，只有在经济不景气时增支减税，在经济过热时减支增税，才能实现经济社会的稳定发展。财政在萧条时有财政赤字并不可怕，因为在繁荣时会有财政盈余，从而整个周期内会实现平衡。从某种意义上来说，这是一种以短期的财政失衡为代价来获得长期的财政平衡，这样的财政平衡才有意义，才有长久的保障。另外，长期的财政赤字和长期的财政盈余均是经济社会活动不正常的表现，长期的财政盈余意味着政府征税太多，是资源的闲置与浪费，是没有意义的；长期的财政赤字与政府支出职能太大或税制不合理有关，是不可持续的。因此，真实的财政平衡是静态平衡与动态平衡的统一。

（三）财政平衡是总量平衡与结构平衡的统一

总量平衡是指财政收支在量上大体相等，结构平衡是指财政收支各项目间的比例基本合理。财政平衡不仅要求财政收支总量基本平衡，还要求财政收支结构合理，这样的总量平衡才有保障才可持久。因为财政收支结构的失衡会动摇总量平衡的根本，最终导致总量不平衡。单纯的总量平衡充其量也只能算是一种虚假的平衡。

（四）财政平衡是横向平衡与纵向平衡的统一

横向平衡是指同级财政间的收支平衡，纵向平衡是指各级财政的收支平衡。只有在事权划分的基础上，对各级政府和同级政府间的支出范围进行协调，并配备相应的财权，才能实现各级财政和同级财政之间的平衡，进而实现整个国家的财政平衡。任一级财政或同级财政的任一地方财政收支长期不平衡，都会影响到该政府职能的正常履行。因此，财政平衡要求各级财政间和同级财政之间均保持收支平衡。

二、财政平衡与社会总供求平衡

（一）社会总供求平衡

社会总供求平衡是指社会总供给与社会总需求在总量上大体相等。一般来说，总供给的大小由生产过程决定，总需求的大小由分配过程决定；生产过程与分配过程的分离使得总供求往往不平衡。社会再生产的正常进行需要生产和分配的协调，需要社会总供给与总需求的平衡。

社会总供求的平衡是市场经济的客观要求。市场经济首先是商品经济，市场中用于交换的商品，其价值只有在商品的使用价值让渡给消费者后才得以实现；此时，生产者的目的才算达到，商品生产才能继续进行。而要顺利实现商品的价值，社会中有商品使用价值的总供给与有货币支付能力的总需求就必须相匹配，即总供给与总需求必须平衡。若总供求不平衡，一种情形是总供给大于总需求，生产出来的部分商品就不能进入消费领域，于是商品积压，导致资源的闲置与浪费；另一种情形是总供给小于总需求，部分有支付能力的需求得不到满足，过多的货币追逐少量的商品，物价必定上涨，导致货币贬值。可见，总供求不平衡会引起社会经济秩序混乱和政治局势动荡，这与市场经济的发展目标相违背。因此，社会总供求的平衡是市场经济的内在要求。

（二）财政平衡与社会总供求平衡的关系

(1) 社会总供求的失衡会对财政平衡形成冲击。市场经济中，政府作为市场主体之一，与企业、家庭和对外部门的经济行为一道，形成整个社会的总供求；财政收支作为社会总供求的一部分，社会总供求的失衡会直接影响到财政的平衡。根据西方经济学原理，社会总供求均衡的公式是：$C+S+T+M=C+I+G+X$。当社会总供求失衡时，如果社会总供给大于总需求(即$C+S+T+M>C+I+G+X$)，商品卖不出去，企业因利润下降而减产，工人失业增加；政府税收会因此减少，失业救济等支出会因此增加，原本平衡的财政收支就会出现赤字。

(2) 财政的主动失衡是实现社会总供求平衡的重要手段。市场经济是由政府、企业、家庭和对外贸易等部门组成的，私人部门和对外贸易部门的供求出现失衡时$[(S-I)+(M-X)\neq 0]$，政府部门可采取相应的财政税收政策来弥补，使社会总供求实现平衡。如果社会总需求小于总供给，由社会总供求均衡公式可知有：$C+I+G+X<C+S+T+M$。移项可知：$G-T<(S-I)+(M-X)$。假设此时的失衡来自于私人储蓄与投资失衡或(和)对外贸易失衡(如，$S-I>0$和$M-X>0$)，政府可以主动使财政失衡来进行弥补(如，扩大支出的同时实行税收优惠，$G-T>0$)。事实上经济萧条时政府经常实行赤字政策以实现整个社会总供求平衡的目标。可见，财政收支关系的改变可以将社会总供求失衡拉回到平衡的状态。

三、中外关于财政平衡的观点

（一）中国的财政平衡观

中国的传统财政管理理念一直强调财政收支平衡，“量入为出”与“量出为入”就是这种财政收支平衡理念的直接体现。如“冢宰制国用，必于岁之杪，五谷皆入，然后制国用。用地大小，视年之丰耗，以三十年之通制国用，量入以为出”。（出自《礼记·王制》）。唐德宗建中元年，宰相杨炎奏行“两税法”，提出“凡有役之费，一钱之敛，先度其数而赋予人，量出以制入”。可见，财政收支平衡的理财思想在中国古代早就存在，寅吃卯粮的做法一直为正统理财观念所不齿；不同的是到底应该由收入决定支出还是支出决定收入。

理论上，短期内，政府支出是通过年度预算来安排的，可控性强；而政府收入则由收入制度和经济发展水平所决定的，可控性弱。为实现收支平衡，只有在编制预算时坚持“量入为出”的原则。长期内，为实现政府职能，政府应组织收入保障政府支出的需要。由于长期内收入制度是可变的，因此，在安排长期的收入制度时，应坚持量出为入的原则。实践中，编制年度预算时由于经常性支出刚性强，一般采取“量出为入”的原则；由于资本性支出具有较大的弹性，往往采取“量入为出”的原则。打破财政收支平衡的做法也基本局限在资本性支出方面。

（二）西方的财政平衡观

从整个财政赤字理论的发展历史看，自由竞争时期，古典经济学家一直主张节俭和预算平衡，把赤字作为战争、自然灾害或政府奢侈的财政后果，并习惯于把赤字看成是外生变量。从二十世纪三十年代的经济大危机开始到六十年代，凯恩斯的赤字政策风行于西方世界，财政平衡不再是各国预算编制追求的目标。七十年代开始的滞胀使人们开始反思政府过度干预经济的不良后果，各经济学流派分别提出了有关财政失衡（财政赤字）的不同看法。新古典经济学家认为财政赤字是一种社会公害，是出现“滞胀”的罪魁祸首；公共选择学派主张约束政府的支出规模，保持财政平衡，反对财政赤字以及相应的国债政策；供给学派认为不能仅仅根据财政赤字规模的大小来对财政赤字的宏观经济效应进行评价，关键是看导致财政赤字的根源是什么。为了实现经济长期增长，供给学派主张削减政府公共支出，同时实施减税的财政政策，最终实现财政收支平衡。尽管有关财政赤字的争论从未停止过，但世界各国普遍存在财政赤字，财政平衡和财政盈余较少出现。

第二节　财 政 赤 字

一、财政赤字概述

（一）财政赤字的含义

财政赤字是指财政年度中财政支出大于财政收入导致的财政失衡的一种财政现象。在形式上表现为财政支出超过财政收入的差额，反映了财政年度内国家财政入不敷出的基本状况。

（二）财政赤字的计算口径

财政赤字是财政收入与财政支出的差额，如果财政收入和财政支出包含的内容不同，得出的财政收支状态就会有差别。财政赤字的计算口径有两种：

（1）赤字（结余）＝（经常性财政收入＋债务收入）－（经常性财政支出＋债务支出）

（2）赤字（结余）＝经常性财政收入－经常性财政支出

以上两种的区别主要是债务收（支）是否计入正常收（支）中，债务收入包括国家在国内外的直接借款和发行债券的收入，债务支出指还本付息支出。

第一种口径计算出来的赤字为硬赤字。这种计算口径存在的问题是：①会掩盖财政赤字的真实情况，因为按照这种计算口径，只有财政向中央银行透支时才有赤字；②大大缩小了赤字的数额，使人们对财政困难的认识不足，导致政府支出的扩大；③由于赤字没有得到真实地反映，难以准确分析财政支出对经济运行影响。第二种口径计算出来的赤字为软赤字。这种计算口径下，赤字意味着在正常的财政收入外增加了一笔支出，它可能会增加社会总需求，只能用税收之外的其他方法弥补（如，发行国债）。这种口径计算出来的赤字能较为真实地反映财政赤字的状况及财政收支对国民经济的影响。

从各国实践来看，以前苏联为首的计划经济国家在经济体制改革以前大多采用第一种口径，而西方市场经济国家大多采用第二种口径。我国1993年前财政部公布的赤字是硬赤字；1994年后《预算法》规定财政部不得向央行透支，国家不允许有财政硬赤字，财政部公布的赤字是软赤字。

（三）财政赤字的分类

（1）预算赤字和决算赤字。赤字的产生既可能是由于经济形势发生变化所产生的，也可能是政府政策倾向的一种反映。从政府财政行为的先期目标来看，可将赤字分为预算赤字和决策赤字。所谓预算赤字是指在编制预算时就已经安排的赤字。此时赤字是政府有意识安排的结果，这种主动安排赤字的预算被称为“赤字预算”。所谓决算赤字是指预算执行结果支出大于收入。它可能是编制预算时就有赤字的结果，也可能是编制预算时是平衡的，但执行预算过程中出现了赤字。

（2）周期性赤字和结构性赤字。从赤字与经济运行状况的关系来看，可将赤字分为周期性赤字和结构性赤字。所谓周期性赤字是指经济运行的周期性引起的赤字，如经济衰退时财政收入会自动减少但财政支出还会增加，赤字因而出现。理论上，经济高涨时财政收入会自动增加而财政支出会减少，盈余得以出现。然而，实践中不管经济高涨还是衰退，财政鲜有结余，而是经常出现赤字；只是有些国家在不同经济阶段的赤字规模也呈现出一定的规律性变化。结构性赤字是指非经济周期性因素引起的赤字，即经济活动保持在充分就业状态时出现的赤字，又称充分就业赤字。

（四）我国的财政赤字

1. 我国的财政赤字规模

改革开放以前，我国的财政管理一直遵循“收支平衡、略有结余”的原则，但仍然在29年的10年中出现了赤字，只是年财政赤字较少。1978年以后，除1981年、1985年和2007年有财政盈余外，其余年份均有财政赤字，而且财政赤字整体呈快速上升趋势，但增长速度年度间变化较大。具体赤字数据见表12-1。目前，我国财政赤字占GDP的比重虽然还没有达到3%的国际警戒线，但由于增长速度过快已引起各界广泛关注。

表12-1 改革开放以来我国的财政赤字

年份	财政赤字（亿元）	年份	财政赤字（亿元）
1978	(10)	1988	134
1979	135	1989	159
1980	69	1990	146
1981	(37)	1991	237
1982	18	1992	259
1983	43	1993	293
1984	58	1994	575
1985	(0.57)	1995	582
1986	83	1996	530
1987	63	1997	582

续表

年份	财政赤字（亿元）	年份	财政赤字（亿元）
1998	922	2006	1663
1999	1744	2007	(1540)
2000	2491	2008	1262
2001	2517	2009	7782
2002	3150	2010	6773
2003	2935	2011	5373
2004	2090	2012	8502
2005	2281		

注：1. 根据《中国财政年鉴（2012）》财政收支决算数据进行整理；括号内数字为财政盈余数。

2. 在国家财政收支中，价格补贴1985年以前冲减财政收入，1986年以后列为财政支出。为了可比，本表将1985年以前冲减财政收入的价格补贴改列在财政支出中。

3. 财政收入中不包括国内外债务收入。

4. 从2000年起，财政支出中包括国内外债务付息支出。

2. 我国赤字产生的原因

我国的赤字与西方国家赤字产生的原因有所不同。经济发达国家，其经济体制和经济结构相对稳定，经济活动主要受市场供求和商业周期的影响，从而导致周期性赤字和结构性赤字产生。

我国财政赤字产生的原因主要是经济发展和经济体制改革。1994年以前的财政赤字大多是因为如下原因所致：政府分权导致财政收入占GDP的比重逐年下降，而政府职能未能及时转变导致财政支出膨胀，从而财政赤字增加。1994年后财政赤字主要由于扩张性财政政策刺激经济所致。因此，我国的财政赤字在很大程度上是经济改革和发展的代价，具有较强的过渡性特征。

二、财政赤字的弥补方式及其对经济的影响

（一）动用历年财政结余及其对经济的影响

财政结余是财政预算执行结果收入大于支出而形成的余额。如果历年财政有结余，本年度的财政赤字当然可以用以前年度财政收支有结余的款项来弥补。由于财政结余在价值形态上表现为央行（代理国库）的财政性存款，在物质形态上表现为相应的未动用物资，历年财政结余相当于是过去尚未使用的物资或形成的经济需求投放到现在的市场中，因而会对当前的社会需求形成扩张性影响。这种影响对经济发展是有利还是不利，取决于当前社会总供求的对比状况；如果当前社会需求不足，动用历年财政结余就会促进社会总供求的均衡，社会经济状况因此得到改善；如果当前社会需求过大，动用历年财政结余就会加剧社会总供求的失衡，社会经济状况因此而恶化。

（二）增加税收及其对经济的影响

财政赤字是由于财政收入小于支出所致，为实现财政平衡，增加税收是一个重要手段，

但是增加税收筹集财政资金的方式会受到如下几个方面的约束：一是税收具有法律规定性，增加税收必须经过一系列法律程序，从而使得这种方式需要的时间较长，难解政府的燃眉之急；二是增加税收会加重纳税人负担，纳税人对增加税收极为敏感，这会给增加税收以弥补赤字的方式加大政治阻力；三是增加税收不能是无止境的，拉弗曲线告诉我们提高税率不一定能带来收入的增加，超过一定范围，税率增加收入反而会减少，从而给国民经济造成严重恶果。因此，增加税收不是弥补财政赤字稳定可靠的办法。

（三）向央行透支及其对经济的影响

向央行透支，就是财政通过向中央银行支取超过其存款的方式来弥补赤字。在央行代理国库的情形下，如果没有相应的法律法规的制约，政府入不敷出时就会向央行透支。计划经济体制下，向央行透支是政府筹集财政资金弥补赤字的方式可能不会引发通货膨胀。因为政府编制预算时通过财政与信贷的综合平衡有计划地安排财政透支，实际上用银行的信贷资金弥补财政赤字，这种方式不会对经济产生扩张的效果。但如果财政透支的数量过大，时间过长，则会引发通货膨胀。我国曾在 1994 年以前采用向央行透支弥补财政赤字，之后进行了财政管理体制改革，政府不允许再向央行透支，全部赤字均要通过举借债务来弥补。

（四）发行货币及其对经济的影响

依据央行发行货币的目的不同，可将其分为两类：经济发行和财政发行。经济发行是指一国货币当局根据国民经济发展的需要而增加的货币发行。财政发行是指一国货币当局为了政府弥补财政赤字而增加的货币发行。经济发行是通过信用渠道实现和完成的，是适应商品流通的需要而进行的货币发行，是货币发行的正常方式，也是商业银行信贷资金的重要来源。而财政发行通常是超过经济运行的正常需要而发行的货币量，一般是由中央银行按照中央政府的指令，并且是通过政府财政支出渠道实现和完成的货币发行。两种发行方式均对社会经济需求有扩张作用，但是，经济发行的原动力是经济运行中市场对货币的需求，适度的经济发行一般不会引发通货膨胀；而财政发行的原动力是政府弥补财政赤字的非市场需求，财政发行容易引起通货膨胀。在经济实践中，财政发行通常是在计划经济体制下，通过央行代理国库制度实现的。而现代市场经济条件下，有关国家的政府一般不采取财政发行的方式解决赤字，而是通过发行公债取得收入来弥补财政赤字。

（五）发行债券及其对经济的影响

通过发行债券取得收入弥补财政赤字，其实质是债权人将其货币购买力暂时有偿让渡给政府，社会需求总量不会因此发生改变。由于政府发行的债券对债权人来说具有安全性、收益性和流动性的优点，对债务人来说具有自愿、有偿和灵活的好处，对纳税人来说也不会增加眼前的税收负担，因此，发行债券来弥补财政赤字的方式为世界各国广泛采用。政府债券发行对经济影响的最终答案并不完全明确，然而，大多数经济学家们认为：在货币供给不变的情况下，政府发行债券会对私人部门产生“挤出效应”；当央行持有政府债券或商业银行动用超额准备购买政府债券，政府发行债券的行为会通过货币乘数对货币供应量产生倍数扩张的效果，会形成一定的通货膨胀压力；债务与财政赤字之间是共生的关系，任何一方数量的增加都可能会导致另一方数量增加，会形成债务风险。因此，发行债券弥补财政赤字的方式也需要在一定限度内使用。

在开放经济条件下，政府还可能以发行外债的方式筹集资金弥补财政赤字。在具有较强的对外筹资能力的国家可通过提高利率吸引外国资本购买本国公债。成功地采用债务融资法的同时，也带来了另一个问题，即国际收支逆差扩大，并进一步恶化国际收支状况。

重点概念

财政平衡　软赤字　硬赤字　周期性赤字　结构性赤字　预算赤字　决策赤字　政府债券

思考题

1. 如何理解财政平衡？
2. 阐述财政平衡与社会总供求平衡的关系。
3. 如何理解“收支平衡、略有结余”的理财观念？
4. 试述财政赤字的弥补方式及其对经济的影响。
5. 请从我国财政赤字变化情况分析财政赤字的影响因素。

案例分析

随着积极财政政策的实施，我国财政赤字逐年攀升。据统计，2009 年财政赤字规模增至 9500 亿元，2010 年达到 10500 亿元。2011 年财政赤字有所下降，达到 8500 亿元。2012 年又上升至 1 万亿元。有关部门建议，2013 年财政赤字应适当扩大至 1.5 万亿元。

资料来源：“我国财政赤字规模远低于欧美 不会超过警戒线”，人民日报海外版，2013-1-7；“我国财政赤字或增 50% 总额将达 1.2 万亿”，京华时报，2013-1-8。

要求：根据以上案例资料，结合所学理论知识分析如下问题：

1. 2013 年赤字为何会高于 2012 年？
2. 1.2 万亿元的财政赤字会不会带来财政风险？
3. 1.2 万亿元的财政赤字对经济将产生怎样的影响？
4. 政府有必要保持财政平衡吗？

第十三章 财政政策

本章主要研究财政政策的内涵；财政政策的主要类型；财政政策的目标体系；财政政策工具；我国积极的财政政策的选择。本章的重点和难点是财政政策的主要类型；我国实行积极财政政策的经济背景以及积极财政政策的内容。

案例导引

中国的积极财政政策

2008年后，为了应对全球金融风暴带来的危机，中国政府决定实施积极财政政策和适度宽松货币政策传递了清晰的信号：直接有力、扩大内需的调控措施将推动中国经济走出困境迈向新的发展阶段。在财政政策方面，2008年国家投资4万亿元拉动内需，促进经济增长，目前，2008年四季度新增的1000亿元中央投资计划已全部下达。除了扩大投资规模以外，积极财政政策还将实行结构性减税，用减税、退税或抵免的方式减轻税负，促进企业投资和居民消费。此外，为稳定外需，出口退税率在2008年经历四次调整，涉及纺织、服装、轻工和机电产品等，为出口企业缓解困难、减少金融危机带来的负面影响提供了有力支持。

我国实行的积极财政政策具有下列特点：一是中央政府为调节经济总量和结构，而采取的特定范围的扩张型财政政策，其范围是以国家财政投资为主体的经济拉动，地方财政应确保收支平衡，不得层层扩张；二是主要扩张手段为发行国债、扩大财政赤字，增加基础设施投资以刺激经济增长，不同于发达国家的增加财政支出和减少税收的双重手段的扩张型财政政策；三是具有明显生产性特征的扩张型财政政策，以增加基础设施投资，直接促进经济增长，不同于发达国家增加公共物品支出，间接促进经济增长。

我国实行积极的财政政策是有条件的，综合考察有四条：

(1) 社会总供求失衡，有效需求不足，经济增长较慢。这是实行积极财政政策的必要条件。因为只有在有效需求不足，消费又难以启动经济时，才需要实行扩张的财政政策。

(2) 财政收入基础较好和财政赤字不过大。这是实行积极财政政策的客观基础和前提条件。因为国家财政收入没有一定基础，财政赤字已很大时，没有资金可投，无法实行积极的财政政策。

(3) 国债规模合理。这也是制约实行积极财政政策的基本因素。因为增发国债是有客观限制的，如国债规模已过大，就无法靠发行国债实行积极财政政策。

(4) 增加投资的物质资源约束。实行积极财政政策必须耗费一定的物力、人力资源，如果没有这些条件，积极财政政策不会发挥作用。

问题：

中国2008年以来实施积极财政政策的政策目标、政策机制及政策手段有何不同？如何评价积极财政政策的效应？

第一节 财政政策概述

一、什么是财政政策

概括来说，财政政策是指一国政府为实现一定的宏观经济目标，而调整财政收支规模和收支平衡的指导原则及其相应的措施。

财政政策贯穿于财政工作的全过程，体现在收入、支出、预算平衡和国家债务等各个方面。因此，财政政策是由支出政策、税收政策、预算平衡政策、国债政策等构成的一个完整的政策体系。在市场经济条件下财政功能的正常发挥，主要取决于财政政策的适当运用。财政政策运用得当，就可以保证经济的持续、稳定、协调发展，财政政策运用失当，也会引起经济的失衡和波动。

财政政策作为国家经济政策的组成部分，并形成自己的体系，是经历了一个历史的发展过程。我国古代历史上的理财家早已提出“量入为出”、“轻徭薄赋”、“藏富于民”等颇有见地的、朴素的财政政策思想，但这种政策思想是在自然经济条件下形成的，政策的目标单一，手段简单，对经济发展的影响较小，因而不属于我们现在所要研究的财政政策。从世界范围的视角来看，现代意义上的财政政策始于20世纪30年代的资本主义经济大萧条时期。在这一时期，资本主义爆发了大规模的经济危机，经济陷入极度萧条之中，当时的美国总统罗斯福实行“新政”，主要是运用财政政策刺激经济的回升，侧重运用财政政策干预经济的凯恩斯学说也随之悄然兴起。政府通过财政政策来调节总需求和总供给从而实现对经济运行的全面调节，达到社会经济稳定、协调和健康发展的目标，是政府干预经济方式的重要转变。表现在：①观念的转变。20世纪30年代以前，以亚当·斯密为代表的传统经济理论提倡“廉价政府”，否认政府全面干预经济的必要性，随着现代经济学的发展，人们才承认政府具有经济职能，主张采取积极的政策措施对国民经济施加影响。②目标的转变。过去的政府也存在干预经济的行为，但目标是单一的，现代财政政策是根据促进经济发展和提高社会福利的要求，同时实现多重目标的有机结合。③手段的转变。在不发达的商品经济时代，政府干预经济的主要手段是税收，而且主要是为了筹集必要的财政收入，现代财政政策的手段不仅有税收，还有预算、支出、公债、补贴等。

就我国情况而言，财政政策作为国家宏观经济调控的重要杠杆，在计划经济和市场经济两种不同的经济体制下，它的内容和作用过程是大不相同的。在计划经济体制下，国家财政基本上服从于是一个国民收入的统配计划，财政政策对经济的调节，采取直接调节的形式，内容单一。随着实行市场经济体制，国民经济计划和国家财政已经不可能直接统揽整个国民经济活动及国民收入的分配过程，财政政策主要是通过各种政策手段间接地调节经济的运行。这就是说，市场经济体制下，财政政策的内容、手段和目标更加丰富了，财政政策的调节功能更加重要了，财政政策的运用和操作的难度也更大了。我国改革开放的不断深化，社会经济取得的巨大发展，是理论大胆突破带来的成果，同时也是各项经济政策的运用所产生的积极效应。政策的好坏，直接关系理论的突破能否付诸实践，关系改革开放的成败，政策低效或失败，往往是改革进程出现曲折或往复循环的重要诱因。我国当前财政工作中取得的成就和存在的问题，与财政政策目标的导向、政策主体间的摩擦、政策工具运用、政策传导机制以及政策环境的变化等因素密切相关。

改革开放之初的1979年，我国财政曾出现巨额赤字达135.4亿元，占当年GDP的3.33%，经过调整以后，几年有所减少，而后又开始回升，始终没有摆脱赤字的困扰。我国过去的财政赤字主要是通过财政向银行透支或借款，即通过财政性货币发行来弥补的，从政策的效应来看，实质上是一种扩张性的财政政策。按照财政政策的作用原理，这种扩张性的财政政策是反衰退和治理有效需求不足的对策。然而，从1989年下半年开始到1991年末的市场疲软，并未由于高达数百亿元的赤字而有效启动。面对1996年以前我国宏观经济运行中的波动，无论经济是“过热”或是“过冷”，财政都存在赤字而且规模在扩大，这种财政状况说明，财政政策在总量调节方面没有多少选择余地。这种条件下的赤字，从财政政策效应的角度来看，并不是有意识地运用财政政策的结果，而在很大程度上是经济运行结果的被动接受。若再深入分析若干单项财政政策，例如“利改税”、“财政包干”等，其间所暴露出来的政策性缺陷则更为突出。与此相对应的是，1998年针对当时结构性需求不足的现实，政府主动地采取了积极的财政政策，则取得了明显的预期的成效，这说明随着改革开放的深入发展，我国政府对财政政策的运用日趋成熟。

二、财政政策主体

政策主体指的是政策制定者和执行者，财政政策的主体只能是各级政府，主要是中央政府。各级政策主体的行为是否规范，对于政策功能的发挥和政策效应的大小都具有关键作用。在一些财政政策研究和执行文献中，往往重视政策目标与政策工具，而忽视政策主体的行为与偏好，这种看法有失全面。事实上，在政策的执行中，违背政策目标和滥用政策工具，往往是政策主体的行为不当导致的后果。

改革开放以前，我国实行统收统支财政体制，这种体制使中央政府处于财政政策制定者的地位，地方政府处于财政政策执行者的地位。中央与地方之间的利益摩擦也存在，主要表现为预算体制调整时，中央与地方“集权与分权”、“统一性与独立性”的矛盾。由于传统体制的分权与分利十分有限，利益的摩擦只存在于局部范围。改革开放以来，经济体制发生了根本性变化，地方政府具有了较大的自主权，不仅是一个政策的执行者，同时也是一个地区的政策制定者，这种双重地位，使地方政府在地方利益的驱动下，对中央政府的政策态度发生了微妙的变化。表现之一是地方政府的政策“抵制”行为。有利于本地的利益就贯彻执行，不利于本地的利益就消极抵制，所谓“上有政策，下有对策”是地方对政策态度变化的最好说明。表现之二是政策的攀比行为。中央根据既定的发展战略，对不同地区或不同产业实行倾斜政策是完全必要和正确的。显然，倾斜政策不仅是着眼于某些地区或某些产业的加快发展，不是一种“亲”与“疏”的不同待遇，而是着眼于全局，有利于整体战略目标的实现。然而，每一项优惠政策的出台，就会在全国掀起竞相攀比、竞相争取的浪潮，从而使局部优惠扩大化，普遍化，每项新的优惠政策的出台，几乎不可避免地都在全国各地铺开。这种政策的变化并非政策制定者的主动行为，在很大程度上是被政策执行者逼迫的事后认账。因此，在财政政策原理研究中重视对政策主体行为规范的分析，有助于说明许多政策偏差现象，有利于提高政策的执行水平。

三、财政政策目标

财政政策目标就是财政政策所要实现的期望值。首先，这个期望值，受政策作用范围和作用强度的制约，超出政策功能所能起作用的范围取值是政策功能的强度所不能达到的，目标也无法实现。其次，这个期望值在时间上具有连续性，在空间上具有一致性要求。通常基本财政政策是一个在较长时期内发挥作用的财政政策，也称为长期性财政政策，一般性财政政策（或称中短期财政政策）则是在一个特定时期内发挥作用的政策，财政政策目标从时间上取值具有连续性特征，它要求中短期政策在导向上与基本财政政策保持一致。微观财政政策、中观财政政策与宏观财政政策的划分，总量调节的财政政策与结构调节的财政政策的划分，则是从财政政策作用空间上来进行的分析，财政政策目标从空间上取值，具有层次性特征，它要求各层次财政政策目标取值方向，在总体上一致。这就是人们通常讲的保持财政政策的连续性与一致性，也是政策目标确定的一般性要求。再次，政策目标作为一种期望值，它的取值受社会、政治、经济、文化等环境与条件的限制，并且取决于民众的偏好与政府的行为。因此，政策目标的确定不是一个随心所欲的过程，而是一个科学的、民主的选择或决策过程。

财政政策的政策目标与财政职能不同，由于不同时期的社会经济发展战略和目标是不同的，政策目标自然也有所差别，但也可以归纳出几个一般性的政策目标。财政政策的一般政策目标主要有：

（1）经济的适度增长。适度增长的含义，在我国当前就是落实“五个统筹”，全面贯彻科学发展观。首先，保持平稳较快的增长。我国仍是一个生产力低下的国家，必须要有一个较快的增长速度，同时要注重增长的质量和效益，加快经济结构的战略性调整；要进一步扩大国内需求，调整消费与投资的关系，增强消费的推动力；要保持社会供求总量的基本平衡，避免经济的大起大落。其次，加快经济增长方式的转变。我国土地、淡水、矿产资源和环境状况对经济发展构成严重的制约，必须把节约资源作为基本国策，发展循环经济，保护生态环境，建设资源节约型、环境友好型社会，促进经济发展与人口、资源、环境相互协调，实现可持续发展。第三，提高自主创新能力。把增强自主创新能力作为科学技术发展的战略基点和调整产业结构、转变增长方式的中心环节，特别是提高原始创新能力、集成创新能力和引进消化吸收再创新能力。第四，促进城乡区域协调发展。把“三农”问题作为当前工作的重中之重，推进社会主义新农村建设，促进城镇化健康发展；落实区域发展总体战略，形成中东西优势互补、良性循环的区域协调发展机制。第五，加强和谐社会建设。以人为本，切实解决关系人民群众切身利益的现实问题，注重经济与社会的协调发展，保持社会安定团结。为促进经济的适度增长，财政政策必须在经济增长的基础上保持财政收入的适度增长，优化支出结构。当前要加大“三农”的投入，促进城乡协调发展；加大教育、卫生、科技和社会保障等各项社会事业的投入，促进经济与社会协调发展；加大转移支付力度，促进地区的协调发展。

（2）物价水平的基本稳定。这是世界各国均在追求的重要政策目标，也是财政政策稳定功能的基本要求。物价相对稳定，并不是冻结物价，而是把物价总水平的波动约束在经济稳定发展可容纳的空间。物价相对稳定，可以具体释义为，避免过度的通货膨胀或通货紧缩。在采取财政措施时，必须首先弄清导致通货膨胀或通货紧缩的原因，如果是由于需求过旺或需求不足造成的，则需要调整投资性支出或通过税收控制工资的增长幅度；如果是由结构性摩擦造成的，则必须从调整经济结构着手。总之，物价不稳，对于我们这样一个资源相对短缺，社会承受能力较弱的发展中国家来说，始终是经济发展中的一大隐患。因此，在财政政策目标的选择上必须予以充分的考虑。

(3) 提供更多的就业和再就业机会。在西方国家大量工人失业产生严重的社会问题和政治问题，降低失业率，实现所谓充分就业，是政府制定政策时要首先考虑的问题，失业率也成为衡量宏观经济的重要指标。失业率和上述两个政策目标——经济增长和价格水平是紧密联系的。现实生活中，人们要求经济增长率要高，失业率要低，但高产出、低失业会抬高物价和工资水平，通货膨胀率趋向上升，因此，经济增长率、失业率和通货膨胀率往往是制定经济政策的两难选择。西方经济学提出潜在 GDP（或 GNP）和自然失业率的概念。潜在 GDP 是指在保持价格稳定情况下所能产出的最大产出量，即国民经济按潜在产出能力运行时，产出水平高，失业率低，而且价格稳定。潜在 GDP 也称为充分就业产出量，意思是说，在这个产出水平上达到了充分就业。但充分就业水平并不意味着不存在失业，在充分就业水平条件下存在的失业称为自然失业率。自然失业率是与潜在 GDP 相对应的失业率，是价格和工资水平处于均衡状态的失业率，也是经济运行中可以维持的最低失业率。据测算，美国 20 世纪 80 年代后期的自然失业率在 5%～6%。

我国的劳动力就业市场除具有市场经济的一般规律以外，还具有较强的经济转轨期的特征，主要是国有企业改制的下岗职工和农村富余劳动力向城市转移对就业市场带来巨大的压力。因此，采取各种措施缓解就业再就业的压力，控制失业率，是当前宏观经济政策的一项重要任务。国家财政建立以职工基本生活保障、失业保险和城市居民最低生活保障为内容的“三条保障线”制度，支持下岗职工上岗培训和农民工的技术培训，实行有利于再就业的税收政策，支持劳动密集型的中小企业的发展等，对缓解就业再就业的压力发挥重要作用。

(4) 收入的合理分配。“吃大锅饭”的平均主义分配，抑制了劳动者的生产积极性，不利于经济的发展；收入分配不合理，贫富悬殊过大，又不利于社会经济的稳定。在社会主义市场经济下，同资源配置机制一样，应使市场分配起基础作用，同时实施政府的宏观调控。收入分配既要有利于充分调动社会成员的劳动积极性，同时又要防止过分贫富悬殊，因此，在政策的导向上存在着公平与效率的协调问题，当社会成员的收入差距过大时，则必须重视社会公平，使全体人民共享改革发展成果。通过税收调节缩小收入分配的差距，建立完善的社会保障体系和最低生活保障体系等，是实现收入合理分配目标的有效措施。

(5) 社会生活质量逐步提高。经济系统的最终目标是满足社会全体成员的需要，需要的满足程度，不仅取决于个人消费需求的实现，而且取决于社会公共需要的实现。这种社会公共需要的满足，综合表现为社会生活质量的提高。比如公共安全、环境质量、基础科学研究、普及教育和公共卫生等水平的提高都标志着社会生活质量的提高。财政政策把社会生活质量的提高作为政策目标之一，是因为提高社会生活质量，仅靠市场是远远不够的，还必须依靠政府部门提供足够的高质量的社会公共物品。

四、财政政策工具

财政政策工具，是财政政策主体所选择的用以达到政策目标的各种财政手段，财政政策工具就是在前面各章节中讲过的各个财政范畴，主要有税收、公共支出（包括财政补贴）、政府投资、公债等，在这里作为财政政策手段再加以综述。

(1) 税收。税收作为一种政策工具，它具有形式上的强制性、无偿性和固定性特征，这些特征使税收调节具有权威性。税收调节作用，主要通过宏观税率和具体税率的确定、税种选择、税负分配（包括税负转嫁）以及税收优惠和税收惩罚等规定体现出来。①宏观税率（即税收收入占GDP的比重）的确定，是财政政策实现调节目标的基本政策度量选择之一。当一国把税收作为财政收入的基本来源（例如我国税收已占整个财政收入的90%）时，宏观税率就成为衡量财力集中与分散程度的一个重要指标，而宏观税率高意味着政府集中掌握的财力或动员资源的能力高，反之则低。政府动员资源的能力如何，对于宏观经济运行的稳定以及经济的发展会产生重大的影响。一般来说，政府提高宏观税率，会对民间部门经济起收缩作用，意味着更多的收入从民间部门流向政府部门，相应地，民间部门的需求将下降，民间部门的产出将减少。政府若降低宏观税率，则会对民间部门经济起扩张作用，需求将相应地上升，产出也相应地增加。但是，如前所说，宏观税率也必须适度，过低则难以保证政府提供公共物品的需要，也不利于政府的宏观调控。②宏观税率确定后，税负的分配就显得十分重要。税负分配，一方面是由政府部门来进行，主要是通过税种选择和制定不同的具体税率来实现；另一方面是通过市场活动来进行，主要是通过税负转嫁的形式体现出来。税负转嫁的结果，使纳税人的名义税负与实际税负不相同。因此，可以说税负转嫁是在政府税负初次分配的基础上，通过市场机制的作用而进行的税负再分配。两个层次的税负分配，对于收入的变动、相应的个人与企业的生产经营活动以及各经济主体的行为，均会产生重大影响。③税收优惠与税收惩罚主要是在征收正税的基础上，为了某些特殊需要而实行的鼓励性措施或惩罚性措施。这种措施在运用上具有较大的灵活性，它往往起到正税所难以起到的作用，因而在各国税法中都不同程度地保留着某些税收优惠性和惩罚性的措施。税收的优惠性措施包括减税、免税、宽限、加速折旧以及建立保税区等。与税收优惠措施相反的是税收的惩罚性措施，如报复性关税、双重征税、税收加成、征收滞纳金等。无论是优惠性的还是惩罚性的措施，对实现财政政策的某些目标都起到一定作用。

(2) 公共支出。主要指政府满足纯公共需要的一般性支出（或称经常项目支出），它包括购买性支出和转移性支出两大部分。购买性支出包括商品和劳务的购买，它是一种政府的直接消费支出。转移性支出通过“财政收入→国库→财政支付”过程将货币收入从一方转移到另一方，此时，民间的消费并不因此而发生变化。在我国，财政补贴占有重要位置，这不仅因为补贴支出数额大，而且还因为，财政补贴是我国目前的经济体制运转不可或缺的润滑剂。我国经济正在向市场经济转轨，新旧体制的摩擦较大，存在许多利益冲突，而财政补贴的运用则对实现体制的平稳过渡发挥了重大作用。当然，补贴的过快增长，也给我国经济与财政带来了沉重的负担，产生了一些消极的影响。财政补贴是一种具有明显“二重性”特征的政策工具，在运用上，必须充分考虑到它的双重作用。

(3) 政府投资。政府投资指财政用于资本项目的建设支出，它最终将形成各种类型的固定资产。在市场经济条件下，政府投资的项目主要是指那些具有自然垄断特征、外部效应大、产业关联度高、具有示范和诱导作用的公共设施、基础性产业以及新兴的高科技主导产业。政府的投资能力与投资方向对经济结构的调整起关键性作用。考虑到国民经济基础设施和基础产业的“瓶颈”制约现状，政府投资所产生的效应，就不局限于自身的投资效应；作为一种诱发性投资，它可将“基础瓶颈”制约所压抑的民间部门的生产潜力释放出来，并使国民收入的创造达到一个较高的水平。这就是政府投资在“基础瓶颈”条件下所产生的“乘数效应”。如图13-1所示，政府通过增加基础性产业投资提高了基础性产业的产出量Y，使整个生产可能曲线U_1V_1向外推移至U_2V_2，进而使UV与更高的社会无差异曲线SW_2相切于E_2

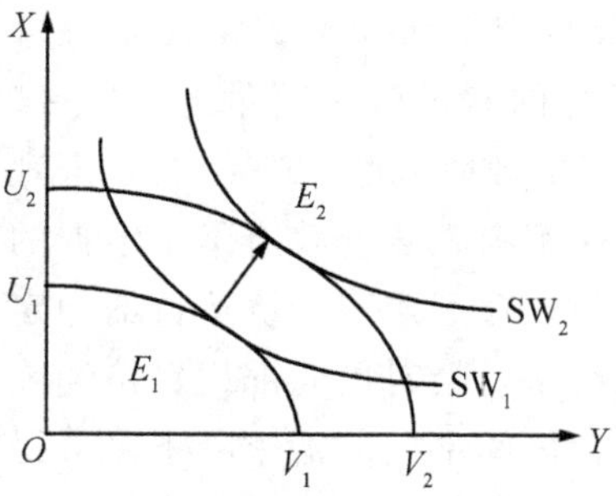

图 13-1 政府投资在“基础瓶颈”下的乘数效应

点，此时，社会的总体经济效益较以前的 E_1 为高。

在计划经济体制下，政府投资并不完全具有这种“乘数效应”。其症结在于：政府的投资在规模上过大，而且并不集中于上述具有“乘数效应”的产业部门，许多本应让民间部门发展的投资领域政府包揽过多，重复建设、盲目建设的现象严重，尽管政府投资规模很大，但投资效益低下。经济改革使一部分储蓄从政府部门转向民间部门，民间部门的投资在增长。但民间部门投资基础性产业受财力有限、预期收益不稳定等因素的制约。因此在一个相当长的时期内，保持政府投资的适当比例，对于产业结构调整具有重要意义。

（4）国债。作为一种财政信用形式，最初是用来弥补财政赤字的，随着信用制度的发展，国债已成为调节货币供求、协调财政与金融关系的重要政策手段。国债的调节作用，主要体现在下述三种效应上：①“排挤效应”，即由于国债的发行，使民间部门的投资或消费资金减少，从而对民间部门的投资或消费起调节作用。②“货币效应”，即国债发行引起货币供求变动。它一方面可能使部分“潜在货币”变为现实流通货币，另一方面则可能把存于民间部门的货币转到政府部门，或由于中央银行购买公债增加货币的投放。由国债发行所带来的货币的一系列变动，统称为“货币效应”。③“收入效应”。不论是以未来年度增加税收或是发行新债来偿还，国债持有人在国债到期时，不仅收回本金而且得到利息报偿。而政府发行国债主要用于社会公共需要，人人均可享用，这样，在一般纳税人与国债持有人之间就产生了收入的转移问题。此外，国债所带来的收入与负担问题，不仅影响当代人，而且还存在着所谓“代际”的收入与负担的转移问题。对这些问题的分析，即所谓收入效应的分析。国债的作用主要通过国债规模、持有人结构、期限结构、国债利率等综合体现出来。政府可以通过调整国债规模，选择购买对象，区分国债偿还期限，制定不同国债利率等来实现财政政策的目标。在现代信用经济条件下，国债的市场操作是沟通财政政策与货币政策的主要载体，通过国债的市场操作，可以协调两大政策体系的不同功能。一方面，可以淡化赤字的通货膨胀后果，因为国债的市场融资比政府直接向央行透支，对基础货币的变动影响小；另一方面，可以增加中央银行灵活调节货币供应的能力。

五、财政政策的类型

（一）根据调节经济周期的作用来划分

根据调节经济周期的作用来划分，财政政策可分为自动稳定的财政政策和相机抉择的财政政策。

（1）自动稳定的财政政策。自动稳定的财政政策，是指这种政策本身具有内在的调节功能，能够根据经济波动情况，无需借助外力而自动地发挥稳定作用。财政政策的自动稳定性主要表现在两个方面：一是税收的自动稳定效应。税收体系，特别是公司所得税和累进的个人所得税，对经济活动水平的变化反应相当敏感。如果当初政府预算是平衡的，税率没有变动，而经济活动出现不景气，国民产出就要减少，这时税收收入也会自动下降；如果政府预算支出保持不变，则由税收收入的减少而使预算赤字发生，这种赤字具有一种内在的扩张力量，会“自动”地抑制国民产出的继续下滑。二是公共支出的自动稳定效应。经济学家们一致认为，对个人的转移支付支出是普遍的“自动稳定器”。转移支付支出，是指政府为维持居民的最低必要生活水平而提供的失业救济金和最低生活保障金等福利性支出。当国民经济出现衰退时，就会有一大批居民享有失业救济金和低保收入，从而可以使总需求不致猛然下降；当经济繁荣来临时，失业者可重新获得工作机会，政府就可以停止失业救济和低保支出，从而可以抑制总需求的过旺。

(2) 相机抉择的财政政策。相机抉择的财政政策，意味着这种政策本身不具有内在的调节功能，需要借助外力才能对经济产生调节作用。一般来说，这种政策是政府利用本身财力有意识干预经济运行的行为。比如，政府根据当时的经济形势，采用不同的财政措施，消除通货膨胀缺口或通货紧缩缺口，就属于这种财政政策。

按照财政政策的早期理论，相机抉择的财政政策包括汲水政策和补偿政策。在 20 世纪 30 年代的世界性经济危机中，美国实施的罗斯福-霍普金斯计划（1929～1933 年）、日本实施的时局匡救政策（1932 年）等，都是所谓的“汲水政策”。从字面上看，这种政策就如同水泵里缺水不能吸进地下水，需要注入少许引水，以恢复抽出地下水的功能。按照汉森的财政理论，汲水政策是对付经济波动的财政政策，是在经济萧条时靠付出一定数额的公共投资使经济自动恢复其活力的政策。汲水政策有四个特点：其一，汲水政策是一种诱导经济复苏的政策，是以经济本身所具有的自发恢复能力为前提的治理萧条政策；其二，汲水政策的载体是公共投资，以扩大公共投资规模作为启动民间投资活跃的手段；其三，财政支出规模是有限的，不进行超额的支出，只要使民间投资恢复活力即可；其四，汲水政策是一种短期的财政政策，随着经济萧条的消失而不复存在。补偿政策是政府有意识地从当时经济状态的反方向调节经济变动幅度的财政政策，以达到稳定经济波动的目的。在经济繁荣时期，为了减少通货膨胀因素，政府通过增收减支等政策以抑制和减少社会有效需求；而在经济萧条时期，为了减少通货紧缩因素，政府则通过增支减收等政策来增加消费和投资需求，谋求整个社会经济有效需求的增加。

可以看出，汲水政策和补偿政策虽然都是政府有意识的干预政策，但其区别也是很明显的：一是汲水政策只是借助公共投资以补偿民间投资的减退，是医治经济萧条的处方，而补偿政策是一种全面的干预政策，它不仅在使经济从萧条走向繁荣中得到应用，而且还可用于控制经济过度繁荣；二是汲水政策的实现工具主要是公共投资，而补偿政策的载体不仅包括公共投资，还有所得税、消费税、转移支付、财政补偿等；三是汲水政策的公共投资不能是超额的，而补偿政策的财政收支可以超额增长；四是汲水政策的调节对象是民间投资，而补偿政策的调节对象是社会经济的有效需求。

(二) 根据调节国民经济总量的不同功能

财政政策可分为扩张性政策、紧缩性政策和中性政策。

(1) 扩张性财政政策。扩张性财政政策是指通过财政收支规模的变动来增加和刺激社会的总需求，在总需求不足时，通过扩张性财政政策使总需求与总供给的差额缩小以至平衡。扩张性财政政策的载体主要是增加财政支出和减少税收，两者相比，前者的扩张效应更大一些。财政支出是社会总需求的直接构成因素，财政支出规模的扩大会直接增加总需求，增加支出的乘数效应大于减税的乘数效应。减税政策可以增加民间的可支配收入，在财政支出规模不变的情况下，也可以扩大社会总需求。同时，减税的种类和方式不同，其扩张效应也不同。流转税的减税在增加需求的同时，对供给的刺激作用更大，所以，它的扩张效应主要表现在供给方面。所得税尤其是个人所得税的减税，主要在于增加人们的可支配收入，它的扩张效应体现在需求方面。在增加支出与减税并举的情况下，扩张效应虽然更大，但可能导致财政赤字，从这个意义上说，扩张性财政政策等同于赤字财政政策。

(2) 紧缩性财政政策。紧缩性财政政策是指通过财政收支规模的变动来减少和抑制总需求，在国民经济已出现总需求过旺的情况下，通过紧缩性财政政策可以消除通货膨胀，达到供求平衡。实施紧缩性财政的手段主要是减少财政支出和增加税收。减少支出可以降低政府的消费需求和投资需求，增加税收可以减少民间的可支配收入，降低民间消费需求和投资需求。所以，无论是减支还是增税，都具有减少和抑制社会总需求的效应。如果在一定经济状态下，增税与减支同时并举，财政盈余就有可能出现，在一定程度上说，紧缩性财政政策等同于盈余财政政策。

(3) 中性财政政策。中性财政政策是指财政收支活动对社会总需求的影响保持中性，既不产生扩张效应，也不产生紧缩效应。在一般情况下，中性财政政策要求财政收支保持平衡。在经济政策理论中，一般把通过增加盈余或减少盈余以及增加赤字或减少赤字的形式表现出来的财政政策，称之为非均衡财政政策，而以收支均衡的形式表现出来的财政政策，称之为均衡财政政策。均衡财政政策的主要目的在于力求避免预算盈余或预算赤字可能带来的消极后果。但是，预算收支平衡或均衡财政政策，并不等于中性财政政策。因为通过支出结构的调整和税收政策的调整，同样可以对经济发挥调节作用，而且平衡预算本身也具有乘数效应（请参见下节的解释）。

第二节 财政政策的传导和效应

一、财政政策的传导机制

在市场经济条件下，财政政策的实施存在着从政策工具到政策目标的转变过程，这一过程需要特定的传导媒介使政策系统与经济环境进行信息交流，并通过传导媒介的作用，把政策工具变量最终转化为政策目标变量（即实现期望值）。财政政策传导机制的分析就是回答这一问题。

简单地说，财政政策传导机制，就是财政政策在发挥作用的过程中，各政策工具通过某种媒介体的相互作用形成的一个有机联系的整体，财政政策发挥作用的过程，实际上也就是财政政策工具变量经由某种媒介体的传导转变为政策目标变量（期望值）的复杂过程。那么，财政政策主要通过哪些媒介体将财政政策工具的作用传导出去？主要的媒介体是收入分配、货币供应与价格。财政政策工具变量的改变主要是通过引起上述媒介体中间变量的改变来达到预期目标。这样，政策能否达到预期目标，在很大程度上就与传导机制的作用联系在一起。不注重对政策传导机制的研究，就无法回答财政政策在贯彻执行中的种种效应偏差，并无法解释财政政策体系的整体作用的机理。

(1) 财政政策工具与收入分配。让我们来分析财政政策工具变量调整是如何通过收入分配来传导的，它们之间又如何协调。收入分配的范围很广，我们只选择对整个 GDP 分配影响最大的个人收入和企业利润收入分配进行分析。

政策工具变量的调整，对个人收入分配的影响，主要体现在改变货币收入者实得的货币收入或使货币收入者的实际购买力发生变化。对于前者，主要是通过对居民个人征税，使其税后收入减少，或通过某种形式的补贴使居民个人的实得收入增加；对于后者，主要是通过货币的升值或贬值来进行调节。居民个人收入的变化会影响其储蓄与消费的行为，并影响劳动者生产积极性，在一定的程度上还可能导致劳动者在工作与闲暇之间重新做出选择。例如，开征消费税直接影响消费支出，开征利息税可能影响储蓄行为。再如开征个人所得税，当累进税率达到一定高度时，就可能使一部分人在工作与闲暇中重新选择，产生减少工作（或有效工作）时间而增加闲暇时间的替代问题。这样，财政政策通过收入分配作为媒介就会对总产出产生影响。

政策工具变量调整对企业利润分配的影响，则主要体现在企业税后利润的分配上。比如，我国经济体制改革后，国有企业走向市场，自主经营，自负盈亏，利润成为企业追求的主要目标，税后利润的多少直接影响企业的经营活动和职工的利益。企业所得税直接影响企业税后利润的变化，从而影响企业的生产经营行为，尤其是影响企业的投资行为。对于国有企业来说，国家与企业的利润分配关系不稳定，缺乏规范化和法制化的刚性，往往是导致企业片面追求短期利益倾向的重要诱因，带来诸如盲目生产、重复建设等一系列问题。

总之，在总供求波动的背后，主要是收入因素变动影响，而收入的变动是分配的结果，或者说是利益格局调整的结果，而财政政策工具正是通过对利益格局的调整来实现政策的目标值。

（2）财政政策工具与货币供给。政策工具变量的调整是如何影响货币供应的？撇开财政政策对货币流通速度与货币存量结构变化的影响不谈，在前一章中我们已经集中分析了财政赤字与货币供应的关系。其实，因为货币供给是社会需求的载体，任何一笔财政收支的增减都必须通过货币供给量作为媒介作用于总需求。比如，当实行赤字政策的时候，不论是增支还是减税，也不论是采取货币化融资还是采取债务化融资，首先是扩大货币供给量，而后才能达到扩大总需求的目标值的目的。在利率市场化的条件下，财政收支的增减则会影响利率的升降，如果扩大财政支出而不相应地扩大货币供给量，必然迫使利率上升，对民间投资产生“排挤”效应，这样就达不到总需求的政策目标。如此等等。

（3）财政政策工具与价格的关系。价格为什么也是财政政策传导的重要媒介体？许多财政政策工具的作用是通过价格作用体现出来的，或者是与价格相互作用共同发挥调节作用的。比如，长期以来，我国产业部门间的利润率存在着不合理的差异，这种差异是导致产业结构不合理的一个重要原因。调整产业结构从某种意义上讲就是调整利益结构，而部门与行业间的利润率的差别，除了受成本变动等因素影响外，主要与价格政策有关。如基础设施的定价偏低，加工工业产品的价格相对偏高，是导致两种行业盈利差别的重要原因，而价格不合理往往是制约基础设施发展滞后的最关键的因素。价格市场化，是我国经济体制改革的必然趋势，然而在向市场经济转变中，政府对价格的适度控制仍然必要的。当然这种控制主要不是依靠行政手段来管制物价，而是通过经济手段，如在加大基础产业部门政府投资的同时，运用税收、补贴等财政政策工具控制基础产业部门的价格，达到调整产业结构的政策目标。

二、财政政策效应

财政政策效应即财政政策作用的结果，政策是否有效主要看政策执行的结果。一般来说，政策实施能达到预期的目标即为有效；反之，则为效果不佳或无效。但要做出政策是高效还是低效的判断，则不仅要看政策执行的结果，还要分析为达到目标而付出的代价。为此，我们有必要首先讨论政策效应的评价问题。对某项财政政策效应的优与劣做出客观评价，是政策研究中一个十分重要的问题，它可以为决策者的科学决策提供依据。然而，对某项财政政策的效应做准确的评价又是一项十分困难的工作。因为，财政政策作用的结果有积极的一面，也有消极的一面，尽管政策的制定者总是在寻求最佳的政策效果，努力减轻或消除消极效果的影响，但是客观经济运行过程的复杂性，使政府的预期与实际很难完全相符。

政府为推行某项政策所付出的研究费用、执行费用和补偿费用构成了该项政策的”成本”，而某项政策实施所产生的积极作用则可视为该项政策的“效益”。这样，对政策有效性评价可以通过政策成本与政策效益的对比分析来进行。即当政策效益大于政策成本时，政策的有效性程度高，反之则低。政策效益实际上也就是政策目标值的实现。一般来说，政策目标值是根据客观经济运行需要规定的，实现政策目标值，财政政策就会产生积极的作用。政策研究费用与执行费用可以用货币单位直接计算，困难在于，对某项政策实施所产生的消极影响难以完全用货币计量，实施某项政策而需给受损者的必要补偿费用或由此带来的社会效益损失难以准确度量。比如，政府为平衡预算，实施一项增加税收政策。当个人所得税增加时，减少了个人收入，可能使一部分人的劳动生产积极性受影响；当企业所得税增加时，减少了企业的税后利润，也可能降低部分企业的投资热情。对于一个社会来说，这种损失究竟有多大，是难以准确估算的。因此，政策效应评价的关键是在政策效益既定的前提下，确定政策成本最低者为优。上述分析可以归结为一个简单的逻辑表达式：

$$\text{政策的有效性}=\frac{\text{政策的积极作用（实现政策目标产生的效果）}}{\text{政策研究费用}+\text{政策执行费用}+\text{补偿费用（或效率损失）}}$$

这一逻辑表达式说明了分析政策的有效性的思路，即如同分析财政支出效益一样，必须从“成本与效益”的对比中做出判断。当然，政策的“成本与效益”分析较之一般企业的经济效益与成本的比较分析更为复杂。

三、财政政策乘数

从上述分析中已经看到财政政策的经济调节作用，但它的这种作用到底有多大？这就是我们要说明的财政政策乘数问题。

可以依据经济学关于国民收入的决定方程式推导出财政政策乘数。如前所述，国民收入的决定公式为：

$$Y=C+I+G \tag{1}$$

式中，Y 代表国民收入，C 代表消费支出，I 代表私人投资支出，G 代表政府购买性支出。其中，

$$C=Ca+b*Yd \tag{2}$$

式中，Ca 代表消费函数中的常数，也就是说，人们即使在短期没有收入也要消费，这可能就需要动用原有资产（如储蓄）或借债等，b 代表边际消费倾向，Yd 代表可支配收入，即扣

除税收（T）后的收入，则

$$Yd = Y - T \tag{3}$$

把式（2）、式（3）代入式（1）可得：

$$Y = Ca + b(Y - T) + I + G$$
$$= Ca + b * Y - b * T + I + G$$
$$(1 - b)Y = Ca - b * T + I + G$$
$$Y = \frac{Ca - b * T + I + G}{1 - b} \tag{4}$$

根据以上公式，我们就可以求得简单的财政政策乘数。

（一）税收乘数

求式（3）对 T 的导数，即可求得税收乘数：

$$\frac{\partial Y}{\partial T} = \frac{-b}{1 - b} \tag{5}$$

税收乘数表明的是税收的变动（包括税率、税收收入的变动）对国民产出（GNP）的影响程度。它的特点和作用是：①税收乘数是负值，说明税收增减与国民产出呈反方向变动；②政府增税时，国民产出减少，减少量为税收增量的 $b/(1-b)$ 倍。假定边际消费倾向（b）为 0.8，则税收乘数为－4。可见，若政府采取减税政策，虽然会减少财政收入，但将会成倍地刺激社会有效需求，有利于民间经济的增长。

（二）购买性支出乘数

求式（3）对 G 的导数，即可求得购买性支出乘数：

$$\frac{\partial Y}{\partial G} = \frac{1}{1 - b} \tag{6}$$

购买性支出乘数表明的是购买性支出的变动对国民产出（GNP）的影响程度。它的特点和作用是：①支出乘数是正值，说明购买性支出的增减与国民产出呈正方向变动；②政府增支时，国民产出增加，增加量为支出增量的 $1/(1-b)$ 倍。假定边际消费倾向为 0.8，则购买性支出乘数为 5；③同税收乘数相比，支出乘数大于税收乘数，这说明，增加财政支出政策对经济增长的作用大于减税政策。

（三）平衡预算乘数

政府在增加税收的同时，等量增加购买性支出，维持财政收支平衡，这种变化对国民产出的影响是怎样的，这就是所谓的平衡预算乘数。计算公式如下：

$$\frac{\partial Y}{\partial T} + \frac{\partial Y}{\partial G} = \frac{-b}{1 - b} + \frac{1}{1 - b} = 1 \tag{7}$$

平衡预算乘数说明，即使增加税收会减少国民收入，但若同时等额地增加支出，国民产出也会等额地增加。换言之，即使实行平衡预算政策，仍具有扩张效应，它的效应等于 1。

第三节 财政政策与货币政策的配合

一、货币政策简介

所谓货币政策，是指一国政府为实现一定的宏观经济目标所制定的关于调整货币供应的基本方针及其相应的措施。它是由信贷政策、利率政策、汇率政策等政策构成的一个有机的政策体系。在计划经济体制下，货币政策从属于财政政策，独立的作用很小。随着社会主义市场经济体制的转变，银行的从属地位已经改变，在国民经济运行中的作用日益增强。货币政策作为国家经济政策的组成部分，如同财政政策一样，其最终目标与国家的宏观经济目标是一致的。我国货币政策的基本目标是稳定货币。稳定货币是指把货币供应量控制在客观需要量的范围内，这就是说，货币供应量不能超过货币的客观需要量，但货币投放量究竟多少为宜，可以在货币需要量所允许的空间内进行选择。稳定货币和发展经济的目标是一致的。货币是发展生产的第一推动力和持续推动力，特别是当潜在的生产要素未被充分利用时，追加货币投放，可以使潜在的生产要素变为现实的生产要素，促进经济的发展。稳定货币与发展经济是互为条件、相互促进的。稳定货币是发展经济的必要条件，我国经济建设的实践证明，没有一个良好的、稳定的货币金融环境，要保持经济的稳定发展是不可能的；但发展经济又是稳定货币的前提，只有经济持续、稳定和协调发展，才能保持货币的稳定。不过，在稳定货币与发展经济之间也会出现矛盾，比如要发展经济，有时需要适度投放货币加以推动，而一旦投放过度，不但与稳定货币的目标相矛盾，而且会干扰经济的正常运行。这种发展经济与稳定货币的矛盾，在我国经济体制改革的过程中曾几度出现。因此，应把稳定货币与发展经济作为一个总体目标来把握，求得二者的最佳结合。

货币政策是借助于货币政策手段发挥作用的，目前，我国中央银行的货币政策手段主要是：①中央银行对各商业银行（专业银行）发放贷款。②存款准备金制度。即各专业银行要将吸收的存款按一定比例交存中央银行。③利率。中央银行根据资金松紧情况确定调高或调低利率。④公开市场操作，是指中央银行在金融市场上出售或购入政府债券，特别是短期国库券，用以影响基础货币。⑤贴现政策，是指中央银行通过变动对商业银行所持票据再贴现的再贴现率来调节贷款数量和基础货币量。货币政策的核心是通过变动货币供应量，使货币供应量与货币需要量之间形成一定的对比关系，进而调节社会的总需求与总供给。因此，如同财政政策的分类一样，从总量调节出发也把货币政策分为膨胀性、紧缩性和中性三种类型。膨胀性货币政策是指货币供应量超过经济过程对货币的实际需要量，其主要功能是刺激社会总需求的增长；紧缩性货币政策是指货币供应量小于货币的实际需要量，其主要功能是抑制社会总需求的增长；中性货币政策是指货币供应量大体上等于货币需要量，对社会总需求与总供给的对比状况不产生影响。至于具体采用何种类型的货币政策，需要根据社会总需求与总供给的对比状况审慎地做出抉择。

二、财政政策与货币政策相互配合的必要性

在我国财政与银行信贷是国家从宏观上集中分配资金的两条不同的渠道，两者虽然都能对社会的总需求与总供给进行调节，但在消费需求与投资需求形成中的作用又是不同的，而

且这种作用是不可相互替代的。可以从以下几方面来看两者的不同作用。

（一）两者的作用机制不同

财政是国家集中一部分 GDP 用于满足社会公共需要，因而在国民收入的分配中，财政居于主导地位。财政直接参与国民收入的分配，并对集中起来的国民收入在全社会范围内进行再分配。因此，财政可以从收入和支出两个方向上影响社会需求的形成。当财政收入占 GDP 的比重大体确定，即财政收支的规模大体确定的情况下，企业和个人的消费需求和投资需求也就大体确定了。比如，国家对个人征税，也就相应减少了个人的消费需求与投资需求；对企业征税或国家对企业的拨款，也就减少或增加了企业的投资需求。银行是国家再分配货币资金的主要渠道，这种对货币资金的再分配，除了收取利息外，并不直接参加 GDP 的分配，而只是在国民收入分配和财政再分配基础上的一种再分配。信贷资金是以有偿方式集中和使用的，主要是在资金盈余部门和资金短缺部门之间进行余缺的调剂。这就决定了信贷主要是通过信贷规模的伸缩影响消费需求与投资需求的形成。至于信贷收入（资金来源）虽然对消费需求与投资需求的形成不能说没有影响，但这种影响一定要通过信贷支出才能产生。比如，当社会消费需求与投资需求过旺时，银行采取各种措施多吸收企业、单位和个人的存款，这看起来是有利于紧缩需求的，但如果贷款的规模不作相应的压缩，就不可能起到紧缩需求的效果。

（二）两者的作用方向不同

从消费需求的形成看，包括个人消费和社会消费两个方面。社会消费需求，基本上是通过财政支出形成的，因而财政在社会消费需求形成中起决定作用。只要在财政支出中对社会消费性支出作适当的压缩，减少公共部门的购买力，社会消费需求的紧缩就可以立即见效。而银行信贷在这方面则显得无能为力。个人消费需求的形成则受到财政、信贷两方面的影响。在个人所得税制度日趋完善的情况下，财政对个人消费需求的形成是有直接影响的。而银行主要是通过工资基金的管理和监督以及现金投放的控制，间接地影响个人的消费需求。至于说银行对个人消费需求的形成有直接影响，也主要是体现在城乡居民储蓄存款上。但居民储蓄存款毕竟可以随时提取，因而这种影响的力度就不像财政那样大。再从投资需求的形成看，虽然财政和银行都向再生产过程供应资金，但两者的侧重点不同。在我国现行体制下，根据财政、银行在运用资金上无偿与有偿的不同特点，固定资产投资理应由财政供应资金，而流动资金投资一般由银行供应资金。虽然随着银行信贷资金来源的不断扩大，银行也发放一部分固定资产投资贷款，但银行的资金运用的重点仍是保证流动资金的供应和短期的固定资产投资贷款。从这里也可看出，财政在形成投资需求方面的作用，主要是调整产业结构，促进国民经济结构的合理化，而银行的作用则主要在于调整总量和产品结构。

（三）两者在扩张和紧缩需求方面的作用不同

在经济生活中，有时会出现需求不足、供给过剩，有时又会出现需求过旺、供给短缺。这种需求与供给失衡的原因很复杂，但从宏观经济看，主要是由财政与信贷分配引起的，而财政与信贷在膨胀和紧缩需求方面的作用又是有别的。财政赤字可以扩张需求，财政盈余可以紧缩需求，但财政本身并不具有直接创造需求即“创造”货币的能力，唯一能创造需求、创造货币的是中央银行。因此，财政的扩张和紧缩效应一定要通过货币政策机制的传导才能发生。比如财政发生赤字或盈余时，如果银行相应压缩或扩大信贷规模，完全可以抵消财政的扩张或紧缩效应；只有财政发生赤字或盈余，银行相应地扩大或收缩货币供给量，财政的扩张或紧缩效应才能真正发生。问题不仅在此，银行自身还可以直接通过信贷规模的扩张和收缩来起到扩张和紧缩需求的作用。从这个意义上说，中央银行的货币政策是扩张或紧缩需求的“总闸门”。

正是由于财政政策与货币政策在消费需求与投资需求形成中有不同的作用，这就要求财政政策与货币政策必须配合运用。如果财政政策与货币政策各行其是，就必然会产生碰撞与摩擦，彼此抵消力量，从而减弱宏观调控的效应和力度，也难以实现预期的调控目标。

三、不同的政策组合

财政政策与货币政策的配合运用也就是膨胀性、紧缩性和中性三种类型政策的不同组合。现在我们从松紧搭配出发来分析财政政策与货币政策的不同组合效应。

(一) 松的财政政策和松的货币政策，即所谓“双松”政策

松的财政政策是指通过减少税收和扩大政府支出规模来增加社会的总需求；松的货币政策是指通过降低法定准备金率、降低利息率而扩大货币供给规模。显然，“双松”政策的结果，必然使社会的总需求扩大。在社会总需求严重不足，生产能力和社会资源未得到充分利用的情况下，利用这种政策配合，可以刺激经济的增长，扩大就业，但却可能带来通货膨胀的风险。

(二) 紧的财政政策与紧的货币政策，即所谓“双紧”政策

紧的财政政策是指通过增加税收、削减政府支出规模，来限制消费与投资，抑制社会的总需求；紧的货币政策是指通过提高法定准备率、提高利率来压缩货币供给量。这种政策组合可以有效地遏止需求膨胀与通货膨胀，但可能会带来通货紧缩和经济停滞的后果。

(三) 紧的财政政策和松的货币政策

紧的财政政策可以抑制社会总需求，防止经济过旺和通货膨胀；松的货币政策在于保持经济的适度增长。因此，这种政策组合的效应就是在控制通货膨胀的同时，保持适度的经济增长。但货币政策过松，也难以制止通货膨胀。

(四) 松的财政政策和紧的货币政策

松的财政政策在于刺激需求，对克服经济萧条较为有效；紧的货币政策可以避免过高的通货膨胀率。因此，这种政策组合的效应是在保持经济适度增长的同时尽可能地避免通货膨胀。但长期运用这种政策组合，会积累起巨额的财政赤字。

从以上几种政策组合可以看到，所谓松与紧，实际上是财政与信贷在资金供应上的

松与紧，也就是银根的松与紧。凡是使银根松动的措施，如减税、增加财政支出、降低准备金率与利息率、扩大信贷规模等，都属于“松”的政策措施；凡是收紧银根的措施，如增税、减少财政支出、提高准备金率与利息率、压缩信贷规模等，都属于“紧”的政策措施。至于到底采取哪一种松紧搭配政策，则取决于宏观经济的运行状况及其所要达到的政策目标。一般来说，如果社会总需求明显小于总供给，就应采取松的政策措施，以扩大社会的总需求；而如果社会总需求明显大于总供给，就应采取紧的政策措施，以抑制社会总需求的增长。

到这里，我们的分析主要还是把财政政策与货币政策的调节效应放在对社会总需求的影响上，实际上，不管是松的政策措施还是紧的政策措施，在调节需求的同时也在调节供给。同样的道理，在社会总需求大于总供给的情况下，既可用紧的政策措施来抑制需求的增长，也可用松的政策措施来促进供给的增长。因此紧的政策措施和松的政策措施并不是相互排斥的，而是相互补充的。如果从结构方面看，问题就更清楚。在总需求与总供给基本平衡的情况下，也会有一些部门的产品供大于求，另一些部门的产品供小于求；在总需求与总供给不平衡的情况下，同样也会出现有的部门的产品供大于求，有的部门的产品供小于求。这样单纯地采取紧的或松的政策调节，都不可能使部门之间趋于平衡。因此，还要从结构失衡的具体情况出发，采取或紧或松的政策措施加以调节。由此可见，当我们运用财政政策与货币政策来实现宏观经济的调控目标时，不能只看到需求的一面，还要兼顾供给的一面。当然也要看到，采取紧的政策措施在压缩需求方面可以迅速奏效，而采取松的政策措施在增加供给方面往往要经历一个过程才能见效。

四、财政政策与货币政策的相对效力

需要说明，在经济学中，政府的宏观经济政策主要需求管理政策，所以，这里是假定在封闭经济并实行自由利率条件下，分析财政政策与货币政策对总需求影响的相对效力。

（一）财政政策的效力

当政府实施扩张性财政政策时，政府需求的增加将通过财政政策乘数效应使国民产出（GDP）增加。GDP 的增加又使货币需求增加，即需要更多的货币用于流通。在中央银行不改变货币供给的情况下，利率必然上升。利率上升，一方面会抵消由于 GDP 增加而增加的货币需求，另一方面又会减少投资需求，从而抵消一部分政府支出或减税对 GDP 的刺激作用。如果投资需求对利率的敏感程度很高，利率的上升将会减少投资。如果货币需求对利率的敏感程度很低，那么，由于政府支出增加引起的货币需求将使利率猛增，因为利率敏感程度很低，意味着利率必须有较大的变动。

此外，财政支出乘数是衡量财政政策效力的一个重要指标。但是，财政支出乘数能否使财政政策的效力充分发挥出来，同样要受到上述两个因素的制约。如果投资对利率高度敏感而货币需求对利率不敏感，即使财政支出乘数很大，财政政策也无法产生强有力的效果。与上述情况相反，当政府采取扩张性财政政策时，如果利率上升幅度不大，或扩张性财政政策对利率水平没有多大影响，那么，这种政策对投资的冲击就很小。在这种情况下，扩张性财政政策对总需求就有很强的影响力。换言之，当投资对利率不敏感而货币需求对利率高度敏感时，财政政策的效力就很强，见图 13-2。

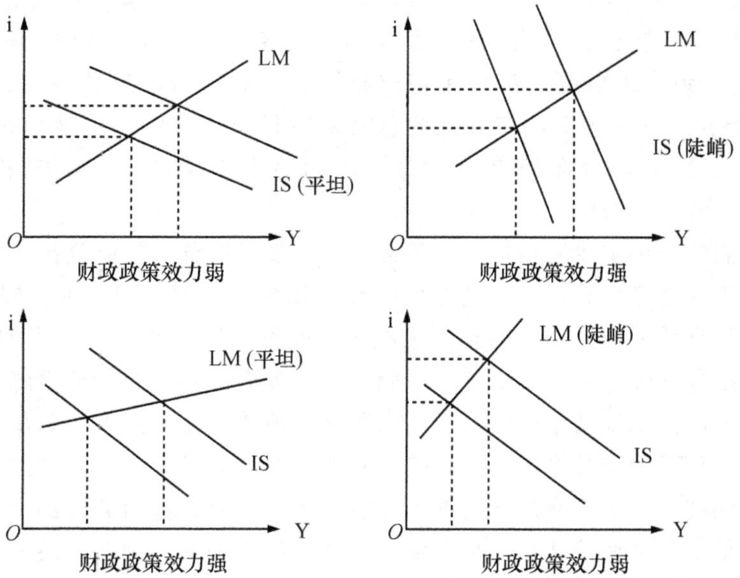

图 13-2 财政政策效力的强弱

图 13-2 中，利用 IS-LM 曲线的形状及其移动来展示财政政策效力的强弱。财政政策的效力与 IS 曲线和 LM 曲线的形状有很大关系。当投资需求对利率很敏感时，IS 曲线比较平缓，因为利率的较小变化和投资需求的较大变化有关。相反地，当投资需求对利率不敏感时，IS 曲线就比较陡峭。再看 LM 曲线的形状。当货币需求对利率很敏感时，LM 曲线就比较平缓，因为当货币需求随着收入变化而增加时，利率的很小变化就足以使它减少；反之，当货币需求对利率不敏感时，LM 曲线就比较陡峭。当 IS 曲线比较陡峭，或者 LM 曲线比较平缓时，财政政策的效力比较强。相反，如果 IS 曲线比较平缓，或者 LM 曲线比较陡峭，财政政策的效力就比较弱。

（二）货币政策的效力

货币政策的操作主要体现在货币供给的变化上，扩张性货币政策或宽松货币政策是货币供给增加，紧缩性货币政策或紧货币政策是货币供给减少。一项扩张性货币政策如果在货币供给的增加时使利率下降的幅度很大，并且对投资有很大的刺激作用，它对总需求的影响就很大。这种效果产生的条件：一是如果投资需求对利率的敏感程度很高，利率的下降就会使投资受到极大鼓励。二是如果货币需求对利率的敏感程度很低，货币供给的增加使利率下降很大（利率的很小下降就足以把货币需求提高到同较高货币供给一致）。在这两个条件得到满足的情况下，货币政策对总需求的影响效力就强。货币政策对总需求的影响效力也有弱的时候。如果投资需求对利率的敏感程度很低，利率的下降不会使投资受到很大的刺激；如果货币需求对利率的敏感程度很高，货币供给的增加并不能使利率下降很大。在这种情况下，一项扩张性的货币政策如果使利率下降较小，或对投资的影响较小，它对总需求的影响就较弱（见图 13-3）。

图 13-3 中，用 IS-LM 曲线的形状及其移动来展示货币政策效力的强弱。同财政政策一

样，货币政策的效力也与IS曲线和LM曲线的形状关系很大。如果IS曲线较为平缓或LM曲线较为陡峭，货币政策的效力就强；如果IS曲线较为陡峭或LM曲线较为平缓，货币政策的效力就弱。

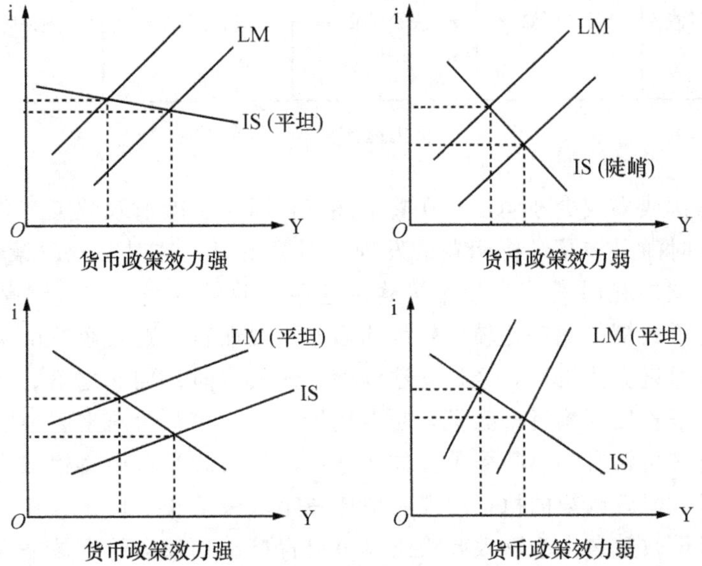

图 13-3 货币政策效力的强弱

五、财政政策与货币政策的时滞

经济学家认为，良好的经济政策不仅是单纯的政策配合问题，还要把握运用政策的时机，即还要考虑政策时滞（time lag）问题。

从相机抉择的财政政策来说，财政政策的实施一般会存在下列五种时滞，依次为：认识时滞、行政时滞、决策时滞、执行时滞和效果时滞。

认识时滞，是指从经济现象发生变化到决策者对这种需要调整的变化有所认识所经过的时间，这段延迟时间的长短，主要取决于行政部门掌握经济信息和准确预测的能力。行政时滞也称为行动时滞，是指财政当局在制定采取何种政策之前对经济问题调查研究所耗费的时间。这两种时滞只涉及行政单位而与立法机构无关，也就是说，这两种时滞只属于研究过程，与决策单位没有直接关系，经济学称之为内在时滞。内在时滞的长短，一方面取决于财政当局收集资料、研究情况所占用的时间以及采取行动的效率；另一方面取决于当时的政治与经济目的，尤其是在希望实现的目标较多的情况下，必须对政策目标的优先顺序进行选择。

与内在时滞相对应的是外在时滞。外在时滞，是指从财政当局采取措施到这些措施对经济体系产生影响的这一段时间。主要包括三种时滞：①决策时滞，是指财政当局将分析的结果提交立法机构审议通过所占用的时间；②执行时滞，是指政策议案在立法机构通过后交付有关单位付诸实施所经历的时间；③效果时滞，是指政策正式实施到已对经济产生影响所需要的时间。这三种时滞与决策单位发生直接关系，而且直接影响社会的经济活动，故称为外在时滞。由于经济结构和经济主体的行为具有不确定性，很难预测，因此，外在时滞可能会更长。图 13-4 表明了财政政策时滞的先后次序及其内容。

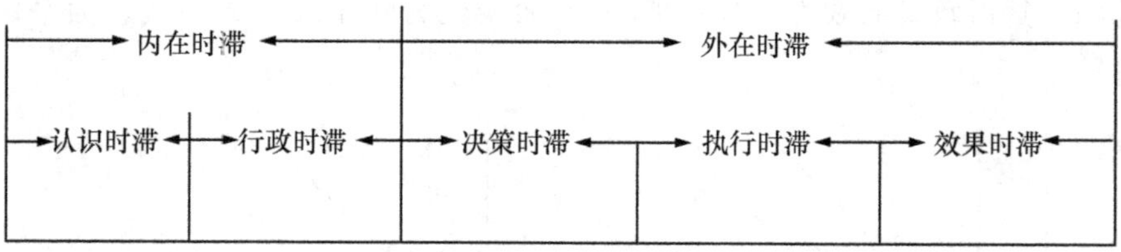

图 13-4 相机选择财政政策的时滞

货币政策的操作或多或少地同样存在着上述五种时滞。就财政政策与货币政策的时滞长短比较而言，内在时滞只涉及经济问题的发现与对策研究，这对财政政策和货币政策来说，大体一致。因此，就内在时滞而言，无法确定这两种政策孰优孰劣。但是，就外在时滞来说，财政政策与货币政策的优势比较就较为明显。一般而言，财政政策的决策时滞较长，因为财政政策措施要通过立法机构，经过立法程序，比较费时；相比之下，货币政策可由中央银行的公开市场业务直接影响货币数量，时滞比较短。就执行时滞来看，财政政策措施在通过立法之后，还要交付给有关执行单位具体实施；而货币政策在中央银行决策之后，可以立即付诸实施。所以，财政政策的执行时滞一般比货币政策要长。但是，从效果时滞来看，财政政策就要优于货币政策。由于财政政策工具可以直接影响社会的有效需求，从而使经济活动迅速做出有力的反应；而货币政策主要是影响利率水平的变化，通过利率水平变化引导经济活动的改变，不会直接影响社会有效需求。因此，财政政策的效果时滞比货币政策要短。总之，就时滞方面来看，很难比较财政政策与货币政策的有效性。在研究这两种政策的时滞问题时，一定要根据不同的客观经济环境和不同政策的各种时滞加以比较，才能做出正确判断，选择有效的政策措施。

第四节 我国财政政策的实践

一、1997 年以前的财政政策

1978 年我国开始实行改革开放政策，社会主义现代化建设从此翻开崭新的一页。这期间，我国由传统的社会主义计划经济逐步转向社会主义市场经济，市场化改革成为大趋势和主旋律。由此带来的影响是全方位和多层次的。总的说来，改革开放的成绩是有目共睹的，我国国民经济在这些年来取得了快速发展，各项建设事业取得了巨大成就，人民生活水平得到了极大提高。但各时期的经济形势和财政政策却有所不同。

我国进入 20 世纪 90 年代以后，经济步入一个高速发展的新时期。从社会总供求的角度看，全社会的投资需求在 1995 年以前几乎始终处于高亢态势，并且，由于国民收入分配格局发生了巨大变化，居民收入和消费需求在同期也增长很快。投资和消费需求的双重作用，使得国民经济在保持快速增长的同时，社会总供求的矛盾逐渐显现出来，明显的表现是居民消费价格水平不断上升，通货膨胀问题开始成为困扰我国经济平稳发展的难题。在此期间，我国的宏观政策和调控目标也在反复曲折的不断变化。实际上，1996 年以前的宏观调控一直处于一种“一放就乱，一乱就收，一收就死，一死再放”的状态，而宏观政策走向对国民经济和社会总供求的影响相当明显，相应地，经济的周期性波动也比较突出。这一时期的财政政策目标，是在扩张与紧缩之间不断调整，但基本趋向是以减税让利为代表的放松政策，并且有一段时间，财政政策和货币政策之间执行的是“双松”的政策组合。

需要指出的是，这一时期我国财政的地位和作用在不断弱化。1979 年改革开放伊始，国家采取同时提高农副产品收购价格、提高职工工资和增加企业自主财力的政策，当年财政发生前所未有的 135.4 亿元的巨额赤字，从此开始，我国的财政改革在较长一段内走的是一条“放权让利”之路。随着市场化取向改革的开展，国民收入分配格局发生了急剧的变化，而国家财政在其中承担了巨大的改革成本。先后实行的各项改革政策，如提高农副产品收购价格、提高职工工资、价格改革、利改税、承包制、财政包干等，在促进经济发展的同时，居民收入增加了，企业和地方的自主财力增加了，随之银行存款急剧增长，而财政收入占 GDP 的比重和中央财政收入占全部财政收入的比重（即“两个比重”）却逐年下滑。与此同时，政府机构和人员不断扩充，政府职能还有待于逐步转换，由于财政收入增长缓慢，难以满足政府各部门履行职能的经费和投资的需要，于是各部门纷纷自行收费和建立“基金”。这样，不仅使国家财政特别是中央财政一直处于十分艰难的状态，同时也极大地削弱了财政职能和宏观调控能力。在财政收入占 GDP 的比重下降的同时，居民储蓄和银行各项存款急剧增长，银行贷款呈急剧增长的趋势，由于财政资金拮据，而银行资金充裕，于是银行扩展贷款领域，代替了一部分财政职能。实际上，财政支持经济增长和宏观调控的功能让位给银行，甚至发展到银行“独木撑天”的地步。

为了抑制通货膨胀，将国民经济导入良性发展，从 1993 年开始实施“适度从紧”的“双紧”政策。经过三年的治理整顿，实现了“软着路”，成功地抑制了通货膨胀和经济过热，为我国治理通货膨胀积累了宝贵的经验。“软着陆”使得我国经济出现了“两个转变”：一个转变是，由卖方市场开始转变为买方市场；第二个转变是由粗放型经济转变为集约型经济。这种转变标志着，经过长时间的经济改革和经济调整，进入相对稳定增长的新周期，初步改变了过去重数量轻质量的增长模式。这是改革开放的重大成果，但同时也带来我们过去所不熟悉的新问题。过去市场上的商品短缺，“皇帝女儿不愁嫁”，紧俏商品大家抢着买，物价持续上涨；现在则是需求萎缩，买东西挑挑拣拣，质次价高的商品卖不出去，经济增长率下滑，物价持续下降，出现通货紧缩的趋势。过去重复建设，盲目生产，不顾质量，不顾效益；现在则是消费者是“上帝”，市场竞争激烈，效益约束强化，企业面临破产倒闭的压力。

二、1998 年以后的财政政策

（一）1998 年实施积极财政政策

1997 年 7 月首先在泰国爆发亚洲金融危机，并迅速席卷周边国家和地区，使得全球经济和贸易的增长步伐明显放缓。我国从 1998 年开始，外贸出口额增长明显放慢甚至出现负增长的态势，国内消费需求低迷，固定资产投资增长趋缓，结构性矛盾突出，通货紧缩趋势显现，GDP 增长率由 1996 年的 9.6%、1997 年的 8.8%，1998 年上半年下滑为 7%，伴随经济增速放缓的是经济运行的质量和效益下降。种种情况表明，如果政府再不主动出击改变这一系列不利局面，此前改革开放已经取得的大好成果可能会付诸东流。

从 1997 年 GDP 增长开始放慢以后，在货币政策方面已经陆续采取放松措施，如多次降低存贷款利率，降低存款准备金率和存款准备金利率，取消商业化贷款指令性指标，恢复在货币市场的国债回购业务等。但是，在市场低迷的条件下，货币政策的调节力度明显乏力，仍难以激发经济的活力。在需求萎缩、经济持续低迷不振和货币政策乏力背景下，摆脱通货紧缩的阴影和促进国民经济稳定增长的重任就历史地落在财政政策身上。同货币政策比较而言，财政政策可以从收支两个方面，通过它的乘数效应直接作用于投资、消费和出口，扩张力较大，见效较快。然而，从当时的情况看，采用扩张性财政政策也有较大风险，因为当时的财政状况不容乐观，财力一直比较紧张，积留下来的老问题还有待化解，如果实行扩张性财政政策，有可能进一步加剧财政的紧张和困难。但通过全方位的综合分析可以看出，实施扩张性的财政政策是完全可行和可取的。理由是：①国债发行仍有较大空间，1997 年国债余额仅占国内生产总值的 8.2%；②财政赤字的风险不大，1997 年我国财政赤字占国内生产总值的比重为 0.8%，与其他国家相比，这一指标还是比较低的；③1994 年的分税制改革和工商税制改革，奠定了适应社会主义市场经济要求的财政体制和税收制度，近年来财政收入增长较快；④全社会可动员的资金潜力较大，近几年来，我国的总储蓄率一直保持在 40%左右的高水平。根据以上情况，政府果断地做出决策，采用扩张性的积极财政政策，拉动需求，促进经济的稳定快速增长。

关于积极财政政策的性质，从决策伊始以及通过短期的实践，实际上已经明确了以下几个政策要点：①积极财政政策是以增加财政支出为主的扩张性政策；②增发国债是积极财政政策的主要措施，也是启动措施，增发国债主要用于基础设施建设；③没有实行扩张性财政政策惯用的减税政策，同时加强税收征管，适度提高税收占 GDP 的比重；④优化支出结构，增加的收入主要用于教育、科技、社会保障和提高公教人员工资等公共需要；⑤实行“紧中有松”的稳健货币政策与松中有紧的积极财政政策相配合，保证国民经济的稳定、健康和快速发展。

实施积极财政政策的实践证明，这一决策是及时和正确的，取得了巨大的政策效应：扩大基本建设投资，推动了经济增长；加快基础设施建设，优化经济结构，基本解除长期存在经济增长的“瓶颈”；加大技术革新力度，推动产业升级；增大教育和科研投入，增强经济增长的内生动力；完善社会保障制度，建立就业和再就业机制，提高城镇居民收入水平；增加农业投入，提高农民收入水平；大力刺激消费、鼓励出口。总之，推动了国民经济持续、快速、协调地增长，使国民经济和财政收支导向良性循环的轨道，为“十五”时期开始建设小康社会和和谐社会奠定了良好基础。

（二）2005 年转为稳健财政政策

进入 2004 年伊始，过快的投资增长速度和信贷扩张引发了经济过热的迹象。2004 年第一季度全社会固定资产投资增长达 43%，比上年同期加快 15.2 个百分点，宏观调控部门一再叫停的钢铁、水泥、电解铝三大行业的投资在 2003 年投资增长接近翻番的基础上 2004 年一季度分别增长 107.2%、101.4%、39.3%，货币供应量在高位运行，物价开始抬头，通胀压力加大。政府冷静判断当时的经济形势，认为已经出现过热的趋势，但还不是全面过热，而是局部过热，因而及时决定按照突出重点、把握力度、区别对待、分类指导的原则，加强宏观调控措施，做到松紧适度，不搞“一刀切”，并决定将积极财政政策转向稳健财政政策。

稳健财政政策的政策目标，显然是适应当时宏观调控的需要，强调社会经济稳定和健康发展。这是吸取美国20世纪60年代实行增长政策导致滞胀的教训，也是吸取日本80年代陷入长期低迷的教训，珍视积极财政政策所取得的成果，防止大起大落。“稳健”这个提法缺少发展这个主旋律，但稳健不能是消极的理解。如果从理论和实践来看，在经济增长和经济调整时期，不可能实行紧缩政策，也不可能实行中性政策。所谓松与紧，一是针对总需求与总供给的关系而言，扩张或紧缩总需求；二是针对政府与市场的关系而言，即政府对市场的扩张或紧缩。稳健财政政策的情况是：既然仍然存在赤字，则说明仍然是松的政策；维持赤字的原有规模，而赤字占GDP的比重会出现下降趋势，实际上对财政支出有所紧缩，即松中有紧。那么，按财政政策的松紧关系来看，稳健财政政策是一种什么样的政策呢？从政策类型来看，仍然是一种偏松政策，或者是一种松中有紧的政策，只是对松、紧关系有所调整；而且松紧的调整有度有序，松紧适度，骤然大松大紧，就有可能引起经济的大起大落。

稳健财政政策的内涵有如下的四个要点：

一是基本维持现有规模的赤字水平，保持政策的连续性和稳定性。我国财政赤字占GDP比重2002年达到最高值，为2.94%，2004年下降为2.34%；国债余额占GDP的比重2002年达到最高值，为19.4%，2003年下降为18.9%。由此可以判断，目前的财政赤字和国债发行水平均未曾超过国际的一般参考值，还不至于构成大的财政风险。那么，当时在一段时间内在预算上保持适度的不构成财政风险的国债发行和赤字规模，不失为财政政策的一项正确选择。

二是积极增加财政收入，合理调整增长速度，增强市场对资源配置的基础作用。目前我国仍处于社会主义的初级阶段，仍是政府主导型的经济增长模式，政府在社会经济发展中不可能不承担繁重的职责，所以财政收入占GDP的比重适当高一些是必要的。但从社会主义市场经济体制建设的整体考虑，要合理调节财政收入占GDP的比重，合理确定财政收入占GDP比重的上限，合理调节财政收入的增长速度。财政要做大两个“蛋糕”的思路是完全正确的，但首先应着眼于做大国民产出总量GDP这个“蛋糕”，总量大了，即使财政收入所占的比例不变，财政收入总量仍然是增长的。

三是优化支出结构，加强管理，提高效率。

在本书第三章关于财政支出规模和结构变化分析中已经指出，到工业化中期，政府投资性支出的绝对数仍在增长，但增长率及其占财政支出的比重将趋缓，相应地，文教、科学、卫生、社保、福利、生态及环保等发展社会事业支出的增长将加快，增长率会超过GDP和财政总支出的增长率。这种支出结构变化的规律，恰恰符合党中央根据当前发展阶段而提出的全面协调可持续发展的科学发展观。

实际上，近年来我国的财政支出结构已经朝着这个方向调整，注重向民生、科技和“三农”等重点倾斜。财政贯彻实施新发展观，既要保持适度的收支规模，优化支出结构，更重要的还在于切实加强财政管理，提高管理水平，提高财政支出绩效。

四是推动深化改革，促进经济增长方式的转变。“十一五”规划《建议》提出六项主要任务：建设社会主义新农村、推进经济结构调整和经济增长方式的转变、促进区域协调发展、增强自主创新能力和加快科技教育发展、深化体制改革和提高对外开放水平、加强和谐社会建设。实现“十一五”规划的六项任务，主要靠两条，一是投入，二是改革。国家财政在其中担负着艰巨而繁重的任务，是不言而喻的。

上述稳健财政政策的四项内容，前三项是投入问题，最后一项是改革，所以稳健财政政策要处理好投入和改革的关系。投入是发展不可缺少的，但提高投入的效率也要靠改革。我国的改革是政府推动下的渐进式改革，“政府主导”意味着政府必然是改革成本的主要承担者，“渐进式改革”则表明改革成本不是一次性支付，而是长期性的。我国自1979年以来的改革过程说明，几乎每一项改革，对财政来说不是减收就是增支。因此，在预算安排上似乎应当设置一个“改革成本预算”的专项，主动地推动体制改革和制度创新，因减收或增支而对体制改革持消极态度，应视为财政的失职。正确的态度应当是，宁可不惜增支减收也要支持改革，换得有效率的经济体制和运行机制。

（三）2009年重新启动积极财政政策

我国从2005年由积极财政政策转向稳健财政政策，实行稳健财政政策已经4年，保证了经济社会的快速稳定的发展。但2008年下半年受美国的次贷危机引发世界性的金融危机的影响，经济骤然降温，经济增长过快回落的风险已开始显现。从2008年第1季度到第4季度，GDP增速逐季下降，依次为10.6%、10.3%、9.9%和6.8%，与三季度相比，四季度GDP增速回落3.1个百分点，出现11年来的新低。根据国际和国内经济形势的急剧变化，应对国际金融危机，我国政府果断决策，从2008年四季度开始实施4万亿刺激经济计划，并决定从2009年实行财政政策的转型，改变稳健财政政策重新实行积极财政政策，同时实行宽松的货币政策。

2009年积极的财政政策的主要内容是：扩大政府公共投资，着力加强重点建设；推进税费改革，实行结构性减税；提高低收入群体的收入，大力促进消费需求；进一步优化财政支出结构，大力保障和改善民生；大力支持科技创新、节能减排，推动经济结构的调整以及发展方式的转变。这次积极财政政策的实行仅一年时间，已经取得明显成效，促进自2008年下半年趋冷的经济回暖，开始转向稳定增长的轨道。2009年GDP的增长率逐季上升：一季度增长6.1%，二季度增长7.9%，三季度增长8.9%，四季度10.7%，全年增长8.7%。财政收入前4个月一直为负增长，5月份转为正增长，但增幅较小，仅为4.8%，以后增长率逐月提高，全年增长11.7%。

2010年将继续实施积极的财政政策，将要更加注重调整经济结构，更加注重扩大内需，更加注重保障和改善民生，更加注重进一步深化财税体制改革，也要更加注重进一步加强财政科学化精细化管理，努力提高财政资金绩效，进一步防范潜在的财政风险。

三、我国财政政策实施及政策转型的思考

我国自1998年实施积极财政政策到2004年转向稳健财政政策这一期间的经济形势，与美国的20世纪60年代和70年代以及和日本的80年代和90年代经济形势十分相似。当年美国长期实行扩张性财政政策后导致经济“滞胀”，日本实行扩张政策陷入长期低迷，而我国实施积极财政政策并顺利实现了转型，两相对比，可以得出一些有益的经验教训。

初步概括，我国取得的基本经验有如下几项：

（1）财政政策的实施及其转型的成功，首先取决于对政治经济形势的准确判断，并及时转换政策目标。

准确判断国内外经济形势，并根据形势的发展变化及时调整政策措施以致推动政策转型，这是财政政策实施及其操作的基本经验。

（2）在政策操作上，突出主要政策目标，兼顾协同目标，促进社会经济的全面可持续发展。我国实施积极财政政策伊始曾宣称是借鉴罗斯福“新政”的经验，但从政策的实际操作的全过程来看，并不是完全遵循凯恩斯主义将扩张性财政政策定义为需求管理政策的思路，而是紧密结合中国的国情和经济运行的实际，以刺激需求拉动经济增长为中心目标，兼顾其他相关目标，推动社会经济的全面可持续发展。这方面的经验有：刺激需求和改善供给相结合，短期效应和长期效应相结合，刺激需求与调整分配政策结合，各种财政手段相结合等。

（3）不论扩张政策还是紧缩政策以及政策转型，在实施过程中必须审慎操作，实行渐进式“微调”，防止扩张或紧缩过度，切忌急转弯引致大起大落，即目标要明确，步骤和方法要稳妥。我国在实施积极财政政策过程中，审时度势，实行渐进式的“微调”。进入“十五”时期后，扩张性财政政策的淡化实际上已经悄悄开始，在转型中没有实行全面紧缩，而是松紧适度，不搞“一刀切”，这是能够顺利实现政策转型的一个重要原因。

（4）实行增加政府支出的扩展性财政政策，而不是实行减税政策，现在看来，这是一条成功的经验。扩张性财政政策有不同的类型，主要有以减税为特征的扩张性政策和以扩大财政支出（即增加财政赤字）为特征扩张性政策。两种政策有两点区别：一是，增加政府支出的扩张效应是直接的，减税的扩张效应是间接的，而且在市场低迷的情况下，即使减税，也不一定能发挥扩张效应。二是，增加政府支出政策，主动性主要掌握在政府手里，可以根据经济形势的发展变化随时调整政策方向和力度。

（5）财政政策与货币政策的恰当配合，是财政政策实现扩张效应又避免扩张过度的重要条件。我国实施积极财政政策的同时，实行稳健的货币政策，赤字债务化，因而可以避免经济增长的同时加剧通货膨胀的后果。转向稳健财政政策则是实行“双稳健政策”，不是大力扩张，也不是大力紧缩，实际上是松中有紧的财政政策与紧中有松的货币政策相配合。2009年重新实行积极财政政策，仍继续稳健的货币政策，但适度从紧，又保证重点，以便应对当前的通货膨胀形势。

重点概念

财政政策　财政政策目标　财政政策工具　扩张性财政政策　汲水政策　补偿政策　增长性政策　紧缩性财政政策

思考题

1. 财政政策的目标。
2. 自动稳定的财政政策。
3. 相机抉择的财政政策。
4. 怎样认识与评价财政政策的效应？
5. 为什么财政政策与货币政策必须相互配合？
6. 财政政策与货币政策配合的不同政策组合。
7. 研究财政政策和货币政策的时滞差别有什么意义？
8. 结合美国和日本的经验教训，思考和总结我国财政政策实施和操作的基本经验。

参考文献

财政支出学编写组．2009. 财政支出学．上海：上海财经大学出版社

蔡汉波，彭浪．2009. 财政学概论．上海：立信会计出版社

蔡秀云，李红霞．2011. 财政与税收（修订第二版）．北京：首都经济贸易大学出版社

陈共．2001. 财政学．成都：四川人民出版社

陈共．2012. 财政学（第七版）．北京：中国人民大学出版社

从树海．2003. 财政支出学．北京：中国人民大学出版社

邓子基．2010. 财政学（第三版）．北京：高等教育出版社

郭庆旺，赵志耘．2010. 公共经济学（第二版）北京：高等教育出版社

国家统计局．2007. 中国统计年鉴．北京：中国统计出版社

哈维·S·罗森［美］．2003. 财政学（第六版）．北京：中国人民大学出版社

暨南大学财税系编写组．2004. 财政学（第二版）．广州：暨南大学出版社

蒋洪，朱萍．2010. 公共经济学（财政学）．上海：上海财经大学出版社

金淑彬，崔炳玮．2012. 新编财政与金融（第二版）．成都：西南财经大学出版社

寇铁军．2007. 财政学教程．大连：东北财经大学出版社

刘京焕，陈志勇，李景友．2012. 财政学原理．北京：高等教育出版社

刘昆．2007. 绩效预算：国外经验与借鉴．北京：中国财政经济出版社

刘明慧．2008. 外国财政制度．大连：东北财经大学出版社．

刘怡．2004. 财政学．北京：北京大学出版社

邱华炳．2002. 财政学教程．厦门：厦门大学出版社

尚可文，孟丽．2009. 政府、市场与财政．兰州：兰州大学出版社

孙开．2008. 地方财政学（筠二版）．北京：经济科学出版社

陶勇．2006. 地方财政学．上海：上海财经大学出版社

王国清，马骁，程谦．2010. 财政学（第二版）．北京：高等教育出版社

王玮．2006. 地方财政学．武汉：武汉大学出版社

温来成．2009. 政府经济学．北京：国家行政学院出版社

许敏兰，沈时伯．2012. 1978～2008 中国公共卫生支出评价分析．商业经济

杨志勇．2005. 比较财政学．上海：复旦大学出版社

曾建华．2004. 现代西方财政学．厦门：厦门大学出版社

张馨．2004. 比较财政学教程（第二版）．北京：中国人民大学出版社

张昭立．2001. 财政支出改革研究．北京：经济科学出版社

钟晓敏．2006. 地方财政学（第二版）．北京：中国人民大学出版社

朱青，庄毓敏．2007. 财政金融学教程．北京：中国人民大学出版社